미술치료학

Art Therapy

2판

주리애 저

학지사

2판 머리말

2010년에 『미술치료학』이 출간되고 10여 년이 흘렀다. 미술치료 분야는 한 해 한 해가 다르게 더욱 성장하고 발전해 왔다. 이론적인 면에서 더욱 풍부하고 튼 튼한 학문적 토양이 마련되었고, 그에 비례하여 의미 있는 사례도 꾸준히 축적 되고 있다. 이러한 흐름을 반영하여 이 책도 기존의 내용 중 변화된 부분을 반영 하고 추가하여 2판을 출간하게 되었다.

2판에서 달라진 부분은 다음과 같다. 제1장에서 각 나라별 미술치료협회가 제시하는 미술치료 정의를 업데이트하였다. 미국과 영국의 미술치료협회는 미 술치료의 정의를 새로 썼다 할 만큼 이전에 비해 상세하고 정제된 정의를 제 시한다. 캐나다의 미술치료협회는 홈페이지 주소를 바꾸었고, 호주/뉴질랜드 는 미술치료와 다른 분야의 예술치료를 통합해서 창조적 예술치료협회를 운영 하는 등 이러저러한 변화가 있었다. 개정판에서는 그러한 변화를 모두 반영하 였다.

제2장에서는 '미술치료의 번성'을 추가해서 최근에 더욱 다양해진 미술치료 접근을 정리하였다. 미술치료의 접근 방식은 강조점을 어디에 두느냐에 따라 다양하게 나뉘므로 이를 한눈에 볼 수 있도록 정리할 필요가 있었다. 추가되는 내용을 집필하면서 미술치료 분야가 이렇게 다양해졌고 폭넓게 발전했다는 점 이 새삼 놀랍고 경이롭기까지 했다. 그리고 '미술치료의 시작' 부분에서 Edith Kramer를 소개했었는데, 1판을 쓸 때는 Kramer 선생님의 출생 연도만을 기재

했지만 이번 판에서는 돌아가신 연도인 2014년도 추가하게 되었다. 예전에 미국에서 유학할 때, Kramer 선생님과 벤치에 앉아서 대화를 했던 적이 있다. 학술대회가 끝난 지 얼마 되지 않았던 때라서 주로 학회에서 느꼈던 점을 이야기했는데, 미술치료의 이론적 토대가 중요하다는 점을 이야기 나누면서 나중에 한국으로 돌아가면 선생님의 책을 번역서로 내고 싶다는 말씀도 드렸었다. 아직 그 약속을 지키지 못했는데 선생님께서 작고하셔서 아쉽고 애틋하다.

그리고 참고문헌을 업데이트하면서 개정판 전체에서 논문의 DOI를 추가했다. 미국 미술치료학회지인 『Art Therapy: Journal of the American Art Therapy Association』은 최근 인용에서 콜론 이하의 문구인 'Journal of~'를 생략하는 것이 추세라서 이 책에서도 그렇게 수정하였다. DOI가 있으니 논문을 찾기는 어렵지 않을 것이라고 생각한다. 아울러 연도와 페이지 등 서지 정보에서 누락되거나 오류가 있는 부분은 없는지 한 번 더 확인하고 수정했다. 오래전에 학회의 편집부 간사를 맡았었는데, 서지 정보가 틀리지 않도록 확인하고 또 확인하는 것이 업무였다. 그래서 나름대로 정확한 편인데도 여전히 오류를 발견하고는 한다. 이번 개정 작업에서도 예외가 아니었다. 언제쯤 오류 없는 완벽한 작업을 할 수 있을지 모르겠다.

개정판 작업을 하면서 그림을 몇 개 추가하거나 바꾸었다. 이를테면, 제3장에서 미술의 본질을 서술하면서 거리 두기에 대해 설명할 때 그림 예시가 있으면 이해하기가 더 좋을 것 같아서 작품과 설명을 추가하였다. 해당 작품은 저자와 내담자가 거리 두기를 통해 새롭게 의미를 발견해 갔던 작품이라서, 추가된 예시를 통해 독자들이 해당 본문의 내용을 보다 생생하게 이해하리라고 기대한다.

제9장의 미술치료 재료 부분은 내용과 자료를 다듬어서 수정·보완하였다. 참고사진을 교체하면서 점토 종류와 특징도 표로 소개했다. 독자들이 참고하기가 더 수월할 것으로 기대한다. 제13장 역전이와 치료사 자신을 돌보는 내용에서는 짧게나마 소진과 공감피로에 대해서 언급했다. 마침 미술치료 논문 중에 공감피로를 극복하는 제안도 있어서 그 내용도 추가하였다. 미술치료 사례도

새롭게 추가했는데, 제15장에 청소년 내담자와의 단기 미술치료 사례를 넣었
다. 그리고 제16장의 정신장애 환자를 위한 집단 미술치료에는 집단에 속하지
못한 환자에 대한 사례를 추가하였다.

　모쪼록 이 책이 미술치료 분야의 성장과 발전에 작은 보탬이 되기를 희망
한다. 끝으로, 『미술치료학』이 출간되고 개정판이 나오기까지 아낌없이 지원해
주신 학지사 김진환 사장님과 편집을 맡아 주신 박지영 대리님에게 깊이 감사드
린다.

2021년 봄을 맞이하며
저자 주리애

1판 머리말

　미술치료는 사람의 마음을 보듬고 치유하는 따뜻한 마음치료다. 이 책은 "미술치료로 어떻게 치료가 되는 것일까?"라는 질문에 대답하고자 쓴 책이다. 필자는 늘 미술치료에 대해 좀 더 쉽고 구체적이고, 이론적으로 정리할 수 있는 책이 많을수록 좋겠다고 생각했다. 미술치료를 공부하는 동안 답답했던 순간이 많았기 때문이다. 이론이 명료하게 와닿지 않아서 답답할 때도 많았고, 실습지에서 어떻게 해야 할지 몰라 갈팡질팡했다. 물론 어떤 부분은 오랜 시간 인내해야 하는 것이었고, 또 다른 부분은 공부가 부족해서 그런 것이었다. 조금씩 공부가 쌓였을 때, 그것을 정리해서 뒷사람에게 넘겨줄 수 있으면 좋겠다는 생각이 들었다.

미술치료로 어떻게 치료가 되는가

　미술치료로 '치료'가 되기 위해서는 적어도 두 가지 중 하나를 만족시켜야 한다. 첫째는 이미지를 통해 통찰을 얻는 것이고, 둘째는 작품 과정에서 승화를 경험하여 궁극적으로 자아의 힘이 강해지는 것이다. 이미지를 통해 통찰을 얻는 것은 사람의 심리 과정 내에 생각이나 감정, 신념 외에 전 언어적 내용으로 간직된 메시지가 있기에 가능하다. 생각이나 지식을 기반으로 통찰을 얻을 때 생길 수 있는 문제는 이러한 통찰이 '머리로만 하는 것'이 될 수 있다는 점이다. 즉, 마음속 깊은 곳에서의 감동이나 정서적인 체험과 달리 머리로 이해하고 주지적으로 깨닫는 데 그칠 수 있다. 정서적으로 체험하는 것이 없으면 사람은 변화하지 않는다. 머리로 이해하고 받아들인 것은 얼마 가지 못해 머리로 반박당할 수밖에 없다. 그에 비해 이미지를 통해 얻는 통찰은 훨씬 더 감각적이며 정서적인 색채가 묻어 있다. 따뜻하고 안전한 분위기에서 태어나는 이미지는 그 안에 여러 겹의 생명력을 가진 채 그 모습을 드러낸다.

두 번째 방법인 승화를 경험하고 자아의 힘이 강해지는 것은, 특히 언어적으로 통찰을 얻기 어려운 내담자들에게 유용한 방법이다. 미술활동을 치료적으로 사용하면, 카타르시스를 주거나 감각 경험의 폭을 넓히는 것 외에 공격적인 에너지를 중화시키고 좌절을 견디는 힘을 키우는 승화 과정을 경험할 수 있다.

물론 미술치료 분야에서도 심리치료 분야에서 사용되는 것과 기본적으로 동일한 치료개입이 있다. 미술치료사의 지지라든가 경청과 반영, 정보 제공, 명료화, 직면, 해석 등이 있고 치료사와의 치료적 관계가 있다. 그렇지만 미술치료가 하나의 독립된 분야로 되었을 때는 고유한 치료기제와 과정이 있어야 한다. 그 중심에 '미술'이라는 존재가 있다. 미술치료 이론은 미술의 존재 덕분에 기존의 심리치료와 다른 방식으로 발전했다.

이 책은 그러한 미술치료의 치료기제를 정리해서 전달하고자 했다.

책의 구성은 5부로 되어 있다. 1부는 미술치료에 대한 소개다. 제1장은 필자가 미술치료 대학원생들을 만나면서 이들이 어려워하는 부분이 다름 아닌 정의에 있어서의 혼란이라는 것을 알게 되어 그 혼란을 정리하기 위해 집필했다. 제2장에서는 미술치료의 발전사를 다루었는데, 특히 임상화 증상에 대해 소개하고 싶었다. 아마도 우리나라 미술치료계에서도 비슷한 자성의 목소리가 나오지 않을까 싶다. 2부에서는 미술치료의 이론에 대한 것으로 미술치료만의 치료적 기제를 설명하는데, 우선 미술이 무엇인지 살펴본 뒤 표현과 창조성 및 승화, 전이를 소개했다. 미술치료를 이해하기 위해서는 삼차과정 개념과 자아에 도움이 되는 퇴행 개념이 중요하다. 그리고 창조 과정과 창조물을 구분하는 것이라든가, 에너지를 중성화시키는 승화도 미술치료에서 중요한 위치를 차지하고 있다. 이어지는 3부와 4부에서는 구체적인 미술치료방법을 기술했다. 3부는 치료 개입을 결정하는 방법과 재료 및 기법에 대해 썼다. 몇 해 전에 미술치료기법을 소개하는 입문서를 썼기 때문에 이 책에서는 그 책의 내용과 가능한 한 겹치지 않는 기법들을 소개하고자 했다. 4부에서는 치료과정에서 일어나는 일들과 치료적 개입에 대해 썼다. 역전이에 대해 쓴 제13장은 필자 자신에 대해 쓴 것이기도 하고 함께 이 길을 가고 있는 후배들에게 위로와 격려를 하기 위해 쓴 글이기도 하다. 마지막 5부에서는 미술치료 사례를 소개했는데, 장기간 이루어졌던 개인 미술치료 사례와 단기간 집단 미술치료 사례를 소개했다.

치료란 무엇인가,
어떻게 미술로 치료가 되는가

이 질문은 아마도 미술치료의 길에 들어선 모든 사람의 마음에서 가장 중심에 자리한 질문이 아닐까 싶다. 어떻게 보면 참 쉽고도 당연한 질문인데, 그 질문에 답하는 과정이 쉽지만은 않은 듯하다. 필자도 이제 겨우 한두 매듭을 풀고 묶었을 뿐, 앞으로 가야 할 길은 멀게 느껴진다. 그럼에도 불구하고 용기를 내어 책을 출간하는 것은, 부족한 부분이 많더라도 누군가에게는 도움이 되지 않을까 하는 작은 소망 덕분이다. 또한 미진한 부분은 다른 누군가가 충분히 메워 주리라는 믿음 덕분이다.

2010년 봄
저자

차례

PART 01 미술치료

PART 02 미술치료의 이론

PART 03 미술치료 계획

PART 04 미술치료의 과정

PART 05 미술치료 사례

미술치료

제 **1** 장

미술치료의 소개

역동적 접근의 미술치료는 인간의 근본적인 사고와 감정이
무의식으로부터 나올 때 언어보다는 이미지로 표현되고는
한다는 점에 기반하고 있다.

- Margaret Naumburg (1966)

제1장 미술치료의 소개

눈이 보이지 않는 사람들이 모여서 코끼리를 만지고 있었다. 어떤 사람은 다리를 만졌고, 어떤 사람은 귀를 만졌다. 꼬리를 만진 사람도 있었는데, 이들은 자신이 만진 코끼리를 묘사하면서 각자 매우 다른 이야기를 했고 서로가 틀렸다며 오해했다. 사실은 이들 모두 코끼리의 일부를 제대로 만졌고 제대로 묘사한 것인데도 말이다. 미술치료도 이와 비슷한데, 조금 더 복잡한 상황이다. 왜냐하면 코끼리라는 하나의 동물을 만지는 것이 아니라, 흡사 상반신은 사람이며 하반신은 말의 형상을 하고 있는 켄타우로스족을 만지는 것과 같기 때문이다. 어디서부터 시작해서 무엇을 만졌느냐에 따라 굉장히 다른 묘사가 가능한 것, 그것이 미술치료처럼 둘 이상의 분야가 결합해서 만들어진 복합 분야의 특징이다.

미술치료가 무엇이냐 하는 본론으로 들어가기에 앞서, 미술치료 공부에 입문하는 사람들이 겪는 혼란스러움을 잠깐 나누려 한다.

❀ 사례1 ◇◇◇

은숙 씨는 평소 미술을 좋아하고 감수성이 풍부한 편이다. 그림을 잘 그리지는 못하지만, 가끔 낙서하듯이 끄적거리는 취미가 있다. 특히 재미 없는 강의를 듣거나 집중하기 힘든 회의에 들어갔을 때는 낙서가 최고라고 느낀다. 은숙 씨는 취향이 뚜렷한 편이고, 종종 감각적이라는 이야기도 듣는다. 처음 '미술치료'라는 것이 있다는 이야기를 들었을 때 한편으로 마음이 끌리면서 매력을 느꼈지만, 다른 한편으로는 과연 그게 될까 하는 의문이 들었다. 어느 날 우연하게 미술치료를 공부해 볼 기회가 생겼다. 다소 어려운 심리학 용어들을 몇 번 접한 뒤에, 정말 이런 과정이 미술치료 내에서 벌어지는지 경험해 보고 싶은 욕구가 생겼다. 어디서 어떻게 미술치료를 받아야 하는지 몇 군데 수소문해서 마침내 미술치료라는 것을 받았다. 그런데 이게 어떻게 해서 치료가 된다는 건지 약간 아리송했다. 뭐, 딱히 뭘 그려야 할지도 감이 안 잡힌다고나 할까. 글쎄, 별로 그리고 싶은 게 없는 것 같기도 했다.

❀ 사례 2

민경 씨는 외롭고 힘들게 자랐다. 자신의 가족만큼 불행하고 힘든 사람들도 없을 거라고 늘 생각하면서 컸다. 심리치료라든가 상담 분야에는 진작부터 관심이 있었다. 그래서 민경 씨는 주저하지 않고 상담 분야에 뛰어들었다. 때로는 내 아픔이 치료된 듯이 느껴지기도 하고, 뭔가 새로운 것을 경험하기도 했지만, 시간이 흐르면 다시 반복되는 일상으로 돌아가는 느낌이었다. 그러다가 민경 씨는 미술치료라는 분야에 대해 알게 되었고, 대학원에 진학해 공부를 하면서 미술치료사 인턴으로 실습을 시작하게 되었다. 민경 씨는 세 군데에서 집단 미술치료를 하게 되었는데, 하나는 ○○중학교의 지적장애 아동들을 대상으로 하는 것, 다른 하나는 주간 치매노인 환자들을 대상으로 하는 것, 그리고 나머지 하나는 복지센터에서 운영하는 정서장애—장애라고까지는 하지 않더라도 문제가 있는—아동들을 대상으로 하는 것이었다. 집단 미술치료를 시작한 지 넉 달을 넘기면서 민경 씨는 좀 답답해지기 시작했다. 자신이 하고 있는 것이 정말로 치료인지, 아니면 미술활동인지 구분하기가 힘들었다. 가끔은 그냥 성격 좋은 자원봉사자로 미술활동을 하는 것이 아닐까 하는 생각에, 미술치료를 계속 공부해야 할지 말아야 할지 마음이 흔들리는 것 같았다.

혹시 여기 기술한 사람들의 이야기가 정말 내 이야기라고 생각되는가? 전부는 아니라 하더라도 약간씩은 고개를 끄덕일 수 있는 부분이 있지 않을까 싶다. 대부분 미술치료사가 되는 과정에서 겪는 어려움이 '치료에 대한 이해 부족'과 '이론–실제 간 괴리'라는 두 부분에서 오기 때문이다. 치료에 대한 이해가 깊어지면, 이론–실제 간 괴리는 줄어들 수 있다는 믿음 위에서 이 책을 시작해 보려 한다.

그러면 켄타우로스족 같은 미술치료를 좀 더 분명하게 이야기해 보자. 우선 마음을 다루는 치료인 심리치료의 기본 개념부터 살펴보기로 한다.

1. 심리치료의 정의

심리치료의 기본 개념은 다음과 같다.

사람에게는 마음이 있다. 마음은 의식되는 부분도 있고, 의식되지 않는 부분도 있다. 그 마음이 우리 삶의 질을 결정하고, 삶의 모습을 만들어 간다. 만약 우리 삶이 병들어 있다면, 마음을 바로잡음으로써 삶을 회복할 수 있다. 그런데 그 마음 바로잡기가 쉽지 않다. 그래서 어떻게 하면 마음을 이해하고 보듬고 힘을 실어 주며 건강하게 할 수 있는가에 대한 해법을 제시하게 되었다.

마음을 변화시키기 위해서는 마음과 환경을 구분할 수 있어야 한다. 환경에는 여러 가지 자극들이 있는데, 이러한 환경자극들은 사람에게 어떠한 반응을 일으킨다. 흥미로운 것은 동일한 자극이라 하더라도 동일한 반응을 일으키지 않는다는 것이다. 사람에 따라 반응이 다를 뿐 아니라, 같은 사람이라도 동일자극에 동일반응을 보이지는 않는다. (똑같이 반응했다고 생각되는데도 어떤 때는 화를 내고 어떤 때는 그냥 넘어가는 친구를 떠올려 보라.) 그 이유는 환경자극을 처리하는 사람의 마음 때문이다.

'마음'은 바깥에서 들어오는 자극 정보를 수집하고 분류하며 해석하고 의미를 부여한다. 이러한 과정을 우리가 의식할 때도 있고 의식하지 못할 때도 있는데, 어쨌든 마음의 작용 결과 기쁘다든가 화가 난다든가 하는 반응을 경험하게 된다 (그림 1-1 참조).

마음은 사람이 성장해 가면서 함께 발달해 간다. 발달 과정에서 겪는 다양한 경험은 마음의 내부구조가 어떻게 이루어지는가에 대해 중대한 영향을 미친다. 어떤 사람은 어릴 때 부모로부터 버림받고 여러 번 배신당하는 경험을 하면서 우울하고 쓰라린 충격적 경험들로 인해 마음 내부에 뾰족하고 날카로운 구조가

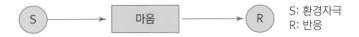

그림 1-1 마음은 환경을 처리해서 반응으로 내놓는다

생성되고, 그 결과 바깥으로부터 자극이 들어오기만 하면 매번 뾰족하고 날카롭게 구부러진 반응을 보이게 된다. 어떤 사람의 마음은 결핍과 과장이라는 코드만 존재하기 때문에 대다수의 자극들은 자신의 결핍을 과장되게 드러내는 반응으로 생성된다.

심리치료에서 관심을 두는 것은 바로 이 '마음'이다. 얼핏 보면 인간이 겪는 고통은 환경 탓인 것 같지만, 심리치료는 환경을 바꾸려 하지 않고 마음을 바꾸려 한다. ('환경'이라고 하니 각 개인이 처한 상황이라든가 구조적 문제가 먼저 떠오를 것 같은데, 여기서 사용하는 환경의 의미는 훨씬 더 포괄적이다. 각 개인에게 속하지 않은 모든 것을 환경이라 부르기로 한다.) 심리치료에서 환경보다 마음에 집중하는 이유는 두 가지다. 하나는 환경을 바꾸는 것이 문제의 근원을 고치는 것이 아니라 일시적인 미봉책이라 보기 때문이다. 마치 배고픈 사람에게 고기 잡는 법을 가르치지 않고 대신에 한 번 먹을 고기를 주는 것과 같다. 그에 비해 마음을 바꾸게 되면 환경이 어떻든 영향을 덜 받고 안정적으로 헤쳐 나갈 힘을 얻게 된다. 또 다른 이유는 환경을 바꾸려는 시도가 신기루일 수 있기 때문이다. 왜냐하면 환경은 당사자가 어떻게 할 수 없는 것이거나 바꿀 수 없는 것일 수 있다. 대표적인 것 두 가지가 '다른 사람'과 '과거'다. 예를 들어, 가족 때문에 심각한 마음의 고통을 겪는 경우, 그 가족 구성원을 어떻게 바꿀 것인가? 변화시킬 수 없는 경우가 허다하다. 혹은 자신의 과거 때문에 힘든 경우, 이미 벌어진 일을 어떻게 바꿀 것인가. 바꿀 수 없는 것을 바꾸려는 시도는 결국 헛되이 끝나고 말 것이다. 그보다는 바꿀 수 있는 것과 없는 것을 구분하고, 바꿀 수 있는 것들을 바꾸는 것이 진짜 변화를 일구어 낼 것이다. 설사 환경을 바꾼다고 하더라도, 환경 안에 살고 있는 사람이 바뀌지 않으면 환경에 대한 불만과 고통은 없어지지 않을 것이다. 사람이 가진 마음의 힘은, 환경과 자극에 제한되지 않고 그것을 극복하고 일어서기 시작할 때 비로소 참된 힘을 발휘하게 된다.

　따라서 심리치료에서 하려고 하는 것은 자극 자체를 바꾸려는 게 아니다. 중간 매개체인 마음을 바꾸려는 것이며, 그 결과로 사람이 느끼고 경험하는 반응이 달라지도록 하는 것이다. 그것은 자극을 받아들이고 해석하고 의미를 부여하는 '마음'을 변화시킴으로써 가능하다고 본다. 즉, 이전에는 심각한 정신적 고통을 일으켰던 자극이 들어온다 하더라도 그런대로 적응하고 지낼 만한 반응(더 나아가서는 자기초월적 목표까지 설정할 수 있다)을 하도록 사람을 변화시키는 것, 그것이 심리치료에서 하고자 하는 일이다. 바꿀 수 없는 과거 경험과 기억이 있더라도 이제는 괜찮다라고 느낄 수 있게 돕고, 너무나도 스트레스가 되는 사람과의 관계에서 숨 돌릴 여유가 생기도록 하며, 자신이 진정으로 원하는 것을 발견하고 자기다운 자기가 되도록 하는 것, 이런 것이 마음의 힘을 키워서 삶을 바꾸고자 하는 심리치료다.

　마음을 어떻게 바꾸느냐 하는 것은 심리치료의 각 이론적 모델에 따라 다르다. (본질에 있어서는 공통 요소가 있다고 하더라도.) 마음이 만들어질 때 어떤 경험에 노출되어 그 구조와 형태가 틀어졌다고 보는 이론적 입장에서는 그 경험을 상쇄시켜 줄 수 있는 새로운 경험과 통찰로 틀어진 구조를 바로잡도록 한다. 마음 안에 있는 여러 가지 경로들이 잘 드러나지 않아서 외부에서 유입되는 자극들이 마치 당연한 귀결처럼 어떤 반응을 생성한다고 보는 이론적 입장에서는 마음 안에 내재되어 있는 핵심 경로들을 밝혀내고 논박하며 새로운 경로를 탐색하도록 격려해서 적응적인 반응을 이끌어 내고자 한다. 마음의 통로가 이리저리 펼쳐져 있는데, 어떤 통로는 잘못 뚫려 있고 어떤 통로는 막혀 있어서 어려움이 생겼다고 보는 이론적 입장에서는 막아야 할 통로들을 소거하고 더 넓혀야 할 통로들을 강화한다. 이처럼 겉보기에 서로 다르게 보이는 이론적 입장이라 하더라도 이 다양한 치료이론적 입장의 공통점은 자극과 반응 사이에 존재하는 마음을 중요하게 다룬다는 점이다. 그래서 마음의 변화를 이루기 위해 통찰을 얻는 것을 중요하게 생각하고, 정서적인 경험에 의미를 두며, 의지를 가지고 변화에 적극적으로 참여하도록 지지한다.

2. 심리치료와 미술치료의 차이점

앞서 기술한 심리치료의 개념은 미술치료에도 동일하게 적용된다. 미술치료에서 치료하고 변화시키고자 하는 대상도 사람의 마음이다. 사용하는 용어나 기술하는 범위, 혹은 초점이 다를 수는 있지만—정신이나 의식/무의식, 적응 능력, 대인관계 능력, 기분이나 자존감 등—다루고자 하는 것이 인간의 내부에 있는 심리적 실체라는 점에서는 동일하다. 미술치료의 이론적 토대가 정신역동적 이론인 것을 고려하면, 이는 더욱 당연한 것으로 여겨진다.

그런데 미술치료가 하나의 독립 분야로 자리 잡아 가는 과정에서 심리치료와는 다른 면을 가지게 되었다. 그것은 '미술'의 존재 때문에 생긴 결과다. 매체 사용으로 인한 특성이나 상호작용 과정의 본질적 차이 외에 미술치료만의 독특한 면은 치료 대상에서 찾을 수 있다. 즉, 전통적으로 심리치료에서 다루지 않는 대상을 미술치료 분야에서 포함하게 되었다. 예를 들어, 지적장애라든가 신경발달장애(예를 들면, 자폐스펙트럼장애 같은)를 가진 아동, 치매노인 등이다. 이들은 심리적 기능이 매우 위축되어 있어서 깨달음을 통한 변화를 목표로 삼는 전통적 심리치료에서는 거의 포함하지 않았던 대상들이다. 왜냐하면 언어를 사용하는 심리치료에서는 사고 능력을 전제로 한다. 사고할 수 있어야 추상적인 개념을 형성할 수 있고, 자신의 내면 상태를 기술하며 어떤 것을 이해하고 판단하며 인과를 밝히거나 논박함으로써 바꾸어 갈 수 있다. 지능이 낮거나 뇌 기능 손상으로 인지 결손이 생긴 경우에는 생각할 수 있는 힘이 제한적이어서 말을 통해 내면을 이해하고 변화시킨다는 것이 어려울 수밖에 없다. 그런데 바로 그러한 대상들, 사고 능력이 약한 사람들을 미술치료에서는 포함하게 되었다.

미술이 가진 감각적 구체성과 비언어적 의사소통 통로, 시각적 사고(visual thinking) 등의 특성으로 인해 치료대상자들이 확장된 것이다. 이러한 확장은 거의 필연적으로 혼란스러움과 이론–실제 간 괴리를 가져왔다. 앞서 잠간 언급했듯이 미술치료는 심리치료와 마찬가지로 사람의 마음(환경자극과 반응을 매개하는 힘이자 구조물)을 변화시키고자 미술과정과 작품을 매개로 사용하는 데서 출발했다. 이후 치료대상이 확장되면서 마음을 변화시키는 것이 아니라 마음을 발달시키는 것에 초점을 맞추는 새로운 시도와 개념이 등장했다. 이 둘을 대조해서 보면, 전자는 기존에 존재하는 것이 어떤 모습으로 있는지, 왜 그러한지 이해하고 바꾸어 나가는 변화가 목적이지만, 후자는 아직 제대로 형성되지 않았다는 가정하에 감각경험 및 감정경험을 통해 새롭게 형성해 가는 발달이 목적이다. 그러므로 미술치료가 처음 출발하던 당시에는 기존의 심리치료와 유사한 방식으로 환경자극보다는 그것을 해석하는 마음을 중요하게 다루었는데, 이후 미술치료가 확장되면서 마음의 힘이 상대적으로 약한 사람들을 치료하게 되었고 이들에게 '좋은 자극물'로서의 미술경험/미술재료를 제공하는 데 초점을 맞추는 노력이 지속적으로 개발되었다(그림 1-2 참조). 어찌 보면 미술치료에서 통찰지향적인 치료 외에 다른 치료가 가능하다는 것은 혁명과도 같은 큰 변화였다. 왜냐하면 미술치료는 정신역동적 입장에 뿌리를 내리고 출발했기 때문이다.

출발할 때 입고 있었던 껍질을 벗고 나오듯이, 미술치료는 이론적으로는 물론 실제 현장에서도 급격하게 팽창했다. 그러면서 감각의 자극과 발달적 과업의 성취가 치료목표가 된다는 것을 보여 주었고, 내적인 표상(mental representation)을 형성하고 유지하기 어려운 내담자들의 경우에 구체적인 실제 대상(real object)이 지지기반이 된다는 것을 보여 주었다. 또한 치료의 목표 설정

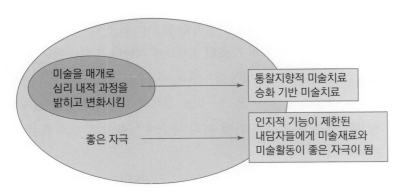

그림 1-2 좁은 의미의 미술치료 vs. 넓은 의미의 미술치료

이 제한적인 경우에라도, 아무것도 하지 않고 시간을 소모하는 것보다는 무엇인가 도전하고 실패 혹은 성공을 하는 것이 의미를 가진다는 것을 보여 주었다.

이러한 일련의 상황을 분명하게 정리하는 것은 중요하다. 분명한 이해와 구분 없이 미술치료를 접하게 될 경우, 이론과 실제 간의 괴리로 심각한 혼란을 겪을 수 있다. 이론으로는 역동적 입장의 미술치료를 배우고, 실제에 있어서는 발달적 문제를 가진 미술치료대상자들을 만난다고 생각해 보라. 자신이 배운 미술치료 이론은 아무런 영향력도 지니지 못한 채 공중을 둥둥 떠다니는 허황된 이론으로밖에 여겨지지 않을 것이며, 실제에 있어서 무엇을 어떻게 해야 하는지 감을 잡을 수 없을 것이다.

우리나라의 미술치료 현황에 대한 이야기를 조금 더 나눈다면, 이러한 문제를 보다 분명하게 알 수 있으리라 생각한다. 짧은 시간에 폭발적으로 발전한 우리나라 미술치료 분야에서는 "미술치료가 무엇인가." 하는 문제가 두드러진다. 정서적인 문제나 대인관계 문제, 가족 문제 등으로 심리적인 변화를 통해 문제해결이 가능한 경우에는 실제 미술치료를 시행한다 하더라도 '미술치료'라는 이름을 붙이기를 꺼려한다. 예를 들어, 정서장애 아동을 대상으로 미술치료를 할 경우, 기관측에서는 학부모들의 반발을 예상하고 괜한 오해를 부르고 싶지 않다고 하면서 치료라는 단어는 가급적 사용하지 말아 달라고 부탁하는 경우가 있다. 그에 비해 지적장애 아동에게 실시하는 미술 수업의 경우나 사회복지시설 등에서 만성적인 환자들을 대상으로 행해지는 미술 시간의 경우는 너무도 손쉽게 '미술치료'라는 이름을 붙인다. 구체적인 내용을 살펴보면, 치료목표나 주호소가 불분명하며 치료개입 역시 모호한 감(感)에 의존하고 있는데도 말이다. 대개 이러한 시간을 인도하는 자원봉사자(혹은 비전문가들)는 미술치료 이론을 갓 접한 상태에서 '미술로 치료가 된다는 것'을 경험해 보고자 의욕을 가지고 시작한 사람들인데, 배운 것과 실제 간의 괴리 때문에 의욕이 꺾이고 혼란스러워하다가 실습을 마치게 된다.

미술활동을 하는 것만으로는 미술치료라고 할 수 없다. 적어도 미술치료라고 하기 위해서는 사람의 마음과 그 심리적 작용에 대해 치료적 의도를 가지고 영향을 미칠 수 있어야 한다. 미술과정이나 미술경험이 좋은 환경자극이 될 것이라는 순진무구한 기대로 접근하는 것은 위험한 생각이다. Rubin(1978) 역시 이 문제에 대해 강력한 어조로 아동에게 미술활동을 하도록 한다고 할 때 그것 자체로는 미술치료인지 아닌지 확실하게 언급할 수 없다고 했다. 비록 장애 아동이나 문제가 있는 아동에게 미술활동을 실시한다고 하더라도 이것은 교육적이거나 오락적인 것일 수 있으므로 만나는 대상에게 문제가 있다는 사실만으로 미술치료라고 불러서는 안 된다는 것이다.

미술치료가 '정상이 아닌 사람들을 대상으로 미술활동을 하는 것'으로 오인받을 때가 종종 있는데, 아마도 '치료'라는 단어와 '미술'이라는 단어의 합성에 기인한 편견 때문일 것이다. 하지만 앞에서 말했듯이 미술치료는 마음을 바꾸기 위해 미술과정과 작품을 사용하는 심리치료에서 출발했다. 그리고 그러한 정의는 여전히 핵심적인 부분을 차지한다.

3. 미술치료의 정의

무엇인가의 정의를 내리는 것은 쉬운 일이 아니다. 구체적인 것을 묘사하고 기술하면 큰 그림을 놓치기가 쉽고 큰 그림으로 기술하면 막연하고 모호해서 정보가 부족하게 되며 여러 가지 오해를 낳게 된다. 그럼에도 불구하고 세계 여러 나라의 미술치료협회에서 제시하는 미술치료의 정의에는 공통된 부분이 있다. 그 공통점이 아마도 미술치료의 핵심을 이룰 것이다. 먼저 각 나라별 미술치료 정의를 살펴보고 대표적인 미술치료사들이 제시한 미술치료의 정의를 소개하고자 한다.

각 나라별 미술치료의 정의

미국과 영국, 캐나다, 호주/뉴질랜드 등 여러 나라의 미술치료협회가 제시한 미술치료 정의를 살펴보기로 하자.

　먼저 미국미술치료협회의 미술치료 정의다.

　　　미술치료는 적극적인 미술작업과 창조적 과정, 심리학 이론의 응용과 심리
　　치료관계 내에서의 인간 경험 등을 통하여 개인의 삶과 가족, 지역사회를 향상
　　시키는 통합적인 정신보건복지 전문 직업이다. 전문적인 미술치료사가 촉진
　　하는 미술치료는 개인의 치료목표와 관계에서의 치료목표 및 지역사회 문제를
　　효과적으로 지원한다. 미술치료는 인지기능과 감각운동기능을 개선하고 자존
　　감과 자기 인식을 강화하며, 정서적 회복력을 키우고 통찰력을 높이며, 사회적
　　기술을 향상시키고 갈등과 고통을 줄이고 해결하며, 사회적/생태적 변화를 발
　　전시키는 데 사용된다(https://www.arttherapy.org).

　그다음은 영국미술치료사협회의 정의를 살펴보자. 첫머리에 미술치료가 심
리치료의 일종이라고 밝힌 부분이 눈에 띈다.

　　　미술치료는 표현과 의사소통의 주된 양식으로 미술매체를 사용하는 심리치
　　료의 한 형태다. 이러한 맥락에서 미술은 진단 도구가 아니라 혼란스럽고 고통
　　스러울 수 있는 정서적 문제를 다루는 매개체로 사용된다. …… 미술치료는 내
　　담자의 필요에 따라 집단 혹은 개인적으로 제공된다. 미술치료가 여가 활동이
　　나 미술 수업은 아니지만, 미술치료회기가 즐거울 수 있다. 내담자에게 미술 실
　　기능력이나 사전 경험이 필요한 것은 아니다(https://www.baat.org).

　캐나다미술치료협회에서는 미술치료를 다음과 같이 소개한다.

　　　미술치료는 창조적 과정과 심리치료를 결합해서, 자기 탐색과 이해를 촉진
　　시킨다. 이 창조적인 치료과정에서 이미지와 색깔, 형태를 사용해서, 다른 방
　　법으로 나타내기 어려웠던 생각과 감정을 표현하도록 한다(https://www.

canadianarttherapy.org).

　호주/뉴질랜드의 경우 다른 분야의 예술치료와 통합하여 창조적 예술치료협
회를 설립, 운영하며 예술치료에 대한 정의를 다음과 같이 제시한다.

　　창조적 예술치료는 창조성이 모든 사람의 안녕을 향상시키고 모든 문화와
　인간 경험의 자연스러운 측면이라는 점에 기반을 둔다. 그것은 경험적인 심리
　치료 접근으로서 훈련된 치료사와의 치료관계 내에서 다양한 창조적 양식을
　활용한다. …… 자신을 미술치료사라고 부르는 전문가들은 그림, 회화 및 조
　각과 같은 시각 예술을 사용하여 치료적으로 작업하도록 훈련되었다(https://
　www.anzacata.org).

　이상과 같이 여러 나라의 미술치료협회에서 제시하는 미술치료 정의를 보았
다. 반복되는 주요 단어는 심리치료, 창조과정, 표현이다. 아마도 이 세 단어가 미
술치료의 핵심을 잘 보여 준다 할 수 있을 것이다. 미술치료가 심리치료라는 것
은 이 장의 앞부분에서도 언급했는데, 그러면서도 어떤 차이가 있는지에 대해서
도 소개했다. 창조와 표현은 미술치료의 과정에 나오는 가장 큰 두 기둥이므로
이어지는 2부에서 논의하기로 한다.

미술치료사가 말하는 미술치료의 정의

　이번에는 미술치료계를 대표하는 미술치료사들이 미술치료에 대해 어떻게
정의하는지 살펴보기로 하자.

　　미술치료의 핵심은 그 이름을 구성하는 두 부분이 다 들어 있어야 한다는 것
　이다. 즉 미술과 치료, 두 부분이 있어야 한다. 그러므로 미술활동의 목적은 치
　료가 주된 것이다(Rubin, 1978).

미술치료과정은 사람의 근본적인 생각과 감정이 무의식으로부터 나올 때 종종 언어보다는 이미지 상태로 나온다는 생각에 기반하고 있다. 미술치료는 회화적인 투사를 통해 환자와 치료사 간의 상징적 대화를 촉진한다. 작품의 이미지는 정신분석 과정에서처럼, 꿈이나 환상, 공상, 공포, 갈등, 유년기 기억 등의 자료와 마찬가지로 다루어진다(Naumburg, 1966).

강조점은 치료로서의 미술(art as therapy)이지, 미술을 도구로 쓰는 심리치료가 아니다. 따라서 치료 접근은 무의식을 포함한 정신과정을 알아가는 데 기반을 두지만, 치료 책략은 무의식적 자료를 밝히는 것이라든가 무의식적 의미를 해석하는 것에 있지 않다. 그보다, 미술치료는 자아를 강화하는 주된 방법이며 정체감 발달을 돕고 성숙을 촉진하는 방법이다. 미술치료의 주된 기능은 미술의 힘에서 볼 수 있는데, 힘든 상황에서 붕괴되거나 어리석은 방어수단을 사용하지 않고도 잘 기능할 수 있는 정신조직을 발달시키는 것이다(Kramer, 1971).

미술치료는 다양한 배경을 가진 사람들이 모인 분야인데, 이들은 다른 사람을 돕기 위해 미술을 사용하는 방법을 고안하거나 발견했다. …… 비록 나는 미술치료를 수년간 공부하고 실시했지만, 내게 가장 중요했던 경험은 재료를 사용해서 내 이미지 흐름을 발견하고 따라가는 것이었다. …… 미술작업을 통해 나는 문제를 해결했고, 고통을 누그러뜨렸으며, 상실과 실망을 직면했고, 나 자신을 깊게 알게 되었다. 나는 미술작업을 나의 영적 행로라고 생각한다. 그리고 이 행로는 모든 사람에게 가능하며, 살아가는 데 필요한 재능 이상의 '재능'은 필요로 하지 않는다(Allen, 1995).

미술치료사들은 이미지 속의 상징을 찾고 내담자로 하여금 자신들의 내면을 더 잘 이해하도록 돕고자 한다. 그런 뒤 새롭게 발견한 내면의 자기와 외부 현실을 통합하도록 돕고, 이러한 변화가 치료 상황 바깥의 일상생활에서의 대인관계 행동에도 영향을 미치기를 기대한다. 그러므로 미술치료란 자기표현과 이해가 섞인 것이다(Oster & Gould, 1987).

미술치료는 감정을 교류하는 자기표현의 방법으로 미술을 사용하는 것이다. 미술치료에서는 외부 기준에 의해 평가되는 미적인 완성품을 만드는 것이 아니다(Liebmann, 1986).

단순하게 말하면, 미술치료란 전문 미술치료사의 도움으로 미술재료를 사용해서 자기 표현과 성찰을 하는 것이다(Wood, 1998).

이상에서 살펴보았듯이, 미술치료란 미술과 치료, 그리고 그 둘의 결합을 알면 가장 잘 이해할 수 있다. 미술치료는 '미술'이라는 방법과 '치료'라는 목적을 가진다. 미술치료에서 미술이 목적이 아니라 치료가 목적인 것은 분명하다. 중요성을 이야기하라면 동일한 무게를 지닌다 할 수 있지만, 미술과 치료는 각기 방법과 목적으로서 자리매김한다. 미술이 방법이라는 뜻은 과정(process)을 포함하는 의미로서의 방법이며, 단순한 기법(technique)의 의미는 아니다. 미술이라는 큰 이름 아래 미술매체와 창작 과정, 감상이 하나의 축으로 씨실을 형성한다면, 치료 서비스를 제공받는 대상자의 문제를 규명하고 평가하며 치료계획과 절차를 수립하고 치료적 개입을 실시하는 것이 날실처럼 또 다른 축을 형성하고 있다.

4. 미술치료의 분류와 명칭

미술치료 분야가 성장하면서 치료의 대상이나 방식, 혹은 강조점에 따라 보다 세부적인 용어가 사용되었다.

표 1-1	미술치료의 분류와 명칭
분류 기준	명칭
대상	• 아동 미술치료(child art therapy) • 청소년 미술치료(adolescent art therapy) • 성인 미술치료(adult art therapy) • 가족 미술치료(family art therapy) • 의료 미술치료(medical art therapy)
방식	• 개인 미술치료(individual art therapy) • 집단 미술치료(group art therapy) 　– 개방집단(open group) 　– 폐쇄집단(closed group)
치료 강조점	• 표현 미술치료(expressive art therapy) • 창조적 미술치료(creative art therapy)
범위	• 예술치료(arts therapy) • 미술치료(art therapy)

대상에 따른 분류

미술치료를 받는 대상이 누구냐에 따라 미술치료의 명칭은 다섯 가지로 나뉜다. 대상이 아동인 경우 아동 미술치료, 청소년인 경우 청소년 미술치료, 가족을 대상으로 할 경우에는 가족 미술치료라고 부른다. 성인 미술치료는 잘 사용하지 않는 표현이지만, 아동이나 청소년을 대상으로 한 미술치료와 구분해서 분류할 때 사용된다. 신체 질병으로 병원에 입원한 환자들을 대상으로 할 경우에는 의료 미술치료라고 한다. 의료 미술치료(medical art therapy)라는 용어는 Malchiodi가 1993년 논문에서 처음 사용하기 시작했는데, "신체에 병이 있거나 심각한 후유증을 앓는다든지 수술이나 방사선 치료와 같은 힘든 치료를 받는 사람들에게 미술표현과 이미지를 사용해서 고통을 경감시키고 건강을 증진시키는 것"으로 정의하고 있다(Malchiodi, 1993). 의료 미술치료와 혼동되기 쉬운 용어로는 임상미술치료(clinical art therapy)가 있다. 임상미술치료는 Landgarten(1981)이 처음 사용한 용어로서, 그 의미는 미술심리치료(art psychotherapy)와 동일하다. 즉, 미술을 사용하는 심리치료라는 뜻이다. 임상미술치료라고 하면 병원에서 환자들을 대상으로 하는 미술치료라는 인상을 주기도 하는데, 이는 우리나라에서 병원을 지칭할 때 '~클리닉'이라는 표현을 많이 쓰기 때문이다. 하지만 Landgarten이 사용했던 임상미술치료의 정의로는 병원 장면이나 환자에만 국한되는 것은 아니며 미술을 사용한 심리치료를 지칭하는 표현이라 할 수 있다.

방식에 따른 분류

미술치료도 심리치료나 상담과 마찬가지로 1:1 방식으로 실시하기도 하고, 집단으로 실시하기도 한다. 미술치료사와 내담자가 1:1로 만나 치료를 할 때는 개인 미술치료이며, 집단으로 할 때는 집단 미술치료라고 한다. 집단이 계속 진행되는 중간에 새로운 집단원이 들어올 수 있게끔 하는 경우를 개방집단이라 하고, 처음 시작한 집단원들만으로 끝까지 가는 경우를 폐쇄집단이라 한다.

치료적 강조점에 따른 분류

치료적인 강조점에 따라서 표현 미술치료와 창조적 미술치료로 부른다. '표현'이나 '창조적'이라는 말은 미술치료 앞에 붙여서 그 성격을 강조하는 용어다. 이러한 용어는 미술치료의 두 선구자가 끼친 영향을 보여 주는 것이기도 하다. 표현 미술치료는 Naumburg의 정신을, 창조적 미술치료는 Kramer의 정신을 이어받았다. 그래서 표현 미술치료라고 하면 미술을 통해 나타나는 내면의 상태와 그것을 이해하는 과정에 무게중심이 실리고, 창조적 미술치료라 하면 승화와 창조성을 주된 치료기제로 사용한다.

이 용어를 사용했던 곳은 미국 내 몇몇 대학과 대학원들인데, 미국 내 약 40여 개의 석사과정은 대부분 미술치료학과 혹은 미술치료 전공으로 명칭을 사용하지만, 경우에 따라 '표현 미술치료(expressive art therapy)'라고 하거나 '창조적 미술치료(creative art therapy)'라는 명칭을 사용했다.

현재에는 치료적 강조점을 나타내는 두 용어는 예술치료를 지칭할 때 주로 사용된다. 즉, '표현 예술치료(expressive arts therapy)'와 '창조적 예술치료(creative arts therapy)'라는 용어로 사용된다. 이는 다양한 예술 양식을 사용하는 것이 심리 내면의 표현과 창조성을 더욱 촉진한다는 경험에 기반한 결과다. 다양한 예술 장르를 결합했음을 강조하기 위해서 '치료'라는 단어도 복수 형태로 사용하기도 한다(expressive arts therapies, creative arts therapies).

범위에 따른 분류

예술(arts)에는 미술과 음악, 무용/동작, 시, 드라마 등 여러 가지 분야가 있다. 미술치료만을 언급할 때에는 단수형 명사를 사용해서 art therapy라 하고, 미술치료를 포함하는 더 큰 유목으로 예술치료를 가리킬 때는 arts therapy라는 복수형 명사를 사용한다. 예를 들면, 전문학술지인『심리치료에서의 예술(The Arts in Psychotherapy)』은 미술치료, 음악치료, 사이코드라마 등 여러 예술치료 분야를 망라한 논문들이 실리는 국제적인 학술지이기 때문에, 복수형으로 arts라고 이름 붙였다.

5. 미술치료의 장점

미술치료는 미술을 사용하기 때문에 얻게 되는 장점들이 있다(Ulman, 1992; Wadeson, 1980).

첫째, 이미지를 사용한다는 점이다. Naumburg나 Wadeson이 미술치료의 첫 번째 장점으로 지목한 것은 바로 '이미지'가 있다는 점이다. 꿈이라든가 환상과 같은 내적 경험은 언어적인 형태보다는 이미지와 같은 모습으로 나타나므로 말을 사용할 때보다 이미지로 표현할 때 더 직접적인 표현이 가능하다. 또한 이미지는 우리가 무엇을 느끼고 어떻게 반응하는가에 큰 영향을 준다. 미술치료사 Lusebrink(1990)는 이미지가 몸과 마음을 연결해 주는 다리일 뿐 아니라 의식적인 수준에서의 정보처리와 신체에서 일어나는 무의식적인 생리적 변화를 연결해 주는 다리이기도 하다고 했다. 그래서 이미지를 떠올리고 향유하는 것만으로도 그 이미지가 가진 영향력을 누릴 수 있는 것이다. 몸이 아픈 사람들이 마음속으로 그 아픈 부위를 낫게 해 주는 치료 광선을 떠올리고 몸을 광선에 쬐는 이미지를 상상하면, 실제로 이들의 몸이 치료에 긍정적인 변화를 보인다. 인간관계에서 어려움을 겪을 때 상대방을 떠올리고 이미지상에서 관계의 변화를 먼저 시도하면 실제로 만났을 때에도 훨씬 더 감정적으로 안정될 수 있다. 외상 환자들에게 무거운 주제를 다루거나 긴장이 될 때 이완하는 이미지를 떠올리도록 하는 것도 자주 사용하는 미술치료 기법이며(Cohen, Barnes, & Rankin, 1995), 암 환자들을 대상으로 유도된 심상(guided imagery) 기법을 사용해서 이미지를 떠올리도록 하는 미술치료도 효과적인 것으로 보고되었다(Baron, 1989).

그림 1-3에 소개된 작품은 필자의 내담자가 '사과나무에서 사과를 따는 사람'

그림 1-3
사과나무에서 사과를 따는
사람

을 그린 것인데, 백 마디 말을 하는 것보다 더 내면의 환상을 잘 보여 주고 있다. 그림을 그린 사람은 십대 중반의 여학생으로 똑똑하며 생각이 많고, 대인관계에서 어려움도 많으며 냉소적인 면이 강하고 감정을 다루기 어려워했다. 그 학생에게 사과를 따는 것이 무엇이든 간에 결코 쉽게 느껴지지 않는다는 것이 그림의 이미지에서 두드러진다. 나무는 쉽사리 사과를 주려 하지 않고, 사과를 따는 사람도 다른 사람을 밟고 올라가서 위태롭게 서 있다. 쉽지 않은 것이 어떤 것인지 이미지로 보여 주는 것 같다.

그림 1-4의 **a**~**d**는 '빗속의 사람'을 주제로 그린 그림이다. 비 내리는 환경 속에 있는 사람이라는 공통점에도 불구하고 비의 양이나 세찬 정도, 인물의 크기와 묘사 수준, 주변 환경 등에서 차이를 보인다. 결과적으로 그림의 이미지가 이렇게 다를 수 있다는 것을 볼 수 있다.

둘째, 비언어적이며 감각적인 자료를 사용한다는 점이다. 비언어적 자료가 중요한 이유는 감각경험의 성질 및 경험의 시기와 관련이 있다. 중요한 경험을 한 시기가 유 · 아동기로 거슬러 올라간다면, 이 시기에 경험한 것은 언어적으로 처리되거나 저장되어 있지 않다. 이 시기의 경험은 감각 수준에서 처리가 되며 비언어적으로 흔적을 남긴다. 따라서 이러한 시기의 경험에 접근하고 치료적으로 다루기 위해서는 언어가 아닌 감각적 통로가 중요하다.

셋째, 방어가 완화된다. 말을 할 때에는 생각이 많아지거나 머릿속에서 할 말을 고를 수 있다. 그러나 미술은 작업 과정에서 무엇인가를 고른다 하더라도 검열 과정이 더 느슨하므로 통제가 덜 된다. 그러므로 무의식적 자료를 그림으로 투사하게 되면 언어를 사용했을 때보다 더 쉽게 내적 검열을 피할 수 있으며 그 결과로 치료과정을 가속화시킬 수 있다.

넷째, 미술작품을 통해 자신을 객관화하고 대상화할 수 있다. 사고 과정이나 느낌은 정신 내적 과정으로 그 주체와 객체가 동일한 인물 속에서 진행되는 것이지만, 작품으로 만들면 주체와 객체가 나뉘게 된다. 객체가 된 미술작품은 그것을 만든 사람으로부터 떨어져 나와 객관화될 수 있고 대상화될 수 있다. 그리고 마치 거울처럼 그것을 만든 사람을 비춰 주게 된다. 스스로를 어떻게 생각하

그림 1-4
빗속의 사람

고 느끼며, 무엇을 원하고 어떤 갈등이 있는지 작품에 녹아서 표현되므로 내담자들은 자신의 작품을 통해 자기 모습을 바라볼 때 더 대상화해서 거리를 두고 보게 된다.

다섯째, 전이의 해소가 보다 용이하다. 미술치료사와 내담자, 미술작품은 삼각구도를 이루고 있기 때문에 치료사와 내담자가 만나는 이자(二者) 관계에서보다 더 거리를 유지할 수 있다. 또한 내담자들은 미술치료사에게도 전이를 형성하지만 자신의 작품에 대해서도 전이를 갖게 되므로 치료사가 개입해서 도울 수 있는 공간이 생긴다.

여섯째, 미술작품은 지속 가능하므로 치료와 변화의 순간을 보존해 준다. 그런데 작품 속에서 보존되는 것은 영화의 한 장면을 찍은 캡쳐 사진 같기보다는 전후 맥락과 의미가 함께 녹아든 주요 장면 사진과 같다. 시간이 흘러도 작품이 변하지 않고 남아 있기 때문에 치료가 종결된 이후뿐 아니라 치료과정에서도 도움을 받을 수 있다. 치료 여정은 거의 필연적으로 약간의 기복을 경험할 수밖에 없다. 예전보다 좋아진 경우라 하더라도 감정적으로 기복을 경험할 때 내담자들은 종종 "도대체 뭐가 달라졌는지 모르겠어요. 제가 좋아지기는 하는 것인지 모르겠어요."라고 말하며 실망하곤 한다. 그럴 때에 미술치료는 객관적이며 동시에 주관적인 자료로 존재하는 미술작품을 제시한다. 미술작품은 지속력이 있으므로 Naumburg가 언급했듯이 부인하지 않도록 도울 뿐 아니라, 치료가 지속되는 동안 변화의 흔적을 보여 준다. 그래서 미술작품은 미술치료사에게나 내담자에게 치료작업의 성과를 확인하고 다시금 마음을 가다듬을 수 있도록 용기를 주는 원천이 된다.

이러한 여섯 가지 장점에 더불어 최근에는 뇌과학과의 연계를 통해 미술치료의 장점을 입증하고자 하는 시도가 진행되고 있다(Kaplan, 2000; Perry, 2008).

뇌과학과 미술치료

뇌는 사람의 사고와 감정, 기억과 행동을 중재하고 처리한다. 뇌는 여러 층으로 이루어져 있는데, 신피질(neocortex), 변연계(limbic system), 뇌간(brain stem)으로 분류할 수 있다. 바깥쪽에 위치한 영역인 신피질은 생존에 직접적으로 관여하지는 않지만 인간을 특징짓는 고등 정신기능(사고와 인지)을 담당하며, 아래쪽에 위치한 뇌간은 단순하지만 생존에 관련한 기능(심장박동률과 체온조절)을 담당한다. 중간에 위치한 변연계는 생존에 다소 중요한 기능을 하는 기억과 정서를 담당한다. 변연계는 대뇌피질 바로 아랫부분에 있으면서 뇌의 중심부에서 원처럼 도는 회로를 총칭한다. 변연계에는 해마와 편도체, 시상하부, 뇌하수체 등이 있다. 대뇌피질이 생각과 사고 등 고등 정신활동을 하는 곳이라면, 변연계는 감정을 다루고 기억을 저장한다.

최근까지 축적된 뇌과학 연구 결과에 따르면, 정신적인 외상(trauma)에 관여하는 뇌 부위는 여러 부분이지만 특히 변연계가 중요하다는 것이다. 어린 시절에 겪은 극심한 스트레스 사건은 감각 기억으로 보존되는데, 변연계가 주된 저장소다. 생각이나 언어의 형태가 아닌 감각 자료의 형태로 저장되므로 우리가 그 부분에 도달해서 변화하기 위해서는 감각적인 수준에서 접근해야 한다. 흔히 "머리로는 아는데 마음이 되지 않는다."라고 하는 말이 바로 이러한 점을 나타내는 표현이다. 따라서 미술경험과 같이 비언어적이면서 감각적 경험이 중요하다. 심리적인 문제에서 진정한 변화는 '생각'만으로 가능하지 않고, 그것보다는 감정을 어루만지고 감각 수준에서 실제로 경험하고 체험하는 것이 필요하다.

표 1-2 변연계를 이루는 각 부분과 담당 기능

• 해마(hippocampus)
  의식적 기억, 언어적 기억, 특히 쾌감을 담당함.

• 편도체(amygdala)
  무의식적 기억, 감정적 기억, 공포나 분노를 담당함.

• 시상하부(hypothalamus)
  식욕과 성욕을 조절함.

• 뇌하수체(pituitary gland)
  여러 가지 호르몬의 생성과 방출을 관장함.

미술치료의 장점은 감각자료로 접근할 뿐 아니라 감정, 느낌, 정서에 직접적으로 영향을 준다는 것이다. 무엇인가를 창조하고 표현함으로써 정서를 표출하고 카타르시스를 경험하는 것은 매우 중요하다. 사람들은 아무리 머리로 깨닫고 알게 된다 하더라도 그 마음이 움직이지 않으면 진정으로 바뀌지 않는다. 중요한 변화는 마음에서 비롯된다. 내담자들이 변화를 일으키는 것은 느낌이나 정서에서 잔잔한 파장을 경험할 때다.

참고문헌

Allen, P. (1995). *Art is a way of knowing*. Boston, MA: Shambhala Publications.

Baron, P. (1989). Fighting cancer with images. In H. Wadeson (Ed.), *Advances in art therapy* (pp. 148-168). New York: Wiley.

Cohen, B., Barnes, M., & Rankin, A. (1995). *Managing traumatic stress through art: drawing from the center*. Baltimore, MD: Sidran Press.

Kaplan, F. (2000). *Art, science, and art therapy: Repainting the picture*. London: Jessica Kingsley.

Kramer, E. (1971). *Art as therapy with children*. New York: Schocken Books.

Landgarten, H. (1981). *Clinical art therapy*. New York: Brunner/Mazel.

Liebmann, M. (1986). *Art therapy for groups*. Cambridge, MA: Brookline Books.

Lusebrink, V. B. (1990). *Imagery and visual expression in therapy*. New York: Plenum Press.

Malchiodi, C. A. (1993). Medical art therapy: Contributions to the field of arts medicine. *International Journal of Arts Medicine, 2*(2), 28-31.

Naumburg, M. (1966). *Dynamically oriented art therapy: Its principles and practice*. Chicago, IL: Magnolia street publishers.

Oster, G., & Gould, P. (1987). *Using drawings in assessment and therapy*. Bristol, PA: Brunner/Mazel.

Perry, B. (2008). *Neurodevelopmental impact of art therapies.* Paper presented at the meeting of the American Art Therapy Association, Cleveland, OH.

Rubin, J. A. (1978). *Child art therapy.* New York: Van Nostrand Reinhold.

Ulman, E. (1992). Art therapy: Problems of definition. *American Journal of art therapy, 30,* 70-74.

Wadeson, H. (1980). *Art psychotherapy.* New York: John Wiley and Sons.

Wood, M. (1998). What is art therapy? In M. Pratt & M. Wood (Eds.), *Art therapy in palliative care* (pp. 1-11). London: Routledge.

미술치료의 역사

결국 미술은 인류의 심리적 욕구를 충족하기 위해 살아남을
것이다.

– Ulman, Kramer, & Kwiatkowska (1977)

제2장 미술치료의 역사

미술치료의 역사는 그리 길지 않다. 미술을 통해 인간의 내면을 이해하려고 했던 시도라든가, 미술활동을 할 때 주관적인 감정을 표현하거나 새롭고 창조적인 방식을 사용하도록 격려했던 역사까지 미술치료의 역사로 포함할 수 있다 하더라도 한 세기를 넘지 못한다. 대체로 미국이나 영국에서 미술치료의 역사를 언급할 때 1940년대를 독립된 미술치료 분야의 시작으로 본다(Ulman, Kramer, & Kwiatkowska, 1977). 이 장에서는 먼저 미술치료가 태동하기까지 토대가 어떤 것이 있었는지 간략하게 소개하고 미술치료가 시작되던 때의 상황을 살펴본 뒤에, 짧은 역사 동안 어떻게 이론적으로나 실제적으로 발전했는지 여러 가지 핵심 갈등과 논의를 중심으로 소개하고자 한다. 마지막으로 미술치료가 유관한 다른 분야들과 어떻게 차이가 나는지 비교했다.

1. 미술치료의 토대

미술치료는 미술 분야와 심리학 및 정신의학 분야의 흐름들이 만나 탄생했다. 미술의 영향을 경험한 역사를 논하자면, 문자가 발생하기 이전에 그림을 통해 의사소통을 하던 시기까지 거슬러 올라갈 수 있겠지만, 직접적으로 미술치료의 태동에 영향을 준 시대사조와 변화의 물결은 18세기 이후 미술 분야라고 볼수 있다.

미술

미술치료에 직접적으로 영향을 준 미술사조는 낭만주의, 표현주의, 초현실주의 및 아웃사이더 아트라 할 수 있다.

낭만주의

낭만주의 이전의 미술은 보이는 그대로 그리는 것에 치중했지만, 낭만주의는 보이는 것보다 느껴지는 것을 중요하게 여겼으며 객관적인 묘사보다 주관적인 표현을 중시했다. 이성보다 감성을 더 우위에 둔다든가 자기표현을 중대한 점은 분명히 미술치료의 정신과도 일맥상통하는 부분이다.

표현주의

표현주의는 20세기 초 독일권에서 일어났던 예술운동이다. 당시까지 전통적으로 내려오던 화풍—사실주의, 자연주의, 인상주의—과는 근본적으로 다른 표현기법이라 할 수 있다. 이전의 화풍들이 바깥의 대상을 어떻게 화면으로 옮기는가 하는 문제를 중심으로 접근했다면, 표현주의에 이르러서는 그 대상이 인간의 내면으로 바뀌었다. 사람의 내면에 존재하는 여러 감정을 어떻게 전달하고 표현하는가 하는 것이 표현주의의 주제였다. 표현주의는 20세기 초반의 시대상황과 맞물려서 불안하고 우울한 인간 내면을 표현하고자 했다.

표현주의 화가로는 일반인에게도 잘 알려진 Edvard Munch나 Paul Klee가 있으며 이들은 감추어진 인간 내면을 묘사하고자 했다. 표현주의 이후로는 다다이즘이나 신즉물주의, 바우하우스, 추상 표현주의 및 신 표현주의 등의 운동이 있었는데, 미술치료에 직접 영향을 준 것은 "내면의 감정을 표현한다."라는 표현주의의 정신이었다.

초현실주의

초현실주의는 내면을 표현하고자 하는 표현주의에서 더 나아가 내면의 깊은 무의식을 드러내고자 한 것이다. 초현실주의 역시 제1차 세계대전 후의 불안한 사회적 상황에 영향을 받았고 합리성을 추구하는 실용주의적이고 실증주의적인 사고에 대한 반동으로 일어났다. 초현실주의는 상상력을 중요시했고 꿈과 직관, 광기에 대해 관심을 가졌다. 이들은 진정한 예술은 자유로운 것이어야 한다고 믿었으며 예술에 가해진 도덕적이거나 미학적인 제약을 벗어나기 위해 노력했다. 이들은 무의식이야말로 자유롭게 하는 힘의 보고라고 여겼고 또한 이것이 예술의 원천이라고 믿었다. 보다 원시적이고 원초적이며 날것으로서의 상태에 도달하기 위해서 '오토마티즘(automatism)'이라는 기법을 창안했다. 이것은 Freud의 자유연상과 같은 상태를 만들기 위한 기법으로 미술적인 판단이나 생각, 계획으로부터 벗어나서 떠오르는 대로 즉각적으로 그리도록 하는 것이다. 그 외에 상식적이지 않은 화면에 정밀하고 사실적으로 묘사하는 기법을 사용함으로써 인간 내면의 비논리적이거나 비이성적인 면을 묘사하려고 했다.

아웃사이더 아트

아웃사이더 아트란 글자 그대로 주류와 정규적인 테두리에 들지 못하는 '아웃사이더들의 예술'이다. 처음에 아웃사이더 아트는 정신장애 환자들의 작품에 대한 소개와 관심으로 시작했다. Prinzhorn이 1922년에 출간한 『정신장애 환자들의 예술성(The artistry of the mentally ill)』에는 환자들의 다양한 작품이 실려 있는데, 대다수가 수년간 입원했던 조현병 환자들의 작품이었다. 이 책은 당시의 아방가르드 예술가들에게도 영향을 끼쳤는데, 그렇게 영향을 받은 화가 중에는 프랑스 화가인 Jean Dubuffet가 있다. Dubuffet는 제2차 세계대전 이후 정신장애 환자들 및 미술교육을 받지 않은 사람들의 미술작품을 모으기 시작했다. 이러한 사람들의 작품을 일컬어 아르 브뤼트(Art Brut)라는 용어를 만든 Dubuffet는 이후 스위스 로잔에 아르 브뤼트 미술관을 건립했고 그 미술관에 이들의 작품을 전시했다. 아르 브뤼트는 문화의 영향을 받거나 길들여지지 않고 날것으로서의 상태와 순수한 상태를 지칭하는 말인데, 이에 대응되는 영어가 아웃사이더 아트(outsider art)다.

아웃사이더 아트와 유사한 용어로는 독학미술(self-taught art)과 소박파/나이 브아트(naïve art)가 있다. 이러한 용어 역시 제도권의 미술 교육 테두리 내에서 미술을 배우지 않은 화가와 작품을 말한다. 대체로 이들의 그림은 어린아이의 그림처럼 솔직담백하고 단순한 경우가 많지만, Henri Rousseau의 그림처럼 평면적이지만 정교하고 개성이 강한 경우도 있다.

정신의학 및 심리학

미술치료라는 독립된 분야의 생성과 발전은 정신의학과 심리학의 발달에 힘입은 바가 크다. 이러한 분야는 인간을 어떻게 이해하며 인간이 가진 병을 무엇이라 보고 어떻게 접근해서 치료하느냐에 대한 답을 제시했다.

정신병에 대한 이해를 역사적으로 살펴보면, 무엇보다도 정신병을 초자연적 현상으로 여기고 두려워했던 사실을 볼 수 있다. 고대 원시사회에서 중세를 거쳐 15세기경까지 정신병은 귀신에 의한 것이거나 저주받은 것으로 여겨졌다. 그래서 정신병에 걸린 사람들을 열악한 환경에서 비인격적으로 대우하고 사회로부터 격리하고자 했다. 이후 정신병이 귀신에 들린 것이 아니라 질병이라는 의학적 주장이 나오기 시작했지만, 정신병 환자들을 묶고 있던 쇠사슬을 풀고 인간적인 치료를 하게 되기까지는 많은 세월이 소요되었다. 이후 정신의학에서 정신장애를 체계적으로 분류하고 그 특성을 규명하려는 연구 노력이 결실을 맺었고, 심리학의 발전으로 인간을 이해하고 전문적으로 치료할 수 있는 길이 열렸다. 그리하여 환자들을 보다 인격적으로 대우하고 환자들의 문제를 심리적인 관점에서 접근하며 변화시키고자 노력을 기울이게 되었다. 미술치료도 인간의 정신적인 문제를 심리적 관점에서 접근하고 변화시키려는 노력의 일환으로 탄생했다.

여러 가지 심리치료 접근들 중에서 미술치료가 독립된 분야로 탄생하기까지 가장 영향을 많이 끼친 것은 정신분석 이론이다. 정신분석의 가장 큰 공헌은 의식세계 외에 무의식세계가 있다는 것을 주장한 것이며, 무의식을 이해하고 의식하는 것을 중요하게 다루었다는 점이다. 무의식적인 정신 과정에서 상이한 원리에 따라 움직이는 힘들 간에 갈등이 있는데, 이러한 정신 과정을 이해하기 위해서 무의식적으로 저지르는 실수라든가 신경증적인 증상을 면밀히 살피며, 꿈에 나타난 상징을 이해하고자 했다. 그러한 맥락에서 미술작품도 특별히 관심을 끌었는데, 꿈과 마찬가지로 창조성이 깃든 예술작품은 억압된 것들이 상징적으로 드러나는 것으로 볼 수 있다.

Freud는 예술이란 그것을 만드는 사람이 '승화'라는 정신기제를 통해서 자신의 내면 갈등과 성적인 충동 혹은 소망을 변형시켜 다른 이들과 나눌 수 있는 새로운 종류의 대상으로 만든 것이라 보았다. 따라서 미술작품이란 그것을 만든 사람의 내면의 반영이며 상징적 표현이라 볼 수 있다.

Jung은 분석심리학을 통해 미술치료의 토대를 제공했다. Jung이 만든 '적극적 상상(active imagination)'은 사람들로 하여금 자신이 만든 이미지와 만나도록 돕는 방법이다. Jung은 이미지를 중요하게 생각했는데, 무엇보다도 이미지가 가진 개인적 · 집단적 메시지를 의미 있게 바라보았기 때문이다. Jung의 관점에서 보면 그림에 나타나는 이미지는 단순히 그것을 그린 개인의 억압된 소망이 변형된 형태로 나타나는 것이 아니다. 그보다 훨씬 더 큰 맥락에서 개인을 넘어서는 인간 정신의 풍부하고 깊은 세계가 연결되는 것이며, 이는 단순히 사고나 느낌으로 해독해 낼 수 있는 것이 아니다. 오히려 직관적인 방식으로 다가설 때 진정한 상징의 의미가 느껴지고 이해될 수 있다. 상징적 형태는 초월적 기능(transcendent function)을 가지고 있으며, 근본적이고 보편적인 인간 경험이 저장된 집단 무의식에 연결되게끔 하는 통로가 된다. Jung의 이론에서 원형(archetype)은 집단 무의식에 속한 것이며 근본적이고 보편적인 인간 경험을 담고 있으면서 마치 본능처럼 각 개인이 상속받은 정신의 일부라 할 수 있다.

Jung이 자주 언급했던 상징적 형태 중 하나는 만다라인데, Jung은 환자들이 만다라를 만들고 그리면 무의식을 의식하는 데 도움이 된다고 보았으며 「황금꽃의 비밀(The secret of the golden flower)」과 「개인화 과정의 연구(A study in the process of individuation)」에서 이를 다루고 있다. 오늘날 미술치료 분야에서 만다라를 자주 사용하는 것은 Jung의 분석심리학 전통에 힘입은 바가 크다.

Edwards(2004)는 미술치료에 끼친 정신분석의 영향을 다음과 같은 세 가지로
보았다.

● 미술치료의 구조와 조직에 영향을 주었다. 이를테면, 치료관계에서의 적절한
경계를 만들고 유지하는 것은 정신분석 이론에 바탕을 두고 있다.
● 치료과정을 이해하는 방식에 영향을 주었다. 특히 방어기제와 놀이, 전이, 역
전이 등의 개념은 정신분석 이론에 힘입어 미술치료과정을 이해하도록 해
준다.
● 내담자들이 만든 이미지를 해석하는 방식에 영향을 주었다.

정신분석 이론에 힘입어 미술치료는 무의식에 이르는 왕도로서 꿈과 비슷한
위치로 미술작품과 이미지를 올려놓았다. 작품에 대한 투사와 투사적 동일시,
공격적 에너지를 중성화시키고 변화시키는 과정으로서의 승화, 창조 과정에서
보이는 삼차 과정 등은 정신분석 이론에서 파생되어 미술치료 이론으로 자리매
김했다.

2. 미술치료의 시작

심리 내면의 변화를 촉진하는 데 미술의 힘을 사용하려는 시도는 1940년대를
전후로 미국에서 시작되었다. 미술치료계에서 선구자로 꼽히는 이는 Margaret
Naumburg와 Edith Kramer다. 이들은 미술치료가 다른 분야와 독립된 치료적 기
제와 의의를 갖는 분야로서 자리매김하도록 그 토대를 마련했다.

Margaret Naumburg(1890~1983)

Naumburg는 뉴욕의 독일계 유태인 집안에서 태어났다. 어린 시절에 제재가 많았던 탓에 Naumburg는 성장한 이후에 '다른 아이들은 자유롭게 해 주고 싶다.'라는 열망을 더 가지게 되었다고 한다. Naumburg는 다양한 영역을 공부했는데 John Dewey, Maria Montessori, Jacob Moreno로부터 교육학과 심리학을 공부하였고, Jung 분석가와 Freud 분석가에게 분석을 받았다. Naumburg는 1914년에 월텐 학교(Walden School)를 창립하였는데, 이 학교는 이후 선구적인 교육으로 명망이 높았다. Naumburg의 언니 Florence Cane이 미술교사로 일했던 학교도 바로 이 월텐 학교였고 이곳에서 아이들의 창조성을 북돋우기 위해 난화(scribble drawing)를 개발했다. Cane도 미술치료 초창기의 탁월한 미술치료사인데 그녀는 Naumburg와 달리 '치료로서의 미술(art as therapy)'를 추구하였으며 1951년 『우리 각자 안에 있는 미술가(The artist in each of us)』라는 책을 통해 난화 기법을 소개했다. Naumburg는 1916년에 결혼하여 아들을 낳았는데, 아들도 성장한 후 정신건강의학과 의사이자 정신분석가가 되었다.

Naumburg가 정신장애 환자들을 본격적으로 치료하기 시작한 것은 1941년 뉴욕주립정신병원장인 Nolan Lewis 박사를 통해서 병원에서 일하면서부터였다. 그녀는 신경증 및 정신증을 가진 환자들에게 정신역동적 접근의 심리치료를 하면서 미술을 사용했다. 자발적으로 떠오르는 이미지를 그리도록 하였고 그림을 두고 자유연상을 하도록 격려했다. 그리고 자신의 새로운 시도를 '역동적 접근의 미술치료(dynamically oriented art therapy)'라고 불렀다.

Naumburg는 1950년대에 뉴욕 대학교와 사회 연구를 위한 뉴스쿨(New School for Social Research)에서 미술치료를 가르쳤다. 이후 Naumburg는 저술과 강연을 통해 미술치료가 독립된 분야가 되게끔 노력했고, 관련 분야 전문가들이 미술치료를 이해하도록 도왔다.

Edith Kramer(1916~2014)

Kramer는 오스트리아 비엔나에서 1916년에 출생했다. 유럽이 제1차 세계대전의 영향하에 있던 시대였는데, 이후 1938년에 미국 뉴욕으로 이주하기까지 유럽에 거주했다. 보헤미안이었던 가족 덕분에 Kramer는 어려서부터 예술을 가까이할 수 있었다. Kramer는 미술치료를 하면서도 계속해서 창작 활동을 하는 화가였는데, 그렇게 할 수 있었던 데에는 예술적인 가족 분위기와 물려받은 재능, 그리고 미술교육의 영향이 컸다.

Kramer는 10세에 Friedl Dicker라는 화가 스승을 만나게 되었는데, Dicker는 독일 바이마르의 바우하우스(Bauhaus)에 소속된 사람이었다. 이후 Kramer는 13세 때부터 Dicker로부터 회화 수업을 듣기 시작했다. 그 수업 방식은 창의성을 부각하고 감각을 활성화하는 것이었다. 이를테면 그는 강약을 다르게 하면서 다양한 리듬을 들려주고 그 리듬에 맞추어 어떤 이미지들을 재빨리 그려 보도록 했다. 혹은 리듬을 들으면서 대나무가 쑥쑥 자라서 쭉쭉 뻗고 새로운 잎새가 생기는 이미지를 그려 보라고 하거나, 다양한 표면결을 떠올려 보고 그것을 그려 보라고도 했다. 이렇듯 회화적 요소를 분리해서 집중적으로 표현하도록 하기도 하고 혹은 통합하도록 함으로써 Kramer에게는 새로운 자극과 활력을 주었다.

청소년기의 Kramer에게 스승 Friedl Dicker는 중요한 인물이었다. 학교를 졸업하던 18세에 Kramer는 Dicker가 정치적 이유로 오스트리아를 떠나 프라하로 가게 되었을 때 그를 따라나섰다. Kramer는 Dicker의 수업을 보조하기도 하고 집안일을 하기도 하면서 가르침을 받았는데, 이후 그녀의 자전적 글에서 언급하기를 스승을 통해 자기 비판적인 훈련을 받았던 것이 훗날 자신을 예술가로서 지탱해 주었다고 회고했다. 또한 Dicker와 함께 프라하에 거주하던 시절에 체코 정부가 보호하던 정치 망명자들의 자녀들을 대상으로 미술을 가르치면서 미술이 사람의 정서적인 균형을 회복하도록 돕는다는 것에 확신을 가지게 되었다.

프라하에서 4년가량을 보낸 후 Kramer는 Hitler를 피해서 숙모가 계신 뉴욕으로 왔다. 이후 3년간 뉴욕의 리틀 레드 스쿨하우스(Little Red School House)라는 진보적인 학교에서 아이들과 나무를 조각하였고, 제2차 세계대전이 시작되었을 때에는 염색 공장에서 일하기도 했다.

Kramer는 프라하에 있을 때 Anni Reich 박사에게 정신분석을 받았는데 뉴욕에 온 이후에도 계속 분석을 받았다. 그 인연으로 알게 된 또 다른 정신분석가인 Viola Bernard 박사는 윌트윅 학교(Wiltwyck School)의 이사였고 Kramer를 추천해서 치료팀에서 공식적인 '미술치료사'로 함께 일하도록 했다. 윌트윅 학교에서 Kramer는 8~13세 비행남학생들을 만나 미술치료를 하였는데, '치료로서의 미술(art as therapy)'이 구체화된 시기가 바로 이때였다고 한다.

Kramer는 윌트윅 학교에서의 자신의 경험을 바탕으로 1958년 첫 번째 책인 『아동 집단에서의 미술치료(Art therapy in a children's community)』를 저술하였고, 이 책이 인연이 되어 Ulman을 비롯한 다른 미술치료사들과도 더욱 활발하게 교류하게 되었다. Kramer는 이후 뉴욕 자코비 병원(Jacobi Medical Center)의 아동 정신건강의학과 병동에서 미술치료사로 일했고 1971년 『아동 치료로서의 미술(Art as therapy with children)』을 저술했다.

미술치료 후학 양성은 첫 번째 책을 저술한 이후에 사회연구를 위한 뉴스쿨(New School for Social Research)에서 시작되었고, Naumburg와 함께 뉴욕 대학교에서 대학원 과정을 설립하고 가르쳤다.

Kramer는 창조 과정 자체에 깃든 치유적 속성과 통합력을 중요하게 생각했다. 미술치료사의 가장 중요한 목표가 내담자들로 하여금 창조적 작업을 통해서 만족감과 기쁨을 느끼도록 하는 것이며 그러한 경험이 의미 있고 가치 있는 것이 되도록 돕는 것이라 보았다. 승화는 미술작업이 치료적으로 되게끔 하는 가장 핵심적인 기제이며 Kramer의 이론의 핵심이기도 하다.

3. 미술치료의 발전

미술치료는 발전하면서 이론적으로나 실제적으로 훨씬 더 풍성해지게 되었다. 치료가 어떻게 이루어지며 무엇을 중요시하는가 하는 점은 미술치료사들 간에 서로 차이를 보였다. 대표적인 두 가지 입장은 Naumburg의 전통과 Kramer의 전통을 이어받은 것들이었다. 이들은 각기 '이미지를 통한 통찰'을 중요시하는 입장과 '미술 창작 과정'을 중요시하는 입장으로 나누어 볼 수 있다. 즉, 미술치료의 두 기둥은 '미술'과 '치료'인데, 어느 쪽에 무게를 더 싣느냐에 따라 강조점이 달랐다. 표 2-1에 제시한 바와 같이 미술치료가 발전하면서 나타난 학술적 논의는 미술과 치료가 어떻게 만나고 어떤 관계를 가지는가, 그러면서 미술치료가 무엇인가에 대한 논의였다고 할 수 있다.

표 2-1 강조점에 따른 미술치료 용어

강조점		
구분	치료	미술
1	미술심리치료(art psychotherapy) 치료 안에서의 미술(art in therapy) 임상미술치료(clinical art therapy)	치료로서의 미술(art as therapy)
2	임상적 접근(clinical approach)	작업실 접근(studio approach)
3	직업(profession)	사상(idea)

미술심리치료 vs. 치료로서의 미술

가장 먼저 사용된 용어는 미술심리치료(art psychotherapy)와 치료로서의 미술(art as therapy)이다. 미술심리치료라는 용어는 이후에 치료로서의 미술(art as therapy)에 짝을 이루는 표현으로 치료 안에서의 미술(art in therapy)이라고 불리기도 했다. Landgarten은 임상미술치료(clinical art therapy)라고 명명했는데 그 뜻은 미술심리치료와 동일하다(Landgarten, 1981).

미술심리치료는 치료 쪽에 강조를 두는 입장이며 미술치료에 대해 다음과 같이 설명한다.

> 미술치료에서 핵심적인 것은 마음의 구조를 이해하고 바꾸어 가는 심리치료다. 마음을 이해하기 위해서는 의식의 표면 위에 드러난 것뿐 아니라, 드러나지 않은 부분들에 접근할 수 있어야 하는데, 바로 그 과정에서 비언어적이며 상징적인 메시지를 담은 이미지를 사용한다. 여러 미술작업을 통해서 내면의 모습이 이미지에 투영되도록 하며, 생성된 이미지를 느끼고 이해하는 작업을 통해서 마음에 접근해 가도록 한다.

이에 비해 치료로서의 미술은 미술 쪽에 무게를 싣고 다음과 같이 말한다.

> 미술치료에서의 중심은 미술과정 자체에 있다. 미술작업에 고유한 여러 가지 속성들이 치료적으로 작용하는데, 대표적으로는 미술작업 과정에서 나타나는 승화 작용을 들 수 있다. 승화를 통해 삶 속에서 소화하지 못했던 부분들을 소화하게 되며 미술작업을 하는 사람의 자아 기능이 강화된다.

이 두 입장은 미술치료의 양쪽 극단을 보여 주는 것으로, 서로 본질적으로 다른 종류의 것은 아니며 실제에 있어서 미술치료회기는 두 지점 사이를 오가며 시행된다. 현재까지 정리된 바를 보면, 미술은 그 자체로 치료적 과정이 되기도 하고, 혹은 치료의 도구나 견인차 역할을 하기도 한다. 그러므로 '치료'든 '미술'이든 어느 하나를 버리거나 소외시키게 되면 더 이상 미술치료라고 할 수는 없다. 하지만 '치료'와 '미술'을 둘러싼 논쟁은 더욱 커졌는데, 그 이유는 다음 질문에 답하기 위해서였다.

"도대체 미술치료는 어떻게 치료가 되는가?"

　　"미술치료에서 미술이란 무엇인가?"

　　미술치료 분야에서 '어떻게 치료가 되는가.'라는 주제는 1982년 미국미술치료
협회 학술대회에서 열띤 논쟁으로 달아올랐다. 이후 자격증을 제도화하기 위해
교육 커리큘럼을 정비하는 과정에서 미술심리치료 쪽으로 기울어지는 듯한 경
향이 있었다. 그러나 두 이론적 입장들 중 어느 한쪽으로 기울어지게 되면서 그
에 따른 부작용이 생겼고 자성적인 비판이 뒤따랐다. 그 대표적인 예가 임상화
증상이다.

임상화 증상

　　임상화 증상(clinification syndrome)은 미술치료 내에서 임상기술이 주된 초점
이 되고 창조 과정과 미술작업은 덜 중요해지는 현상을 지칭한다(Allen, 1992).
이 용어를 만든 Allen은 미술치료계의 경향을 분석하면서, 미술 쪽 배경을 가진
미술치료사들이 자신에게 익숙치 않은 심리용어와 정신장애 진단 및 처치에 과
도하게 몰입한 나머지 임상 지식과 기술을 익히는 것만 중요하게 생각한다고 꼬
집었다. 그리고 그러한 현상이 미술치료사의 교육 및 수련 방향에서부터 실제
치료현장과 개입 방법에 이르기까지 광범위하게 발견된다고 했다.

　　먼저 치료현장에 나타난 현상을 보면, 전반적으로 미술작업에 깊이가 없어졌
다. 임상적 관심이 중요해지면서 미술작품은 환자/내담자를 평가하고 분석하는
자료로 사용되었고, 미술작업도 소홀히 다루게 되었다. 미술작업은 제한된 재
료와 제한된 시간 아래 진행되는데, 이를테면 제공되는 미술재료는 간단하고 기
본적인 것들로 크레파스나 연필, 마카, 파스텔 등만 있었고, 미술작업 시간도 대
개 50~60분 정도로 제한이 있다. 따로 미술치료를 시행할 수 있는 장소가 있
는 경우도 있지만, 복지관이나 재활시설, 병원에서 시행되는 미술치료는 환자들
이 식사하는 장소인 경우가 많다. (테이블과 의자가 있고, 식사 시간 외에는 별로 활
용되지 않아서 그런 것 같다. 필자도 인턴을 하면서 이러한 환경에서 수련을 받았기에

Allen의 지적에 공감한다.) 주어진 재료나 환경적 제약이 별것 아니라고 할 수도 있겠지만, 미술작업에 영향을 미치는 작업 분위기를 무시할 수는 없다. 어쨌든 이러한 모든 조건은 임상화 증상과 맞물려서 내담자든 미술치료사든 진정으로 깊이 있는 미술작업에 몰두할 수 없게 된다.

미술치료시간에 작업 주제를 정할 때에도 진단적 문제를 드러내는 주제나 가벼운 이야기를 이을 수 있는 주제를 주는 것도 일종의 임상화 증상이다. 그렇게 나온 작품은 회화적인 측면에서 상당히 엉성하거나 초보적인 수준에 머물며, 그림 내용에는 깊이가 없고 단순한 메시지만 나타난다. 어쩌면 그런 작품들은 그림으로 굳이 그리지 않아도 자신이 알 수 있을 법한 내용이다. 그림에 깊이가 없다 보니, 역설적이게도 사람들은 그러한 그림에 무엇인가 숨어 있는 의미를 찾기 위해서 '해석'하려 들게 된다. 이것은 임상 신드롬의 또 하나의 측면으로서, 미술작품을 내담자/환자가 가진 문제와 이슈를 이해하고 평가하는 데 주된 도구로 사용하려 한다는 것이다. 이러한 방식을 몇 번 접해 본 내담자나 환자들은 '대충 그린 뒤에 설명하는 방식'을 당연하게 여긴다. 미술치료사 역시 말로 반응함으로써 치료적 개입을 하려 한다. 그러면서 어느새 미술치료가 작품의 해석과 토론에 치중하게 되었다.

한편 교육 과정에서 나타난 임상화 증상을 보면, 진단과 치료개입에 대한 임상 지식을 습득하는 데 초점을 더 맞추게 되고 미술치료가 생겨난 초창기보다 미술작업 자체를 소홀히 하게 되었다. 미술치료사가 되겠다는 학생들이 자기 스스로가 깊이 있는 미술작업을 체험하지 못했기 때문에, 그들 자신도 내담자와 환자를 만나서 깊이 있는 미술작업으로 인도하지 못하는 악순환이 발생한다.

이러한 전반적인 경향을 임상화 증상이라고 하는데, 임상화 증상을 단순하게 말하면 미술이 단지 도구로 사용되는 경향이다. 이렇듯 임상 장면에서 필요한 기술을 습득하는 것이 주된 초점이 되면서 미술치료사들 스스로가 미술작업을 하는 것에 대해서는 중요하지 않게 생각하는 분위기가 생겼다는 것은 진지하게 돌아보아야 한다. Moon(1998)은 미술심리치료에 대해 비판하면서, 미술치료라고 하지만 그저 주된 도구로 미술을 사용할 뿐, 치료에서의 궁극적 목표는 '말로 표현하는 것'과 '통찰'로 보는 것이 아니냐고 지적했다. 그렇게 되면 그림에 나타난 이미지를 볼 때에도 병리적인 특성과 연결 짓게 되고 증상의 출현이나 진단 범주를 평가하기 위한 자료로만 이용하게 되어 이미지가 가지는 힘을 상실하게 된다. 그러한 지적에 대해 미술심리치료는 겸허하게 돌아보고 '미술'이 가지는 원래의 생명력을 회복해야 할 것이다.

치료로서의 미술에 대한 비판

미술 쪽에 무게를 싣는 치료로서의 미술(art as therapy)에 대한 비판을 살펴보면, 그리거나 만드는 미술작업이 어떻게 치료가 될 수 있는가 설명하거나 증명하라는 요구가 있었다. 미술치료가 그저 레크리에이션의 일종이거나 혹은 심심한 환자들의 시간 보내기 작업은 아닌지, 아니면 고급 취미 생활을 돕는 미술교육이 아닌지에 대해 의문이 제기되었다. Ulman(1992)은 Naumburg와 Kramer의 두 접근을 비교하면서 Naumburg 편에서 바라보면 Kramer는 미술치료사라기보다는 미술교사라고 언급했다. 만약 미술교사가 아니라 미술치료사라면 어떤 차이점이 있는지 밝히는 것이 중요하다고 볼 수 있다. 더 나아가 미술이라는 것이 미적 감각과 기술, 예술성을 자극하는데, 이러한 특성이 어떤 환자나 내담자들에게는 자극적으로 작용해서 마음이 더 동요하게 되는 것은 아닌가, 혹은 그림의 이미지나 과정 때문에 자극을 받아서 마음에 위협감을 느끼게 되는 것은 아닌가 하는 의문도 제기되었다(Henley, 1995).

임상적 접근 vs. 작업실 접근

두 번째 구분인 임상적 접근(clinical approach)과 작업실 접근(studio approach)은 미술치료의 초점을 치료에 둘 것인지 혹은 미술에 둘 것인지에 따라 나뉘는 개념으로 그 두 가지 입장이 보다 극대화된 것이다. 임상적 접근은 미술심리치료와 그 기본 맥락을 같이 하며, 사람의 심리를 파악하고 문제 이유를 밝히며 변화를 촉진하는 도구이자 매개체로 미술을 사용한다. 그에 비해 작업실 접근은 치료로서의 미술에 충실하며 미술이 가진 고유한 창조 과정을 중요시하고 실제 미술작업이 충분히 이루어지도록 한다.

작업실 접근은 미술작업실에서 시간의 제한 없이 원하는 때에 창작 과정에 몰입해서 충분히 작업할 수 있도록 하며, 이를 옆에서 돕는 치료 전문가이자 미술 전문가로서 미술치료사가 존재한다. 이러한 접근이 반드시 화실 같은 분위기에서 이루어지는 것은 아니지만 이상적인 형태의 하나로 McGraw(1995)의 논문에 소개된 치료방식을 예로 들 수 있다. McGraw는 오하이오주 클리블랜드시에 위치한 메트로 병원(Metro Health Medical Center)에서 미술치료사로 일하면서 미술 스튜디오(The Art Studio)라는 이름으로 미술치료를 실시했다. 첫 시작은 1967년이었으며 미술치료를 작업실 접근으로 하는 것이었다. 월요일부터 토요일까지 미술작업실이 개방되어 있고 원하는 환자들은 언제든지 와서 작업을 할 수 있다. 주로 신체장애를 가진 환자들과 의학적 문제를 가진 환자들을 대상으로 하는데, 예를 들면 휠체어를 탄 사람들은 바닥에 넓은 종이를 깔아 두고 휠체어에 물감을 묻혀서 바퀴자국을 남김으로써 그림을 그린다. 미술작업실은 병원 7층에 마련되어 있고 다양한 미술재료가 갖춰져 있어서 원하는 재료를 선택하고 자유로운 분위기에서 마음껏 미술작업을 할 수 있다. 미술작업을 원하는 시간에 원하는 만큼 할 수 있는 열린 공간이 제공되고, 요청하면 기법이나 기술도 가르쳐 준다. 규칙은 단순하게 두 가지인데 환자는 자기 자신이나 다른 사람을 상해할 수 없다는 것, 그리고 다른 치료시간과 겹치게 와서 그림을 그릴 수는 없다는 것이다. 작업실에는 월요일부터 토요일까지 미술치료사가 상주하지만, 때로 회의나 개인 면담으로 자리를 비우기도 하므로 미술작업에 참여하는 환자들은 어느 정도 독립적으로 작업실을 사용할 책임이 있다. 참여하는 환자들의 대다수가 충분한 조절력과 통제력이 있고 자신이 겪는 신체적 장애와 투병생활을 견딜 수 있는 자아강도가 있다. 하지만 병과 관련해서 고통이나 불안, 답답함, 좌절, 우울함과 같은 여러 가지 정서적인 어려움을 겪는데, 이러한 어려움을 말없이 조용히 돌아볼 수 있는 어떤 심리적 공간이 필요하다. 그래서 이 환자들에게 제공되는 미술치료는 그 핵심이 미술과 미술작업 자체에 있다.

이와 같은 방식의 작업실 접근이 보편적인 것은 아니다. 병동에서 촉진적인 분위기에서 커다란 작업실을 가지고 일하는 미술치료사는 미국 내에서도 많지 않다. 대부분 병동에서 일하는 사람들은 작은 사무실이나 혹은 다용도 목적실에서 환자를 만난다. 그러다 보니 작업실 접근을 하고 싶어도 제한적인 면이 있다. 반면에 병원이나 요양기관이 아닌 곳—예를 들어, 학교나 상담센터 등—에서 일하면서 작업실을 갖춘 미술치료사들은 내담자들의 상상력과 창조성을 더 촉진할 것이다. 그러므로 임상적 접근이냐 작업실 접근이냐 하는 구분은 미술치료사들이 만나는 대상자들의 특성과 일터의 환경이 어떠한가에 따라 영향을 받기도 한다. 물론 미술치료사의 치료적 관점과 믿음, 개인의 선호에 더 영향을 받을 것이다.

중요한 것은 이 두 가지 접근이 서로 배타적인 분류라기보다 연결선상의 양 꼭짓점 같은 구분이라는 점이다. 따라서 임상적 접근을 하는 미술치료사들은 작업실의 창조성과 상상력, 낭만을 잊지 말아야 하고, 작업실 접근을 하는 미술치료사들은 문제 중심적 접근과 사례 개념화에 친숙해져야 할 것이다.

직업 vs. 사상

마지막 논쟁은 비교적 최근에 이루어진 것으로 미술치료가 '직업(profession)'이냐 '사상(idea)'이냐 하는 것이다. 이러한 구분은 이제까지의 논의와 다소 동떨어진 것처럼 보이지만, 사실은 '미술심리치료'와 '치료로서의 미술'이라는 오래된 주제의 변용이다.

미술치료를 '사상'이라고 보는 입장은 치료로서의 미술에 대한 믿음이 보다 더 확대된 것이다. 미술을 사랑하고 즐기며 미술을 통해 표현하고 나누다 보면 마음의 어떤 부분들이 치유된다. 마음이 병든 사람들이 즐기거나 사랑하거나 표현하는 능력에 어려움이 많다는 것을 인정하더라도 말이다. 이러한 믿음을 가진 사람들은 미술치료가 '직업'이라기보다는 '사상'이라고 본다(Lachman-

Chapin, 2000). 그래서 Lachman-Chapin*과 같은 미술치료사들은 "미술치료사란 자아를 표현하는 일에 열심인 예술가다."라고 했다. Lachman-Chapin은 미술치료가 당면한 직업-사상 논쟁에 대해 이야기하면서, 결국은 '편재성(ubiquitous)'과 '제외성(exclusionary)'이라는 두 단어로 요약할 수 있다고 보았다. 어디에나 있을 경우에는 그에 대한 반응으로서 제외하고자 하는 특성이 생긴다는 것이다. 미술이 특정 영역에 묶인 것이 아니라 어디에나 있기 때문에 미술 전문가들은 그에 대한 반응으로 무엇인가를 제외함으로써 전문적인 미술을 발달시켰다. 마찬가지로 미술치료도 어떤 형태로든지 가능하기 때문에, '직업'으로 한정 지음으로써 폭 좁은 전문성을 발달시키려 한 것이 아닌가 지적했다. 그러므로 미술의 치유적인 능력에 대한 믿음이 있다면 굳이 자격증으로 제한할 필요는 없다고 했다.

　그에 비해 '직업'이라고 하는 입장은 미술치료가 가지는 전문성을 강조하는 것이다. 어떻게 하든지 미술은 치료적으로 도움이 된다는 소박한 믿음으로 시행하다가는 오히려 내담자들에게 해를 끼칠 수도 있다고 본다. 내담자들의 안녕과 회복을 위해서는 미술치료사를 자체적으로 검증하고 관리할 필요가 있다는 것이다. 다시 말하면 미술치료사가 되기 위해서는 전문기술이 필요하며 이를 훈련하고 검증하는 과정과 자격 요건, 그리고 일정한 규준이 있어야 한다는 것을 의미한다. 그러한 관리와 감독을 통해 치료 분야에서의 책임감 있는 행동을 할 수 있고 하나의 전문 영역으로 자리매김할 수 있다.

4. 미술치료의 번성

　미술치료 분야는 미술치료 사례와 치료적 효과를 입증하는 여러 연구로부터

---

　* Lachman-Chapin은 미국 버몬트 대학교에서 미술치료 주임교수를 역임했고, 시카고의 병원에서도 일했으며, 개인치료소를 운영하다가 은퇴했다. 『이구동성 미술치료(2판)』(주리애 역, 학지사, 2012)라는 미술치료 이론서에서 '자기심리학과 미술치료' 장을 썼다.

경험적인 증거가 축적되는 한편 이론적인 정립이 다듬어지고 세분화되면서 크게 번성하였다. 앞서 살펴본 미술 중심의 미술치료와 치료 중심의 미술치료는 이론적 정립에서도 표 2-2와 같이 다양한 접근 방식을 제시한다.

표 2-2 미술치료 접근 방식

강조점	구분	접근 방식
치료	정신역동적 미술치료	• 프로이드 학파의 미술치료 • 융 학파의 미술치료 • 대상관계 미술치료 • 자기심리학적 미술치료
	인본주의적 미술치료	• 영적 미술치료 • 실존적 미술치료 • 인간중심 미술치료 • 마음챙김 미술치료 • 자기초월적 미술치료 • 현상학적 미술치료 • 포커싱 미술치료 • 게슈탈트 미술치료 • 아들러 학파의 미술치료
	발달적 미술치료	• 발달적 미술치료 • 미술교육적 접근
	인지행동적 미술치료	• 인지행동적 미술치료 • 행동주의적 미술치료 • 변증법적 행동치료에 기반한 미술치료 • 도식치료에 기반한 미술치료
	통합적 미술치료	• 통합적 미술치료 • 절충적 미술치료
미술*	미술재료 차원	• 표현치료 연속선
	미술과정 차원	• 표현 • 창조성 • 승화

* 표현치료 연속선은 제8장에 소개되었고, 표현, 창조성, 승화는 각각 제4장, 제5장, 제6장에 소개되었다.

치료에 강조점을 두는 미술치료사들은 각각의 심리치료 이론에 정통한 미술 치료사를 중심으로 미술을 사용하는 심리치료적 접근에 대한 이론적 입장을 다 듬고 심층적으로 소개하였다(Rubin, 2001). 정신역동적 미술치료, 인본주의적 미 술치료, 발달적 미술치료, 인지행동적 미술치료 및 통합적 미술치료가 소개되었 는데, 각각의 심리치료 이론은 기본개념과 인간관, 병인론이 동일하게 유지되면 서 치료방법이나 접근에서 있어서 미술을 적극적으로 사용한다는 점을 중심으 로 변화되고 확장되었다.

한편, 미술에 강조점을 두는 미술치료사들은 미술의 고유한 속성에서 비롯 되는 특성을 바탕으로 이론을 정립하였다. 미술재료 차원에서 여러 변수를 고 려하는 '표현치료 연속선'과 미술과정 차원에서 '표현' '승화' '창조성'을 고려하 는 것으로 나눌 수 있다. 표현치료 연속선은 미술재료에 한정되는 이론이 아니 지만, 이 책에서는 미술재료 차원에 속하는 것으로 정리하였다. 이는 Kagin과 Lusebrink(1978)가 표현치료 연속선은 미술매체와의 상호작용 위계 수준을 말 한다고 한 점에 근거한다. 미술매체는 미술활동에 사용되는 모든 재료를 뜻하 므로 표현치료 연속선의 상위범주를 미술재료 차원이라 명명하였다.

정신역동적 미술치료

정신역동적 미술치료는 정신분석 이론과 분석심리학에 이론적 뿌리를 두 고 있는 미술치료 접근이다. 이론적인 측면에서 정신분석적 입장이 분명했던 Naumburg는 말할 것도 없고, 미술 중심의 미술치료 접근을 정립한 Kramer도 자신의 치료적 기반으로 정신역동적 입장을 가지고 있었다. 미술작품에 드러 나는 이미지와 미술과정에서 경험하는 승화 과정은 정신역동 접근에서 가장 중 요한 핵심 개념이다. 치료 장면에서 이미지의 중요성을 강조한 것은 Sigmund Freud와 Anna Freud로 거슬러 올라간다. S. Freud는 환자들이 꿈을 설명하 기 어려운 이유가 이미지로 꿈을 꾸기 때문이라고 했고, A. Freud는 아동을 대 상으로 한 정신분석에서 그림 그리기가 무엇보다 도움이 된다고 언급했다.

Naumburg는 한층 더 나아가 환자가 자발적인 미술표현을 통해 무의식적 이미지를 분출하는 것을 중요시했고, 치료과정에서 이미지를 통해서 의사소통하는 상징적 대화가 이루어진다고 보았다. Jung도 그림에 나타나는 이미지를 중요시했으며 이미지가 그 자체의 생명력을 지닌다고까지 보았으므로 적극적 상상과 같은 기법을 사용해서 이미지와의 대화를 진행했다.

이미지와 승화 외에 정신역동적 미술치료에서 중요한 개념은 치료관계에서의 변화인데, 치료사와 내담자의 일대일 관계가 아니라 '치료사-내담자-미술작품'으로 이루어진 삼각관계가 만들어진 것이다. 그렇게 형성된 관계는 '삼각으로 된 잠재적 공간(a triangulation around the potential space)'이 된다(Wood, 1984). 이는 Winnicott의 잠재적 공간(potential space)에서 더 나아간 개념이며, 삼각구도의 그 공간에서 내담자는 자신의 창조물에 대해 심리적 거리를 가지고 스스로를 돌아보며 통찰을 얻게 된다.

미술작품은 내담자가 만든 창조물이지만 완성된 순간 독립적인 하나의 대상이 된다. 그래서 미술작품이 내담자의 감정과 생각을 담아주는 그릇(container)의 역할을 할 수 있으며, 그 사람에게 중요한 '대상'이 되어 줄 수 있고, 그 사람이 맺는 관계의 양상을 비춰 주는 거울이 될 수 있다.

인본주의적 미술치료

인본주의적 미술치료는 정신역동적 이론과 다른 인본주의적 입장에서 미술치료에 접근한다. 병이나 증상에 초점을 맞추기를 거부하며 무비판적 분위기, 창조적 역량, 통합에 대한 강조를 바탕으로 개개인의 성장을 도모한다. 인본주의적 미술치료가 탄생한 배경에는 미술치료 분야가 지나치게 심리적인 문제 중심으로 기울었다는 자성적 목소리가 있다(Ault, 1977). 임상화 증상(clinification syndrome)이라는 용어를 만들어서 그 문제를 지적한 Allen(1992)은 미술치료의 정수는 창조적인 역량과 전체로서의 인간이해에 있다고 보았다. 이후 Allen은 영성에 초점을 맞춘 영적 미술치료 분야를 개척해 나갔고, 믿음미술치료평가법

(Belief Art Therapy Assessment: BATA)을 만든 Horovitz(2002)도 영적 미술치료 접근을 하면서 내담자들이 미술치료를 통해 삶 속에서 영적인 측면에 주목하도록 도왔다.

실존적 미술치료는 개인의 실존에 궁극적인 관심을 두면서 미술작업의 창조적 과정과 이미지를 사용해서 근본적인 물음에 접근하고자 한다. 이 접근에서는 고통과 고뇌, 고군분투하는 과정은 삶에서 피할 수 없는 것으로 보면서 내담자의 과거보다는 앞으로 그 사람이 하게 될 선택에 초점을 맞춘다. 미술은 그 과정에서 캔버스로 된 거울(canvas mirror) 같은 역할을 한다(Moon, 2009).

인본주의적 흐름에서 중요한 또 하나의 접근은 인간중심 미술치료다. 이 접근에서는 Carl Rogers의 인간중심 이론에 근거해서 무조건적 수용, 공감적 이해, 일치성을 바탕으로 내담자와 미술작업을 해 나간다(Silverstone, 2009). Carl Rogers의 딸인 Natalie Rogers(2007)는 미술과 음악, 동작과 춤을 결합해서 인간중심 표현예술치료를 창안했다. 인간중심 미술치료는 모든 인간에게는 성장하고자 하는 욕구가 있으며 주변의 공감과 경청, 이해와 수용을 통해 자신의 삶의 방향을 스스로 찾아갈 수 있다고 믿는다. 그러한 성장과 치유를 촉진하고 이루어 내는 원동력은 각 사람의 내면에 있는 창조적 능력이다. 사람들은 누구나 창조적으로 태어났고, 어린 시절 아이들은 자연스럽게 공상 놀이를 하면서 자란다. 안전하고 지지적인 환경이 주어진다면, 어른이든 아이든 혹은 어떤 연령의 사람이라 하더라도 자기 안의 창조적 힘을 끌어 낼 수 있다. 수용적이고 무조건적이며 자발적인 환경에서 창조적 과정은 의미 있는 이미지로 나타나는데, 이미지를 인간중심 방식으로 탐색하면 그 이미지를 통해 대화가 시작되고 우리가 억누르고 있던 내면의 이야기를 들려준다.

21세기에 접어들면서 명상과 요가 및 마음챙김에 대한 관심이 높아졌고, 마음챙김 미술치료(mindfulness-based art therapy)와 자기초월적 미술치료 접근이 새롭게 주목받기 시작했다. 이는 미술작업을 하면서 명상과 요가, 알아차림을 비롯한 마음챙김을 병행하는 것이다. 이 분야의 미술치료는 의료 미술치료로서도 널리 사용된다. 구체적인 예로는 암 환자에게 마음챙김 미술치료를 실시해서 고통이 감소하고 삶의 질이 향상되었다는 연구가 있다(Monti et al., 2006).

그 외에 다양한 인본주의적 접근이 미술치료와 결합되면서 확대 발전되었다. 현상학적 미술치료, 포커싱 미술치료, 게슈탈트 미술치료, 아들러 학파의 미술치료는 각각의 심리치료 이론에 기반해서 미술치료를 한다.

발달적 미술치료

발달적 미술치료 접근에서 핵심은 발달단계를 파악하고 그에 따라 치료적으로 개입하며 궁극적으로 미술발달이 심리적 발달을 이끌도록 한다는 점이다. 이 접근은 내담자에게 발달상의 지연이 있거나 퇴행이 두드러진 경우에 주로 사용하는데, 내담자가 머무르는 발달단계에서 그다음 단계로 성숙할 수 있도록 세심하게 지지하고 지원함으로써 내담자가 점진적으로 심리적 발달을 이루도록 도모한다. 발달적 미술치료에서 가장 중심이 되는 이론은 Lowenfeld의 미술발달단계이론이며(Lowenfeld & Brittain, 1975), 해당 이론의 단계별 특징과 유관한 인지적 발달 단계를 이해하기 위해 Piaget의 발달단계 이론, 심리사회적 발달단계를 이해하기 위해 Erickson의 발달단계 이론 등을 통해서 내담자에 대한 종합적인 이해를 꾀한다.

미술교육적 접근은 감각 경험과 조형 활동을 통해서 심리적 성장을 도모한다. 19세기의 미술교육이 사실주의적인 묘사와 균형 잡힌 아름다움을 구현하는 것에 초점을 두었다면, 20세기 이후의 미술교육은 개인의 내적세계를 표현과 창의적인 표현에 중요성을 부과했다. 이러한 경향은 감정의 표현과 작업 과정에서의 경험을 중요시하는 미술치료와 결합하였고, 치료와 교육의 시너지 효과가 발생하게 되었다. 지난 20여 년간 미술관 방문과 미술치료를 결합하여 심리건강의 회복을 도모하는 '미술관 테라피'가 활발하게 진행되었는데(Kaufman et al., 2014; Klorer, 2014; Lister et al., 2009; Parashak, 1997; Peacock, 2012), 이는 미술교육적 미술치료의 정수를 잘 보여 주는 것이라 할 수 있다.

인지행동적 미술치료

인지행동적 미술치료(Cognitive-Behavioral Art Therapy: CBAT)는 인지행동치료와 미술치료가 결합된 접근이다. 내담자의 감정이나 행동에 부정적인 영향을 미치는 파괴적인 사고 패턴을 찾아내어서 이를 변화시키는 것이 핵심이다. 인지행동치료에 미술을 결합했을 때 가장 크게 도움이 되는 부분은 내담자의 생각과 신념을 깊이 있게 탐색할 수 있다는 점이다. 개인의 신념 체계인 구성개념(construct)은 쉽게 드러나거나 파악하기가 어렵기 때문에 언어적 진술에만 의존하지 않고 미술작업과 같은 비언어적 표현을 살펴보았을 때 이해의 폭을 더 넓힐 수 있다. 인지행동적 심리치료에서 사용하는 다양한 인지행동 기법에 미술작업을 결합하고자 하는 시도는 꾸준히 이어져 왔다. 단계적 둔감화의 과정에서 이미지를 떠올리거나 그 내용을 그림으로 그리도록 한다든가, 범람법이나 노출법의 내용을 그림으로 그리도록 하는 것이 대표적인 예다(Rosal, 2018).

행동주의적 미술치료는 행동주의 원리에 기반하여 보상과 강화, 소거, 조성 등을 사용하며, 구체적인 지시와 절차를 통해 미술치료개입을 사용한다. 최근에는 변증법적 행동치료(Dialectic Behavior Therapy: DBT)에 기반한 미술치료 접근과 Young의 도식치료(schema therapy)에 기반한 미술치료 접근도 시도되고 있다.

통합적 미술치료

특정한 이론적 입장을 고수하는 경우가 아니라면 대부분 통합적 입장에서 미술치료에 접근하게 된다. 미술치료사는 자신이 만나는 내담자에게 가장 적합하고 유효한 미술치료 접근을 찾아가면서 어느 하나의 이론적 입장을 더 선호하게 되기도 한다. 그러나 대부분의 경우 다양한 심리치료 이론을 적절하게 가감해서 절충주의적인 입장으로 내담자를 치료한다.

표현치료 연속선

표현치료 연속선(Expressive Therapies Continuum: ETC)은 미술매체를 사용하는 미술치료의 특성을 강조하며 출현한 이론이다. 미술매체를 사용하는 것은 다른 어떤 심리치료에도 없는 특징이다. 그로 인해 발생하는 미술매체와의 상호작용은 ① 운동감각적–감각적 수준, ② 지각적–정서적 수준, ③ 인지적–상징적 수준, ④ 창조적 수준으로 이루어진다. 이러한 각각의 수준은 미술매체가 어떻게 다른 방식으로 사용될 수 있는지 이해하는 틀을 제공하며, 정보처리와 발달적 위계에 대한 종합적 관점을 제시한다.

5. 미술치료와 다른 분야 간 비교

이제까지 미술치료의 역사에 대해 두 가지 입장에 관한 논의를 중심으로 시간 순서를 따라 종단적으로 살펴보았다. 이번에는 미술치료의 위치를 정리하기 위해 다른 인접 분야와 비교하며 살펴보기로 한다. 미술치료와 유사하거나 인접 분야로서 중첩되는 면이 있는 분야들을 비교하면 다음과 같다. 이 분야들은 좋은 자극을 제공하는 치료로서 아로마테라피나 애완동물치료, 미술교육, 음악이나 동작을 사용하는 표현예술치료, 작업치료 등이 있다.

좋은 자극을 제공하는 치료와의 비교

패션에 유행이 있는 것처럼 치료도 유행이 있는 것 같다. 대중의 관심이나 요구에 의해 생기기도 하고, 때로는 먼저 생겨서 대중을 이끌기도 하는 게 유행의 특징이다. 20세기가 필요에 의해 치료가 생긴 시대였다면, 21세기는 매일매일 생겨나는 신(新)치료법이 대중의 관심을 끄는 시대다. 새로운 치료법 중 사람의 마음에 작용해서 좋은 효과를 주는 치료법을 살펴보고, 어떤 점에서 미술치료와 근본적인 차이점이 있는지 정리해 보고자 한다. (사람에게 도움이 되지도 않으면서 효과를 과장 광고하는 류의 사이비 치료법은 논의에서 제외한다.)

　독자들은 아로마테라피(향기치료)나 애완동물치료에 대해 들어 보았을 것이다. 이러한 치료법들은 위안과 휴식, 좋은 감각경험을 제공한다. 그래서 우울하거나 심신이 지친 사람들에게 도움이 된다. 그런데 이러한 치료법과 미술치료는 바로 사람의 내면에 있는 '마음'을 바라보는 시각에서 차이가 있다. 미술치료는 자극과 반응 간 마음의 존재를 중요시하고 이를 변화시키려 하는 반면, 아로마테라피는 자극과 반응 간의 마음의 존재를 중요시하지 않는다. 그보다는 좋은 자극으로 좋은 반응을 일으키려 한다. 물론 반응으로 나타나는 것도 '마음'이다. 그러므로 우리는 여기서 '반응'으로서의 마음과 '심리 내면의 정신 과정'을 의미하는 마음을 구분해야 할 것 같다. 자극과 반응 간 매개자로서의 '마음'은 심리 내적인 정신 과정을 의미한다. 그에 비해 일반적으로 우리가 "마음이 안 좋아."라거나 "우울해."라고 할 때의 '마음'은 '반응'으로서의 마음이다. 대개는 감정상태를 지칭할 때가 많은데, 이러한 감정상태는 내적인 정신 과정의 결과로 발생한 산물(product)로 볼 수 있다.

　그러므로 이렇게 정리할 수 있다. 아로마테라피에서도 마음을 바꿔 주려고 노력한다. 미술치료에서도 마음을 바꾸기 위해 노력한다. 그런데 이때 말하는 마음은 반응(R)으로서의 마음이다. 그렇다면 내적인 정신 과정으로서의 마음에

(a) 환경은 마음의 중재를 거쳐 반응으로 연결된다

(b) 환경이 직접적으로 반응을 이끌어 낸다

그림 2-1　환경과 반응 간 '정신 과정'으로서의 마음의 유무

대해서는 어떠한가? 아로마테라피는 좋은 자극을 제공해서 좋은 결과를 얻는 것을 생각하지, 그 자극을 받아들이고 그 결과 무언가를 느끼는 사람 내면에 존재하는 그 사람만의 '마음'에 대해서는 그다지 고려하지 않는다. 그에 비해 미술치료는 심리 내면의 정신 과정에 대한 관심이 가장 중요한 초점이다. 비록 이 분야의 영역이 넓어지면서 좋은 자극을 제공하는 것으로서의 미술치료도 포함하게 되었지만 말이다. 그리고 그러한 자극을 제공하는 미술치료라 하더라도, 비언어적 의사소통을 통해 접근하고 이해하며 발달과업을 성취하거나 변화시키려고 하는 대상은 '반응'이 아니라 그 사람의 내면 정신 과정으로서의 마음이다.

요약하자면 아로마테라피와 같은 치료법에서 관심을 가지는 것은 반응(R)의 변화인데, 이 변화를 위해 어떤 좋은 자극을 줄 수 있는가에 대해 오래된 노하우를 가지고 있다. 우울의 정도가 가볍다면, 좋은 자극을 제공해 주고 기분이 전환되는 것만으로 충분하다. 굳이 감기 걸려 기침하는 사람에게 폐렴약을 쓸 필요가 없는 것과 같다.

그런데 오래된 노하우조차 없으면서 '치료'라는 이름을 붙이는 분야들은, 치료에 영향을 끼치는 심리적인 기제가 분명하지 않고 효과를 입증하는 방법론이 모호하며 직관적인 의견이 주를 이루거나 소수의 경험적인 증거가 바탕이 되기 때문에 설사 효과가 있다 하더라도 대부분이 가짜 효과(pseudo-effect)일 가능성이 높고 결과가 안정적이지 않아서 신뢰하기가 힘들다. 그저 가벼운 시류나 유행이라고 거리를 두고 지켜볼 수도 있지만, 마음의 치료에 대한 이해가 없는 일반인들에게는 미술치료까지 같이 묶여서 오해받을 소지가 있으므로, 어떤 부분에서 어떻게 차이가 있는지, 미술치료를 왜 치료라고 하는지 정리할 필요가 있다.

미술교육과의 비교

좋은 교육은 지식과 지혜를 가르칠 뿐 아니라 사람의 심성에 좋은 영향을 미친다. 심리치료 분야와 가장 많이 유사하고 중첩되는 영역을 꼽으라면, 아마도 교육 분야를 들 수 있을 것이다. 미술치료와 미술교육의 경우에 더욱 그러한데, 동일한 방법으로 미술을 사용할 뿐 아니라 '성장'과 '발달'이라는 큰 목표 아래에서 이 두 분야는 함께 갈 수 있다. 연관된 분야의 경우에 서로 협력하고 컨소시엄을 만들어 가는 것이 생산적이라는 보고가 많은데, 각각의 분야가 어떤 부분에서 어떻게 차이가 나는지 명확하게 할수록 상호협력 과정은 더욱 심화될 수 있을 것이다.

미술교육과 미술치료는 어떻게 차이가 나는가? 우선 미술치료에 비해 미술교육이 훨씬 더 역사가 길고 오래되었다. 그래서 이론도 다양하고 영역이 넓은 만큼, 미술교육 내에서 상담적 효과나 심리치료적 효용성을 논의한 경우도 있었다. 지금은 사용되지 않는 용어인데, '미술교육 치료(art education therapy)'라는 용어는 그러한 배경에서 나왔다(Lowenfeld & Brittain, 1957). 이 용어는 미술을 교육함으로써 사람의 마음에서 막힌 부분을 풀어 주며 새롭게 힘을 더해 줄 수 있고, 그래서 심리치료적 효과를 거둘 수 있음을 소박하게 표현한 말이다. 이 용어가 사라진 것은 미술치료 분야가 독립적인 전문 분야로 자리매김하면서부터다.

미술교육과 미술치료가 실제 진행되는 모습을 보면 겉보기에 동일한 것처럼 보일 수 있다. 두 분야 모두 사용하는 재료도 동일하며, 개방적인 접근을 할 수도 있고 지시적으로 접근할 수도 있기 때문이다. 그러나 두 분야는 본질적으로 매우 다른 분야다(Rubin, 1978). 무엇보다도 가장 큰 차이점은 '목적'에 있다. 미술교육의 목적은 '심미 교육(esthetic education)'에 있고, 미술치료의 목적은 '치료'에 있다. 예를 들어, 미술치료시간에 콜라주 기법을 가르치는 것은 기법 그 자체를 익히도록 돕는다 하더라도 콜라주 작품을 만드는 것이 목적이 아니라 콜라주 과정을 통해 성취하고자 하는 심리적인 치료목표 때문이다. 목적이 다르기 때문에 미술치료사와 미술교사의 주 관심사가 다르고, 이들이 한 시간의 회기(혹은 수업시간)를 사용해서 얻는 정보와 분석 방식도 다르며, 전체 과정과 성취 방식이 필연적으로 차이를 보일 수밖에 없다.

다른 표현예술치료와의 관계

무용/동작치료나 음악치료, 사이코드라마 등은 모두 표현예술 분야를 치료의 주된 도구이자 과정으로 사용한다. 그 기본 구조는 인간의 문제를 이해하고 심리적 기제의 변화를 꾀함으로써 궁극적인 문제해결을 지향하는 것이다. 따라서 미술치료와 다른 표현예술치료와의 관계는 서로 다른 방법을 사용할 뿐 내면에 있어서는 근본적으로 동일하다고 할 수 있다. 이들은 모두 비언어적 의사소통 통로를 사용하고 표현을 격려하며, 표현 과정과 내용을 통해 인간 내면을 이해하고자 애쓰고, 창조적 과정에서 변화의 에너지를 불러일으킨다.

각각의 표현예술치료 분야가 발전하면서 두 분야 이상을 결합하는 움직임도 생겨났다. 미술치료와 사이코드라마를 결합하여 '사이코드라마적인 미술치료(psychodramatic art therapy)'가 탄생했다. 이는 미술치료사이자 심리치료사, 사이코드라마 지도자로서 15년간 공부하고 수련했던 Peterson(1989)이 창시했다. 놀이치료와 미술치료를 결합한 Levinson(1986)의 APT(Art and Play Therapy)도 있다. Levinson은 화상을 입은 아동들을 치료하면서 두 분야를 결합했다.

작업치료

작업치료는 신체장애인이나 정신장애인이 여러 가지 작업을 통하여 사회에 다시 복귀할 수 있도록 돕는 치료법이다. 작업치료는 미술치료 이상으로 다양한 측면을 가지고 여러 양상을 띠기 때문에 매우 포괄적인 개념이 될 수 있다. 그래서 둘 간의 구분이 어려울 수도 있지만, 두 분야의 목적과 치료사들의 개입, 그리고 치료시간에 만든 작품의 내용을 살펴보면 차이가 나타난다. 미술치료는 개인의 창조 과정을 돕고 이미지를 생성하여 심리 내적인 힘을 강화하고자 한다. 그에 비해 작업치료는 참여한 사람들의 기능을 회복하고 적응력을 높이기 위해 여러 가지 작업을 한다. 작업치료사는 완성품을 만들도록 직접 도와주며 독려하는 반면, 미술치료사는 특별히 치료적 목적이 없는 한 직접적인 도움을 자제하는 편이다. 대체로 작업치료시간에 만든 것들은 '무엇인가 소용이 있는 물건들(장식품으로서의 장식 목적을 포함)'이며, 미술치료시간에 만든 것은 '의미를 부여하지 않으면 무슨 소용이 있는지 알기 힘든 물건들'이 많다. 이러한 차이점에 대해서는 Kramer도 지적했는데, 작업치료가 '유용하고 예쁜 것'을 만든다면, 미술치료는 '상징적인 것'을 만드는 것이라고 비교했다(Kramer, 1971). 작품을 지칭하는 용어에 있어서도 차이를 보인다. 작업치료에서 만드는 것은 공예품(craft)인 경우가 많고, 미술치료에서는 작품(artwork)이라고 부르며, 공예품을 만드는 경우가 거의 없다. 필자의 경험을 돌이켜 보아도 비슷하다. 필자는 작업치료사가 근무하는 곳에서 미술치료 인턴을 했다. 우리는 동일한 사람들을 대상으로 미술치료 집단을 운영했는데, 작업치료사는 화-목 이틀을 했고, 필자는 월-수-금 사흘을 했다. 우리는 작품만 보더라도 어느 시간에 만든 것인지를 알 수 있었는데, 작업치료사가 인도한 집단에서 미술활동을 할 경우에는 무엇인가 소용이 될 만한 물건이나 장식이 화려한 공예품을 많이 만들었다.

참고문헌

Allen, P. (1992). Artist in residence: An alternative to "clinification" for art therapists. *Art Therapy, 9*(1), 22-29. DOI: 10.1080/07421656.1992.10758933

Ault, R. (1977). Are you an artist or a therapist?: A professional dilemma for art therapists. *Proceedings of the 1976 Annual AATA Conference: Creativity and the art therapist's identity* (pp. 53-56). Baltimore, MD: AATA.

Edwards, D. (2004). *Art therapy*. London: Sage Publications.

Henley, D. (1995). A consideration of the studio as therapeutic intervention. *Art Therapy, 12*(3), 188-190. DOI: 10.1080/07421656.1995.10759158

Horovitz, E. G. (2002). *Spiritual art therapy: An alternate path* (2nd ed.). Springfield, IL: Charles C Thomas.

Kagin, S. L., & Lusebrink, V. B. (1978). The expressive therapies continuum. *The Arts in Psychotherapy, 5*, 17-180.

Kaufman, R., Rinehardt, E., Hine, H., Wilkinson, B., Tush, P., Mead, B., & Fernandez, F. (2014). The effects of a museum art program on the self-concept of children. *Art Therapy, 31*(3), 118-125. DOI: 10.1080/07421656.2014.935592

Klorer, P. G. (2014). My story, your story, our stories: A community art-based research project. *Art Therapy, 31*(4), 146-154. DOI: 10.1080/07421656.2015.963486

Kramer, E. (1971). *Art as therapy with children.* New York: Schocken Books.

Lachman-Chapin, M. (2000). Is art therapy a profession or an idea? *Art Therapy, 17*(1), 11-13. DOI: 10.1080/07421656.2000.10129438

Landgarten, H. (1981). *Clinical art therapy.* New York: Brunner/Mazel.

Levinson, P. (1986). Identification of child abuse in art and play products of the pediatric burn patients. *Art Therapy, 3*(2), 61-66. DOI: 10.1080/07421656.1986.10758825

Lister, S., Tanguay, D., Snow, S., & Miranda D'Amico, M. (2009). Development of a creative arts therapies center for people with developmental disabilities. *Art Therapy, 26*(1), 34-37. DOI: 10.1080/07421656.2009.10129316

Lowenfeld, V., & Brittain, W. L. (1957). *Creative and mental growth.* New York: Macmillan.

McGraw, M. (1995). The art studio: A studio-based art therapy program. *Art Therapy, 12*(3), 167-147. DOI: 10.1080/07421656.1995.10759154

Monti, D. A., Peterson, C., Kunkel, E. J., Hauck, W. W., Pequignot, E., Rhodes, L., & Brainard, G. C. (2006). Randomized, controlled trial of mindfulness-based art therapy (MBAT) for women with cancer. *Psycho-Oncology, 15*(5), 363-373. DOI: 10.1002/pon.988

Moon, B. L. (1998). *The dynamics of art as therapy with adolescents.* Springfield, IL: Charles C Thomas.

Moon, B. L. (2009). *Existential art therapy: The canvas mirror* (3rd ed.). Springfield, IL: Charles C Thomas.

Parashak, S. T. (1997). The richness that surrounds us: Collaboration of classroom and community for art therapy and art education. *Art Therapy, 14*(4), 241-245. DOI: 10.1080/07421656.1987.10759292

Peacock, K. (2012). Museum education and art therapy: Exploring an innovative partnership. *Art Therapy, 29*(3), 133-137. DOI: 10.1080/07421656.2012.701604

Peterson, J. (1989). The marriage of art therapy and psychodrama. In H. Wadeson, J. Durkin, & D. Perach (Eds.), *Advances in art therapy* (pp. 317-335). New York: Wiley Interscience Publication.

Rogers, N. (2007). 인간중심 표현예술치료: 창조적 연결(이정명, 전미향, 전태옥 역). 서울: 시그마프레스. (원저 1993년 출판)

Rosal, M. L. (2018). *Cognitive-behavioral art therapy: From behaviorism to the third wave.* New York: Routledge.

Rubin, J. A. (1978). *Child art therapy.* New York: Van Nostrand Reinhold.

Rubin, J. A. (2012). 이구동성 미술치료 2판(주리애 역). 서울: 학지사. (원저 2001년 출판)

Silverstone, L. (2009). 인간중심 미술치료(주리애, 이재현 역). 서울: 학지사. (원저 1997년 출판)

Ulman, E. (1992). Art therapy: Problems of definition. *American Journal of Art Therapy, 30,* 70-74.

Ulman, E., Kramer, E., & Kwiatkowska, H. Y. (1977). *Art therapy in the United States.* Craftsbury Common, VT: University Park Press.

Wood, (1984). The child and art therapy: A psychodynamic viewpoint. In T. Dalley (Ed.), *Art as therapy* (pp. 62-81). London: Tavistock.

미술치료의 이론

미술이란 무엇인가

내가 미술작업을 했을 때 느낀 친밀함과 직접적인 느낌 덕분에,
나는 지적인 객관성으로부터 자유로울 수 있었다.

– Bruce Moon (2003)

제3장 미술이란 무엇인가

"미술이란 무엇일까?"

"미술과 미술이 아닌 것은 어떻게 다른가?"

"화가가 그린 미술작품과 미술치료시간에 환자가 그린 그림은 무엇이 다르며 혹은 무엇이 같은가?"

"미술이 정말 치료적이라면, 왜 유명한 화가들 중에는 정신적인 문제로 고통받은 사람이 많은가?"

"왜 어떤 사람은 그림을 그리는데도, 마음의 문제가 풀리지 않는가? 단순히 미술치료사 앞에서 그림을 그리지 않았기 때문인가?"

이러한 질문은 단순하지만 대답하기가 쉽지 않은 것들이다. 이 장에서는 미술이란 무엇인가에 대해서 이미지를 중심으로 생각해 보고, 미술의 본질을 살펴본 뒤, 치료가 되는 미술작업과 치료적 미술작품이라는 주제로 현재까지 미술치료계에서 논의된 바를 정리하기로 한다.

1. 미술이란 무엇인가

미술이란 '볼 수 있는 형태로 무엇인가 나타나도록 창조하는 것'이다.

미술에서 주된 감각 양식은 시각이다. 만약 시각을 사용하지 못하는 경우라면 다른 감각만 사용한 것도 미술이 될 수 있다. 미술치료사들이 시각장애인을 대상으로 미술치료를 했던 경우도 있었다. 찰흙과 같이 손으로 만져서 느낄 수 있는 재료들을 사용했고, 감각경험을 통해 생생한 감정을 불러일으켰으며, 감정을 이해하고 그것이 해소되도록 도왔다. 청각과 결합해서 복합 감각을 사용하게끔 제시하는 경우도 있는데, 그렇다 하더라도 미술에서 주된 감각 양식은 시각이다.

시각

시각은 강력한 감각이다. 사람의 시감각은 그 정보를 처리하는 뇌의 구조 또한 복잡하게 발달했을 정도로 고도의 감각이다. 시각에 관여하는 부위는 신경체계와 망막, 외측슬상핵, 상구, 시각피질 등이다. 눈으로 들어온 시각 정보는 망막에 상으로 맺히고 시신경을 통해 일부는 상구로 가고 대부분은 외측슬상핵을 거쳐 시각피질로 전달된다. 우리가 무엇을 본다고 했을 때 그것은 명암의 지각, 대상과 형태의 지각, 색채 지각, 크기와 깊이의 지각 등 다양한 영역의 정신 기능이 사용되는 것이다. 출생 시에 인간의 시각은 미성숙하지만 전혀 볼 수 없는 것은 아니며 일반 성인의 약 1/30 정도 수준이다(Flavell, 1990). 아기는 빛과 어두움을 구분할 수 있는데, 명암 차이를 변별해 내는 능력은 보잘것없지만 생후 6개월 동안 상당히 향상된다. 대략 생후 3개월이 되면 크기와 모양, 형태에 따라 대상을 구별하며 생후 6개월이 되면 크기 항상성과 모양 항상성을 획득해서 대상을 지각해 낸다.

색채 지각은 생후 2개월이 되면 가능해지는데, 색맹을 가진 성인이 변별할 수 없는 것을 할 수 있는 수준이다. 3개월경이 되면 성인의 색채 지각과 비슷해질 정도로 생후 첫 3개월 동안 빠른 속도로 발달이 이루어진다.

시각은 복잡하고 고도로 발달된 감각인 만큼 다른 감각보다 시각 정보를 더 우선시하기도 한다. 두 가지 예를 들어 보자.

청각 vs. 시각

'백문이 불여일견(百聞不如一見)'이라는 말처럼, 시각은 청각보다도 더 강력한 자극이 될 수 있다. 우리가 인간관계에서 인상을 형성할 때 즉각적으로 사용하는 정보는 대부분 시각적인 것들이다. 얼굴의 생김새라든가 표정, 사람의 행동과 자세를 보고 상대방에 대해 인상을 형성한다. 더 나아가 대화를 진행할 때에도 사람들은 상대방의 진심을 느낄 수 있는 감각으로 시각을 선택한다. 사회심리학 연구에 따르면, 우리가 대화를 하면서 말 자체의 의미를 신뢰하는 것은 30% 내외라고 한다. 시각적인 정보가 청각적인 정보보다 더 중요하다는 것은 이미 1970년대 사회심리학 연구에서 입증된 바 있다. Mehrabian(1972)의 연구에 따르면, 사람들이 대화를 할 때 진실한 감정이 무엇인지 판단하는 경로로 말 자체는 7%에 불과하고, 청각 경로(말 내용을 제외한 음성 정보로서 목소리 톤이라든가 억양, 리듬, 말소리의 크기 등을 지칭한다)는 38%, 그리고 시각 경로는 55%에 해당했다. 다른 연구자들 중에는 감정을 읽거나 판단할 때 말의 내용이나 청각적인 정보보다 시각적인 정보가 압도적 우위에 있다고 보고한 사람들도 다수였다(Sears, Peplau, & Taylor, 1988).

신체 감각 vs. 시각

놀이공원의 '착각의 집' 같은 장치는 시감각과 신체감각을 경합시킨 것이다. 원통처럼 된 긴 터널에 길이 있는데, 약간 기울어져 있다. 그런데 길이 기운 방향으로 원통도 돌고 있어서 실제보다 훨씬 더 기운 것으로 보이게 된다. 그 길을 걸어가면 대부분 넘어질 것 같이 느끼는데 실제로 그 길의 경사는 그다지 심하지 않다. 만약 원통이 돌고 있지 않았다면 그러한 느낌은 거의 받지 않았을 것이다. 이러한 예는 신체의 평형감각보다 시감각이 더 강력하다는 것을 보여 준다.

우리는 누구나 맹점(blind spot), 즉 보이지 않는 어떤 부분을 가지고 있다. 맹점은 우리 눈의 구조상 생길 수밖에 없는 부분이다. 망막에 퍼진 시신경들이 모여서 다발을 이루어 나가는 곳인데, 그 영역은 아주 작지만 거기에 상이 맺히면 보지 못한다.

　　다음에 동그라미와 별이 있는데 한쪽 눈을 가리고 한쪽 눈만으로 별 모양에 초점을 맞춘 채 거리를 점점 가깝게 하거나 점점 멀게 해 보자. 어느 순간 동그라미가 사라지고 전혀 보이지 않을 것이다. 동그라미 상이 맹점에 맺혔기 때문이다.

●　　　　　　　★

　　이와 같이 우리 눈에는 맹점이 있어서 보지 못하는 부분이 있지만, 두 눈으로 대상을 바라보기 때문에 마치 보지 못하는 영역이 없는 것처럼 살아갈 수 있다. 마찬가지로 우리 마음에도 혹은 우리 삶에도 보지 못하는 맹점이 있다. 그러한 맹점이 있다는 것이 이상한 것은 아니다. 다만 어떠한 맹점인지, 어떤 부분을 어떻게 바라보지 못하는지 알아가는 것이 중요하다. 자신을 돌아보고 알아 가고자 하는 노력들은 삶을 살아갈 때 하나의 눈으로만 사는 것이 아니라 다른 눈의 도움을 받아 맹점을 줄여 가고자 하는 것과 다를 바 없다.

이미지

　　미술에서 나타나는 가장 중요한 것은 이미지다. 간혹 '미술'을 가리켜서 "상징적인 대화."라고 하거나 "그림이 이야기한다."라고 표현하기도 하는데, 이는 어떤 것을 기술하는 표현의 한계 때문에 그렇게 이야기하는 것일 뿐이다. 미술은 이야기하는 것이 아니라 보이는 것이다. 미술은 그 자체로 존재하고 나타나는 것이며 보이는 것이지, 결코 다른 종류의 언어로 '이야기'하거나 '말'하는 것이 아니다. 만약 굳이 미술이 말하는 것이라 본다면, 그 언어는 감성의 언어, 언어 외의 언어, 무의식의 언어다.

　　미술에서 나타나는 이미지란 무엇인가? 이미지는 '개인의 내면에서 나타나는 시각화된 내적 형태'다. 미술에서 이미지는 구체적인 재료와 작업 과정을 통해 드러나면서 독립된 개체가 된다. 이미지야말로 미술작품에서의 생명이다. 미술치료사 McNiff(1991)는 이미지를 자율적인 개체(autonomous entities)라고 부를 만큼 중요하게 생각하였고, Moon(2003) 역시 이미지를 살아 있는 것으로 간주하는 것이 중요하다고 역설했다. Moon은 미술치료 분야에서 이미지를 과도하게 해석하려 든다거나 이러한 이미지는 저러한 것을 의미한다고 해석하는 것이야말로 이미지를 죽이는 것이라며, 그것을 일컬어 '이미지 살인(imagicide=the killing of image)'이라고까지 불렀다.

이미지는 고대 이래로 치유 과정에서 핵심적인 것으로 여겨졌다. 이미지에는 그것을 떠올리고 만든 사람 자신의 모습도 녹아 있고, 보다 보편적이거나 원형적인 측면도 녹아 있다. 다수의 미술치료사들이 처음에는 이미지가 그것을 그리고 만든 사람들의 자화상에 불과하다고 생각하지만, 계속해서 작업할수록 단순히 그 개인의 일부분에 그치지 않고 더 나아간 측면이 있다고 인정하게 된다 (Moon, 2003). 부분적으로는 그 자신의 일부이지만, 또한 그 자신이 아닌 어떤 면도 나타나는 것이다. 그러한 점을 인정하게 되면, 이미지가 그 자체로 생명력이 있음을 받아들일 수 있게 되며, 자신이 만든 이미지라 하더라도 그것을 다 알지 못하므로 미지의 대상을 만나는 기대감으로 이미지와 만날 수 있게 된다.

미술작품에 나타나는 이미지는 여러 차원이 있다. 이미 알고 있는 것이 표현 방식만 변형되어 나타나는 차원이 있고, 알지 못하던 것이 나타나는 차원이 있다. 전자는 머리로 그리는 그림이고, 후자는 마음으로 그리는 그림이다. (어느 것이 더 좋다는 이야기는 결코 아니다. 우리는 머리로 하는 것과 마음으로 하는 것을 비교하면, 머리로 하는 것을 나쁘다고 하거나 경시하는 경향이 있다.)

머리로 그린 그림은 메시지가 분명하다. 찬찬히 살펴보면 무엇을 전달하고자 하는지 이내 알 수 있다. 대체로 처음에는 상당히 매력적으로 보이고 끌리는데, 그냥 거기서 끝나는 그림들이어서 음미하기가 어렵다. 마치 씹어도 즙이 나오지 않는 건조한 음식을 먹는 기분이다. 그림을 그린 사람에게 물어보면 구구절절 설명이 많은 그림이다. 구체적 대상이든, 형태 혹은 색이든, 소재든 왜 그렇게 선택했고 왜 그렇게 그렸나에 대한 설명이 길고 탄탄하다. 머리로 그려서 그렇다. 대신에 자신이 고민하거나 생각하고 있던 문제에 대해 즉각적이고 감각적인 답을 얻을 수 있다. 자신의 생각보다 한두 발자국 더 나아간 답을 얻게 되기도 한다.

마음으로 그린 그림은 그린 사람조차 왜 그렇게 그렸는지 잘 알지 못한다. 왜 그렇게 그렸냐고 물어보면, 고작 들을 수 있는 대답으로는 "그냥."이나 "왠지 모르겠지만 그렇게 그려야 할 것 같아서." 정도가 대부분이다. 그리는 과정에 몰입이 되어서 무엇인가 그리겠다고 처음 생각했던 의도도 잊어버리고, 그리는 사람의 생각이나 자질구레한 여러 느낌도 묻혀 버린다. 눈앞에 덩그러니 그려지는 대상만 있는데, 나중에는 이것도 의식되지 않고 그저 그려질 뿐이다. 그려지는 순간순간 그냥 그렇게 자연스럽게 진행되는 것이 이미지를 담은 그림이다. 왜 색이 이것이 아니라 저것이어야 하는지, 왜 형태는 이것인지, 여기는 왜 비워 두는지 하나씩 묻기 시작한다면 대답하기가 어렵다.

왜 그렇게 그렸는지 꼬집어서 설명하기는 어렵지만 무엇인가 마음으로 뭉클하게 와닿을 때가 있다. 이것은 머리가 잠시 뒤로 물러나면서 마음에게 자리를 내 준 그림이다. 그래서 이런 그림을 제대로 보려면 마음으로 보아야 한다. 머리가 마음보다 앞에 선 사람들은 그림도 머리로 보려고 한다.

전자도 후자도 미술치료에서 모두 소중한 이미지다. 미술치료사가 작품을 통해 내담자의 진실에 다가서는 것의 참된 의미는, 머리와 마음이 균형을 잡은 채 작품을 바라보고 느끼며 통합하는 것이다. 머리로만 분석을 한다면 그저 몇 가지 조각 지식으로 해부하거나 도움 되지 않는 비판에 그치고 말 것이다. 이미지를 충분히 느끼면서 미술치료사가 마음으로 소화해 낸 느낌들은 다시금 내담자의 마음에 소화된 채 전달된다. 이때 전달은 언어적으로 이루어지지 않을 수 있다. 그래서 내담자들은 미술치료사가 별말을 하지 않았는데도 "선생님께 와서 그림 그리면서 이야기하고 나면 마음이 편안해요."라고 말하는 것이다.

2. 미술의 본질

　Landgarten(1981)은 내담자가 변화하고 성장하도록 이끄는 주체이며 또한 동시에 증거는 바로 미술작품이라고 했다. 미술작품은 내담자로 하여금 깨달음을 얻도록 해 주고, 무엇이 진실인지 확인하게 하며, 문제를 해결하거나 자신의 내면(혹은 무의식)에 억눌려 있던 내용들이 드러나게 하고, 갈등을 해결하며, 카타르시스를 느끼고, 통합하고, 개인화를 이루도록 돕는 데 사용된다.

　미술의 본질에 대해서 다음과 같은 다섯 가지 속성을 중심으로 살펴보고자 한다.

- 감각
- 내면의 시각화
- 거리 두기
- 보유
- 아름다움

첫 번째 속성: 감각

　미술은 감각적이다. 감각을 자극해서 불러일으키고, 감각을 활성화하며, 감각을 증폭한다. 볼 수 있고 만질 수 있으며 작품이라는 실체가 있기 때문에 감각적이다.

　치료 분야에서 감각을 다루는 것은, 어쩌면 감정을 다루는 것보다 더 중요하다. 감각은 감정으로 처리되기 이전의 정보이기 때문이다. 유아기와 같은 아주 어린 시절을 생각해 보면, 언어나 사고가 가능하지 않고 쾌/불쾌 이상의 감정까지 분화되지 않았지만 감각은 가능하다. 이 시기의 경험은 비언어적이며 감각 수준의 경험이다. 그러므로 내담자의 정신 구조의 핵심, 깊은 곳에 도달하기 위해서는 감각을 활성화하고 감각적 자료들을 다룰 필요가 있다.

가끔 내담자들 중에 머리로는 알지만 마음이 움직이지 않는다고 하는 사람들이 있다. 사실 많은 사람들이 전혀 몰라서 잘못 하고 있기보다는, 아는데도 어떻게 하지 못하는 경우가 많다. (물론 더 깊이 알지 못한다거나 제대로 알지 못한다고 할 수 있지만 말이다.) 그럴 때에는 감각 수준에서 접근해야 한다. 감정이라거나 혹은 사고까지 올라오지 않은 보다 초기 형태의 자료들로 다루어야 한다.

두 번째 속성: 내면의 시각화

두 번째 속성은 내담자가 미술작업을 통해 자신의 내면을 시각화한다는 것이다. 눈으로 볼 수 있도록 그려진다는 것이 중요하다.

그림 3-1은 내면이 시각화된다는 것이 무엇인지 보여 주는 예라 할 수 있다.

그림 3-1 자극을 보고 그림을 그리기

이 작품은 정신장애 환자의 작품인데, 주어진 그림을 보고 따라 그리면서 자신이 원하는 대로 어떤 부분을 변화시킨 작품이다. 두드러지게 달라진 것만 보더라도 집의 형태, 굴뚝 연기의 모습, 달의 생략, 경사진 길 위의 수레 끄는 사람 등이 있다. 열린 집의 창문은 닫히고 집의 아랫부분은 이전보다 좁아졌으며 집도 길도 전체적으로 약간 기울었다. 굴뚝의 연기는 직선적이고 찌르듯이 하늘로 솟구친다. 나무 그루 수는 줄었고 대신 수레를 미는 사람이 보인다. 이러한 변화는 그림을 그린 사람의 해석과 의도를 담은 채 그것을 그린 사람의 심리 내면을 상징적으로 보여 준다.

이러한 방식으로 내면을 드러내는 것은 매우 중요한 의미가 있다. 무엇보다 표현을 하는 과정에서 내담자들이 덜 부담스럽게 느끼기 때문에 부인하거나 왜곡하는 정도가 줄어든다는 점이다. 심리치료를 받는 사람들은 자신도 모르게 자기 문제를 피해서 다른 이야기들을 할 때가 있다. 그 이유는 있는 그대로의 느낌이나 생각, 내면의 모습을 드러내기가 힘들기 때문이다. 치료받고자 하는 열의를 가진 내담자라 하더라도 의식적으로 화제를 돌리기도 하며 자신이 할 말을 고르거나 말을 바꾸기도 한다. 혹은 자신도 모르게 어떤 부분을 왜곡하거나 회피하기도 한다. 하지만 미술은 상징적이고 은유적으로 표현되기 때문에 덜 부담스럽고 덜 피하게 된다.

물론 그림을 그리더라도 말을 할 때처럼 회피하거나 부인할 수 있다. 그러한 회피나 부인이 의도적일 때도 있고 의도적이지 않을 때도 있다. 어떤 때는 자기 마음을 드러내고 이해받고 싶은데 표현하는 것이 잘 안 될 때도 있다. 또는 아무것도 떠오르지 않을 때도 있다. 그래서 내담자들은 '별로 그리고 싶은 게 없는데…….' '뭘 그려야 할지 모르겠어요.' '이렇게 그리면 되나요?' '이렇게 그리면 너무 병들어 보이니까…….' '저 정말 괜찮아요.' 등의 메시지를 담은 작품을 그리곤 한다. 적당히 뭔가를 표현하고 적당히 예쁘장하고, 적당히 포장한 그림들이다. 이 사람들은 자신도 무엇을 이야기하고 싶은지, 무엇을 그리고 싶은지 모르는 것이다. 당연한 말이지만, 그저 흰색 도화지를 펼쳐 두고 그림을 그린다고 해서 마음이 도화지 위로 쏟아져 내리지는 않는다. 마음속 깊은 곳에 꾹꾹 눌러 두었던 이야기라면 두말할 나위가 없다. 마음은 그렇게 쉽게 나오지 않는다. 부끄러워하기 때문에 나오지 않고, 무서워하기 때문에 나오지 않고, 익숙치 않아서 나오지 않는다. 미술치료사는 표현의 과정에 수반되는 수치심과 두려움이 무엇인지 이해하고 있어야 하고, 압도당한다는 것을 알아차릴 수 있어야 하며, 내담자에게 '괜찮고, 안전하며, 환영한다'라는 것을 전달해 줘야 한다. 미술치료사가 따뜻함과 전문성, 두 개의 날개로 내담자를 안아서 치료과정으로 인도하면, 얼어붙었던 마음이 녹으면서 드디어 내담자가 자신의 마음의 한 자락을 표현해 내기 시작할 것이다. 물론 그렇게 되기까지 상당한 시간과 노력이 필요하겠지만 말이다.

자신도 모르게 회피하고 부인하는 그림에도 내담자의 모습이 어느 정도 반영되어 있기는 하다. 그러한 그림에도 내담자의 욕구나 소망, 과거와 현재, 약점과 강점이 나타난다. 하지만 미술치료가 치료가 되기 위해서는, 내담자의 심리적 현실이 나타나야 한다. 다르게 표현하면, 내담자의 문제의 핵이 나타나야 한다. 문제의 '핵'이 나타나지 않고는 해결의 관문도 없을 것이다. 물론 표현 자체가 가지는 의미가 중성적일 수는 있다. 즉, 무엇인가를 표현한다고 해서 그것만으로 치료가 되지는 않는다. 부정적이고 어두운 이야기, 왜곡되고 눌려 있었던 분노와 공격성, 우울과 공포, 죄책감과 수치심이 그저 드러난다고 좋아지지는 않는다는 것이다. 하지만 드러냈다는 것이 좋아지는 첫 번째 관문으로 들어섰다는 의미라는 점은 확실하다. 무엇인가를 바꾸려 해도 그 무엇을 만나야 하고, 무엇인가를 이해하려 해도 그 무엇을 만나야 하기 때문이다.

그림 3-2는 필자의 내담자에게 동화를 들려주고 동화 이야기 중 인상적인 부분을 그림으로 표현해 보자고 한 것이다. 동화는 『먹보 뚱뚱이 고양이(Drat that fat cat)』(Pat Thomson 글, Ailie Busby 그림, 민수현 옮김, 한국삐아제)인데, 줄거리는 이러하다. '먹보 뚱뚱이 고양이가 있었는데 너무 배가 고파서 길을 가다가 만났던 쥐와 오리, 개를 삼켰고 심지어 아줌마까지 먹어 버렸다. 그런데 마지막으로 삼킨 벌이 뱃속에서 콕 찌르는 바람에 삼켰던 모든 것을 토해 내었다. 아줌마는 고양이가 배고픈 것을 불쌍히 여겨 집으로 데려가 먹을 것을 주었다.' 내담자의

그림 3-2
동화를 보고 표현
한 그림

그림을 보면, 고양이가 쥐를 토해 내는 장면이 그려져 있다. 좌우로 아줌마와 개도 보인다. 뱃속에서 금방 나와서 침과 위액이 묻어 있는 듯하다. 원래 동화 이미지보다 훨씬 더 사실적이며 어둡고 공격적이다.

한 사람의 심리적 내면이 어떻게 경험되고 그것이 어떻게 시각화되는지 바라보는 것은 때때로 경이로운 느낌마저 준다. 비록 표현된 것이 고통의 이야기이고, 정리되어 있지 않으며, 혼란스럽고, 강렬하나 출구를 찾지 못해 울부짖는 소리로 느껴지지만 그러한 표현은 내담자의 심리적 세계를 진실되게 보여 주는 것이라 경이로운 느낌을 받게 된다. 어떤 내담자들은 미처 말로 다하지 못한 것을 단 한 장의 그림으로 선명하게 표현하기도 한다.

세 번째 속성: 거리 두기

미술작품은 삶의 작은 모형으로 조망권을 제공한다. 자신의 느낌을 솔직하고 진실하게 표현하려 애쓴 미술작품은 그 사람의 삶을 투영하고 있다. 그리고 그것은 미니어처처럼 축소되어 표현되었다. 즉, 내담자가 대면하고 풀어 가야 할 문제가 축소되어 표현된 것이다.

미술치료를 받으러 온 내담자들은 너나 할 것 없이 무거운 현실 속에 눌려서 힘들어하고 있다. 이들이 지고 있는 삶의 무게와 짐들은 너무나 무거워서 자칫 압사당할 것만 같은 위험을 느낀다. 그런데 '축소'된 현실이라면, 다루어 볼 여지가 생기게 된다. 고통스럽거나 무서운 경험들이 이전에는 억압 혹은 억제되어 있었던 이유는 그 경험이 꺼내어 다루기엔 너무나 부담스러운 것들이기 때문이다. 하지만 크기가 줄어들면 이야기는 달라진다. 작은 것은 무섭지 않다. 사람들이 공포를 느낄 때는 크기가 큰 경우다. 그것이 감정이든, 대상이든, 혹은 기억이든, 크기가 지나치게 크게 느껴지는 경우에는 두렵고 공포스러운 것이다. 하지만 동일한 내용이라 할지라도 크기가 줄어들면 그다지 무섭지 않은 것이 된다. 따라서 축소되어 표현된 현실은 얼마든지 다룰 수 있는 것이 되고, 이전에는 엄청난 현실 앞에서 한없이 무기력했던 내담자가 보다 능동적이거나 적극적인 자세를 취할 수 있게 된다.

축소된 현실에 대해서는 '조망권'을 가질 수 있다. 조망권이 있으면 통찰을 얻을 가능성이 높아진다. 사람들은 자신이 처한 현실과 상황을 잘 풀지 못할 때조차도 다른 사람들의 문제나 어려움에 대해서는 조언을 할 수 있다. 왜냐하면 '조망권'을 가지고 있기 때문이다. 자신의 문제가 아닌 경우에는 그 현실에 관련되어 있지 않기 때문에 상대방이 처한 위치와 방향, 앞으로 나아가야 할 바 등을 바라봐 줄 수 있는 것이다. 그런데 문제는 각 개인이 자기의 현실은 제대로 보지 못한다는 데 있다. 만약에 그 사람이 자기 현실이 어떠한 것인지 자신의 위치에서 벗어나거나 빠져나와 바라볼 수 있는 조망권을 가진다면, 자신의 문제를 해결해 나가는 데 보다 더 큰 도움을 얻지 않을까?

구체적인 실제 대상으로 만들어져서 존재하는 미술작품은 내담자에게 이러한 조망권을 제공해 준다. 미술작품이 좋은 조망권을 제공해 주는 이유로는 첫째, 미술작품이 구체적으로 존재하는 독립된 대상, 오브제이기 때문이다. 물론 그림을 그린 사람의 의도, 생각과 느낌이 반영된 오브제다. 어느 날 갑자기 하늘에서 뚝 떨어져서 홀로 존재하는 대상은 아니다. 그런데도 완성되고 나면 신기하게도 생각지 못했던 낯선 면을 만나곤 한다. 그것이 오브제의 특성이다. 하나의 독립된 개체가 되면 그 개체만의 목소리가 나는 것이다. (이러한 평범한 진리는 우리 일상에서 찾을 수 있다. 바로 부모-자녀 관계가 그렇지 않던가! 어머니의 뱃속에서 나온 이후에 자녀의 목소리가 나오는 것처럼, 미술작품도 창작자의 손을 떠났을 때는 그것만의 존재로 독립해서 존재한다.) 그래서 내담자들은 종종 자기 작품을 보면서 "제가 그릴 때는 그런 생각이 없었는데요, 지금 보니까……."라든가 "어머, 어쩜! 마치 ~를 보여 주는 것 같아요." 하면서 놀라곤 한다.

미술작품이 조망권을 제공하는 두 번째 이유는 한눈에 들어오는 크기이기 때문이다. 크기가 중요한 이유는 여러 가지다. 우리는 너무 큰 것은 감당하지 못한다. 대개 압도당한다. 이때 말하는 크기가 해결해야 하는 문제의 크기든, 마음의 크기든 뭐든 말이다. 너무 크다 싶으면 작게 쪼개거나 압축할 필요가 있다.

이러한 '거리 두기'가 치료적으로 중요한 경우는 감정적으로 압도당할 위험이 있을 때다. 예를 들면, 정신적인 외상을 경험한 내담자들은 자기 이야기를 하면서 생각이나 기분에 압도당하기도 하고 자신이 한 말의 내용에 휘둘리기도 한다. 그렇게 무엇인가에 압도당한 상태에서는 그 마음이 꼼짝달싹 못하게 된다. 그래서 어쩌면 별것이 아닐 수 있는 일에도 지나치게 매달리거나 집착하고, 두려워하거나 우울해한다. 그러므로 적절한 거리를 가지면서 자신을 돌아보는 것이 매우 중요하다. Howard(1990)는 미술이야말로 외상적인 이미지와 관련된 강력한 정서로부터 거리를 둘 수 있도록 해 준다고 했다. 그리고 그렇게 거리가 생겨야만 무의식적인 감정과 생각을 다른 생각과 연결해 볼 수 있게 되고 이러한 부분들을 다룰 수 있게 된다고 했다.

그림 3-3의 경우에도 완성한 다음에 작품을 앞에 두고 거리를 둔 채 감상하는 것이 중요했다. 이 작품을 만든 내담자는 미술작업을 할 때 온통 몰입해서 열심히 했는데, 종종 여러 장의 종이를 겹쳐서 붙이거나 덧대고는 했다. 한글과 영어를 넘나들며 자신에게 의미 있는 글귀를 적기도 했고 선과 색, 형태를 다양하게 사용했다. 우리는 이 작품을 여러 방향으로 돌려가며 감상을 했는데, 덧붙여진 종이 위의 글자 방향이 동서남북으로 다 적혀 있어서 방향을 바꿔서 보자는 생각을 쉽게 할 수 있었다. 현재 제시된 방향에서는 작은 동물 같은 모습이 보인다

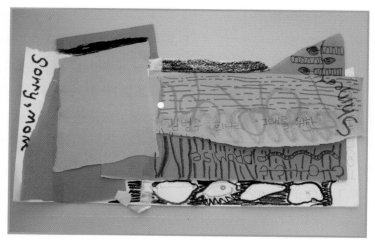

그림 3-3 거리 두기를 통해 새롭게 보이는 그림

고 했는데, 사진 속의 왼쪽 노란 부분이 머리 같고, 글씨가 적힌 노란 부분은 몸통, 흰 도화지에 검은색의 눈알 형태를 그린 부분은 동물의 네 발 같았다. 그리고 그 동물은 머리가 크고 다리가 짧아서 어린 동물처럼 보였다. 말하는 내용이나 태도와 인상만 보기에는 어른스러운 그 내담자의 그림은 내담자 속에 담긴 어린 동물 이미지로 나타났던 것이다. 이처럼 자신이 만든 작품이라 하더라도 그 작품의 의미를 다 알 수 있는 것이 아니다. 작품은 거리를 두고 바라볼 때 새로운 조망권이 열리고 작품의 의미가 서서히 떠오르게 된다.

'거리 두기'와 관련된 개념으로는 '외현화(externalization)'를 들 수 있다. 외현화는 '이야기 치료(narrative therapy)'(White & Epston, 1990)와 같이 언어적인 치료에서 사용하는 기법이다. 말하자면 어떤 사람이 호소하는 '문제'와 '그 사람'을 분리하는 것인데, 그렇게 분리해서 문제를 수월하게 다룰 수 있도록 하는 것이다. 미술치료에서 생각해 보면 외현화는 더 분명하게 진행될 수 있다. 예를 들어, 어떤 고통스러운 감정과 기억을 미술작품으로 만들었다면, 이는 시각적으로 구분되는 독립 대상이므로 글자 그대로 외현화된다고 볼 수 있다. 따로 구분되어 떨어져 나온 외현화는 정서적으로도 거리감을 가지게 만드므로 문제를 다루

기가 더 용이해진다.

내담자가 속한 현실이 심리적 현실임을 생각했을 때, 심리적 현실은 두 가지 차원에서 조망이 가능하다. 하나는 공간적 차원이고, 다른 하나는 시간적 차원이다. 공간적 차원에서의 조망권은 의식과 무의식, 의도와 의도하지 않음을 넘나든다. 마치 어떤 풍경을 바라볼 때, 형과 배경(figure and ground), 조화와 부조화, 질서와 무질서를 볼 수 있듯이, 미술작품에 담긴 자기 삶의 이야기들을 그렇게 층층이 바라볼 수 있다. 시간적 차원에서의 조망권은 치료과정에서의 발자취를 보도록 해 준다는 뜻이다. 내담자는 자기 자신이 치료과정에서 어떻게 변화하고 있는지, 자기가 만든 자기 작품을 통해 이야기를 듣는다. 내담자는 아주 솔직하게 자신의 변화를 한눈에 바라볼 수 있다. 자기가 의도적으로 방어를 했다면, 그 방어가 어떻게 변화하고 있는지조차도 그림을 통해 바라볼 수 있다. 시간적 차원에 걸쳐 둘 혹은 그 이상의 자기 모습의 기록을 동시에 비교할 수 있다는 것, 이것은 미술치료만의 독특한 장점이다. 다른 분야의 심리치료에서도 물론 가능하지만, 딱 꺼내서 두 개를 동시에 바라볼 수 있다는 것은 상당히 단순하면서 강력한 방법이다.

네 번째 속성: 보유

미술이 치료적 속성을 지니는 또 다른 이유는 미술의 '담아내는 기능(container)' 때문이다. '보유한다' '담는다'는 개념은 영국의 대상관계 이론가인 Bion(1962)이 제시한 것으로, 생각과 감정이 담긴 내면 공간을 지칭한다. '담아내는' 역할은 원래 부모가 어린 자녀에게 해 주는 것이다. 그 의미는 이렇게 설명할 수 있다. 어린아이가 경험한 뭐라 말할 수 없는 감정과 느낌을 화를 내거나 울면서 표현하면, 어머니가 아이를 안고 "그랬어, 그랬어, 기분이 안 좋았어?"라고 하면서 아이를 어르고 달래 주는 것과 같다. 아이가 조절되지 않은 감정과 행동을 그저 발산하고 던져 낸다면, 어머니는 그 감정과 행동이 무슨 의미인지 확인해 주면서 조절된 형태로 바꾸어 준다. 때로 아이들은 행동이 조절되지 않기 때문에 어머니의 강력한 팔 안에서 조절받기도 한다. 바닥에 뒹구는 애들을 번쩍 들어올려 토닥이는 어머니는, 어르는 말뿐 아니라 자기 팔과 몸으로 아이의 감정을 담아내는 것이다. 어머니 품 안에서 아이가 소리를 지르며 몸을 뒤척인다 하더라도 훨씬 안전하고 조절된 방식으로 자기 감정과 만나고 있는 것이다.

미술도 마찬가지다. 강력하고 아직 조절되지 않는 감정들이 우리를 압도할 때, 우리는 이것이 무엇인지 알지 못하면서 그림이나 찰흙 덩어리에 쏟아 낸다. 불편하고 답답한 마음이 처음에는 편안하게 잘 나오지 않지만, 그림을 끄적이며 시작했든 찰흙을 조물락거리며 만지기 시작했든지 간에 이내 감정이 움직이기 시작한다. 그리고 쏟아져 나온다. 미술재료들은 이러한 감정을 받아들이고 형태를 부여한다. 작품을 다 만들고 나면 내담자는 작품에 담긴 자신의 감정을 볼 수 있다. 고통은 시각화되었고, 내담자는 그 의미를 느끼며 치료사와 이야기를 나눌 수 있다.

미술이 감정과 고통을 보유해 줄 수 있는 이유는, 미술에 구체적인 형체가 있기 때문이다. '형체'를 가진 것은 이름과 의미, 경계를 가지고 있다. 이름은 '무엇인가'에 대해 답을 해 주며, 의미는 '왜'라는 질문에 답을, 경계는 '어디까지인가'라는 물음에 답을 해 준다. '무엇을' 만들었는가를 보면, 자신의 내부에 담겨 있던 '그것'이 무엇인지를 알 수 있다. '왜' 만들었는지 추론하면서 마음의 어제와 오늘을 연결할 수 있다. 그리고 '어디까지'인지를 알게 되면 조절할 수 있게 된다. 도화지의 가장자리는 어디까지 감정이 담길 수 있는지 그 경계를 보여 주며, 찰흙 역시 분명한 경계를 보여 준다. (만약 내담자가 주어진 미술재료의 경계를 넘어선다면 미술치료사가 경계를 확대하거나 제한을 두어야 한다. 도화지 가장자리 바깥으로 그림이 삐져나오면, 더 큰 도화지를 줄 것인지, 아니면 도화지 아래에 다른 도화지나 신문지를 더 깔아 줄 것인지, 혹은 도화지 안에 그려 보라고 말할 것인지 말이다.)

도화지의 가장자리가 별것 아니라고 할 수도 있다. 그런데 시각적인 경계로서 가장자리는 의외로 강력하다. 미술치료사 Appleton(2001)도 도화지 가장자리의 '보유' 기능에 대해 언급했다. 그녀는 화상 환자들을 대상으로 미술치료를 하면서 이들이 자신이 겪은 엄청난 재해와 고통을 어떻게 소화하는지에 대해 이야기했다. 도화지의 가장자리는 하나의 '경계'를 만들어서 이미지를 보유해 주는데, 상징적으로는 경험을 보유해 주는 것이라 했다.

어쩌면 사람들이 진정으로 원하는 것은 자기 자신을 바꾸는 것이 아닌지도 모른다. 바뀐다는 것은 충분히 이해받고 난 다음에야 가능하다. 충분히 이해받기 전에는 하고 싶은 말들과 하지 못한 작업들이 남아 있어서 바뀌기 어렵다. 그런데 문제는 이해를 받고 또 받아도 충분하다는 느낌이 쉽사리 들지 않는다는데에 있다. 치료사가 충분치 않아서 그러한가? 그럴 수도 있다. 하지만 주고받는 대인관계 속성을 고려한다면, 내담자의 허기진 마음이 너무 커서 받아도 받아도 부족하다고 느끼는 것일 가능성이 높다. 그래서 내담자는 때로 자신이 받는다는 것을 확실하게 알 필요가 있다. 이해받기가 제대로 이루어지려면 결국 자기 자신이 이해를 해야 한다. 감정도 그렇다. 조절되지 않고 때로는 극단적이라 느껴지는 자기의 감정은 이해받지 못해서 여전히 강력하고 파괴적인 힘을 가지고 있다. 감정을 이해받으려면 누군가는 그 감정을 받아 줘서 볼 수 있게 해줘야 한다. 바로 미술작품이 그 역할을 담당한다. 미술작품이 감정을 받아 주고 볼 수 있는 상태로 변화시켜 내담자의 시선을 사로잡을 때, 감정은 이름을 가지게 되고 의미를 지닌다. 드디어 내담자는 자신의 감정을 바라볼 수 있게 된다. 감정을 억누르라거나 조절하라는 외부의 압력 없이, 방해받지 않고 자신의 감정을 바라볼 수 있다. 자신의 것이면서, 동시에 자신으로부터 떨어져 나와 홀로 존재하고 있는 감정은 원래 그 감정을 가졌던 사람과 매우 개인적이면서도 뚝 떨어져 관계를 맺는다.

미술치료의 보유 기능을 생각하면 먼저 떠오르는 내담자가 있다. 붉은 물감으로 온통 도화지를 뒤덮은 내담자였다. 감정이 풍부하고 예민하며, 사람 관계에 민감해서 상처를 쉽게 잘 받고, 겉으로 표현 못하고 혼자 끙끙 앓는 사람이었다. 참을 만큼 참았던 어느 날이었다. 답답한 마음을 표현하고 싶다고 말하며 처음엔 크레파스로 하트 모양을 그리기 시작했다. 그 사람은 아무리 해도 자기 그림이 마음에 들지 않았든지, 물감으로 완전히 덮어도 되냐고 물었다. 필자는 물론 된다고 대답했다. 통에 담긴 수채물감을 도화지 위에 직접 짜고는 붓으로 좀 칠하다가, 이내 손으로 문지르기 시작했다. 그리고 4절 도화지 가득 붉은 물감을 정신없이 문질렀다. 부족하다 싶으면 다시 물감을 짜고, 다시 문지르고, 다시 짜고 문지르기를 반복했다. 그러다가 도화지 바깥으로 물감이 삐져나오기 시작했다. 필자는 그 사람에게 더 큰 종이가 필요하다고 느꼈는데, 작업을 방해하고 싶지는 않았다. 그래서 더 큰 종이를 작품 종이 아래에 깔아 줄까 물어보고 밑에 더 큰 종이를 제공하는 것으로 그의 분노 표현을 보유해 주고자 했다. 다 그리고 났을 때, 그 사람은 조금 진정된 것 같았다. 어쩌면 커다란 화면에 작업하느라 힘이 빠진 것 같기도 했고, 지친 것 같기도 했다. 하지만 자신이 소화하지 못한 그 무엇을 다른 곳에 담아 두게 되었다는 상징적 행위가 도움이 된 것 같았다. 그날 필자가 했던 치료적 개입은, "어떠셨어요?"와 "지금 어떠세요?"라는 두 가지 질문뿐이었다. 그리고 그 질문에 대한 내담자의 대답을 들으면서 내담자가 스스로 정리하는 것을 조용히 경청하는 것으로 충분했다.

그림 3-4는 필자의 작품인데, 방금 소개한 그 내담자의 작품과 비슷하다. 필

그림 3-4
붉은 심장

자 역시 감정을 쏟아부었던 기억이 난다. 붉은 물감 위로 스크래치된 선들은 다른 도구를 사용하지 않고 손으로 긁은 것이다. 독자들은 그림에서 느껴지는 느낌으로 그때 필자의 감정을 짐작할 수 있으리라 생각된다. 여기서 필자가 나누고 싶은 바는 4절 도화지가 어떻게 그때의 마음을 보유(contain)해 주고 있는가 하는 점이다. 도화지의 가장자리는 때로 "여기까지는 괜찮아."라고 이야기해 주는 그릇으로 사용된다. 그릇 속에서는 무엇을 문지르든 뒤섞든 상관이 없다. 어떻게 하더라도 그릇 속에 머무른다. 그리고 머무른 내용은 그 나름대로의 형체가 생기고, 때가 되어서 들여다봐 줄 때까지 말없이 기다릴 수 있게 된다.

독자들은 〈별주부전〉이라는 전래동화를 알 것이다. 그 전래동화에 나오는 토끼는 바닷속 용궁의 용왕에게로 간다. 몸이 아픈 용왕을 위해 토끼의 간을 구해 오고자 거북이 거짓말을 했는데, 토끼가 꾐에 넘어갔던 것이다. 하지만 토끼는 침착하게도 자기 간을 바위 틈에 넣어 두고 왔다고 거짓말한다. 그러면서 간을 가지러 가야 한다고 하고는 다시 육지로 돌아가게 된다. 이 동화에서 흥미로운 점은, 아무도 간을 빼서 다른 곳에 둘 수 없는데도, 그런 아이디어를 보여 주고 있다는 점이다. 어쩌면 미술치료에서 보유 기능도 이것과 비슷하다. 감정은 우리 마음 밖으로 나가지 않는다. 머무르고 되새김질되기도 하고, 부패하기도 하며, 때로는 역류하기도 한다. 그런데 마치 간을 빼서 잠시 다른 곳에 둘 수 있는

그림 3-5
정신장애 환자의 작품

것처럼, 감정과 생각을 툭 던져 낼 수 있다면, 도화지가 그것을 받아 줄 수 있다.

그림 3-5에 소개하는 환자의 작품도 비슷하다. 조절되지 않고 거칠게 놀린 붓터치인데도 그려진 선들은 도화지의 가장자리를 넘어가지 않고 머무르고 있다. 그림 안에 보유되었고, 도화지 안에 보유되었다. 이 환자는 '예술은 고등사기다-백남준'이라고 쓴 뒤, 백남준 선생님이 하셨다는 그 표현이 마음에 든다고 했다. 아마도 그러한 말과 그림 표현을 빌려 자신의 마음을 툭 던졌을 것이다.

다섯 번째 속성: 아름다움

미술은 무엇보다도 아름다움에 관한 것이다. 아름다움이 무엇인가에 대해서는 개인의 관점이나 문화적, 시대적 기준이 반영되므로 절대적인 정의를 내릴 수는 없다. 그러나 미술이 아름다움에 관한 것이라는 데 대해서는 두말할 나위가 없다.

미술치료사들은 내담자들에게 "예쁘게 그리실 필요가 없어요."라고 말한다. 그때 의미하는 바는 미술작업을 어렵게 생각하지 말라는 것이기도 하고, 기교나 기술이 뛰어나지 않다고 해서 주눅 들지 말라는 뜻도 된다. 내담자들에게 잘 그린다는 의미는 '실제랑 비슷해 보이게 그린다'거나 '솜씨 있게 그린다' 혹은 '장식적 요소가 풍부하다'는 뜻일 때가 대부분이다. 미술치료에서 바라는 것은 '예뻐 보이는 그림'을 그리는 것이 아니다. 그보다는 자신의 마음에 충실하고 진솔한 그림을 그리는 것을 지향한다. 힘들고 지친 마음을 표현하다 보니 그림이 거칠게 나올 수도 있고, 혹은 그리는 사람에게 손재주가 없어서 잘 다듬어지지 않은 작품이 나올 수도 있지만, 중요한 것은 마음을 진솔하게 표현하는 것이다.

내담자들은 자기 그림이 미적 가치를 지녔으면 하고 바란다. 이 마음은 결코 잘못된 것이 아니다. 다만 마음을 표현하거나 진실을 찾아가고자 하는 바람보다 예쁘게 보였으면 하는 욕구가 더 앞선다면 우선순위를 바로잡으려는 것이다.

미술치료에서 말하는 아름다움은 무엇인가. 이 아름다움은 '예쁘게 보인다'

거나 '실제와 똑같을 정도로 기술이 대단하다' 혹은 '장식'이라는 말과는 구분되어야 한다. 그러한 말들과 구분이 되면, 아름다움이란 미술의 본질이라고 이야기할 수 있다. 미술의 아름다움은 혼돈과 질서가 어우러진 조화에서 느낄 수 있다. 아름다움은 긴장과 휴식이 적당한 비율로 조합될 때 또한 느낄 수 있다. 아름다움은 창조성이 숨 쉬는 곳에서 느낄 수 있다. 어쨌든 아름다움은 분명히 존재하고 또한 분명히 느낄 수 있다.

아름다움에 대해서 Schjeldahl(1999)이 쓴 글을 보면 이렇다.

> 아름다움(beauty)은 의식을 천장부터 바닥까지 조화롭게 만든다. 아름다움이란 소화하는 것만큼이나 기본적으로 중요한 것이다. 아름다움은 특별한 것이 아닐 수 있지만, 아름다움이 없다면 문제가 된다. 아름다움을 때때로 경험하지 않는다면, 우리는 자기 자신을 포함해서 모든 존재로부터 멀어지게 된다. 아름다움에 대한 열망을 가지고 있으면서 그것을 구현할 수 없다면, 아름다움이 끊어지면서 자살에 대한 생각을 할 수 있다. ……
>
> 아름다운 작품들은 신체의 긴장을 이완시키고 정신적으로 각성하게 만든다. 이는 아름다움이라는 호르몬의 흔적이다. 아름다움이 현실에 대해 어떤 생각을 일으키지 못한다면 아름다움이 아니다.

Mildred Lachman-Chapin(2000)은 미술치료 분야가 전문화되면서 얻은 것도 있지만 잃은 것도 있다고 지적한다. 잃은 것으로 대표적인 것은 예쁜 것, 아름다운 것에 대한 욕구다. 사람들이 미술작품을 만드는 이유가 무엇인가? 그 내면의 동기가 무엇인가? 표현하고 표출하고 싶은 욕구도 있지만, 아름다운 것에 대한 열망이 있다. 우리가 그러한 아름다움을 있는 그대로 인정하고 북돋울 때, 미술의 생명력 또한 분명한 빛을 찾아간다.

3. 치료가 되는 미술작업

미술치료는 미술이 가지는 놀라운 치료적 효과를 믿는다. 그렇다면 모든 미술작업을 다 치료적이라고 부를 수 있는가? 무조건 그림을 그리거나 미술작업을 하기만 하면 치료적인 효과를 얻을 수 있는가? 결론부터 이야기하자면 그렇지 않다. 비록 Kramer는 모든 미술은 치료적이라고 이야기했지만, Kramer도 그 말이 가지는 한계에 대해 알고 있었다. 아주 넓은 의미로 봤을 때 모든 사람—사기를 치거나 다른 사람에게 해악을 끼친 범죄자들까지도—이 중요하다고 이야기할 수 있는 것처럼, 어떻게 하든지 미술은 모두 치료적이라는 말은 아주 넓은 의미로 바라봤을 때 그렇다는 것이다.

그렇다면 우리는 좀 더 좁게 바라보자. 그래야 미술치료에서 작업할 때 치료적 방향을 설립하고 치료적으로 의미 있는 미술(과정 및 작품)과 치료적으로 아무런 의미가 없는 미술을 나눌 수 있을 테니 말이다.

먼저 미술작업에서 치료적으로 의미가 있는 것을 살펴보면 다음 세 가지 요소가 있다.

- 자신의 마음, 특히 감정을 표현할 것
- 솔직하게 표현하되 정성을 기울일 것
- 어렵더라도 완성할 것

첫 번째 기준: 자신의 마음, 특히 감정을 표현할 것

마음을 표현해야 그 작품이 치료적으로 의미가 있는 작품이 된다. 미술치료에서 도움을 받으려면, 내담자 편에서 표현하고자 하는 욕구가 있어야 한다. 특히, 그리거나 만들고자 하는 욕구가 있어야 한다. 그런데 표현 욕구가 있더라도 마음을 표현하는 일은 그렇게 쉽지 않다. 치료장면에서는 내담자들이 마음을 표현하도록 도와줘야 하고, 상당히 오랜 기간을 기다려 주어야 한다. 내담자들 중에는 처음부터 쉽게 마음을 표현하는 사람들도 있는데, 그렇다면 이들이 정말로 이해받고 싶은 마음이 무엇인지를 기다려야 한다. 치료장면에서 초반기부터 쉽게 표현하는 마음은 그 사람이 살아오면서도 표현할 수 있었다는 이야기인데, 그럼에도 불구하고 아직 해결되지 않은 무엇이 있어서 여기 이 장소에서 치료사와 만난 것이다. 따라서 무엇을 진정으로 이해받고 싶은지, 그 마음이 나타나기까지 기다려 주어야 한다.

마음을 표현하는 것, 감정을 표현하는 것은 그렇게 쉬운 일이 아니다. 사람의 마음은 양파 껍질 같아서, 한 차원 한 차원, 한 껍질 한 껍질 계속 벗겨질 수 있다. 굳이 속이려 하거나 감추려 해서가 아니다. 본인도 모르는 자신의 진실이 여러 차원으로 존재한다. 필자가 만난 내담자들도 그러했다. "저를 이해하고 싶어요."라고 하면서 찾아온 내담자도 좀 더 시간이 지나면서 거칠게 표현되는 자기 작품을 만나고는 "아니요, 저는 이해하고 싶은 게 아니라, 저를 힘들게 했던 사람들을 욕하고 비난하고 싶어요."라고 이야기했다. 그리고 시간이 흐르면서 "정말로 이해받고 싶었어요. 제가 얼마나 열심히 살아왔는지, 그리고 얼마나 사랑받고 싶은지."라는 말로 바뀌는 것을 경험했다.

두 번째 기준: 솔직하게 표현하되 정성을 기울일 것

솔직해진다는 것은 그 자체로 매력적이다. 솔직해진 이후에야, 우리는 '아, 그래도 괜찮구나.'라는 것을 머리가 아닌 마음으로 경험할 수 있다. 솔직해지는 것은 치료사나 내담자 모두에게 중요한데 치료사가 심리적으로 솔직해질 수 있어야 내담자가 부끄러워하지 않고 자기 이야기를 할 수 있게 된다.

솔직한 표현은 우리 마음속에 담아 두고 있었던 어두운 면들을 좀 더 부각하기 마련이다. 사람들 앞에서나 사회생활을 할 때는 여러 가지 제재나 규칙, 수치심과 자존심 때문에 억눌러 두었던 면들이다. 어두운 면은 그 자체로 에너지가

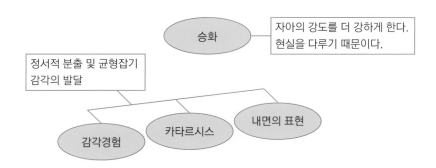

그림 3-6 미술치료의 치료기제

치료적으로 의미 있는 작품은 매우 이질적인 두 종류, 즉 대상의 성격과 치료과정상의 목표에 따라 달라진다. 하나는 감각경험에 중심을 두는 경우이며, 다른 하나는 승화 과정에 중심을 두는 경우다. 그 중간에 카타르시스라든가 내면의 표현 등이 있다. 감각경험 중심이든 승화 중심이든 열심히 할 수 있다. 하지만 정성을 기울이는 것은 감각경험이나 카타르시스에서는 미약하고, 승화 과정에서 두드러지게 나타난다.

있기 때문에 일단 표현하기 시작하면 열심히 하게 된다. 그때는 "열심히 표현하세요."라는 말을 할 필요가 없다. 이미 무엇인가를 표현하는 것은 주체와 객체가 바뀐 것처럼 미술이 사람을 이끌고 가기 때문이다. 내담자가 자신의 내면세계를 표현할 때, 진짜 핵심적인 주제에 접근할수록 표현하고자 하는 열정을 지니게 된다. 진짜로 하고 싶은 말을 할 때, 누가 시키지 않아도 열심히 이야기하는 것과 마찬가지로, 정말 표현하고 싶은 이미지를 미술작품으로 풀어낼 때에는 열심히 해야 한다는 말이 무색할 정도로 이미 몰두하게 된다.

　그런데 '열심'과 '정성'은 좀 다른 차원이다. 우리는 무엇인가를 열심히 하되 정성 없이 할 수 있다. 정신없이 신문지를 찢는 아이를 떠올려 보라. 분명 열심히 하고 있지만 정성이 들어갔다고 이야기할 수는 없을 것이다. 손에 물감을 묻혀서 '열심히' 핑거페인팅을 하는 경우는 어떠한가? 마찬가지로 그런 경우에 '정성'이 들어갔다고 이야기하지는 않는다. 이 경우에 카타르시스는 있지만 승화가 없다. 미술작업에서 모든 승화는 정성이 들어간 행위다. 노력이 들어간다. 쉽게되지 않는다. 치료적으로 의미를 가지려면 정성이 들어간 행동이 있어야 한다.

세 번째 기준: 어렵더라도 완성할 것

그렇게 정성을 기울인 작품이 마무리가 되어야 한다. 그런데 그 마무리는 쉽지 않다. 제작 과정에서 마음에 들지 않는 것을 만나면서 '좌절'을 겪기 때문이다. 이는 우리가 살면서 겪어 왔거나 여전히 겪고 있는 좌절을 상징적으로 보여 준다. 내담자들은 자신의 작품 속에서 불완전함과 불만족스러움을 만나게 되는데 이러한 좌절을 버티고 소화하면서 작품을 완성해야 한다. 완성되지 못한 작품은 아무리 내담자가 "그래도 좋았어요."라고 한다 하더라도, 미해결 과제처럼 남게 된다. 치료과정에서 가끔은 작품을 폐기하도록 하기도 하고 미완의 상태로 남기기도 한다. 그러나 치료에서 지향하는 방향은 완성해 내는 것이다. 작품 하나를 완성하는 것은, 상징적인 수준에서 우리 삶의 한 국면을 매듭짓는다는 것을 보여 준다. 매듭짓는 것은 건강한 삶을 위해서 필요하다. 완벽해서 매듭짓는 것이 아니다. 실수가 없으니 충분하다는 것이 아니다. 여러 가지 상황과 아쉬움에도 불구하고, 그때로서는 최선을 다했음을 인정하고 한계를 수용하며 그 다음 단계로 나아가기 위해 매듭을 지어 주는 것이다. 그만하면 고통스럽지만 충분히 좋은 과거였다. 그만하면 충분히 좋은 엄마(Good Enough Mother)였고, 그만하면 충분히 좋은 작품이었다. 완성하는 게 필요하다.

내담자들은 자신의 마음의 목소리 때문에 스스로에게 엄격하거나 비판적일 때가 많다. 별것 아닌 실수에 부끄러워하기도 하고, 크게 문제 되지 않을 결점과 오점에도 예민해지고 벌벌 떤다. 쉽사리 포기하고, 불만족스러워하며, 자존감은 낮아진다. 그러나 잊지 말아야 할 사실이 있다. 사람들의 삶에는 훨씬 더 많은 실수와 실패, 오점들이 있지만, 그래도 충분히 살 만하다는 것이다. 고통과 좌절이 심할 때에는 마음으로 동의하기 어렵겠지만, 삶은 그래도 충분히 살 만한 것이다. 무슨 일을 겪었든, 어떤 소리를 들었든, 어떤 사람을 만나고 어떤 일이 있었든지 상관없이 말이다. 정상적인 삶은 오히려 실패와 실수, 오점 때문에 살아 숨 쉬는 모습을 지닌다. 시들지 않는 생화가 어디 있겠는가. 가짜 꽃인 조화만 시들지 않는다. 시든 부분이 없는 조화는, 시들지 않는다는 사실로 자신이 가짜라는 것을 보여 주고 있다. 실수가 없다면 바로 그것이 가장 큰 흠이다. 따라서 작품 제작에서 실수하고 실패하고 오점이 생기고 마음에 들지 않는다면, 그 작품은 '괜찮다고 받아들이는 수용'이 무엇인지 경험할 수 있는 좋은 시간을 줄 것이다. 미술치료사는 그 작품이 수용되도록 도와주려고 옆에 앉아 있다.

처음 그렸던 선이 마음에 들지 않는가? 그 선을 무시하고 새로운 선을 그을 수도 있고, 그 선과 겹쳐지게 다른 선을 그을 수도 있다. 그 선을 살려서 더 강조해 볼 수도 있고, 그 옆에 비슷한 선을 하나 더 그어 볼 수도 있다.

이렇듯 완성을 향해 좌절을 버티면서 정성을 기울여 만든 작품이 과연 치료적인가 보려면 내담자가 완성작품을 대하는 태도를 통해서 알 수 있다. 치료가 되는 작품의 특징은 아주 간단하고 명료하다. 바로 내담자들이 자기 작품을 소중히 여기는 것이다. 내담자들은 자기 작품을 가져가도 되는지 묻거나, 잘 보관해 달라고 한다. 사진을 찍어 가기도 한다. 작품 만드는 게 끝났다고 그냥 선생님에게 가지라고 한다거나 그저 한 번의 경험으로 됐다는 듯이 행동할 경우에는 그 작품이 가지는 치료적 의미가 겉보기보다 가볍다는 반증이다. 자신의 마음 무게를 실어 표현된 승화가 일어난 작품은 결코 가볍게 취급당하지 않는다. 소중하게 다뤄진다. 소중하게 여기라고 가르칠 필요도 없이, 내담자가 기꺼이 자발적으로 소중하게 다룬다.

4. 치료적인 미술작품

이번에는 미술작품에서 치료적으로 의미가 있는 것은 무엇인지 살펴보자. Kramer(2002)는 '치료적으로 좋은 작품'이라고 부를 수 있는 미술의 특징으로 다음 네 가지를 들었다.

> ● 촉발하는 힘(evocative power)이 있어야 한다.
> ● 내적으로 구조가 있어야 한다.
> ● 하나의 일관성이 있어야 한다.
> ● 작품에서 일부 요소를 더하거나 빼면 전체적으로 이상하게 된다.

　첫째, 촉발하는 힘이 있는 작품은 그것을 보는 사람의 마음에 파동을 일으킬 수 있다. '진심'은 서로 통하기 때문에 작품에 진심이 실려 있으면 그것을 보는 사람의 마음에도 파장이 일어나게 된다. 그러한 촉발하는 힘이 있어야 한다.

　둘째, 내적인 구조가 있어야 한다는 것이다. Kramer는 어느 분수대에서 보았던 조각작품을 예로 들면서 그러한 조각작품은 왜 치료적인 미술작품이 아닌지를 설명했다. 조각상은 예쁘고 멋지지만 그 작품의 구조와 본질을 알기 위해 조각상의 모습을 그려 보니 부분 부분이 하나씩 분리되어 있어서 느낌이나 형태가 전혀 통합적으로 만들어지지 않은 그저 예쁘기만 한 조악한 작품임을 알 수 있었다. 조각상에 붙은 여신의 드레스의 흐름이 이어졌다 끊어진 점이라든지 조각의 표정이 일관성이 없다든지 하는 등이 그러한 조악함을 보여 주는 단면들이다. 이렇듯 그저 예쁘게 꾸미고 그리는 가벼운 미술은 키치(kitsch)라고 부를 만하며, 이것은 장식효과는 있을지 모르지만 치료적으로 의미 있는 작품이라고 할 수 없다.

　셋째, 작품에 전체적으로 일관성이 있어야 한다. 작품 안에서 상보적인 관계나 양극단의 표현, 이질적인 것들이 어울려 나타날 수도 있다. 그러나 이러한 요소들은 전체적으로 보아 하나의 흐름으로 연결되어 있다. 작품 속의 에너지가 갑작스럽게 끊어지거나 질적으로 다른 에너지 전환이 일어나지는 않는다. 그렇게 어떤 요소가 모자라지도 않지만 또 과잉으로 남아 돌지도 않는다. 그러므로 만약 하나의 작품에서 몇몇 요소들을 더하거나 빼더라도 별 차이가 없다면, 그저 덕지덕지 붙여 놓은 것일 뿐이며 내적 구조와 일관성이 있다고 볼 수 없다. 미술은 각각의 색깔과 모양, 형태와 위치, 서로 간의 관계와 구성이 어우러져서 전체가 된다. 단순히 부분들이 합쳐지는 것이 아니라 서로 유기적으로 연결되어 관계를 이루며 시너지 효과를 낸다. 이렇게 통합된 힘을 가진 작품은 부분적으로 파편화되어 다루어지는 것이 아니며 일관성과 내적 구조를 가진다.

이 장의 서두에서 제시했던 질문으로 돌아가서 생각해 보면, 미술치료에서 치료적으로 의미가 있는 작품과 없는 작품으로 나눌 수 있다는 것은 보다 분명해졌다. 그런데 미술치료에서 치료적으로 의미가 있지만 여기서 기술한 방향과 다르게 사용되는 방식들도 있다. 그중 하나는 빠른 스케치이며 또 하나는 분출이다. 이 두 가지는 치료적으로 의미 있는 행위와 과정이 포함되지만 작품 그 자체에서 치료적 의미를 충분히 가지기는 어렵다.

첫 번째 경우는 Naumburg를 비롯한 미술치료사들이 주로 사용했던 기법으로서, '억압을 느슨하게 만들어서 표출을 독려한 작품'이라 할 수 있다. 빠른 스케치(Quick Sketches)라고도 부르는 이 방식은 내담자에게 자유롭게 재빨리 그리도록 해서 떠오르는 것을 보고자 한다. 빠른 스케치 그림을 통해 자유롭게 통찰할 수 있다는 점과 잠재되어 있는 것이 드러난다는 것은 분명하다. 하지만 그 그림에서 내적 구조나 일관성이 어느 정도의 수준을 보이리라고 기대할 수는 없다. 이러한 방식을 주로 사용하는 치료사들은 그림을 그 자체로 주된 치료 도구로 사용했다기보다는 그림을 그리고 난 다음에 더 중요한 것을 하고자 그림을 사용했다. 즉, 보다 깊이 있는 대화의 소재를 그림에서 얻었으므로 그림은 보조적인 도구로 사용되었다.

두 번째 경우는 충동적이거나 파괴적인 방식으로만 작업한 작품이다. 이 경우는 내면에 억눌러 두었던 것을 바탕으로 '촉발하는 힘'은 충분히 있는데, 그것을 내적 구조나 일관성으로 버텨 주지 못하는 경우다. 촉발하는 힘을 중요하게 생각하는 것은 특히 억눌림이 많은 문화에서 자란 사람들의 특징이다. 우리나라 사람들이 미술치료에 대해 가지는 오해 중에서, 가장 흔한 오해이기도 하다. "그래도 발산하는 게 중요하지 않나요?" "공격성이 나와 줘야 뭔가 도움이 되는 게 아닐까요?"라고 묻는다. 상당히 일리 있는 질문이다. 바깥에서 억누르고 살았던 내담자들은 미술치료실에서 마음껏 발산할 수 있어야 한다. 그러한 발산

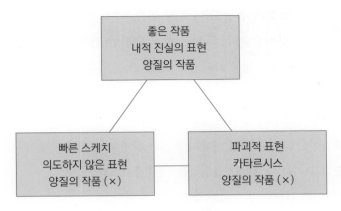

그림 3-7 좋은 작품의 조건

은 매우 중요하다. 마음속 이야기를 묻어 놓고 살았다면, 그것을 내지르는 것이 필요하다. 부인하고 투사하던 원초적 욕구들이라면 충동적인 형태로라도 나오게끔 허락해 주고 촉진해 줘야 한다. 하지만 그러한 발산에만 지속적으로 머무른다면 중요한 것을 놓치게 된다. 적어도 '치료에서 지향하는 치료적 작품'을 이야기한다면, 촉발하는 힘이 내적 구조와 일관성 안에 담겨 변화하고 승화하는 것이다.

　그저 우리 마음속의 재료들을 끄집어낸다고 해서 치료가 되지는 않는다. 만약 그런 것이라면, 유구한 인간 역사를 통해 억압이 해제되는 메커니즘이 진화했을 것이다. 표출과 방출은 치료의 충분조건이 아니라 필요조건일 뿐이다. (즉, 치료가 되었다면 표출과 방출이 있었을 것이다. 그러나 표출했다고 다 치료되는 것은 아니다.) 끄집어내기는 했는데, 그것들을 치우지 않거나 비워진 공간에 새로운 것을 채우지 않는다면, 어떻게 될까? 꺼낸 것은 시간이 가면서 부패하고, 빈 공간은 처음보다 더 못한 것들로 채워질지도 모를 노릇이다. 미술은 파괴적인 데 머무르면서 치료적 효과를 발휘하지 않는다. 왜냐하면 미술의 본질은 파괴가 아니라 창조이기 때문이다.

　요약하자면 미술작품이 주된 치료 도구가 되기 위해서는 작품의 '질'을 논의하지 않을 수 없다. 즉, 내담자가 작품을 통해 내면의 진실을 진지하게 표현한다

면 그에 상응하는 양질의 작품이 나오게 된다. 그러므로 내담자의 내적 진실과
양질의 그림, 좋은 형태를 가진 그림은 서로 연관을 가지고 있다. 따라서 다음과
같이 정리할 수 있다.

- 그림만 그린다고 치료가 되는 것은 아니다.
- 좋은 작품이란 그림을 그린 사람의 진실한 감정이 실린 것이다.
- 그림을 잘 그리는 것보다는 몰입하는 것이 중요하다.
- 미술치료사는 그림이 완성되는 것을 도와야 한다.
- 미술을 아무렇게나 하도록 해서는 안 된다. 그림이 좋은 내적 구조를 가지며 응집력 있게 되도록 도와야 한다.

환자의 내적 진실과 양질로서 좋은 형태는 동전의 양면과 같은 것이다.

- Edith Kramer (2002)

참고문헌

Appleton, V. (2001). Avenues of hope: Art therapy and the resolution of trauma. *Art Therapy, 18*(1), 6–13. DOI: 10.1080/07421656.2001.10129454

Bion, W. R. (1962). *Learning from experience*. London: Heinemann.

Flavell, J. (1990). 인지발달(서봉연, 송명자 역). 서울: 중앙적성출판사. (원저 1985년 출판)

Howard, R. (1990). Art therapy as an isomorphic intervention in the treatment of a client with post-traumatic stress disorder. *The American Journal of Art Therapy, 28*, 79–86.

Kramer, E. (2002). On quality in art and art therapy. *The American Journal of Art Therapy, 40*(4), 218–222.

Lachman-Chapin, M. (2000). Is art therapy a profession or an idea? *Art Therapy, 17*(1),

11-13. DOI: 10.1080/07421656.2000.10129438

Landgarten, H. (1981). *Clinical art therapy*. New York: Brunner/Mazel.

McNiff, S. (1991). Ethics and the autonomy of images. *The Arts in Psychotherapy, 18*(4), 277-283. DOI: 10.1016/0197-4556(91)90067-K

Mehrabian, A. (1972). *Nonverbal communication*. Chicago, IL: Aldine-Atherton.

Moon, B. L. (2003). *Essentials of art therapy education and practice*. Chicago, IL: Charles C Thomas.

Schjeldahl, P. (1999). Beauty contest. *The New Yorker, November* (1), 108-110.

Sears, D., Peplau, L., & Taylor, S. (1988). *Social psychology*. Englewood Cliffs, NJ: Prentice Hall.

White, M., & Epston, D. (1990). *Narrative means to therapeutic ends*. New York: Norton.

표현

그림은 그려지면서 생명을 얻게 되고 형태를 갖추게 된다.

- Joan Erickson (2008)

제4장 표현

　좋은 그림 앞에 섰을 때, 그 그림이 살아 움직이는 것을 본다. 색으로 전달한 마음이 바라보는 마음에 와서 잔잔히 부딪히고, 소리 없는 외침 같은 선들은 그 선을 따라가는 시선과 결합하여 무게를 지닌다. 그림 속의 강물은 고요하게 흐르고, 그림 속 하늘은 캔버스 안팎을 구분하지 않고 넓게 퍼지고 확장된다. 그런 때는 무엇인가 본 것을 묘사한다는 것이 얼마나 어려운지, 그리고 느낀 것을 전달하기 위해 말을 사용하는 것이 얼마나 더디고 얼기설기 엮은 느낌인지 모르겠다. 좋은 그림 앞에서 느끼는 그 울렁거림은 그 자체로 이미 자기 할 몫을 다한 듯하다. 형용할 말이 없기 때문이다.

　가끔 미술치료를 하다 보면 그런 생각이 든다. 도화지와 미술치료사 그리고 함께 만드는 심리적 공간이 대나무 숲 같다는 생각이다. 그래서 내담자들이 '임금님 귀는 당나귀 귀'를 소리치다가 가는 것 같다. 처음에는 머뭇거리고, 눈치를 보며, 메아리 소리에 흠칫 놀라다가도, 얼마 지나지 않아 용기를 가지고 소리친다. "임금님 귀는 당나귀 귀!" 얼마나 시원할까. 도대체 얼마나 참았을까.

　미술치료에서 '표현한다'는 것은 가장 중요한 주제어라 할 수 있다. 그런데 생각보다 표현하기가 어렵다. 표현이 무엇인지, 어떻게 해야 진정으로 표현이 되는 것인지에 대해 감을 잡을 수 없거나 오해하기 때문이다.

　표현하는 것이 치료에 도움이 된다고 막연하게 이야기할 수는 없다. 혹시 그러한 이야기를 들어본 적이 있는가? 어떤 사람이 여러 가지 문제 때문에 심리치료를 받게 되었고, 꾹 참기만 하던 평소의 모습과는 달리 표출하고 발산하는 경험을 몇 번 했는데, 그다음에 오히려 더 엉망이 되어서 실제 생활에 문제가 많아졌다는 이야기다. 그림을 그리면서 감정적으로 북받쳐 올라서 집에 돌아간 다음에 심각하게 소리 지르며 싸웠다는 이야기라든가, 자신이 느낀 바를 표현하도록 했더니 며칠 뒤 회사 상사를 찾아가서 심한 말을 하고 직장을 그만두게 되었다든가 하는 이야기 말이다.

그러므로 표현이 치료에 도움이 된다면, 어떤 식으로 표현하든 '늘' 도움이 되는 건지, 만약 그렇지 않다면 어떤 때 도움이 되고 어떤 경우는 도움이 되지 않는지, 혹은 표현하는 것이 치료에 도움이 되지 않고 오히려 역행하는 경우는 없는 건지 등의 질문에 답할 수 있어야 한다. 그런 다음에야 표현한다는 것에 대해 미술치료사로서 대답할 수 있을 것이다.

1. 표현하는 것은 치료적으로 도움이 되는가

표현에서 도움을 받는 사람들은 대체로 세 부류가 있다.

첫 번째 경우는 표현을 하지 못했던 사람들이다. 이들에게 표현은 두말할 나위 없이 도움이 된다. 하고 싶은 말들을 묻어 두고 살았거나, 자기 의견을 드러낼 수 없어서 마음 무겁게 살았던 사람들은 표현을 통해서 마침내 가벼워진다. 이 사람들은 "이야기할 수 있다는 것이 이렇게 큰 것인 줄 몰랐다."라고 말한다. 말한 내용이 무엇이든, 그저 있는 그대로 받아들여지는 것은 이들에게 놀라운 경험이다.

대체로 조리 있게 의견을 잘 말하는 사람이라 하더라도 부분적으로 표현하지 못했던 이야기가 있다면 이 사람들도 표현함으로써 도움을 받는다. 이를테면, 자기애적인 사람이라거나 자존심이 강하면서 열등감이 강한 사람들이다. 이들은 자기가 스스로 부끄럽게 생각하는 것을 쉽사리 이야기하지 못한다. 다른 사람에 대해 질투했을 때라든가 시기심을 느꼈을 때, 부끄러웠던 경험이나 부끄러운 가족 이야기 같은 것을 하지 못한다. 그러면서 마음에 오래도록 담아 두고 풀지 못한 숙제로 남겨 둘 때가 있다. 그래서 이러한 경우에도 표현하는 것이 중요한 전환점이 된다.

　두 번째 경우는 말을 많이 하거나 험한 말들을 쉽사리 하는 사람들이다. 짜증도 잘 내고, 걸핏하면 핏대를 올리기도 한다. 대놓고 이야기하는 것을 잘하기도 한다. 그래서 그냥 얼핏 보면 마음껏 표현하고 사는 것처럼 보일 수 있겠지만, 그 내면은 그렇지 않다. 자기들이 정말 하고 싶은 말이 무엇인지, 자기 마음을 모르기 때문에 말을 많이 하고 심하게 하기까지 하는데도 그 속은 시원하지가 않다. (잠시 시원했다고 하더라도 이내 다시 똑같은 주기가 반복된다.) 이러한 사람들은 첫 번째 경우와 정반대처럼 보이지만, 실상에 있어서는 같은 사람들이다. 말이 많은 것은 말이 없는 것과 결국에는 비슷하다. 왜냐하면 듣는 사람 입장에서도 말하는 사람 입장에서도 진짜 중요한 말들은 오히려 파묻혀 버리고 말기 때문이다. 말을 하고 있는 당사자도 자기가 무슨 말을 하고 싶은지 모를 때가 많다. 그래서 이 사람들의 표현을 도우려면, 자신이 정말로 하고 싶은 말을 찾도록 도와줘야 한다. 예를 들면, 공격적인 말과 파괴적인 분노 아래에 도대체 어떤 말들이 숨어 있는지 찾아 줘야 하고, 웃으면서 농담처럼 이야기하지만 그 마음까지 웃고 있는지 함께 바라봐 줘야 하며, 약하고 상처 입은 목소리만 낼 때에도 그 마음에서 정말로 하고 싶은 말을 찾아 줘야 한다. 찾아서 제대로 표현할 수 있다면, '표현한다'는 것은 상당히 도움이 된다.

　세 번째 경우는 일방적으로 말하는 사람들이다. 첫 번째나 두 번째 경우의 사람들처럼, 진짜 자기가 하고 싶은 말이 무엇인지 모를 수도 있지만, 그래도 대체로 자기가 하고 싶은 말이 무엇인지도 알고, 자기 마음속 욕구도 인식하는 편이다. 겉보기에 사회적 관계가 매끄러울 수 있다. 하지만 그 내면에 있어서는 자기 주관이 강하고, 고집이 세며 자기가 옳다고 지나치게 확신한다. 이와 더불어 타인에 대한 진실한 믿음이 별로 없기 때문에 다른 사람과 대화를 하더라도 마음 깊은 곳의 진정성이 어린 대화가 되지 않는다. 이들에게 표현은 대화의 시작이다. 대화가 시작되어야 사람들의 마음 깊은 곳에 변화가 일어난다. 당연한 이야기지만, 일방적인 대화는 대화가 아니며 변화가 생기지도 않는다.

　미술치료에 대해서 겉핥기식 오해를 할 경우에, 신참 미술치료사들은 무조건 표현하도록 해야 한다고 생각한다. 그래서 무엇이라도 그려 보라고 하고, 그림 그리는 시간이 짧으면 안절부절못한다. 내담자들의 별다른 반응이 없을 때는 이벤트 같은 활동을 펼치기도 하며, 이것저것 지시가 있는 구조화된 활동을 시키기도 한다. 이벤트나 구조화된 활동이 나쁜 것은 아니지만, 도대체 무엇 때문에 하는지 어떻게 도움이 되는지에 대해서 치료사는 책임질 수 있어야 한다. 예를 들어, 재료를 찢거나 두드리고 던지는 활동을 하도록 했을 때, 이것이 표현을 촉진하는가? 던지는 활동만으로도 마음이 표현되었다고 할 수 있는가? 이러한 활동은 적극적이고 공격적인 색채를 띠는데, 방금 언급한 두 번째 부류의 사람들은 소리 지르고 내뱉는 류의 표현을 못해서 병든 게 아니다. 이 사람들에게는 점 하나를 찍더라도 마음을 실어서 찍을 수 있도록 해 줘야 진정으로 표현을 돕는 게 된다.

그러므로 시작하면서 질문했던 바와 같이 표출하고 발산하는 경험 이후에 더 엉망이 되었다는 사람들의 예는 실패한 표현의 예라고 할 수 있다. 독자들 중에는 "표현에 실패도 있을 수 있는가?"라고 질문할 수 있을 것 같다. 이렇게 답할 수 있다. 표현에는 여러 가지 수준이 있는데, 치료에 도움이 되는 수준의 표현이 있고, 치료에 도움이 되지 않는 수준의 표현이 있다. 극단적인 예로 욕설도 아주 넓은 의미에서는 표현이라고 볼 수 있지 않겠는가. 하지만 우리는 그 누구도 욕설이 좋은 표현이라고 생각지 않는다. 그저 배설적 욕구와 일그러진 인격, 조절 실패 등을 짐작하게 될 뿐이다.

2. 표현의 실패

표현의 실패는 표현이 제 갈 길을 가지 못하고 옆으로 비껴 나간 것이다. 실패하는 양상은 다음 두 가지다. 하나는 행동화하는 경우이며, 다른 하나는 표현이 빈약한 경우다. 이 두 가지는 양극단에 있는 모습들인데, 다소 극단적이라 하더라도 그 모습을 살펴보고 나면 왜 표현의 실패라고 부르는지 이해할 수 있을 것이다.

행동화하는 경우

미술치료실에서 자주 보는 행동화는 대개 이런 모습이다.

- 도화지에 그림을 그리다가 마음에 안 든다고 연필을 집어던진다.
- 도화지를 구겨 버리고 찢는다.
- 찰흙으로 어떤 형상을 만들다가 원하는 대로 되지 않는다고 뭉개 버린다.
- 집어던지기도 한다.
- 그림을 그렸는데, 함부로 휘갈긴 모습이다.
- 자기 마음을 표현하느라 닥치는 대로 그렸다고 한다.
- 그림이 어떻게 보일지에 대해서는 일부러 신경 쓰지 않았다고 한다.
- 끝나고 나서 "그림은 그냥 선생님 가지세요."라고 하는데, 선물로 준다는 뿌듯함이 읽히지도 않고, 자기 작품이라서 소중히 다룬다는 느낌도 들지 않는다.

행동화(acting-out)는 직접적인 행동으로 마음이 분출되는 것을 뜻한다. 행동화는 표현이 아니다. 그냥 행동화일 뿐이다. 대개는 이런 식이다. 내담자들의 내면에 답답함이 있다. 내지르고 싶은 욕구도 있다. 미술재료가 주어졌고, 뭔가 허용적인 분위기라고 느낀다. 그래서 마구잡이식 행동을 보인다. 재료를 함부로 대하기도 하고(얼핏 보면 학대하듯이), 자기 작품을 함부로 대하기도 한다. 이러한 모습은 표현의 실패다.

심리치료에서 행동화는 저항인 경우가 많다. 물론 의도적이거나 의식적이지는 않다. 행동화는 치료실 안에서 일어날 수 있고(자기 감정을 말로 표현하는 대신 소리를 지르거나 뒹굴어 버리는 등), 바깥에서도 일어날 수 있는데(치료실에 늦게 온다든지, 같이 일하는 사람에게 분풀이하는 식으로 화를 낸다든지 등), 내담자의 행동이 행동화인가 아닌가를 알아보려면 특정한 행동이 가지는 의미와 맥락, 결과를 고려해야 한다. 내담자의 행동화도 심리치료에서는 그 내담자의 어려움과 심리적인 구조를 이해하는 데 좋은 재료가 되므로 잘 다루어 줄 수 있으면 도움이 된다. 하지만 행동화 자체가 치료적으로 대단히 의미를 가지지는 않는다. 왜냐하면 행동화를 하는 수준에서는, 행동의 당사자가 자신의 행동을 조절하지도 못하고 그 의미를 이해하지도 못하기 때문이다. 치료에서 목적으로 삼는, 충동을 참을 수 있게 되고 조절할 줄 알게 된다든가, 자신을 이해하고 통합이 된다든가 하는 것과는 거리가 멀다.

미술치료과정에서 행동화에 대한 판단은 애매할 수 있다. 왜냐하면 미술작업은 직접적인 행동이 요구되기 때문이다. 열심히 작업하다 보면, 자기도 모르게 거친 행동을 할 수 있지 않을까? 물론 그렇다. 그러나 '미술과정에서의 행동'과 '행동화' 사이에는 차이가 있다. 예를 들어 보자. 내담자가 찰흙을 집어던졌다. 분노가 가득한 상태에서 말이다. 이 행동은 '미술과정에서의 행동'인가, 아니면 '행동화'인가? 찰흙을 던지는 것을 두고 분노를 표현한 것이라고 할 수 있는가? 넓게 보아 그럴 수는 있다. 하지만 분노를 행동화했다는 것이 더 적합하고, 분노를 표현했다고 볼 수는 없다. 표현이라 부른다면 이것이 치료에 도움이 되기 위해서는 앞으로 많이 변형시켜야 할 날재료 같은 수준이다. 무엇인가를 행동화했다고 할 때, 치료사는 그것을 관찰하고 내담자의 내면 상태를 미루어 짐작할 수는 있지만, 행동화하고 있는 당사자에게 그러한 행동이 도움이 되기까지는 거쳐야 할 과정이 많다. 간혹 그다음 단계로까지 변화되지 않고 치료가 끝나게 되면, 시작을 아니한 만 못한 결과가 생기기도 한다.

미술작업에 깊이 몰두하다 보면 강력한 에너지를 가지고 작업을 하게 될 때가 많다. 작업의 내용이 깊어지고 자신의 내면에 근접해 갈수록 그렇다. 좀 더 진하게 선을 긋는다든가 좀 더 밀도 있게 작업한다든가 혹은 3차원 입체 작업을 하면서 움직임의 반경도 커지고 동작들도 커진다. 이렇게 미술작업을 하는 과정에서 보이는 '강력한 표현'과 '행동화' 사이에는 아주 가늘고 섬세한 구분선이 있다. 가끔은 미술치료사들도 이게 행동화인지, 강력한 표현인지 자못 의심스러울 때가 있다. 대체로 작업 내용이 어디엔가로 수렴할 수 있으면 '강력한 표현'으로 볼 수 있고, 내용이 수렴되지 않고 뿔뿔이 흩어져서 파편화되면 '행동화'

라 할 수 있다. 또한, 작업을 하는 활동에 있어서도 강약이 조절되는 느낌이 있으면 '강력한 표현'이고, 강약이 조절되지 않고 행동의 파장이 일파만파 커지기만 한다면 '행동화'라 할 수 있다.

　미술치료시간에 작품으로 표현되는 내용들은 공격과 분노, 원망과 좌절, 우울과 불안에 관한 것일 때가 많다. 그러한 내용을 담는 그릇이 오롯이 잘 견딜 수 있어야 제대로 된 건강한 표현이다. 내용을 담는 그릇을 파괴해 가면서 자기 충동과 욕구를 드러내는 것은 건강하지 못한 표현이다. 내용을 담는 그릇이라면, 여기서는 미술작품이라 할 수 있다. 작업을 하면 할수록 작품을 망가뜨리고 깨버리며 부수는 경우를 결코 제대로 된 치료작업이라 할 수 없다.

　여기서 잠깐, 독자들은 포스트모던 아트를 떠올릴 수 있을 것 같다. 그중에서도 행위예술, 즉 퍼포먼스라 부르는 것을 떠올릴 듯하다. 도끼를 들고 나와서 그랜드 피아노를 찍어서 줄을 끊어 버리는 것도 예술 아닌가 하고 묻는다면, 그렇다. 그것은 예술이다. 그런데 그 도끼로 퍼포먼스를 벌이는 공연장을 찍거나 아무 데나 휘두르고 있다면 예술일까 생각해 볼 수 있다. 퍼포먼스는 겉보기와 달리 충동적으로 아무렇게나 내뱉는 행동이 아니다. 충동성을 함유하고 있다 하더라도 퍼포먼스를 하는 사람의 조절력 아래에서 충동성이 발현된다. 그것이 중요하다. 미술치료시간에 망가뜨리고 깨부수는 작업을 하기도 한다. 그런데 그 작업을 하는 내담자의 조절력이 약하거나 상실된 것 같다면, 이러한 작업은 행동화일 뿐이며, 그렇게 끝나 버린다면 치료적으로 그다지 도움이 되지 않는다.

　만약 아동이 행동화하고 있다면, 어쩌면 이는 당연한 일이다. 자신의 감정에 대한 소화능력이 그만큼 약하기 때문이다. 그럴 때는 충분히 좋은 엄마(Good Enough Mother)인 치료사가 아동 대신 소화해 줘야 한다. 즉, 아동의 행동으로부터 감정을 느껴 주고 치료사 속에 보존해 주며 공감적인 방식으로 언어화해서 돌려줘야 하고, 붙잡든지 경계를 긋든지 함께 뒹굴면서 조절력을 회복하는 등 구체적 행동으로 아동의 감정을 건강하게 보유해 줘야 한다. "네가 찰흙을 던지고 싶구나." "그래, 세게 던지는구나." "네가 화가 났구나." "화가 많이 났나 보네."라고 말로 전달하고, 어느 정도 시간을 준 뒤 아이를 다독여 주고 진정시켜 줄 수 있다.

어른 내담자들도 행동화한다. 아이들처럼 무엇인가를 집어던지지는 않더라도 얼마든지 행동화하며 퇴행한다. 함부로 행동한다는 느낌이 드는 것은 대부분 퇴행된 행동이다. 치료사에게 함부로 대하든 미술재료를 함부로 대하든 조절되지 않은 상태로 나오는 행동은 모두 행동화다.

미술치료가 치료가 되기 위해서는 미술치료사의 존재가 필수적이다. 그냥 옆에 있어 준다든가, 지지해 준다든가, 아니면 그림을 읽어 주는 존재로서 필수적인 것이 아니라 치료과정에서 필연적으로 맞닥뜨리는 행동화를 이해하고 내담자를 버텨 주며(holding) 내담자의 행동화를 변형시켜 나갈 힘을 제공해 주기 때문에 필수적이다.

내용이 빈약한 경우

- 무엇을 그려야 할지 아무런 생각이 없다.
- 간신히 단순한 대상 한두 개만 그렸다.
- 그림을 조금 그리다가 이내 글씨를 쓰기 시작한다.
- 그림에 대해 물어보면 "그냥 그렸어요." 정도로 대답 내용이 단순하고 짧다.

우리는 이러한 모습도 종종 만난다. 안타깝지만 표현이 잘 되지 못한 예다. 이것은 행동화 양상의 반대인데, 미술과정에서 행동화가 표현하고 싶은 내용을 마음에 담아 두지 못하고 폭포수처럼 쏟아 내는 문제라면, 이번에 생각해 볼 표현 실패는 내용이 빈약한 경우로서 표현할 내용이 없거나 내용물을 덮은 장막을 뚫고 나올 만큼 에너지가 없는 경우다.

표현할 내용이 빈약한 이유는 다양하다. 첫 번째 경우는 생각하거나 감정을 느낄 정신 과정이 빈약해서 표현 내용이 빈약한 경우다. 만성 정신장애 환자들이나 알코올 중독 환자, 치매 환자들처럼 사고 과정에 결함이 있고 사고 내용이 지리멸렬한 경우, 무슨 그림 주제를 주든 별 차이가 없을 정도로 그림 내용은 단조롭고 의미가 없다. 그림을 그리게 되면 그저 나무나 간단한 집 모양, 꽃을 그린다. 주제가 달라져도 반응에는 차이가 없다. 자유롭게 그리라고 하든, 만다라 원을 주고 그리라고 하든, 옆 사람과 바꿔 가며 그리라고 하든 별 차이가 없다.

두 번째 경우는 정신 과정이 빈약하지 않지만, 정서가 메말라서 이미지가 나오지 않는 경우다. 이들의 사고 과정은 정상적이며 논리적인 면은 잘 발달되기까지 했지만, 감정과 느낌이 풍부하지 않아서 미술작업을 하게 되면 그 내용이 빈약하다. 대개는 주지화하는 경향성이 있고 미술과 같이 시간을 더 기다려야 느낄 수 있는 것에 대해 폄하하는 경향이 있다. 이들은 그림을 그리더라도 선(line)으로만 그리는 경향—대상의 속을 색으로 채우지 않는다—이 있고 색을 잘 사용하지 않고 감각적인 면이 발달되지 않은 편이다.

또 다른 사람들은, 생각도 많고 하고 싶은 이야기도 많은데 떠오르지 않아서 그림을 그리려 하니 당장은 내용이 빈약한 경우다. 그림 과정에 푹 빠져서 그리고 싶은 마음은 있지만, 쉽사리 몰두가 되지 않는다. 그렇다고 딱히 무엇을 그려야겠다는 생각이 드는 것도 아니고, 뭔가 약간 찝찝하게 느껴지는 것이 있는 것 같기도 한데 무엇인지 잘 모르겠다는 정도의 느낌을 가지고 있다. 이들은 치료사에 대한 신뢰가 쌓이고, 치료과정에 더 깊이 들어오면 보다 분명하게 자신의 이야기를 그림으로 표현하기 시작한다.

이러한 사람들의 대부분은 시작할 때 아무것도 표현할 내용이 떠오르지 않는다. 그림을 그리자고 해서 시작하면, 그냥 끄적끄적 하다가 이내 끝나 버린다. 이것은 표현의 단계에서 어딘가 막혀 있기 때문이다. 표현할 것이 아무것도 없는 것은 아니다. 그런데도 무엇인가를 표현하지 못하는 사람은 자신의 내면 목소리를 잘 듣지 못하는 사람일 때가 많다.

필자가 만났던 사람들 중에 자기가 얼마나 힘든지 잘 느끼지 못하는 내담자가 있었다. 자신이 맡지 않아도 될 일까지 떠맡아 하면서, 시간이 없어 늘 허덕이고 잠잘 시간도 모자라 새벽까지 일을 하는 사람이었다. 그러다가 한 번씩 몸이 아프고는 했는데, 몸이 아프고 나서야 자기가 힘들었나 하고 마는 식이었다. 치료가 진행되면서 자신이 힘들다, 짜증난다는 것을 느꼈다고 했는데, 그러한 느낌은 좀 더 분명하고 직접적인 감정이라기보다는 자신의 감정에 여러 종류의 먼지들이 켜켜이 내려앉은 상태였다. 뭔가 푸석하고 뭉근하게 느껴지기는 하지만 아직까지 감정의 목소리를 제대로 듣는다고 하기는 어려웠다. 그러다가 자신의 느낌 이면의 불안, 수치심, 죄책감, 우울, 분노와 같은 감정의 모습들이 세분화되기 시작했다.

3. 표현을 도와주기

표현을 잘하는 몇몇 사람들을 제외하면 아마도 우리나라 사람들 대부분이 표현에 인색하거나 어색하고 어눌한 것 같다. 표현을 잘한다고 해도, 그 사람들이 정말로 '표현하고 싶은 바'를 표현하느냐 하는 점은 다른 문제인 것 같다. 필자의 내담자들 중에는 말을 정말 잘하는, 소위 '말발이 센' 내담자들이 있었는데, 이들은 의외로 정말 하고 싶은 이야기는 잘하지 못하는, 그래서 말을 잘하는데도 어느 면에서는 마음에 허(虛)한 부분을 가진 사람들이었다. 어쩌면 당연한 일인지도 모르겠다. 치료장면에서 만나는 사람들의 이야기를 듣노라면, 어린 시절 그들의 마음을 읽어 주고 바라봐 주는 사람들이 없었다. 표현이라는 것은 혼자서 하는 것이 아니라 그것을 받아 주는 사람이 있어야 하는 것이다. 따라서 이들에게 표현력이 덜 발달된 부분이 있다는 것은, 어쩌면 당연한 귀결인지도 모르겠다.

표현이 발달하지 못했다고 해서 아무런 느낌이나 생각이 없는 것은 아니다. 그런 경우 신체화 증상(somatic symptom)을 겪게 된다. 신체화 증상이란 마음이 제대로 말하지 않을 때, 몸이 먼저 말하는 것이다. 몸은 마음보다 정직하게 굴기 때문이다. 그때는 소위 '별 이유 없이' 몸이 아프다. 의식적으로는 그다지 화가 났다거나 외롭다거나 슬프다는 것을 느끼지 않는데, 깨닫지 못했을 뿐 마음 아래 켜켜이 삼켰던 이야기들이 있는 사람들이다. 이 사람들은 몸이 아픈 상태가 지속되면서 여러 가지 검사를 받지만, 받아 봐도 별다른 이유를 찾을 수 없어서 기껏해야 신경성이라는 말을 듣게 될 뿐, 그 답답함이 사라지지는 않는다. 신체화 증상을 겪는 사람들은 다양하고 천차만별이어서 끊임없이 불평불만을 늘어놓는 투덜이 유형도 있고, 싫다는 내색 없이 웃음 짓고 순종적인 유형도 있다.

어쨌거나 기본적으로는 표현이 잘 안 되는 사람들이다. 신체화 증상을 보이는 사람들처럼, 표현해야 할 것을 제대로 잘 표현하지 못하는 사람들을 어떻게 도울 것인가? 가장 기본적인 생각은 이 사람들의 표현 방식이 무엇이든 그것을 따라가면서 힘을 실어 준다는 것이다.

예를 들면, 이렇다. 한 여성이 미술치료실에 들어왔다. 이 사람의 표정 하나하나에 짜증스러움과 지침이 얼핏 스쳤다. 땅이 꺼질 듯 한숨을 쉬면서 겨우 꺼낸 말이, "머리가 아파서 아무것도 못하겠어요."였다. 대개 이 정도가 되면 탁자 위의 미술재료에도 관심을 보이지 않고, 미술치료사에게도 건성으로 인사한다. 이 사람을 어떻게 도와줘야 할까?

우선은 기다려 줄 수 있다. 아무것도 못하겠다는 느낌을 헤아려 줄 수 있다. 그리고 그 느낌 이면의 마음이 본인에게 느껴지도록 도와줄 수 있다. 아무것도 못하겠다면 그냥 집에 누워 있었을 수도 있는데, 구태여 미술치료를 받으러 와서 그 말을 하는 마음을 상상해 보라. 가장 중요한 것은 이 사람이 '진짜 표현하고 싶은 바'를 찾아서 표현하도록 하는 것이다. 그렇게 하기 위해서 미술치료에서는 이미지를 사용한다. 그 내담자가 그림을 그리도록 하는 것이 가장 중요하다. 그런데 딜레마는 그리고 싶은 마음이 들지 않는다는 데 있다. 사실 정확하게 이야기하면 본인이 표현 욕구를 인식하지 못하고 있을 뿐이다. 내담자는 그리고 싶은 것도 없고 이야기할 것도 없다고 한다. 그러면서 '그냥 몸이 아픈 것뿐'이라고 한다.

아마도 내담자는 제대로 된 표현의 기회를 가지지 못했고, 표현하는 방법을 모르고 있을 것이다. 약간 엉뚱하게 들리더라도 내담자에게 그렇게 이야기해 보라.

"머리가 아프시군요. 음, 혹시 그 머리 아픈 것을 표현해 보시겠어요?"라고 말이다. 그러면 십중팔구 내담자들은 이게 무슨 뚱딴지 같은 소리냐는 표정으로 뭘 어떻게 하라는 거냐고 되묻는다. 그러면 다시 말해 준다. "머리가 아프다는 것을 볼 수 있게 그려 보시는 거죠. 어렵게 생각하시지 말고요, 그냥 그 느낌이 조금 표현되게끔 해 보시면 됩니다." "색으로 하면 어떤 색이 될까요? 여기 있는 색 중에서 가장 비슷한 게 어느 것인가요?" "화면 가득 뭔가 채워진 느낌인가요, 아니면 거의 텅 빈 느낌인가요?"

이렇게 해서 시작한다. 구체적인 호소가 다르거나, 풀어 나가는 방식이 조금씩 다를 수는 있지만, 어쨌든 한 획이라도 긋도록, 조금이라도 표현하도록 돕는 것이 가장 주된 미술치료방법이다.

표현에 대해 치료사의 확신이 확고하면, 투명하게 전달하는 것이 중요하다. 그 자체로 모델링이 된다. 내담자가 그림을 잘 그리든 못 그리든 미술치료로 만나는 데 지장이 없다고 믿는다면, 내담자의 그림 솜씨에 대해 그냥 있는 그대로 인정해 줄 수 있다. 못 그렸는데 잘 그렸다고 빈말을 하지 않아도 된다.

필자가 만난 어떤 내담자가 자신은 초등학교 때부터 그림을 못 그려서 오래도록 마음에 콤플렉스였다면서 그림을 그리고 싶지 않다고 했다. 필자는 그러시냐고 하면서, 열등감을 느꼈다면 하고 싶지 않을 것 같다고 말해 줬다. 그런 뒤에 그렇기 때문에 한번 도전해 보는 것은 어떻겠냐고 권유했다. 내담자는 다시, 자신이 미술 때문에 얼마나 스트레스를 받았었는지 약간은 구슬프게 구구절절 설명해 주었다. 들으면서 내 마음도 반반이었다. 나는 그 내담자에게 미술을 하지 않고 말로만 만나도 좋고, 미술을 해도 좋다고 했다. 그리고 내 전문 영역이 미술치료이기 때문에 이미지를 통해 좀 더 도와드릴 수 있다는 것이지, 반드시 해야 하는 것은 아니라고 부연해 주었다.

그 내담자는 마음이 움직였는지, 그림을 그리기 시작했다(그림 4-1 참조). 그 사람의 그림은, 쉽게 이야기하면 '그림 솜씨가 별로 없는 그림'이었다. 근데 그게 뭐 어떤가. 그래서 나는 그렇게 대답해 줬다. "이야-, 못 그린다고 하시더니, 정말로 못 그리시네요(웃음)." 나도 웃었지만 내담자도 웃었다. (웃음이 방어적이

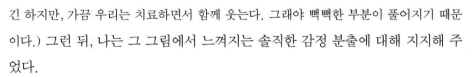

그림 4-1 감정을 표현한 그림

긴 하지만, 가끔 우리는 치료하면서 함께 웃는다. 그래야 빽빽한 부분이 풀어지기 때문이다.) 그런 뒤, 나는 그 그림에서 느껴지는 솔직한 감정 분출에 대해 지지해 주었다.

　표현이 잘되지 않는 내담자일수록 의외로 싱싱한 이미지를 그린다. 이들이 그린 그림은 거칠고 원초적인 양상을 보인다. 툭툭 내뱉은 외마디 비명 같을 때도 있고, 오랫동안 묵혀 두었다가 꺼내어서 처음에 뭐가 뭔지 정체를 알 수 없는 냉장고 속 음식물 같기도 하다. 그렇지만 이들의 이미지를 믿어 주는 것이 중요하다. 이들은 두통을 그리라는 말에 굳이 의도하거나 의식하지 않고 힘 없이 주저앉은 선과 잘 보이지 않는 색깔을 사용해서 자신의 소외감과 고통을 표현한다. 깨닫는 것은 그다음에 따라온다. 계속해서 그렇게 표현을 따라가다가 어느 날은 자신의 우울함을 그렸다. 내담자는 우울을 표현하라는 말에 거칠고 날카로운 선을 그렸다. 그리고 자신의 우울에 분노가 서려 있음을 천천히 깨달아 가면서, 이유 없는 두통 대신 감정과 몸의 연결, 마음의 표현과 이해를 배워 갔다.

만약 그래도 계속해서 내담자가 표현하는 것을 어려워하고 빈약한 수준으로 이미지를 만들 뿐이라면, 치료사가 좀 더 주도적으로 개입하는 것이 좋다. 다음과 같은 방법이 있다.

첫째, 이미지 만드는 방법을 바꾼다

내담자에게 머릿속으로 이미지를 떠올리라고 한다. 실제로 그리는 것만큼이나 이미지를 떠올리는 것은 강력하다. 작업이 어렵다면 이미지를 떠올리는 것으로도 충분할 때가 있다. 혹은 미술치료사가 대신 그려 줘도 된다. 내담자에게 중간중간 물어 가면서 대신 그려 주는 것도 좋은 방법이다. 묻지 않고 미술치료사가 내담자의 마음을 느끼면서 그려 줘도 된다. 그런 다음 내담자와 함께 이미지에 대해 이야기를 나누면서 변화시키고 싶은 부분이 있다면 어떻게 하고 싶은지 이야기하는 것에서부터 내담자의 마음속 이미지가 구현된다고 볼 수 있다.

둘째, 재료를 바꿔 본다

작업의 재료나 작업의 양식을 바꿀 수 있다. 예를 들어, 회화 작업일 경우 회화 재료를 바꾸어 본다. 크레파스 대신 물감을 사용한다든가, 흰 종이 대신 뭔가 그려진 종이 위에 덧칠하는 방식으로 그린다든가, 잡지 사진을 사용해서 콜라주를 하는 등 사용하는 재료를 바꿔 본다. 대체로 아무것도 없는 깨끗한 흰 종이는 어렵게 생각하는 내담자가 많다는 것을 고려하여, 뭔가가 그려진 종이, 혹은 따라 그려 볼 수 있는 이미지 그림을 사용할 수 있다. 혹은 작업의 양식을 바꾸어서 2차원 종이에 그리는 대신 3차원 입체로 작업할 수도 있고, 회화 작업 대신 찰흙이나 점토를 사용할 수도 있다.

셋째, 이미지가 나오지 않는다면, 감각 수준으로 내려가도록 한다

이미지는 이미 굉장한 정도의 정신 과정과 정신에너지를 사용해서 나온 결과물이다. 그러한 결과물을 내기가 어렵다면, 조금 더 초기 단계로 내려간다. 재료 탐색에서 시작해 봐도 좋다. 딱딱한 재료와 부드러운 재료가 어떤 느낌으로 다가오는지, 무엇이 떠오르는지, 함께 찾아보는 것이다. 색이 주는 느낌, 질감이 다른 재료의 느낌, 감각 수준에서 탐색하는 것으로 표현의 길을 틔워 줄 수 있다.

표현이 한참 진행되다가 중간에서 막히거나 끊어지는 경우는 미술치료사가 미적인 감각과 기술을 가지고 도와줄 수 있어야 한다. Kramer는 이러한 미술치료사의 역할을 강조했다. 만약 미술작업이 중간에 막혀서 그냥 끝나 버리고 이러한 경험에 대해 말로 이야기하도록 했다면, 적어도 Kramer의 견해에서 그러한 치료개입은 적절한 미술치료개입이 아니다. 다른 치료법이라면 모를까, 미술치료에서는 미술작업 자체에 상당히 비중을 싣고 있다. 따라서 치료사는 작업이 진행되고 매듭을 지을 수 있게끔 전방에서 뛰어야 한다.

예를 들어, 그림을 그리다가 도화지 바깥으로까지 대상이 삐져나왔거나 대상이 잘린 형태가 되었다고 하자. 어떻게 생각하면, '주어진 환경에 적응하지 못한 느낌'에 대해 이야기할 수 있는 좋은 재료가 생긴 셈이다. 그래서 그냥 완성하지 못하고 작업을 종료하도록 두는 것이 더 좋을 수도 있다. 하지만 미술작업을 믿는 미술치료사라면, 좀 더 적극적으로 내담자를 도와줘도 된다. 미술치료사가 내담자의 미술작업을 도와준다고 해서 내담자의 표현을 흐트러뜨리거나 다른 방향으로 꺾어 버리는 것이 아니다. 미술치료사가 가진 감각과 미적 능력으로 내담자 작품의 균형과 조절을 도와주는 것이, 오히려 내담자의 표현을 제대로 도운 것이 된다. 다른 비유로 하자면, 심리치료를 할 때 내담자들이 자기 마음을 제대로 표현하지 못하고 있을 때 "혹시 이런 것이 아닌가요?" 하면서 내담자의 마음을 먼저 공감적으로 표현해 줄 때가 있다. 치료사의 공감이 제대로 가서 부딪히면 내담자들은 바로 그것이었다면서 눈물을 흘린다. 미술치료에서 미술작업에 구체적으로 개입하는 것도 그러한 맥락이므로, 내담자들이 100% 순수하게 자기 힘만으로 작품을 만들어야 제대로 된 표현이라고 하지는 않는다. 함께 완성하되, 미술치료사는 내담자에게 충분히 공명하고 있어야 하며, 내담자의 표현을 증폭시키는 활력제가 되어야 한다.

그렇게 했는데도 표현이 마음대로 되지 않는다고 속상해하는 내담자들도 있다. 이 경우에는 아마도 그러한 좌절이 내담자의 주된 치료적 이슈일 것이다. 그 경우에 우리가 치료에서 나아갈 방향은 그러한 경험을 통해서 한계를 받아들이는 법을 배워 가는 것이다. 주어진 재료에 한계가 있기도 하고, 표현해 내는 능력에 한계가 있기도 하며, 돕는 미술치료사의 개입에 한계가 있기도 하다. 이러한 한계를 받아들이는 것이다. 그럴 때 우리가 수용하게 되는 진실은 세상이 완벽하지 않고 나 자신도 완벽하지 않다는 것이다. 이상화되고 완전한 어떤 무엇은 처음부터 이 세상에 없었다는 사실이다. 또한 그래도 괜찮다는 진실이다.

　한편, 열심히 미술작업을 하던 내담자가 조절력을 잃고 행동화로 치닫고 있는 상황이라면 미술치료사가 그러한 과정을 차단하고 내담자를 지켜 줘야 한다. 몸싸움을 해서라도 내담자를 붙들어 주는 것이 좋다. 그저 우아하게 손 하나 까닥하지 않고 말로만 이야기하는 것은 '몸을 써서 작업해야 하는 미술치료'에서는 불가능하다. 미술치료는 상당히 원초적인 에너지를 이끌어 내는 작업이다. 감각을 자극하고, 감정을 불러오며, 활성화시키고 느끼게끔 만든다. 그러므로 행동화가 더 쉽게 일어날 수도 있고, 조절력이 약하면 더 악화되거나 어려워질 수도 있다.

　원칙이 분명한 미술치료사라면 구체적인 방략이나 전술에 있어서 훨씬 더 생기 있게 된다. 즉, 기법에 의존하는 미술치료사가 '기성복' 같은 회기를 진행한다면, 원칙이 분명해서 자유롭게 움직일 수 있는 미술치료사는 '맞춤복' 같은 회기를 진행하는 것이다. 내담자들의 표현은 그 사람에게 맞추어진 편안한 공간 내에서 생명력을 가지고 나오게 된다.

　마지막으로, 무슨 방법을 선택하든 표현을 촉진하는 가장 확실한 방법이 있다. 그것은 그 사람을 이해하고자 하는 진심을 품는 것이다. 이해하고자 하는 치료사의 진심은, 이해받고자 하는 내담자의 진심에 가서 부딪히고 파장을 이끌어낼 것이다. 우리가 제대로 이해하고 싶은 내담자의 진실은, 그 사람의 사고와 생각에 있기보다는 그 사람의 감정과 욕구 덩어리에 있다. 감정과 욕구는 사고나 생각보다 더 원초적인 차원에 존재하기 때문에, 주위 환경이 차가운지 따뜻한지에 대해 민감하게 반응한다. 그래서 서늘한 느낌이 들거나 차가운 냉기를 느끼면 오므라들고, 아무런 공기 흐름이 없다고 판단되면 죽어 버린다.

사람의 마음은 표현되고 싶은 욕구가 더 강할까, 아니면 숨고 싶은 욕구가 더 강할까? 아마도 두 가지가 다 있겠지만, 필자는 표현 욕구가 더 강하다고 믿는다. 마음을 읽어 주고, 알아주며, 진심으로 고개를 끄덕여 주는 누군가가 있다면, 마음은 언제든 나오고 싶어 한다. 하지만 마음에 꼬리표를 붙이거나 긁어대며 차갑게 만드는 상황이라면, 마음은 살아남기 위해 변장도 하고 부인하며 숨기도 할 것이다.

4. 표현을 이해하기

자, 이제는 표현된 내용들을 어떻게 이해하고 접근할 수 있는지 생각해 보기로 한다. 내담자의 작품에 나타난 모습은 내담자의 마음 한 자락이다. 좀 더 전체적인 양상을 보여 주기도 하지만, 한 자락이라고 보는 것이 좋을 듯하다. 내담자 자신도 스스로에 대해 다 알지 못하고, 우리도 다 알 수 없기 때문이다.

심호흡할 때 몸이 이완되고 새롭게 깨어나는 것처럼, 내담자의 작품도 눈으로 심호흡하며 바라볼 수 있다. 가볍게 스치며 훑어볼 수도 있고, 어떤 낯선 것을 보듯이 바라볼 수 있다. 샅샅이 찾으며 볼 수 있고, 뭉근한 이미지만을 느끼며 볼 수 있다. 샅샅이 찾을 때는 내가 이 작품의 자그마한 부분까지도 만나겠다는 느낌으로 섬세하고 세밀하게 바라볼 수 있다. 이미지를 느낄 때는 작품의 큰 그림을 그릴 수 있는 포괄적인 말이나 핵심이 되는 느낌, 대표적인 것이 무엇인지 압축해서 떠올려 볼 수 있다.

그렇게 내담자의 작품을 보면서 작품에 표현된 내용을 살펴본다. 내담자가 작품을 완성하기까지의 과정에서 첫 시작은 생각과 사고, 혹은 의도를 가진 어떤 것에서 출발했을 것이다. 무엇을 그릴까, 어떻게 그릴까, 중심에서 시작할까 등 이러한 생각들로 출발하는데, 이는 어떤 면에서는 상당히 의식적인 작용이다. 구체적으로 표현하고 싶은 것이 있을 때는 말할 나위도 없다. 그냥 이런 게 떠올라서 이렇게 그렸어요라고 말할 때조차도 떠오른 것을 그림으로 옮기는 '첫 과정'은 '생각'이 강하게 지배한다. 그러다가 그림이 진행되면서 생각지 못했던 것들, 의도하지 않았거나 의식하지 않았던 것들이 끼어든다.

미술작업이 진행되는 중간과정에서는, 왜 그렇게 하는지 의식하지 못할 때가 꽤 있다. 왜 하필 그곳에 그런 색을 썼는지, 아니면 왜 저쪽을 더 두껍게 칠했는지, 나무를 그쪽에 하필이면 세 그루를 그려야 하는 이유도 그냥, '그렇게 해야 할 것 같아서'라는 게 전부일 때가 많다. 이미 발동이 걸린 작품 과정에서는 무수한 정-반-합의 과정이 반복되면서 그냥 그 자체로 굴러가는 것처럼 보인다. 그림 그리는 사람이 하나의 터치를 하고, 그래서 변화된 작품 세계가 펼쳐지면서 다시 자극이 되고, 그 자극으로 인해 그다음 행동이 영향 받는다. 그리는 사람과 그려진 세계 사이의 무수한 정-반-합이다. 그런데 이러한 과정은 어떤 부분 의식적이지만, 상당 부분은 의식의 수면 아래에 있다. 다른 말로 하면, '그냥 그렇게 느껴져서' 그렇게 그릴 때가 많다.

Joan Erickson(2008)의 말을 빌리면, 화가들이 그림을 그리는 방식은 '지네가 걸어가는 것'과도 같다. 지네는 발이 그렇게 많은데도 잘 걸어간다. 지네에게 "지네야, 지네야, 넌 참 잘 걷는구나. 어떻게 그런 많은 발들이 꼬이지도 않고 걸어가니?"라고 묻는다면, 그때부터 자기 걸음걸이를 의식한 지네는 발이 꼬이기 시작할 것이다. 내담자들의 경우는 중간중간 발이 꼬이면서도 끝끝내 걸어가는 지네처럼 그림을 그린다. 가끔 너무 꼬인 발들은 미술치료사가 풀어 줘야 할 때도 있다. (그리고 그렇게 풀어 주더라도, 미술치료사가 내담자의 작품을 변질시키거나 표현을 변형시키는 것이 결코 아니다.)

그러한 과정을 거쳐 마침내 작품이 완성된다. 다 그려진 작품은 내담자 자신의 원래 의도를 일부 반영하기도 하지만, 그저 그 자체로 새로운 것이다. "작품에 대해 이야기해 보세요."라는 말에 내담자들은 작품에서 말하고 싶었던 것을 이야기하고, 한편으로는 자기가 생각했던 것과 다르게 표현된 부분에 대해 열심히 설명한다. 생각했던 바와 의도했던 바는 현실에서 구현될 때 어느 정도 괴리가 생긴다. 그 괴리를 이해하거나 받아들이는 것은 상징적으로 중요한 의미를 지닌다. 결국 살아가는 것도 우리가 기대하거나 생각했던 바와 차이가 나는 현실을 소화해 내는 것 아니던가.

그런데 때때로 자신이 생각했던 것과 꼭 맞는 이미지의 작품을 만들었다고 하는 내담자들도 있는데, 이처럼 생각과 감정이 이미지의 형태로 쉽사리 나오는 내담자들은 이미 그러한 표현 방식에 익숙한 사람들일 것이다. 예를 들자면, 시간을 이야기할 때 동그란 형태의 시계 모양을 먼저 떠올려 내는 사람들처럼 말이다. 혹은 그림을 그려 가는 중간중간에 바뀐 생각들도 자기의 원래 의도와 크게 다르지 않다고 판단한 내담자들일 수 있다. 그러한 사람들 중에는 자신의 경험을 반추하거나 돌아보는 것이 익숙하지 않은 사람들도 있고, 섬세한 부분을 잘 감각하지 못하는 사람들도 있으며, 혹은 치료사에게 듣는 피드백을 평가라고 여겨서 그림에 대해서도 방어적으로 이야기하는 사람들도 있다. 그 외의 경우로는, 상당히 완벽주의적이라서 작품 내용도 약간 메마르고 건조한 느낌이 드는 사람들이 있는데, 이들은 정말로 어디에 무엇을 어떻게 표현할까 처음 생각한 대로 그려 내는 다소 기계적인 표현 방식을 가진 사람들이다. 기계적인 표현 방식을 가진 사람들일수록, 구체적인 이미지를 선호한다. 이들에게는 재료 수준으로 내려가서 감각을 자극해 주는 것이 좋고, 추상적인 이미지를 연습하도록 하는 것이 도움이 된다. 도대체가 감각과 충동성이 죽어 버린 마음의 좀비들이다. 충동이나 욕구, 감각을 두려워하거나 욕구와 충동을 그 자체로 '악한 것'이라고 믿는지도 모른다. 그렇지만 삶의 의욕과 에너지는 그러한 것들로부터 얻는다. 충동과 욕구, 감각 없이 뭐 그리 삶이 재미있겠는가. 충동을 느낀다고 충동적으로 행동하는 것이 아니라는 것을 알고 나면, 충동은 꽤 즐거운—그러나 여전히 가끔은 힘든—에너지 저장소다.

표현된 내용에서 몇 가지를 생각해 보기로 하자.

역동적 관점

미술치료 분야가 '미술치료'라는 용어로 불리기 전, Naumburg는 자신의 치료 접근을 '역동적인 접근의 미술치료(dynamically oriented art therapy)'라고 불렀다. 이는 치료적 관점을 나타내면서 동시에 미술치료에서 가장 기본적으로 상정하는 가정이 무엇인지를 보여 주는 말이다. 바로 역동적 관점(dynamic point of view)이다. '역동적'이라는 말은 사람의 마음속, 심리 내적인 힘들이 옥신각신하면서 힘겨루기를 하고 있다는 뜻이다. 이 힘겨루기 과정은 의식적 사고에서는 인식되지 않지만, 그 결과는 우리 욕구와 감정, 생각과 행동에 나타난다. 그래서 우리는 그러한 힘겨루기와 갈등을 이해하기를 원한다. 내가 잘 의식하지 못하는 내면세계가 그렇게 갈등하고 충돌하고 있다면, 도대체 그 모습은 무엇일까. 어떻게 생긴 것일까.

금지된 것과 눌러놓은 기억, 옆으로 밀쳐 둔 환상과 말이 안 되는 소망은 서로 비슷하거나 반대되고 혹은 비껴 나간 모습으로 충돌한다. 이러한 역동적 상태에 접근하기 위해 꿈과 공상을 살펴보고, 자유연상을 듣는다. 다만 이러한 '듣기'는 언어를 통해 이루어지므로 의외로 쉽사리 제동이 걸리거나 전달이 어려워질 수도 있다. 이를테면, 영상 이미지로 꿈을 꾸었는데 말로 전달하다 보면 제대로 기술이 안 된다고 느껴지기도 한다. 혹은 유년 시절 감각과 느낌이 올라와서 표현하려고 하면, 뭔가 언어가 어눌한 것처럼 느껴지기도 한다. 왜냐하면 말을 배우기 이전에 녹아든 내면 자료이다 보니, 그것을 꺼내기에는 언어가 거추장스럽고 무거운 갑옷이 될 수도 있기 때문이다.

그래서 언어 외에 다른 표현 통로를 찾게 되었다. 의식적이거나 사고 과정의 개입이 덜하고 좀 더 원시적이며 더 감각적인 통로로 시각 이미지가 등장한 것이다. 그림은 언어보다 훨씬 덜 논리적이고, 덜 의식적이다. 그림에는 의도하지 않았던 것들이 나타난다. 매번 모든 것을 미리 계획하고 그릴 수는 없다. '하다 보니 그렇게 되었다'는 것이 가능하다. 의식하지 못하고 선택하는 색이나, 별다른 뜻 없이 그은 선, 자신이 얼마나 세게 누르는지 생각 못하고 눌러 그린 그림,

심지어 무엇 때문에 이것을 그렸는지 설명하기 어려운 그림 속 대상들까지, 이 모든 것들은 우리가 의식하는 것 너머 어떤 것들이 존재하며 영향을 주고 있다는 것을 보여 준다.

　표현된 것들을 바라볼 때는 이렇듯 역동적 관점에서 바라볼 필요가 있다. 가장 역동적인 그림은, 그것을 그리는 동안 내담자가 그림과 혼연일체가 된 듯 완전히 푹 빠져 그렸을 때다. 그렇지 않고 메마르게 끄적거린 그림은 마음이 그 자체를 보호하기 위해 인식과 표현을 거부했다고 볼 수 있다. 물론 그 경우에는 내담자의 방어에 대해 조금 더 이해할 수 있는 기회가 생긴다.

중요한 주제 vs. 덜 중요한 주제

　내담자에게 무엇이 중요한지 알기까지는 시간이 걸린다. "그림을 그리면서 이런 것을 표현하고 싶었어요."라고 말한 내용이 중요한 주제일 수도 있다. 아니면 내담자가 말하는 내용과 실제 그림에 표현된 내용 간에 보이는 괴리가 중요한 주제일 수 있다. 혹은 내담자가 주목하지 않았고, 그림에서도 아주 살짝 표현된 것이 의외로 중요한 주제일 수 있다. 마음에 관한 이야기는 빨리빨리 처리할 수 있는 패스트푸드가 아니다. 자기 문제가 무엇인지 알고, 과거사나 가족관계의 역동을 안다고 하더라도, 더 깊은 자신의 이야기를 듣기 위해서는 시간이 필요하다.

　표현된 내용이 중요한 주제인 경우는 그대로 따라가면 된다. 말한 내용과 표현된 내용 간의 괴리가 중요한 주제가 될 때는 내담자의 방어를 이해해야 하고, 수치심과 죄책감에 대한 내용들을 느껴 줘야 한다. 내담자의 머리와 마음이 통합되지 않은 경우에 왕왕 보이곤 하는 게 이러한 모습이다. 자신이 머리로는 다 알고 있지만 마음으로 따라가지 못하고 어린애처럼 굴고 있을 때, 자기 못난 모습을 드러내기 싫어서 방어하고 있는 것이다. 방어는 해체의 대상이 아니다. 이해의 대상이다. 방어란 자기 마음속 이야기를 인식하지 않기 위해 사용하는 각종 무의식적인 방법들이기 때문이다. 내담자 자신에 얽힌 부끄러운 이야기, 가족에 얽힌 부끄러운 이야기, 미안한 이야기, 그리고 어쩔 수 없었던 일에 대한 이야기를 기다려 줘야 하고, 나오도록 도와줘야 한다. 자기 자신이 실수하고 헤맸던 과거에 대한 고백은, 믿을 수 있는 심리적 공간에서 여러 번 이야기하고 마음에 딱지가 붙어서 마침내 떨어지는 과정으로 좋아진다. 부끄럽다는 감정은 우리가 자기 자신과 가족에 대해 도달할 수 없는 이상화된 기준을 가지고 있기 때문인데, 그 이야기를 담아 주고 소화해 주는 치료사로 인해 내담자도 조금씩 소화해 나가게 된다.

중요한 주제는 살짝만 표현하고, 자신에게 중요하지 않은 것만 그리는 경우는 은근히 많다. 자기도 모르게 자신의 마음을 포장하는 경우다. 사람마다 다르지만, 치료의 초반에 부인하는 모습을 훨씬 더 자주 만난다. 대체로 초기 회기나 평가 회기에서 이런 모습들을 만나게 되고, 치료과정 중에서는 중요한 고비를 앞두고 나타나는 모습이다. 과정 중에 그런 모습을 만날 때는 기다려 주는 것이 좋다. 그러면서 "오늘 여기서 하고 싶은 것을 충분히 하셨나요?"라고 물을 수 있다.

이제까지 자신의 내면 이야기, 가족 이야기, 고통과 눈물에 대한 이야기들을 잘 표현해 오던 내담자가 갑작스럽게 표현 방식을 바꾸어서 '밝고 환한 미래'를 그린다든지 모호한 그림이나 맹숭맹숭한 풍경화를 그린다면, 이러한 그림은 '잠시 쉬었다 가겠어요.'라는 의미다. 쉬고 싶을 때는 쉬도록 하는 것이 좋다. 내담자들은 대체로 자기에게 무엇이 필요한지 알고 있다. 조금 무의식적인 앎이긴 하지만 말이다.

만약에 평가 회기 초반에 그런 그림들을 그린다면, 내담자가 보여 주는 '표현의 어려움'에 진심으로 공감해 주는 것이 좋다. 치료를 받겠다는 결심은 얼마나 쉽게 흔들릴 수 있으며, 스스로 걸어서 치료를 받으러 오기까지는 얼마나 많은 용기가 필요했겠는가. 공감해 주며 기다려 주되, 포장하지 말고 있는 그대로를 반영해 주는 것이 좋다.

과장과 왜곡

과장과 왜곡은 거의 필수적인 부분인 듯하다. 이는 현실의 실제 상황이 내담자의 마음속에서 어떤 모습으로 처리되었는지를 보여 준다. 말하자면 내담자의 '심리적 현실'인 셈이다. 사실 우리는 어디까지가 과장인지 얼마나 왜곡되었는지 알 수가 없다. 하지만 보여지는 그 자체로서 작품을 바라볼 때, 우리 마음에 어떤 부분들이 파동을 일으킨다면, 그냥 그 느낌을 기반으로 이해할 수 있다. 그리고 어떤 부분에 있어서 과장이나 왜곡이 있다 하더라도, 내담자의 심리적 현실을 느끼는 것으로 접근하면 된다.

과장과 왜곡이 내담자 작품에서 주된 테마라면, 이러한 면이 내담자의 실제 삶과 어떤 연관을 가지는지 살펴볼 필요가 있다. 내담자의 현실에서 구체적으로 어떤 일들이 벌어지고 있는지, 그리고 자기 자신과 다른 사람들에 대해 어떤 생각, 느낌이 있는지 현재의 맥락에서 충분히 들어야 한다.

치료사는 내담자의 생각과 느낌에도 과장과 왜곡이 있다는 것을 발견하게 될 것이다. 이러한 면에 대해 좌우 양 날개로 만나 줄 수 있다. 하나는 모성적인 측면이다. 따뜻하게 감싸 주고, 이해해 주며, 깊은 감정까지 공감해 주는 것이다. 과장과 왜곡은 강렬한 에너지인데, 그 에너지는 무엇인가 필요가 있어서 생겼다. 다른 누군가의 이해와 위로가 있어야만 그 에너지는 풀어질 수 있다. 얼마나 힘들었으면, 혹은 얼마나 억울했으면, 얼마나 어이없고, 부끄러웠으면 아직까지 잊지 못하고 있는지, 아직까지 마음에 맺혀 있는지 치료적 상상력으로 이해하며 따라갈 수 있다.

다른 하나는 부성적인 측면이다. 과장과 왜곡은 지나친 면이 있다. 사람은 누구나 자기 자신밖에 모르는 자기중심적인 측면 때문에 자신이 지나치다는 것을 인식하지 못한다. 부성적인 측면을 가진 치료사는 내담자가 자신의 '등잔 밑'을 볼 수 있게 도와줘야 하고, 지나친 면의 균형을 잡도록 해야 한다.

이를테면, 다소 차갑고 엄격한 엄마에게 살가운 정을 느끼지 못하고 자란 내담자가 있다. 그래서 그 내담자는 이후에 대인관계에서 여러 가지 어려움을 겪었다. 미술치료장면에서 만난 내담자는 상당한 양의 과장과 왜곡을 그림에서 보였고, 현재 겪고 있는 여러 가지 스트레스 상황도 대부분 대인관계에서의 피해의식과 분노였다. 미술치료사로서 모성적인 측면과 부성적인 측면으로 이 내담자를 만난다면, 한쪽에서는 공감하고 지지하고 위로해 줄 수 있고, 다른 한쪽에서는 지나친 면들을 볼 수 있게끔 해 주고 바로잡도록 도와줄 수 있다. 엄마탓만으로는 현재의 자기 잘못을 100% 설명할 수 없지만, 우리는 누구나 힘들면 다른 사람을 탓하고 싶어 한다. 우리 자신도 완전하지 않은 사람들이면서 상대방—특히나 엄마—에게는 완전할 것을 요구한다. 그리고 그 완전함의 내용도 우리 입맛에 맞아야만 완전하다고 본다. 그러나 아이의 입맛에 100% 맞춰 주는 부모는 없기도 하거니와, 아이가 하자는 대로 할 경우 대부분 아이들은 적응력이 약해지고 자기중심성만 강화되어 버릇이 나빠지게 된다. 절제와 절도가 없는 사랑은 아이를 형편없게 만들 뿐이다. 그래서 엄마 탓을 많이 하는 내담자들일수록, 환경 탓을 많이 하고, 자기는 노력 없이 뭔가를 얻고 싶어 한다. 치료받으러 와서도 자신은 노력하지 않은 채 치료사가 모든 걸 다 해 줘야 한다고 생각하며, 자기 노력이 없어야 자연스러운 변화라고 생각하는 듯하다. 하지만 세상의 원리는 그렇지 않다. 노력 없이 얻는 것은 없으며, 자연스러운 변화와 노력은 따로 가지 않고 함께 간다. 부성적인 면을 가진 미술치료사는 세상이 엄격하고 정직하다는 것을 가르쳐 줄 수 있어야 한다. 또한 모성적인 면을 가진 미술치료사는 내담자의 좌절과 고통을 함께 품어 줄 수 있어야 한다. 이러한 역할들이 균형감 있게 제공될 때, 그때에서야 비로소 '교정적 정서체험'이 일어날 것이고, 머리로만 이해하던 내담자는 마음으로도 이해하게 될 것이다.

반복

표현된 내용은 여러 가지 차원에서 반복이 된다. 초등학교 연령은 미술 발달 과정에서 무한히 반복하는 시기인데 그 이후 연령대에서 반복하는 것은 심리적인 것으로 보아야 한다. 주제나 대상이 반복될 경우, 그것이 중요하기 때문에 반복된다는 것은 말할 나위가 없다. 그런데 표현하는 사람이 그 의미에 대해 아직 모르고 있는 부분이 있기 때문에 나오는 것이다. 무엇인지는 몰라도 안에서부터 나와야 하는 이야기가 있기 때문에 반복된다. 충분히 알고 있고, 의식 위로 떠올라 있는 것들은, 내적 긴장과 욕구가 없기 때문에 계속해서 반복되지는 않는다.

반복은 중독과 유사한 점이 있다. 중독은 그 대상물이 병리적인 것이라는 점에서 차이가 날 뿐 내면적인 기제는 비슷한 면이 있다. 담배나 술, 마약 같은 약물이든, 집착과 애걸, 주기적인 분노 폭발 같은 병리적 행동이든 무엇에 중독된 상태는 중독된 사람의 내면이 헛헛함을 드러내는 징표다. 사람의 내면이 허(虛)하고, 고통스러운 감정(대표적으로는 외로움이 있다)을 견디지 못할 경우에는, 감정을 차단하기 위해서 중독에 빠진다. 감정 조절 능력이 미발달되었거나 일시적으로 와해된 경우, 고통스러운 순간에 자신을 달랠 수 없어서 느낌을 파괴하는 방식을 개발한 것이다.

주제와 대상이 반복되는 것은 중독만큼 병리적이지는 않지만 비슷한 면이 있다. 누군가에게 이해받고 싶고, 알려지기 원하고, 보여지기 원해서 계속 나타난다. 그렇게 나타나는 반복 주제는, 평가받기를 원하는 것이 아니라 이해받기를 원한다. 첫눈에 알 수 있는 것이었으면 반복되지도 않을 것이다. 그 의미를 이해하기 위해서는 시간이 걸린다. 그 사람의 삶과 작품을 종합해서 느낄 수 있기까지 시간이 필요하기 때문이다. 우선은 작품의 표현 스타일을 살펴보아야 한다. 색채나 형태, 선의 성질 등이 반복되면서 하나의 스타일을 형성하고 있을 것이다. 계속해서 만나다 보면, 반복하면서도 약간씩 변화를 보일 텐데, 그러한 변화는 대개 실제 생활에서의 변화와 마음의 변화를 반영하고 있으므로 주의 깊게 살펴보면 내담자를 더 깊이 이해할 수 있게 된다.

5. 표현을 공감하기

아마도 심리치료를 받으러 간 사람들은 누구나 기대를 가지고 있을 것이다. 치료사가 내 이야기에 귀를 기울여 주고, 나를 이해해 주며, 지지해 줄 것이라는 기대 말이다. 그러한 기대를 다른 말로 바꾸면, 치료사가 내게 공감해 줄 것이라는 기대라고 할 수 있다. Kohut은 치료사로서 심리적 자료를 얻기 위해서는 공감과 내성(introspection)을 통해야 한다고 했다.

공감이란, 말하자면 두 개의 소리굽쇠가 약간 떨어진 상태로 있으면서 먼저

Tip   공감

Havens(1986)는 '공감'을 다른 사람의 감각과 느낌, 사고와 동작을 경험하는(혹은 참여하는) 능력이라고 정의한다. 그래서 그 내용에 따라 공감을 네 가지로 나누었다.

- 정서적 공감(affective empathy): 내담자가 어떤 느낌을 느낄지 치료사가 경험하는 것이다.
- 인지적 공감(cognitive empathy): 일종의 마음 읽기와 같은 것인데, 인지적 공감을 잘하고 있는지 알아보려면 치료사가 자기 마음속으로 내담자의 말을 완성해 보면 알 수 있다. 비슷하면 비슷할수록, 내담자에게 더 가까이 있는 셈이다.
- 지각적 공감(perceptual empathy): 추측하거나 가정하지 않고 무엇인가를 보는 것이다. 마치 무엇인가를 처음 보는 것처럼 보는 것이다.
- 운동 공감(motor empathy): 내담자의 동작이나 제스처를 따라가면서 공감하는 것이다.

공감을 다른 기준으로 분류하면, '적극적 공감'과 '소극적 공감'으로 나누기도 한다. 소극적 공감은 기다려 주며 내담자의 말에 귀를 기울여 듣고 내담자의 감정을 반추하며 따라가는 것이다. 적극적 공감은 내담자로 하여금 자신을 표현할 수 있도록 마음의 무대를 마련해 주는 것이다. 기다려 주는 것보다는 먼저 이끌어 준다는 느낌이 있는 공감이다.

울리는 소리굽쇠의 파장으로 인해 옆의 소리굽쇠까지 함께 공명하는 것이라 할 수 있다. 울리는 내용은 정서적인 것과 인지적인 것, 지각적인 것, 혹은 신체적인 것까지 다양할 수 있다.

솔직하게 말하면, 우리는 상대가 경험한 것을 결코 충분히 넉넉하게 알 수는 없다. 객관적인 사실을 안다고 하더라도 그 상대가 경험한 것이 무엇인지에 대해 다 알 수는 없다. 사람들은 누구나 주관적인 진실과 객관적인 사실이 혼합된 세계에 살고 있으며, 다시 그 세계는 자신이 의식하는 세계와 그렇지 못한 세계에 걸쳐져 있다. 그렇다면 지금 이야기하고 있는 내담자의 '경험'에 대해 내담자 그 자신은 얼마만큼 확신을 가지고 이야기하는 것이며, 듣고 있는 치료사는 무엇을 듣고 있는 것일까? 어쩌면 우리 치료사들은 공감이 어려운 일이라는 것을 느낄 뿐이며, 개별적인 경험이 가지는 독특성과 개별 존재의 특이성에 대해 다시금 놀랄 뿐이다.

하지만 한편으로는 그렇게 믿는다. 개별 경험의 특수성에도 불구하고 어디엔가 서로 연결될 수 있는 보편성이 존재하며, 비록 우리가 동일한 것을 경험하는 것이 불가능할지라도 서로 다른 경험에서 때로 비슷한 마음의 한 자락을 가질 수 있으리라는 점을 믿는다. 반드시 동일한 것을 겪어야 이해할 수 있는 것은 아니다. 그래서 내담자의 슬픈 이야기를 들을 때, 치료사들은 자기 마음속 슬픔의 조각들에서 흘러나왔던 슬픔 에너지를 사용해서 내담자를 상상하고 추측하며, 내담자의 마음 울림에 공명해 보고자 한다. 내담자의 소리굽쇠가 치료사로부터 메아리를 이끌어 내도록, 치료사의 소리굽쇠도 감정의 파장에 노출되는 것이다.

치료사들의 마음에서 감정이 울릴 때 이것은 공감인가 역전이인가? 이론적으로든 이상적으로든 바람으로든, 공감은 분명 역전이와는 다른 개념이다. 하지만 실제 치료장면에서 내담자를 만나 보라. 어디까지가 공감이고, 어디서부터 역전이인가? 감정은 이성이나 논리처럼 분명하지도 않고, 구체적인 경계가 있어서 쉽사리 나뉘지도 않는다. 그저 어떤 부분들은 흐릿하고, 어떤 부분은 강력할 뿐이다.

결국 치료사는 자기 속의 '관찰하는 자아'에 의지하여 끊임없이 자신을 성찰하고 돌아보며 역전이에 휘말릴 가능성과 위험성으로부터 자신의 공감을 구분해 내야 한다. 아마도 역전이와 공감은 구성 요소에 있어 비슷하겠지만, 감정을 조절할 수 있고 감정에 기반한 행동을 책임질 수 있으며 치료적 목표로 수렴할 수 있다는 점에서 구분할 수 있는 개념이다. 치료사의 '관찰하는 자아'는 자기에 대한 통찰, 깨달음, 건강한 에너지에 기반을 둔 치료사 마음의 힘이라 부를 수 있다. 이러한 힘은 내담자와의 회기 바깥에서 치료사가 꾸준히 길러 온 것들이며, 실제 치료장면에서는 잠재력의 형태로 존재하면서 치료사가 내담자에게 집중하고 맞출 수 있도록 도와준다.

공감을 위해서 치료사는 내담자와 '거리'를 건강하게 유지해야 한다. 딱 들러붙어도 안 되고, 너무 멀찍이 떨어져 있어서 만나지도 못했다면 곤란하다. 아이를 성장시키기 위해 엄마가 적절한 정도로 떨어져 있는 것, 바로 그것이 필요하다. 엄마는 아이를 옭아매지 않는다. 품에만 감싸고 있지도 않다. 지나친 간섭은 아이를 방해한다. 그러면서 아예 옆에 없는 사람은 아니다. 아이의 탐색을 흥미롭게 지켜보면서 아이가 필요로 할 때 도움을 제공해 주는 손길이다. 치료사도 그렇게 존재한다. 그리고 그러한 거리에서 마음으로 공감한다.

6. 표현의 기본적 이해: 투사

투사는 외부 스크린에 영상을 쏘아 보내는 것을 일컫는 말이다. 어떤 사람이 투사한다고 하면, 그 사람의 내면에 있는 무엇인가를 상대에게 있는 것으로 느낀다. 일상생활에서 투사는 아주 흔하게 일어난다. 주는 것 없이 미운 사람이 있기도 하고, 저 사람이 왜 이유 없이 나를 괴롭히는지 모르겠기도 하며, 혹은 내가 기분 좋은 날은 날씨도 맑게 느껴지기도 하고, 우울하면 모든 것이 절망적으로 느껴지지 않던가. 어쩌면 우리가 보고 듣고 느끼는 대부분의 것들이 투사라고 해도 과언이 아닐 정도다.

투사 자체가 문제가 되는가? 아마도 그렇지는 않을 것이다. 문제가 되는 경우는 정도가 지나칠 때다. 우리는 누구나 보고 싶은 대로 보고, 듣고 싶은 대로 듣는다. 그런데 때로 어떤 사람들은 자기를 괴롭히는 방식으로 보고 듣곤 한다. 그것도 지나치게 말이다. 예를 들면, 자기 속에 열등감이 심하고 자기를 욕하는 비판적 목소리가 있을 때, 상대가 나를 비판한다고 느끼고 화를 낸다. 물론 때로는 정확하게 보기도 한다. 상대가 정말 나를 비판했을 수도 있으니까. 하지만 비판하는 정도와 양에 있어서 지나치게 증폭해서 느낀다. 그러므로 고통스러운 감정과 생각의 굴레에서 벗어나길 원하는 내담자는, 빠져나오는 방법으로 자신의 투사를 이해하고 마음을 조절해 가는 법을 배워야 한다.

심리치료사와 내담자가 만나는 이자 관계에서 내담자는 치료사에게 투사한다. 대부분 투사된 내용은, 실제가 아니면서 또 실제와 전혀 무관하지도 않다. 치료사가 보이는 사소한 실수나 모호한 행동에 의미를 부여하고 과장되게 해석한다든가 치료사의 말 중에서 한두 마디 말에만 매달려서 전체를 판단한다든가 하면서, 자기 내면의 생각과 감정, 의도와 갈등, 욕구 등을 투사한다. 이러한 투사를 다룰 수 있는 가장 강력한 힘은, 치료사의 건강한 능력에 달려 있다. 치료사에게 중요한 것은 첫째, 투사를 버텨 주는 힘, 그리고 둘째, 때가 되었을 때 투명하게 열어서 함께 볼 수 있는 능력이다. '그만하면 충분히 좋은 삶'을 살아가고 있는 치료사는, 자신에게서 어떤 약점이나 흠집을 찾아내고 뻥 튀겨서 투사하는 내담자를 충분히 보듬어 주며 견딜 수 있고, 또한 그러면서도 내담자가 보이는 강렬한 투사가 양이나 정도에 있어서 지나친 면이 없는지 들여다보게끔 비춰 줄 수 있다. 때로는 투사가 더 번성하고 열매 맺도록 기다리는 것도 필요하다. 무르익고 준비되었을 때 좀 더 분명하게 붙잡을 수 있기 때문이다.

만약 치료사의 마음이 급해서 내담자와 속도가 맞지 않거나, 해석의 시기나 제시 방식이 맞지 않으면 내담자들은 소화하지 못한다. 그래서 내담자의 속도와 소화력을 가늠해 보는 것이 매우 중요하다. 그것을 가늠하는 방법의 하나로 치료사의 마음에 불러일으켜진 느낌을 들여다보기도 하는데, 미술치료에서는 투사를 다루기에 아주 좋은 강력한 도구가 있다. 바로 내담자의 작품이다. 작품을 사이에 두고 삼자 관계를 통해 투사를 다루는 것이다.

미술치료에서 투사는 필연적으로 두 대상에게 일어난다. 하나는 미술치료사이며, 다른 하나는 미술작품이다.

내담자들은 자기 작품에 엄청난 투사를 한다. 투사는 작품을 제작하는 과정과 작품을 감상하는 과정 모두에서 일어난다. 작품을 만드는 과정에서 나타나는 투사의 예를 들어 보자. 찰흙을 만지면서 아동이 "이건 똥이야, 똥, 더러워."라고 소리 지를 때, 그 아동은 자신이 원치 않는 '더러움'을 똥이라는 말을 붙여서 찰흙에 전가하고 있다. 한편으로 생각하면, 찰흙은 약간 똥처럼 생기기도 했다. 질감도 그러하고, 색감도 그러하다. 그러나 아무리 유사하다 하더라도 분명 과장되고 왜곡된 부분이 있다. 그래서 아동이 찰흙을 만지며 똥이라고 부를 때 우리는 이러한 행동을 투사라고 할 수 있다.

이번에는 작품을 감상할 때 보게 되는 투사의 예다. 필자가 만난 한 내담자는

그림 4-2
창녀 같은 나무 그림

공들여서 나무를 그렸다(그림 4-2 참조). 4절지를 가득 채운 그 나무 그림을 보며 원래 자기가 그리려 했던 의도와 실제 그려진 그림이 다른 것을 설명하고, 한마디 덧붙였다. "(이 나무는) 창녀 같아요." 아마도 색이 화려하고 여러 가지가 사용된 데다가, 나뭇가지의 표현들에 곡선이 많아서 여성적인 느낌, 혹은 성적인 느낌을 주기 때문인 듯했다. 그러나 자신의 나무 그림을 보면서 나무가 창녀 같다고 한 그 내담자의 말은, 다분히 자기 내면의 고통스러운 감정과 느낌, 평가를 드러내 보이고 있다.

7. 표현의 심층적 이해: 투사적 동일시

투사적 동일시는 투사와 달리 대인관계상에서의 요소를 담고 있다는 점에서 차이를 보인다. 투사적 동일시는 한 개인 내부의 정신 내용을 내적 세계 밖으로 투사하여 상대방에게 밀어 넣으며 그것이 대인관계 영역에서 작용하도록 하는 것이다. 투사적 동일시의 대상은 투사한 사람이 분출한 감정과 환상을 본의 아니게 담고 있을 뿐 아니라 그러한 환상에 맞추어 행동하고 느끼게끔 된다.

예를 들어, 부하 직원에 대해 별다른 감정이 없는 직장 상사를 미워하는 사람이 있는데, 자신이 상사를 미워한다는 것을 알지 못하고 "요즘 우리 보스가 나만 미워해."라고 이야기하는 경우에는 투사다. 그리고 자신이 상사를 미워한다는 것을 인식하지 못하는 사람이 상사에게 은근히 적대감을 불러일으켜서 마침내 상사가 직원을 미워하는 마음이 들게끔 하는 것은 투사적 동일시다. 투사적 동일시가 일어나면 투사한 사람은 자기 내면의 환상에 맞춰 행동하는 것을 합리화할 수 있다. 이를테면, "상사도 날 미워하는데 내가 뭐하러 열심히 일하겠어? 나도 싫어. 나도 멋대로 할 테야."라고 이야기할 수 있다. Yalom(1995)의 비유를 빌리면, 두 개의 왜곡된 거울이 서로 마주보고 있어서 거울에 비친 모습이 이쪽 저쪽으로 오가면서 더더욱 왜곡된 모습을 낳는 형상이다.

치료상황에서의 투사적 동일시는 치료사와 내담자 사이에 일어나므로 왜곡이 심화되는 일반적인 경로와는 다르게 진행될 수 있다. 투사적 동일시된 내용은 내담자 속에 있는 것이되 내담자가 소화하지 못해서 제대로 다루지도 처리하지도 혹은 생각하지도 못하는 것들이며, 치료사에게 툭 던져져서 덧입혀지고 치료사 안으로 들어가서 치료사가 대신 느끼고 소화해 내게 된다. 이것은 마치, 어린 아기가 자신의 느낌이 무엇인지 소화하지 못해서 막연하게 울 때 충분히 좋은 엄마(Good Enough Mother)가 그 느낌을 대신 느끼는 것과 같다. 대신 느낄 수 있어야 그것을 알아주고 소화해서 아기에게 돌려줄 수 있지 않겠는가 말이다. (혼자 자다가 깨서 우는 아기에게 "아이구, 우리 아기가 무서웠어."라고 하면서 아기를 위로해 주는 엄마를 떠올려 보라. 그때 아기는 자기가 왜 우는지, 자신이 느끼는 그 느낌이 무엇인지 잘 알지 못한다.)

Bion(1962)은 투사적 동일시를 어린 아기의 의사소통 방법이라 보았다. 그리고 마찬가지로 자기 경험을 소화하지 못하는 내담자의 의사소통 방법이라 보았다. 치료상황에서 내담자는—의도하지 않더라도—자기가 무엇 때문에 힘든지, 자신의 마음속에서 어떤 일들이 벌어지고 있는지 제대로 알지도 못하고 치료사에게 말로 전달하지도 못한다. 그런데 치료사는 무엇 때문인지 이유를 명확하게 알 수 없으면서도 뭔가 강력한 정서 경험을 하게 된다. 자기 마음을 살필 수 있는 치료사는 그 강력한 정서 경험이 자신의 것이 아니라는 성찰을 하게 되면, 이것이 내담자로부터 툭 던져진 것임을 알게 된다. 치료상황에서 치료사와 내담자의 마음 간에는 일시적이나마 국경선이 허물어지기 때문에 내담자의 우울과 공포, 좌절과 절망, 지독한 시기와 미움에 대해—그것들은 너무 지독해서 내담자가 차마 느낄 수 없는 것들인데—치료사가 그 느낌을 느낄 수 있는 것이다. 그래서 투사적 동일시야말로 '무의식적 정신소통에 이르는 왕도'라고 볼 수 있다(Kernberg, 1987; Ogden, 1989).

투사적 동일시는 치료사 마음에 어떤 느낌을 불러일으키는 방식으로 나타난다. 치료사는 내담자가 자신의 것으로 인정하지 않고 부인한 어떤 부분들을 내담자 대신 내담자를 향해 느끼게 되는 것이다. 예를 들면, 자기 자신이 무가치하다고 스스로를 비하하는 마음이 있는 내담자가 마음속의 자기비하를 잘 알지 못하는 상태에서 치료사를 만났다. 그저 겉보기에 오만해 보이고 피해의식과 분노가 심한 것이 문제였다. 그런데 언제부터인가 치료사는 이 내담자를 만나면 참을 수 없이 졸리고 지루한 느낌이 들었다. 내담자의 이야기가 진실하게 들리지 않고 둥둥 떠다니며, 대화가 진행되지 않았다. 치료사는 자기 마음속에 있는 지루한 느낌들을 점검하면서, 먼저 자기 자신에게서 비롯된 것인가를 성찰한다. 최근의 건강 상태와 일상생활 리듬에서 문제가 없고, 다른 내담자와의 심리치료에서는 이러한 경험을 하지 않고 있다는 것을 기억하면서, 조심스럽게 이 '지루함'이 내담자로부터 온 투사적 동일시가 아닌가 하는 가정을 세워 본다. 그러면서 치료사는 이 내담자가 자신의 삶에서 어떤 대접을 받고 살아왔는지, 현재는 어떤 상태와 심정으로 살아가는지 투사적 동일시를 통해 느끼며 알게 된다.

앞서 말한 공감과 비교해 보자. 치료사가 느낀다는 점에서, 그리고 그것이 내담자의 것이라는 점에서는 같지만, 치료사가 느끼고 있는 것이 내담자의 무의식적 자료에 있다는 것, 그리고 내담자는 그것을 제대로 의식하지 못한다는 점이 투사적 동일시의 특징이다.

사실 투사적 동일시야말로 상당히 의미 있는 공감이라 할 수 있다. 왜냐하면 내담자들은 종종 "선생님, 저도 알고 있는데요, 근데 잘 안 돼요."라고 이야기한다. 때로 "머리로는 아는데요, 마음이 아직 잘 안 움직여요." 이렇게 말하기도 한다. 우리도 살면서 그런 경험을 하지 않는가. 알고 있는데 잘 안 된다는 경험 말이다. 그 말은 무엇이냐 하면, 자신의 의식 영역에서는 충분히 처리했다고 생각하지만, 자신이 모르는 무의식 영역에 처리되지 않은 부분이 한가득 들어 있고, 여전히 그 영향력 아래에 있다는 말이다. 투사적 동일시는 어떻게 치료적으로 다루어져야 하는가? 자신의 것이면서 자신의 것이 아니라고 느끼기 때문에 마음 깊은 곳에서 분열(split)된 상태의 내담자는 '보기 싫은 어떤 모습조차도 자신의 일부이며, 또 그것이 자신의 일부인 상태도 괜찮다.'라는 진정한 경험을 해야 할 것이다.

알지 못하는 부분, 혹은 알 수 없는 부분들을 낱낱이 다 알아야 하는 것은 아니다. 하지만 그런 부분이 강력한 영향력을 행사하고 있다면, 좀 더 의식의 수면 위로 떠올리는 작업이 필요하다. 그래야 통합이 되고, 삶이 좀 더 소박하게 편안해지기 때문이다. 앞서 말한 공감은 수면에 가까이 왔거나 수면 위에 떠오른 부분을 '알아주고' '이름을 불러 주는' 작업이다. 투사적 동일시는 수면의 아랫 부분을 '알아주고' '대신 느껴서' 수면 위로 올려 주는 작업이다.

> **Tip** 생각하지 않고 아는 것
>
> '생각하지 않고 아는 것(The Unthought Known)'은 Bollas가 만든 개념이다. Bollas는 대상관계론적 정신분석가로 자폐 아동을 대상으로 치료했다. 그가 만든 '생각하지 않고 아는 것' 개념은 투사적 동일시와 비슷하게 다룰 수 있는데, 미술치료에서 매우 중요한 이론적 틀을 제공한다.
>
> '생각하지 않고 아는 것'이란, 초기의 기억들이 재생되는 것인데, 생각을 해서 전달되는 것이 아니라 생각하지 않았지만 알 수 있는 어떤 종류의 의사소통 체계를 통해 전달되는 것이다. Bollas는 이 생각하지 않고 아는 것이 미적인 순간(aesthetic moment), 예를 들면 그림을 그린다든가 시를 짓는다든가 음악을 하는 순간을 통해 자극된다고 보았다. 미적인 순간을 경험한다는 것은 무엇인가에 깊이 몰입한 상태인데, 그러한 몰입의 순간에 '나'와 '대상' 간의 관계가 깊은 순간을 경험한다. 이는 유아가 주체와 객체를 구분하지 못하는 상태와도 유사해서 생각하지 않고 알게 되는 무언가를 경험하게 해 준다.
>
> 생각하지 않는다, 그리고 안다, 이 두 가지가 함께 있기 위해서는 결국 치료사가 내담자의 어떤 부분들을 대신 느낌으로써 알아차리는 것이 필요하다. 이는 내담자 입장에서는 아직 생각할 수 있는 사고의 힘이라든가 언어 능력이 있기 전에 경험한 것들을 처리하는 방식이다. 언어는 사고를 매개하는 것이므로 언어를 사용하기 전의 연령대에서는 '생각하는 힘'이 극도로 미약하다. 아마도 감각하는 정도라거나 느끼는 것 수준일 것이다. 그런데 초기의 기억들, 특히 유아가 어떻게 어머니를 경험하고 기억하는가에 대한 정보는 언어적으로 이야기되지 않는다. 왜냐하면 내담자 입장에서도 인지적인 기억이 없기 때문이다. 따라서 이 기억들은 비언어적, 전언어적으로 전달된다. 임상적인 장면에서 내담자가 말로 표현해 내지 못한 갈등을 치료사가 관계의 깊은 순간을 통해 전달받고 느끼며 깨달아 알 수 있게 된다.

미술치료에서의 투사적 동일시

미술치료에서 투사적 동일시에 대한 논의는 최근에야 이루어지기 시작했는데(Leclerc, 2006), 정신역동적 접근으로 출발한 미술치료 이론에서 반세기가 지난 다음에야 이러한 논의가 이루어지고 있다는 것은 그만큼 투사적 동일시에 대한 논의가 어렵다는 방증이기도 하다.

미술치료 내에서의 투사적 동일시를 정신분석에서의 투사적 동일시와 비교한다면, 작품을 통해 알아주고 느끼는 것이라는 점에서 가장 큰 차이를 보인다. 즉, 작품이 내담자와 미술치료사 사이에서 무의식적 자료를 방출하고 전달하는 매개자가 된다. 작품은 시각적 자료이기 때문에 상당히 강력하게 느낄 수 있다. 작품에 담긴 이미지는 결코 수동적 존재라거나 물건처럼 취급되는 오브제가 아니다. 작품은 비록 내담자 손에 의해 그려지고 만들어졌지만, 내담자의 지휘 아래 100% 소속된 것은 아니다. 오히려 내담자의 지휘에서 벗어난 부분들도 꽤 있다. 마치 작품 자체가 어떤 생명력을 가진 것처럼 말이다. 그 이유는 작품이 내담자의 의식 영역뿐 아니라 무의식 영역을 반영하기 때문이다. 그림을 그리고 나서 내담자들은 곧잘 "어, 이렇게 그리려고 한 게 아닌데요."라거나 "처음에 이렇게 하려고 했던 건 아닌데요, 하다 보니까……."라는 말을 한다. 단순히 그림 그리는 기술이 부족할 때 그런 말을 하는 게 아니다. 오히려 표현 능력이 좋은 내담자들이 그런 말을 더 많이 한다. 그림을 그리면서, 그 과정에서 자신도 모르게 표현되는 내용이나 방식이 '의도'와 달라지는 것이다.

미술작품을 만드는 과정에서 내담자의 무의식적 자료가 쏟아져 들어가고, 그렇게 해서 완성된 미술작품은 그 존재 자체로 새롭게 전달하는 메시지를 가지게 된다. 그제서야 작품이 자기만의 목소리를 내게 되는데, 이것을 일컬어 작품의 현현(顯現)이 할 수 있다. 그것은 다름 아니라 이미지가 표상 사건(presentation event)이 되는 것이다(Leclerc, 2006). 표상 사건에는 그저 직접적으로 말할 수 있는 것들 외에 뭐라 말하기 어려운 내용들이 있다. 어려워서 어려운 것이 아니라, 지식이나 직접적 해석을 적용할 수 없기 때문에 어렵다. 감각과 느낌, 직관으로 그것에 접근하는 것 외에는 다른 방법이 없어서 어렵다.

　조금 다르게 풀어서 설명하면, 그림을 그릴 때 '혼'이 들어간 작품은 그 작품 앞에 섰을 때 마음으로 와닿는 무언가가 있다. 깊이를 가진 작가의 정성 어린 작품은, 제목을 보지 않아도, 화파에 대한 설명을 듣지 않아도, 마음에서 마음으로 전달되는 깊숙한 울림과 파동이 있다. 마찬가지로 아직 어린 작가들의 겉멋 들린 작품은 현란한 솜씨에도 불구하고, 깊숙한 울림이 미약할 때가 있다. 치료 상황에서의 미술작품이 투사적 동일시를 허락한다는 것은, 말하자면 그런 것이다. 삶의 무게와 고뇌에 실린 내담자들의 속 깊은 한숨은 작품에 어떤 식으로든 녹아서 들어가고, 미술치료사는 그 작품의 이미지에 마음으로 반응하게 된다.

　정리해서 말하자면 이렇다. 내담자가 무엇인가 그림을 그렸다. 그 그림에 담긴 무의식적 내용은 내담자 자신도 모르고, 그림에 나타난 단순한 특징으로 대입해서 해석할 수 있는 것도 아니다. 그런데 그림의 이미지가 미술치료사에게 뭐라고 말할 수 없는 감정을 일으킨다. 이렇게 불러일으켜진 감정은 미술치료사가 그 회기 내에서 내담자와 작품에 마음을 열었을 때 느껴지는 것이고, 회기가 끝나고 시간이 흐르면 미술치료사는 본연의 모습으로 회복된다. (회복되지 않는다면 미술치료사 개인의 문제로 촉발된 감정이거나 역전이적인 측면이 있다.) 이제 미술치료사는 자신이 소화한 감정들을 조금씩 내담자에게 돌려주기 시작한다.

　미술치료사가 내담자의 그림에 대해 적절한 수준으로 솔직하게 피드백하는 것이 중요하다. 적절한 수준이라 함은 내담자의 소화력을 가늠해서 되먹여 준다는 뜻이다. 내담자가 어린 아기와 같다면, 소화력이 매우 약해서 먹은 대로 똥에 섞여 나올 것이다. 그럴 때는 미음이나 죽 같은 형태의 피드백이 필요하다. 내담자가 어린이 정도 된다면, 조금 더 영양소가 깃든 피드백을 주더라도 소화해 낼 것이다. 그때는 정크푸드 같은 피드백을 주지 않도록 유의해야 할 것이다. 내담자의 마음 상태가 청소년이거나 어른이라면 편식하지 않도록 하면서 건강한 피드백을 골고루 주는 것이 필요하다. 건강한 피드백은 군더더기가 적고 솔직하다. 때로는 직설적이고 때로는 우회한다. 어떤 때는 관찰한 내용만을 이야기하고 그 함의(implication)나 상징성을 나누지는 않는다. 앞서 예로 든 나무 그림의 경우라면 "그렇군요, 여러 가지 색깔을 썼군요. 주된 색이 검정색이라서 독특해 보이는군요. 나뭇가지와 과일이 많이 달려 있고요. 각각의 색깔들이 사용되었네요."라고 하면서 눈에 보이는 관찰 내용으로 이야기를 시작할 수 있다. 또 다른 경우에는 관찰 내용을 짧게 이야기하고 의미와 느낌, 해석으로 곧바로 들어간다. 필자가 만났던 내담자가 치료 초반에 자신의 자화상을 그려 왔다. 눈을 감은 여인의 모습으로, 신체가 허약하게 묘사되었고, 머리카락이 매우 길고 구불구불하게 온몸을 감싸고 있었다. 그 머리카락은 마치 사람 손처럼 여인을 붙잡고 있는 것 같았다. 필자는 그 내담자에게 작업에 대해 묻고 다 그려진 자기 작품에 대해 느껴지는 점을 물었다. 그런 뒤 내 느낌을 나누면서 눈에 띄게 두드러진 머리카락에 대해 말해 주었다. "머리카락이 눈에 많이 띄는군요. 실제 자기 머리는 단발형의 단정한 모습인데, 그림 속 자화상은 매우 길고 구불구불한 머리카락을 가졌어요." 그리고 내담자를 기다려서 조금 더 나아갔다. "음, 머리카락은 여러 신체 부위 중에서 상당히 여성스럽고 성적인 느낌을 주지요. ○○ 씨의 그림에서도 성적인 느낌을 받는군요. 어쩌면 성에 대해, 사람에 대해, 믿었거나 배신당했거나, 혹은 소화할 수 없는 어떤 경험들에 대해 이야기하고 싶을지 모르겠다는 느낌이 듭니다." 이러한 피드백은 치료사가 내담자의 작품에 대해 충분한 투사적 동일시를 느꼈고 그것을 보유할 수 있으며, 또 느낌에 대해 소화력이 있다면, 결코 직설적이거나 급한 것이 아니다. 그냥 담백한 피드백일 뿐이다.

무엇보다도 미술치료장면에서 투사나 투사적 동일시를 다룰 때의 이점은 미술작품의 존재 덕분이다(그림 4-3 참조). 서로를 바라보고 있는 이자 대면 상황은 투사를 다루기가 어려울 수 있다. 내담자가 치료사의 눈치를 많이 살피거나 평가를 두려워하기 때문에 마음에서 어떠한 피드백도 소화하지 못하는 수준이라면 더더욱 어렵다.

그에 비해 서로 나란히 앉아서—심리적인 표현인 동시에 실제적인 표현이다. 우리는 미술치료를 하면서 그림을 볼 때 벽에 붙여 두고 그 앞에 나란히 앉아서 볼 때가 많다—같은 대상을 바라보는 것은, 내담자의 투사와 투사적 동일

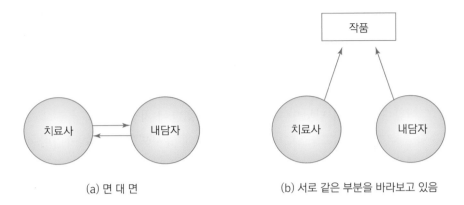

(a) 면 대 면   (b) 서로 같은 부분을 바라보고 있음

그림 4-3 이자 대면 vs. 삼자 대면

시를 좀 더 다루기 쉬운 상황으로 연출한다.

이와 같이 미술작품을 앞에 두고 미술치료사와 내담자가 나란히 바라볼 수 있다는 점은 매우 중요하다. Edwards(2004)는 이러한 면을 가리켜 담아 두는 그 릇(container), 스크린(screen), 버퍼(buffer), 필터(filter)라고 불렀고, 미술치료사 와 내담자, 미술작품이 삼각구도를 이룬다고 보았다.

어쩌면 독자들은 미술치료사와 내담자 간에 좀 더 긴박한 관계를 원하는지도 모르겠다. 미술작품이 있어서 삼자 관계가 되는 것이 아니라, 치료사와 내담자 간의 이자 관계로서 다이내믹하게 만나는 만남 말이다. 쉽게 이야기하기는 어 렵지만, 다수의 미술치료사들이 미술치료의 장점이야말로 삼자 관계에 있다고 생각한다. 이자 관계에서는 거리를 유지하기가 어렵다. 너무 가깝거나 너무 멀 리 있게 된다. 그에 비해 삼자 관계는 필연적으로 거리가 생길 수밖에 없다. 글 자 그대로 삼자 관계이기 때문이다. 이자 관계가 2차원 선이라면, 삼자 관계는 3차원 도형이다. 도형에서 나타나는 공간 때문에 대상 간 거리는 확보될 수밖에 없다.

치료장면에서 거리를 확보하는 것은 매우 중요하다. 거리가 왜 필요한가에 대 해서는 Kahlil Gibran의 〈예언자〉라는 시로 답을 해 볼까 한다.

필자는 이 〈예언자〉라는 시를 처음 읽었을 때 상당한 감동을 받았다. 특히나

예언자

......

그러자 알미트라가 다시 물었다.

스승이시여, 결혼은 무엇입니까?

그는 대답하였다.

너희는 함께 태어났으니, 영원히 함께 하리라.

죽음의 흰 날개가 너희의 생애를 흩어 버릴 때에도 너희는 함께 있으리라.

그렇다, 신의 말 없는 기억 속에서도 너희는 함께 있으리라.

그러나 함께 있되, 거리를 두라.

그래서 하늘 바람이 너희 사이에서 춤추게 하라.

서로 사랑하라. 그러나 사랑으로 구속하지는 말라.

그보다 너희 혼과 혼의 두 언덕 사이에 출렁이는 바다를 놓아두라.

서로의 잔을 채워 주되, 한쪽의 잔만을 마시지 말라.

서로의 빵을 주되, 한쪽의 빵만을 먹지 말라.

함께 노래하고 춤추며 즐거워하되, 서로는 혼자 있게 하라.

마치 거문고의 줄들이 한 가락에 울릴지라도 줄은 서로 혼자이듯이.

서로 마음을 주라, 그러나 서로의 마음속에 묶어 두지는 말라.

오직 큰 생명의 손길만이 너희의 마음을 간직할 수 있으니.

함께 서 있으라, 그러나 너무 가까이는 말라.

성전의 기둥들도 서로 떨어져 서 있고,

참나무와 삼나무는 서로의 그늘 속에선 자랄 수 없으니.

......

'함께 있되 거리를 두고, 하늘 바람이 춤추도록 하라'는 내용은 시각적인 이미지로 떠오르면서 잔잔한 감동을 주었다. 나중에 미술치료사가 되고, 내담자들을 만나면서 이 시를 다시 읽게 되었는데, 아, 바로 이 시에서 말하는 관계에 치료사와 내담자와의 관계를 비춰 주는 부분이 있었다. 그것은 '거리'와 '자라남' 이라는 것이었다. 치료장면에서는 거리가 필요하다. 거리가 필요한 것은 그것이 자라나는 데 필수적인 부분이기 때문이다. 처음 내담자와의 치료과정에서 치료자는 아기를 대하듯 안아 주고 버텨 주겠지만, 아기는 성장해야 한다. 심리적인 거리든, 정서적인 거리든, 어느 정도 떨어져 있지 않고서는 상대를 볼 수가 없다. 그리고 상대를 볼 수 있어야만, 상대를 인정하고 받아들일 수 있게 되며, 그래서 건강한 관계를 맺고 통합을 이루어 갈 수 있을 것이다.

내담자와 거리를 유지하는 방법은 무엇일까? 미술치료에서는 분명한 방법이 있다. 내담자로 하여금 미술작업에 깊이 몰두할 수 있게 도와주어라. 그것이 해결책이다. 미술작업에 몰두할 수 있게 되면, 내담자는 작품과 자기 자신 사이에 거리가 없어졌다가 거리를 가지게 된다. 미술치료사와의 관계에서나 치료과정에서도 좀 더 안정적으로 거리를 유지해 가게 된다. 피드백이 들어가고 변화하도록 하는 힘이 된다.

미술치료사가 내담자의 미술작품을 보고 표현된 바를 투명하게 느낄 수 있는 것은 매우 중요하다. 미술치료사 개인의 문제에 (있다 하더라도) 그다지 영향받지 않으면서, 내담자가 만든 작품에서 나오는 미세한 흔들림에 흔들릴 수 있어야, 우리는 내담자의 무의식을 다룬다고 할 수 있다. 그렇게 흔들리는 흔들림은 역전이와 얼핏 유사할지 모르나, 좁은 의미의 전통적 역전이(치료사 개인의 해결되지 않은 과거와 문제 때문에 자기도 모르게 무의식적으로 자기 문제를 내담자에게 투사해서 보는 것이라는 의미의 '역전이')와는 차별되는 것이며, 다루는 내용의 깊이와 성질에 따라 '공감'과 '투사적 동일시'가 된다.

Bion, W. R. (1962). *Learning from experience*. New York: Basic Books.

Edwards, D. (2004). *Art therapy*. London: Sage Publications.

Erickson, J. (2008). 감각의 매혹(박종성 역). 서울: 에코의 서재. (원저 1991년 출판)

Havens, L. (1986). *Making contact: Uses of language in psychotherapy*. Cambridge, MA: Harvard University Press.

Leclerc, J. (2006). The unconscious as paradox: Impact on the epistemological stance of the art psychotherapist. *The Arts in Psychotherapy, 33*, 130-134. DOI: 10.1016/j.aip.2005.07.002

Kernberg, O. (1987). Projection and projective identification: Developmental and clinical aspects. *Monographs of the Journal of American Psychoanalytic Association, 35*, 795-819. DOI: 10.1177/000306518703500401

Ogden, T. H. (1989). *The primitive edge of experience*. Nothvale, NJ: Jason Aronson.

Yalom, I. (1995). *The theory and practice of group psychotherapy*. New York: Basic Books.

창조성

삼차과정이라는 개념은 Freud 이론에 없다.

– Silvano Arieti (1976)

제5장 창조성

　창조성(creativity)은 무한한 에너지다. 살아 있는 것은 모두 창조성을 가지고 있다. 새로운 세포의 생성으로부터 새로운 경험과 활동에 이르기까지, 살아 있는 것의 호흡은 창조적 에너지를 사용한다. 미술이나 음악, 동작을 사용하는 예술은 창조성이 그 생명이다. 진실을 찾아가는 심리치료 세계에서 예술치료는 창조성을 중심 위치로 올려놓은 주인공이다.

　미술치료사 Cohen, Barnes과 Rankin(1995)의 말을 인용하면 다음과 같다.

　　심리적 치유(psychological healing)란 창조적 과정이다. 미술은 시각적 사고를 사용하는데, 선과 모양, 형태, 표면결, 그리고 색깔을 통해서 은유적 이미지를 만들어 낸다. 이는 대상과 생각을 표상하거나 상징하는 것들이다. 창조적 미술과정은 시각적 은유와 시각적 사고를 사용해서 장애물을 뛰어넘고 위기를 해결하며 내적인 갈등을 변형시킨다.

　이 장에서는 창조성이 무엇이며, 미술치료에서 말하는 창조성은 구체적으로 어떠한 것인지 다각도로 살펴보기로 한다.

1. 창조성이란 무엇인가

"당신은 창조적이신가요?"

만약에 누군가 이렇게 묻는다면 우리는 무엇이라 대답할까? 아마도 쉽사리 그렇다고 하기 어려워서 머뭇거리게 될 것이다. 살아 있는 모든 존재의 창조성을 믿는다고 말하는 사람들조차도 자신이 창조적이라고 말하는 것을 주저한다. 뭔가 창조적이라는 말에는 평범한 것과는 다른 비범함, 참신함, 슬기로움의 뉘앙스가 담겨 있다.

질문을 바꾸어서 "창조성이 무엇이라 생각하시나요?"라고 해 보자. 무에서 유를 출현시키는 것, 새로운 질서와 새로운 대상, 새로운 생각, 새로운 의미를 만드는 것, 혹은 일상생활의 소소한 발견이라든가 발상의 전환 등을 통틀어 창조라 이름 붙일 수 있다.

Taylor에 따르면, 창조성이란 다섯 가지 수준으로 존재한다(Taylor, 1964). 표현적 창조성과 생산적 창조성, 창의적 창조성, 혁신적 창조성 그리고 출현 창조성인데, 표 5-1에서 알 수 있듯이 창조성은 여러 방면에 걸친 복합적인 개념이다.

창조성의 종류도 다양하거니와 창조성에 관한 이론도 다양하다. 창조성에 관해 현재까지의 이론을 집대성한 심리학자 Weisberg(2009)는 표 5-2와 같이 대체로 여섯 가지 정도의 이론적 흐름이 있다고 정리한다.

창조적인 생각과 능력이 신으로부터 부여된 것이라는 관점에서부터 창조를

표 5-1 창조성의 다섯 가지 수준

종류	내용
표현적 창조성(expressive creativity)	자신이 만드는 생산물의 질과 상관없이 표현할 수 있는 능력
생산적 창조성(productive creativity)	어떤 분야에 익숙해져서 무엇인가를 만드는 능력
발명적 창조성(inventive creativity)	기존의 것을 새롭게 사용하는 능력
혁신적 창조성(innovative creativity)	새로운 생각이나 원리를 개발하는 능력
출현 창조성(emergent creativity)	일상적인 경험으로부터 이와는 전혀 다른 것을 만들어 내는 능력

표 5-2 창의성의 이론

이론적인 흐름	논점
신과 광기	• 뮤즈 • 천재성과 광기 • 창의성과 정신병에 대한 현대의 관심
무의식적 사고: 무의식적 연상과 무의식적 처리	• 창의성에서의 무의식적 갈등 • 연상적 무의식 • 무의식적 처리
창의성에서 통찰의 도약: 형태주의 관점	• 문제해결과 창의적 사고에서의 통찰 • 생산적 사고 대 재생산적 사고
심리측정 이론	• 창의성 검사 • 창의적 성격 • 창의성의 합류 모형
진화 이론	• 맹목적 변이와 선택적 보유
맹목적 변이와 선택적 보유	• 창의적 사고와 문제해결 • 창의적 사고에서의 전문성 • 창의성에서의 평범한 사고

출처: Weisberg (2009).*

하는 개인도 알지 못하는 자신의 무의식으로부터 어떤 연결을 통해 창조적 활동을 한다는 견해, 창조적 생각은 통찰이 도약한 결과라는 입장, 창조적인 사람은 발산적 사고 능력이 뛰어난 사람이라는 가정, 창조적 성격의 심리학적 특징을 측정하고자 하는 노력, 창조성도 일종의 진화 과정과 유사하게 진행된다는 입장, 그리고 창조적인 사고 자체는 평범한 사고와 동일하지만 그 결과가 비범한 것이라는 이론적 입장 등이 있다. 미술치료에서 말하는 창조성은 그 근원에

* Weisberg의 번역서에는 creativity를 창의성으로 번역했는데, 이는 Weisberg가 인지심리학자인 까닭에 창조라는 주제 중 특히 정신활동으로서 새로운 아이디어의 산출을 깊이 다루었기 때문이라 여겨진다. 창의는 意(뜻 의)를 써서 생각이 새롭다는 것을 강조한다면, 창조는 造(지을 조)를 써서 구체적 산물을 만드는 것을 강조한다. 이 책에서는 창조성이라는 용어로 사용하지만 표 5-2는 Weisberg의 책을 인용하였으므로 그 용어도 '창의성'을 그대로 사용했다.

있어서 '뮤즈'와 '광기' '창조성과 정신병에 대한 관심'으로부터 출발했다. 그리고 치료 이론으로 정립되는 과정에서 특히 무의식적 갈등이 어떻게 이미지로 나타나는가에 초점이 맞추어졌다. 이후 미술치료 이론들은 형태주의적 관점에서 통찰에 접근하는 것을 강화시켰고, 창의적 성격을 가진 사람들을 폭넓게 이해하고 수용하며 또한 지지하는 방향으로 나아갔다. 그리고 어쩌면 미술치료 자체가 심리치료 분야에서 이미지를 불러오고 시각 양식에 힘을 실어서 일종의 '변이'를 보인 것인지도 모른다. '창조적 미술치료(creative art therapy)'는 미술치료에서 핵심이 창조성임을 드러내지만 다른 한편으로는 미술치료 자체가 창조적인 것임을 일컫는 말이 될 수도 있다. 미술치료가 심리치료계에서 나타난 하나의 '변이'라면, 미술치료가 계속 유지·발전되는 것은 거대한 진화의 흐름에서 선택적으로 보유될 만큼 충분히 가치가 있음을 보여 주는 것이다. 마지막으로 창조성에 관한 인지 이론 역시 미술치료 분야에서 중요하게 다루는데, 특히 사고의 힘이 중요한 심리 내적 문제의 경우 문제를 해결함에 있어 새로운 창조적 사고를 하도록 시각적 사고(visual thinking)를 사용한다.

미술치료에서 창조성은 매우 중요한 역할을 하는데, 창조성의 몇몇 특성들을 살펴보면서 그 의미를 정리하도록 한다.

2. 창조성의 특성

창조물과 창조 과정의 구분

창조적이라고 했을 때 이 말은 창조물을 가리키는 말인가, 아니면 창조 과정을 가리키는 말인가? 창조성을 이해하는 가장 기본적이면서 중요한 토대는 창조 과정과 창조물을 구분하는 것이다. 1976년 창조성에 대한 이론을 쓴 Arieti나, 2009년 창조성에 대해 집대성한 Weisberg는 모두 창조 과정과 창조물을 구분하여 다루고 있다. Weisberg는 사고를 하는 과정에 있어서 창의적인 사고와 평범한 사고는 다르지 않지만, 그 결과물에 있어서 차이를 보이는 것이라 했다. Arieti 역시 비슷한 견해를 피력했다. 새로움을 지니는 창조물과는 달리 창조 과정 자체에는 새로움이라든가 장엄함이 없다. 창조 과정에는 오래되고 케케묵은 원시적인 메커니즘만 있을 뿐인데, 이것은 일차과정(primary process)에 속한 부분들을 어떻게 다루는가 하는 것과 관련이 있다. 일차과정은 Freud가 구분한 인간의 두 정신 세계 중 하나로 무의식적인 세계이며 꿈이나 정신병에 나타난다. 그에 비해 이차과정(secondary process)은 의식적이고 현실적인 세계이며 일차과정과는 상당히 다른 방식으로 작동한다. 창조 과정에서는 일차과정도 나타나고 이차과정도 나타나는데, 바로 창조 과정에서 보이는 일차과정과 이차과정의 특정한 조합(combination)을 일컬어 Arieti(1976)는 '삼차과정(tertiary process)'이라 명명했다(표 5-3 참조).

미술치료에서 미술을 치료적으로 바라보는 데 가장 핵심적인 개념이 바로 '삼차과정'이다. 삼차과정은 일차과정이나 이차과정이 복합적으로 나타난다. 그 내용에 있어서는 일차과정이 나타나서 추동이나 욕동을 담고 있으면서, 표현 방식에 있어서는 이차과정이 나타나며 자아의 지배를 받는다. 어쩌면 이것은 공상의 세계와 현실적이고 논리적인 세계의 중간지대에 속하는지도 모른다. 마치 꿈은 공상의 세계에 속했지만 꿈을 그림으로 표현한 것은 그 중간지대에 속

표 5-3 용어 정리

• 일차과정
 쾌락의 원칙에 따라 움직이며 본능적 욕구를 충족시키기 위하여 비논리적이고 맹목적으로 작용한다. 꿈, 공상이 대표적인 활동이다.

• 이차과정
 현실의 원칙에 따라서 움직이며 원초아의 본능과 외부 현실 세계를 중재하는 역할을 한다.

• 삼차과정
 형식에 있어서는 이차과정을 유지하되 내용에 있어서 일차과정이 드러나는 활동이다. 미술이 그 예가 된다.

한 것—즉, 내용은 꿈을 다루고 있지만 표현되는 방식이나 표현된 결과물은 현실 세계에 속한 것—과도 같다. 미술작품에 형태를 부여하고 조직화하는 능력은 결코 추동의 산물이라거나 걸러지지 않은 원시적 힘의 결과가 아니다. 오히려 잘 조절되고 통제되는 힘이다. 만약 조절되지 않은 힘을 사용한다면, 우연히 멋진 작품을 만들었다고 하더라도 삼차과정은 일어나지 않고 일차과정에 머물고 있는 것이다.

창조 과정과 창조물을 구분할 수 있다는 것은 치료적으로도 중요한 함의를 지닌다. 내면의 공격성과 우울, 충동을 치료적으로 접근하기 위해서는 창조적인 활동이 중요하다고 할 때, 이러한 말을 오해할 경우 '창조 과정'이 기존의 틀을 벗어나야 하는 것으로 생각할 수 있다. 뭔가 억눌리고 얽매인 것, 보수적이거나 일상적인 것들을 탈피해야만 창조적인 것으로 생각하고 창조 과정에서 틀을 벗어나려고 애쓰게 되면 그 결과는 파괴적인 행동이나 기괴한 행동으로 귀결될 수 있다. 예를 들어, 공격적인 충동을 창조적으로 표현하기 위해 창조 과정에서 무엇을 던지거나 깨부수고 파괴하는 활동을 할 수 있다. 하지만 창조 과정과 창조물을 구분할 수 있다면, 굳이 창조 과정에서 틀을 벗어나려고 애쓰지 않아도 된다. 오히려 창조 과정에서는 보수적인 행위나 기존의 틀을 유지하되, 그 내용에 있어서 보다 허용적이고 개방적으로 접근할 경우, 우리는 내면의 이야기가 우러나온 창조적인 작품과 만나게 될 것이다.

기괴함과 창조성

기괴한 것은 창조의 특성인가? 창조가 기존의 껍질을 깨고 나온다는 것을 가정하기 때문에 그렇게 볼 수 있는 부분도 있다. 기괴하다고 부르는 것은 결국 보통 사람들의 눈에 낯설고 묘하며 상식적인 수준에서 부적절하게 보이는 것이기 때문이다. 다시 말해 창조적인 것이 주변의 이해와 공감을 전혀 얻지 못하면 기괴한 것이 될 수 있다. 창조성을 이야기할 때 종종 거론되는 인물들은 시대를 앞서 간 예술가처럼 평범하지 않은 사람들이다. 이들은 작품 세계에서 비범하고 특별할 뿐 아니라 실제 삶에서도 특이하고 극적인 삶을 살았다. 그래서 창조성과 기괴함(bizarreness), 정신병리의 관계는 일찍부터 사람들의 관심을 끌었다.

기존의 질서를 깨뜨리는 특징 때문에 창조를 하는 사람이든 창조를 지켜보는 사람이든, 창조성에 대해 두려움이 없다고 말할 수는 없을 것이다. 잘 알지 못하는 것에 대해서는 늘 두려움이 생기기 마련이다. 창조는 그 속성상 현실로부터 벗어나거나 환상을 일부 가져오기 때문에 창조를 지켜보는 사람들은 두려움을 느낄 수 있다. Eysenck는 정신병적 경향성이 높은 사람들이 창조적이라고 했는데, 이들은 창조성의 중요한 특징인 '사고의 융통성'을 가지고 있으며 주위와 어울리지 못하고 특이하기는 하지만 정상 범주에 속하는 사람들이다(Weisberg, 2009). 그러나 이러한 경향성을 가진 사람들이 과도한 스트레스에 노출되면 정신병이 발병할 수도 있다고 보았다. 그러므로 창조성에 대해 의사나 치료사들이 부정적인 태도를 가지고 있었다는 것은 놀랄 만한 일이 아니다.

정신건강의학과 의사였던 May(1964)도 이에 대해 언급했다. 그는 정신분석가들이 자발적 그림에 나타나는 창조성에 대해 부정적인 태도를 가지고 있다고 하면서, 아마도 그 이유가 창조 과정에서 나타나는 퇴행적 속성 때문인 것 같다고 했다. 만약 창조성이 퇴행적 속성만 가지고 있거나 퇴행만이 두드러지고 우세하다면 분명 우려할 만한 것이라 하겠다. 또한 그러한 퇴행에 머무르는 것이 전부라면, 치료적으로도 의미 없는 일이라 볼 수 있다.

이렇듯 퇴행, 기괴함, 광기 등에 대해 논의되는 것은 창조성의 특징으로서 '일상성으로부터의 탈출'이 있기 때문이다. 하지만 기괴하다고 해서 창조적이라고 보지는 않는다. 일상적인 규칙과 질서로부터 벗어나는 것과 그것을 뒤엎어 버리는 것은 다르다. 창조성은 규칙과 질서로부터 벗어나고 뛰어넘는 것이다. 뒤엎는 경우는 부정적인 것으로 광기라거나 병리적인 것이라 할 수 있다. 예를 들어, 매우 전위적인 공연을 한다고 하자. 단정하고 고요한 무대 위에 그랜드 피아노가 놓여 있고, 전위 예술가가 걸어 나온다. 피아노 앞에 도착한 그는 천천히 피아노를 만지는 듯하더니, 이내 도끼를 들고 나와서 피아노 현을 한꺼번에 끊어 버린다. 관객들은 끊어지는 피아노 현에서 나는 특이한 파열음을 들으며 그때의 느낌에 몰입한다. 자, 이런 식의 공연이 있다고 할 때, 이 공연은 피아노를 치는 기존의 틀이나 규칙에서 많이 벗어났다. 상당히 파격적이고, 다소 기괴하다. 하지만 전위 예술, 혹은 행위 예술로 바라볼 수 있다. 그 이유를 이해하기 위해 한 걸음 물러나서 상황을 살펴보면 이는 규칙과 질서를 뒤엎은 것이 아니라 벗어난 것이기 때문이다. 피아노를 파괴했다는 점에서는 마치 규칙을 뒤엎은 것 같지만, 절대로 무너지지 않는 규칙이 있는데, 그것은 모든 것은 무대 위에서만 벌어지고, 관객들에게 도끼를 들이대지 않는다는 것이다. 만약 무대와 객석이 뒤섞이고 혼동스럽게 파괴하는 행위가 있었다면, 그 행위는 창조적인 예술행위가 아니라 그저 파괴행위일 뿐이었을 것이다.

미술치료에서 이야기하는 창조성도 마찬가지라서, 기괴하고 이상하게 보이는 내용들이 쏟아져 나온다 하더라도 어떤 부분은 넘어가지 않고 지켜지는 것들이 있다. 그렇지 않으면 그저 병리적인 행동이거나 문제라고 볼 수밖에 없다. "어떤 부분들은 지켜지는 동시에, 무언가 날것으로서의 내용들이 나온다."라는 것은 다른 말로 표현하면 Kris(1952)가 언급한 '자아에 도움이 되는 퇴행(regression in the service of ego)*이라고 할 수 있다. 이 개념을 미술치료 분야에서 활발하게 논의했던 Rubin(1984)은 아동이 미술치료를 통해 성장하고 심리 내적으로 전환기를 맞는 것은 바로 이러한 퇴행이 있기 때문이라고 했다. 퇴행이라 하면 그저 무질서하거나 조절되지 않는 난동, 유치한 행동화 등을 떠올릴 수 있기 때문에 위험한 것이 아니냐는 생각을 가지기 마련이다. 하지만 미술작업에서 보이는 '자아에 도움이 되는 퇴행'은 단순히 무질서나 행동화로 끝나지 않고 그러한 행동화의 에너지가 중성화 과정을 거치게 된다. 그리고 미술치료사의 도움에 힘입어 창작의 열정과 에너지, 창조 과정에 몰두하는 것으로 연결된다. 그렇게 되면 그 개인의 정신 성장에 도움이 되는 창조적 과정을 꽃피우게 된다. 일련의 성장 과정에서 전환기를 맞이하기 위해서는 새로운 구조가 만들

---

* 이 용어에 대한 번역은 국내의 다른 전문서적에서 '자아에 의한 퇴행현상'이라고도 하고, '자아가 제공하는 퇴행'이라고도 했다. 하지만 그러한 번역은 오류이며, 'in the service of'의 정확한 번역은 전자가 후자를 섬긴다는 의미다.

어져야 하는데 그렇다면 필연적으로 이전의 구조는 벗어나야 한다. 구조를 벗어나는 것이 바로 퇴행의 힘인데, 궁극적으로 성장하기 위해서 겪어 내야 할 통과의례라 할 수 있다.

Tip 자아에 도움이 되는 퇴행

　　Kris(1952)의 개념으로 창조 과정에서 나타나는 퇴행을 지칭한 것이다. 이를 이해하기 위해서는 상호 대조적으로 보이는 두 개의 일차과정을 언급할 수 있다. 하나는, 자아에 도움이 되는 일차과정(primary process in the service of the ego)으로서 농담하기라든가 캐리커처와 같은 것이 있다. 다른 하나는 자아에 해가 되는 일차과정인데 이를테면 정신병 상태에서 자아가 약해진 상태로 반응하는 것을 들 수 있다.

　　이러한 퇴행이 자아에 도움이 되는 이유는, 일차과정에 접근하지만 일차과정에 압도당하지 않고 적절한 통제를 유지할 수 있기 때문이다. 담긴 내용에 있어서는 퇴행하지만 그것을 담고 있는 그릇은 오롯이 버텨 준다. 그릇이 버텨 주고 있기 때문에 담긴 내용은 자아의 통제를 덜 받고 보다 원초적인 힘의 지배를 받을 수 있다. 앞서 예를 든 것처럼 마치 객석과 무대가 안전하게 구분되는 상황에서 피아노를 파괴하는 행위예술과도 같다. 혹은 미술작품을 만드는 과정에서 온통 어질러지고 흐르듯이 쏟아져 나오면서 구강기적인 욕구라거나 상대를 먹어 치우고 싶은 바람이 나온다 하더라도, 실제로 물감을 먹지는 않는 것과도 같다. 즉, '어떤 부분의 선은 지켜지고 있으면서 또 다른 면에서는 해 보지 못했던 것들의 억압을 풀어 주는 것'의 예라 할 수 있다. 이러한 퇴행의 특징은 행동이 점점 더 무질서해지는 악성퇴행과는 달리, 어느 정도 통제되어 있으며 또한 자발적이거나 상징적인 성질이 있다. Freud는 이러한 면을 가리켜서 예술가들에게는 '억압의 유연성(flexibility of repression)'이 있다고 했다.

독창성과 창조성: 오리지널인가, 카피인가?

　　창조를 이야기하면, 그것이 모방인지 아닌지 유사한 것은 없는지, 얼마나 독창적인 것인지를 묻게 된다. 독창성(originality)을 완강하게 고수해야 창조적이라고 믿는 일부 미술치료사들은 독창성에 과도하게 집착한 나머지 내담자들의 작품 과정에 전혀 손대지 않아야 한다고 믿는다. 그래서 도와달라는 내담자들의 요구를 어렵사리 거절하면서 "어떻게 표현하시든 다 좋습니다. 자신의 작품이니까 자신이 완성하도록 해 보세요."라고 말한다. 과연 이러한 반응은 치료적일까? 독창성과 창조성은 어떠한 관계일까?

창조를 이야기하면 그것이 모방인지 아닌지, 유사한 것은 없는지, 얼마나 독창적인지 등을 묻게 된다. "해 아래에 새로운 것은 없다."라는 오래된 경구를 인용하지 않더라도 기존의 것으로부터 완전히 차별화되는 것이란 쉽지 않은 일이다. 물론 사람이 하는 창조는 전혀 없던 것에서 완전히 새로운 것을 만든다기보다는, 기존의 것들의 관계나 질서, 형태, 이미지, 의미 등을 바꾸어서 새로운 것을 만드는 것이다. 따라서 두 가지가 중요한데, 하나는 기존의 것을 충분히 사용할 수 있고 특성이나 제약을 알고 있어야 한다는 것이고, 다른 하나는 그것을 뛰어넘어야 한다는 것이다. 이를테면, 매체의 특성을 알고 다룰 줄 아는 사람이 그 매체를 사용해서 보다 풍부한 표현을 할 수 있다. 그런데 창조성은 풍부하거나 능숙한 표현 이상의 것을 의미한다. 오히려 창조성은 익숙하거나 능숙한 것과는 반대되는 다른 무엇인가로 나타날 때가 많다. 익숙한 것은 종종 진부한 표현이 되기 쉽다. 어떤 틀을 벗어나지 못하면 예측 가능한 것들만 나타나고 평범하거나 상식적인 것이 될 뿐이다. 하지만 틀을 벗어난 감각이 실린 것은 창조적으로 받아들여진다. 창조에는 기존의 것을 뛰어넘을 것이라는 기대가 있기 때문이다.

기존의 틀을 벗어난 것은 기괴하거나 독특할 때가 많고, 기괴하거나 독특한 것은 독창적일 때가 많다. 그림 5-1은 나무를 표현해 보자는 필자의 제안에 내담자들이 만든 작품이다. 정말이지 독창적이다. 그리고 창조적이다.

이렇듯 독창성과 창조성은 중첩되는 부분이 있다. 하지만 Arieti(1976)가 지적하듯이, '꿈'의 경우를 예로 들면 분명하게 구분 가능하다. 꿈은 꿈꾸는 자에게 독창적(original)인 것이다. 어떤 꿈도 다른 꿈과 동일하지 않다. 정말 오리지널하다. 그런데 창조적인가? 꿈에서 창의적인 아이디어가 있다거나 정말 이상한 꿈, 독특한 꿈은 있지만, 꿈을 창조했다고 말하지는 않는다.

그래서 창조를 이야기할 때 우리는 창조를 하는 사람의 조절력—비록 그 창조 과정에 매몰되어 다른 것을 잊어버릴 만큼 몰입했다 하더라도 말이다—을 기본 전제로 두고 있다. 조절되지 않는 산물은 기괴한 것(bizarre object)이 되거나, 꿈과 같이 독특한 산물이 된다. 만약 틀을 벗어나면서 새로운 질서는 등장하지 않고 기존 질서가 그저 파괴되었다면, 이는 혼란스러움이나 불편함, 모호한 경험이 된다. 창조를 하는 사람의 내면에서도 제대로 소화되지 못했기 때문에, 결과물은 기괴하고 불편하다.

　앞서 미술치료의 창조 과정에서 독창성을 중요하게 여기는 미술치료사가 내담자의 작업 과정에 전혀 손대지 않는 예를 들었다. 어떤 치료적인 목적 때문에 구체적 개입을 절제할 수도 있겠지만, 독창적인 작품을 만들어야만 창조적인 것은 아니며, 또한 독창적이라야 미술치료적으로 의미 있는 작품이 되는 것은 아니므로 내담자의 도움 요청은 수용하고 지지하는 것이 좋다.

그림 5-1 나무

자발성과 창조성

이번에는 자발성(spontaneity)과 창조성을 비교해 보자. 대체로 내면의 심리적 이야기들은 표현하고자 하는 에너지가 있어서 기꺼이 자발적으로 드러난다. 미술치료에서 자발성이 중요하게 다루어진 것은 정신분석의 영향이다. 정신분석에서는 자발적으로 흘러나오는 내면의 이야기를 중요하게 다루므로 자유연상과 같은 방법을 사용한다. 의도적으로 억제하거나 마음으로 검열하지 않고 떠오르는 대로 이야기한다는 것이다. 우리가 내면의 소리에 자유로운 날개를 달아 준다면, 도대체 무엇이 나타날까? 처음에는 연결되지 않고 파편화된 부스러기들이겠지만, 결국 이를 통해 그 사람의 심리 내적 갈등과 성격이 나타나게 될 것이다. 성격이 드러나고 이해되며 통합된다. 그래서 자발성을 중요하게 생각한다. 미술치료의 선구자였던 Naumburg도 '자발적 그림(spontaneous drawing)'을 중심으로 미술치료과정에 대해 설명했다.

그런데 자발적이라야만 창조적인 것은 아니다. 앞서 창조 과정과 작품을 구분하면서, 창조 과정에 진부하고 오래된 메커니즘만 있다고 했던 Arieti(1976)의 말처럼, 창조 과정에는 계획도 들어가고 의도적인 면도 상당히 포함된다. 미술치료에 참여하는 많은 사람들이 "저는 그리면서 이런 생각을 했어요."라든가 "이런 것을 표현하려고 애썼어요."라고 말한다. 이렇듯 계획을 가지고 미술작업

Tip '자발적'의 의미

영어 'spontaneous'는 가장 가까운 우리말로 '자발적'으로 번역해서 사용하는데, 두 단어의 뉘앙스가 약간 다르다. 우리말은 "누가 시키지 않아도 스스로 한다."라는 의미가 강하다면, 영어는 "계획하지 않았는데 갑자기 하고 싶어서 한다(not planned but done because you suddenly want to do it)."라는 뜻이다. 우리말 '자발적'의 반의어가 '강제적'이 될 수 있다면, 영어 단어의 반의어는 '계획적'이다. 따라서 미술치료에서 사용하는 '자발적 그림'의 의미는 '계획하지 않은 그림'으로 보는 것이 좋다.

을 하는 경우에도 그 작품이 만든 사람의 내면을 상징적으로 표현하면 충분히 창조적일 수 있다.

3. 미술치료에서 나타나는 창조성

중간대상의 창조

　미술치료에서 '창조성'을 논할 때 빠질 수 없는 개념은 중간대상(transitional object)이다. 그림이나 조각과 같은 미술작품은, 그것을 만드는 창조자에게 중간대상과 같은 역할을 한다. 중간대상은 사람이 그 발달 과정에서 전능환상으로부터 객관적 현실 인식으로 이르는 데 필요한 것이다. 사람은 그가 원하는 대로 세계가 움직인다는 환상과 그가 원하는 것과 달리 독립적으로 존재하는 세계에 대한 현실 인식 사이에서 갈등하고 협상한다. 이러한 협상의 결과물이야말로 창조된 것이다. 이를테면, "내가 원하는 때에 엄마가 내 앞에 나타날 거야."라는 환상과 어떤 이유에서든 오지 않는 엄마라는 현실 사이에서, 엄마가 안아 주는 느낌과 유사한 촉감의 곰돌이에게 '의미 있는 지위'를 부여한다면, 그 지위는 창조된 것이다. 혹은 머릿속으로 엄마의 이미지를 떠올릴 수 있다면, 그 이미지 역시 창조된 것이다. 경험한 감각기억을 자료로 썼다고 하더라도 말이다.

　창조성은 객관적으로 존재하는 현실에서 한 차원 혹은 한 계단 다른 무엇을 가지고 있는데, 이 '다른 무엇'은 환경에서 비롯된 것이 아니라 창조자인 사람에게서 나온다. 그것은 현실이 고려되고 변형되었다는 점이다. 변형하는 기준과 방향은 창조자의 욕구와 외부 압력 간 균형점이 될 텐데, 그런 면에서 보면 창조성은 현실과 환상 사이 중간 지점에 존재한다. 창조적이라 하여 객관적 세계를 완전히 무시하고 동떨어지지는 않는다. 만약 그렇게 된다면 기괴한 것이 되거나 부적응적이고 병리적인 것으로 되고 말 뿐이다.

　창조성이 중간대상을 만든다고 했을 때, 그러한 창조성이야말로 심리적 변증법이다. 정-반-합의 구도에서 세 번째 '합'의 단계가 출현하는 것은 창조성에 기반한다. '합'이 만들어지기 전, 정과 반은 무엇인가? 중간대상의 맥락에서 보면 이 둘은 '환상'과 '현실'이라 할 수 있다. 이 둘 간의 메워지지 않는 괴리로 인해 고통받거나 갈등하는 것이 사람마다 처한 딜레마다. '합'은 어쩌면 전혀 다른 차원으로 출현한다. 이는 마치 구원자 같은 것이다. 대안으로 나온 '합'은 '정'도 '반'도 아니다. '합'이란 두 개별 세계를 섞어서 이도 저도 아니게 만드는 것이 아니다. 새로운 통합의 장을 열어 가는 것이다. 그래서 창조라 부른다. 이 '창조'는 특별한 재능을 지닌 자에게만 허락된 것이 아니라, 발달의 각 단계를 걸어가는 사람들 모두에게 주어진 것이다.

역사 속의 이야기를 예로 들자면, 모세의 대안을 들 수 있다. 이집트에서 노예생활을 하던 이스라엘 민족에게는 '정'과 '반'이 있었다. '정'이라는 현실에 해당하는 것은 이집트에서 노예로 살아가는 것이다. '반'은 내세를 기약하며 현실을 보지 않는 것이다. 그리고 나온 '합'은 전혀 다른 대안이었다. 이것은 전혀 다른 새 땅으로 가는 것이다.

'합'이 도출될 때, 둘 중 하나가 무시당하지 않는 것은 중요하다. '현실'과 '환상'을 예로 들어 보자. 혹자는 현실이 더 중요하므로 환상을 누르라고 할지도 모르겠다. 그럴 수도 있다. 환상을 누르되 지독하게 눌러서 환상이 거의 숨 쉬지 못하거나 말라비틀어진 사람들이 있다. 그 사람들은 사는 게 퍽퍽하고 맛이 없다. 고통스러운 갈등이나 감정을 느끼고 싶지 않아서 도망치면, 나중에는 살아숨 쉬는 감정을 못 느낀다. 그래서 사는 게 재미 없어진다. 아니면 '현실'이 제대로 작동하지 못한다고 해 보자. 정신증을 보이거나, 큰 소리만 뻥뻥 치는 사람이 되고 만다. 현실 감각은 한 사람이 삶에 적응하고 살아갈 때 가장 근본이 되는 능력이다. 현실을 알지 못한다면, 적응할 수 없고, 관계를 맺을 수 없으며, 지속할 수 없다.

감정과 이성에 대해서도 같은 이야기를 할 수 있다. 어느 누구에게나 감정이 있다. 감정의 소리가 작든 크든 말이다. 그런데 듣고 싶지 않다고 해서 자신의 감정 소리를 무시하거나 죽이기 시작하면 감정은 딱딱해지고 문제가 생긴다.

분노라든가 수치심과 같이 무시하고 싶은 감정이 있다고 해서, 감정을 억눌러 버린다면 나중에는 기쁨이라든가 신나고 즐거운 감정도 함께 사라져 버릴 것이다. 한쪽 날개로 날 수는 없기 때문이다.

두 날개로 함께 날도록 조정하는 것, 함께 움직이는 것, 그래서 날아오르는 것은 우리가 지향하는 전혀 다른 새 차원으로서의 '합'이라 할 수 있다.

창조성과 놀이 그리고 미술

앞서 환상과 현실 사이의 변증법으로서 창조성이 작용한다고 했다. 환상과 현실 사이 어디에 위치하고 있는가에 따라 표 5-4와 같이 나눌 수 있다. 여기서 보듯 상상의 세계에 몰입하는 놀이는 현실보다 환상에 더 가깝고, 중간대상은 공상 놀이보다는 환상에 덜 가깝고 현실에 더 가까우며, 미술은 놀이나 중간대상보다 현실에 더 가까운 활동이다. 현실에 가깝기 때문에 노력이 훨씬 더 많이 들어간다. 환상에 가까울수록 노력이 적게 들어가며 쉽게 할 수 있고 보다 초보적인 수준의 방어기제가 작동한다. 이를테면, 분열(splitting)을 사용하는데, 놀이를 하는 사람이 보고 싶지 않거나 싫어하는 부분은 마치 없는 것처럼 놀이에서 삭제할 수 있다. 그렇게 현실이 재조직화되어 가공되므로 얼마든지 만족스러운 결과를 얻을 수 있다. 스트레스를 많이 받는 상황에서 사람들이 놀이를 하는 이유도 분열기제나 부인기제를 사용하면서 만족을 느낄 수 있기 때문이다.

창조성이 잉태되어 나오는 경우는 바로 이러한 '놀이(play)'를 할 때다. 놀이는 사람을 창조적으로 만든다. 상황 자체에서 여유가 있는 경우도 놀이가 되지만, 어떤 상황이든 주어진 상황 속에서 여유를 가지고 놀 수 있는 사람의 마음이 놀이를 놀이답게 만들고 창조적으로 되게끔 한다. 아동을 심리치료했던 정신분석가 Winnicott은 놀이야말로 심리치료상황에서 의사소통의 형태가 될 수 있다고 했다. Winnicott은 정신분석도 놀이의 한 특수한 형태로 여겼으며, 놀이를 통해 성장을 촉진하고 건강을 회복할 수 있다고 보았다. 스퀴글 게임(Squiggle game)이라는 기법에 '게임'이라 이름 붙인 배경에는 Winnicott의 놀이에 대한 믿음이 있었다. Winnicott은 치료사가 '놀 수 있어야' 치료할 수 있다고 보았다. 놀 수 있는 능력은 치료에서 본질적인데, 놀이를 통해서 사람은 창조적으로 될 수 있고 창조적일 때에만 자기 자신을 발견할 수 있다고 했다. 다시 말하면, 자기 발견과 자기 이해란 놀이 능력에 기반한다.

표 5-4 놀이와 중간대상, 미술의 비교

구분	놀이	중간대상	미술
	환상 ◄—————●—————●—————●—————► 현실 　　　　　놀이　　　중간대상　　미술		
예	식사 준비를 하는 소꿉 장난을 한다. 돌멩이 하나는 밥, 다른 돌멩이 몇 개는 반찬이라 한다. 놀이를 하는 사람의 바람대로 식사 준비가 완성된다.	어떤 특정한 곰인형을 아끼고 늘 가지고 다닌다. 똑같이 생긴 다른 곰인형과 대체되지 않는다.	엄마 얼굴을 그렸는데, 잘 그리지는 못했지만 다른 사람들도 알아볼 수 있다.
핵심	놀이의 핵심은 자신이 원하는 세상의 창조다. 원치 않는 모습은 철저히 배제된다.	원하는 대상의 의미 창조다. 대상 자체는 기존에 존재하지만 그 대상이 가지는 의미는 부여된 것이다.	창조한 세상이지만, 자기만의 방식이 아니라 세상과도 교류하는 방식의 창조다.
대상물의 의미	놀이에서는 사용된 대상물이 중요한 의미를 지니지는 않는다. 대상물은 얼마든지 대체 가능하고, 대상물의 의미도 그때 그때 달라질 수 있다('돌멩이'는 다른 것으로 바꿔도 상관이 없다).	중간대상에서 대상물이 선택되고 의미를 지니게 되면 그때부터 매우 중요한 의미를 가진다. 대상물의 의미는 바뀌지 않으며 시간적으로 안정되어 있다.	대상물의 의미는 바뀌지 않으며 시간적으로 안정되어 있다.
성취하기 위한 노력	노력이 많이 들어가지는 않았다.	특정 대상을 발견하고 선택해서 지니고 다니는 정도의 노력이 들어갔다.	재료를 사용해서 새로운 대상을 만들어 내는 노력이 들어갔다.

놀이가 창조성을 이끌어 내는 이유는 무엇일까? 무엇보다도 그 대답은 놀이의 특징에서 찾을 수 있다(Kramer, 1971).

- 놀이는 현실 원리의 적용을 받지 않는다.
- 놀이는 초자아의 간섭을 받지 않는다.
- 놀이는 쾌락 원칙에 따르며 즐거움과 재미가 있어야 한다.

　이와 같이 현실 원리나 초자아의 간섭으로부터 해방되어 즐거움과 재미를 따라 상상력의 날개를 달았을 때 그 과정에서 창조성이 발휘된다. 아동의 놀이 소재와 과정은 상당 부분 현실에서 빌려 온 것이지만, 놀이의 구체적인 내용과 그 전개를 살펴보면 현실에서 충족되지 않거나 현실과 상관없는 상상과 공상이 창조적으로 채워져 있음을 확인할 수 있다. 현실 속에서는 가족 내에서 주도적인 위치에 있지 못한 아동이 놀이 속에서는 자신이 원하는 대로 가족들을 움직이기도 하며, 현실에서는 의식주의 해결조차 보장되지 않았다 하더라도 놀이 속에서는 쏟아지는 선물의 홍수 속에서 웃고 있는 공주가 되기도 한다. 놀이는 현실적인 고통을 겪는 아동에게서 더욱 그 기능이 두드러지게 나타나는데, 아동의 입장에서는 고통스럽게 감내할 수밖에 없었던 구체적인 현실이 아동에게 유리한 방향 혹은 아동이 원하는 쪽으로 새롭게 짜여지고 재해석되어 반복 생산되는 것이다. 말하자면, 아동은 놀이를 통해 자신의 마음 깊은 곳에 억누를 수밖에 없었던 감정들을 배출하며 이전에는 감당할 수 없었던 환경을 자신의 힘과 규모에 맞게 변형한 뒤 조절하고 통제하는 기회를 가지게 되는 것이다.

　미술작업에서 창조성을 경험하고 누리기 위해서는 놀이처럼 접근하고 미술로 놀이를 하는 것이 반드시 필요하다. 미술작업에서 충분히 놀이를 해야만 그 내용이 풍부해지고 창조적인 내용들이 흘러나오게 된다. 그런데 미술작업으로 놀이를 할 때 조심스럽게 구분해야 하는 것이 있다. 그것은 놀이가 필요한 사람과 놀이를 절제해야 할 사람이다. (혹은 동일한 사람이라 하더라도 그러한 순간들을 구분할 필요가 있다.) 대체로 놀이가 꼭 필요한 사람들은 놀이를 상실한 사람들, 상상력과 정서가 메마른 사람들, 마음을 억압하거나 억제하는 사람들이다. 반면에 자기 억제가 잘 되지 않거나 자기중심성이 강한 사람들, 본능과 욕구에만 충실한 사람들이라면, 놀이를 잘 해내지 못할뿐더러 설사 놀이를 한다 하더라도 그 결말이 파국적으로 될 수 있으므로 놀이를 절제할 수 있는 힘, 혹은 조절할 수 있는 힘을 키워 줘야 한다. 이들은 놀이에서도 파괴적이거나 공격적으로 되기 일쑤이며 미술과정에는 아예 몰입하지 못하는 모습을 보인다. 예를 들면, 다음과 같다.

❀ 사례 1 ◇◇◇

순이는 오늘 따라 미술치료실에 들어오면서 계속 징징거렸다. 지난 시간에 잠시 워밍업으로 했던 게임을 오늘도 하겠다며 계속 요구했다. 결국 게임을 하게 되었는데, 잘 되지 않는지 계속 짜증을 부렸다. 옆에서 달래 주어도 잘 듣지 않았고, 이제 미술작업을 하자는 말은 무시하고 못 들은 척했다.

❀ 사례 2 ◇◇◇

9세 남아인 영호는 학교에서 선생님의 말씀을 잘 따르지 않고 수업 시간에 앉아 있지 못하며 일어서서 움직이거나 반 친구들을 연필로 찌르는 등 말썽을 일으켜서 미술치료를 받기 위해 치료실로 왔다. 영호는 미술치료실에 들어와서 처음에는 아무것도 하고 싶지 않다며 고개를 푹 숙이고 있었다. 그러다가 찰흙 덩어리를 보고 마음이 바뀌었는지, "이건 똥이다!"라고 소리쳤다. 네모난 찰흙 덩어리를 아무렇게나 잡고 다시 책상 위에 거칠게 놓으면서 "이건 엄마 똥!" "이건 아빠 똥!" "이건 ○○ 똥!"이라고 외쳤다. 쿡쿡 웃으면서 더럽다고 하고 다시 찰흙을 들고는 위에서 떨어뜨리면서 누구 똥인지를 이야기했다. 남은 시간 동안에는 똥 이야기로 시작해서 자기 생각과 기분, 가족에 대해 치료사와 이야기를 나누었다. 시간이 다 되었을 때 영호는 기분이 한결 가벼워졌고 씩씩하게 인사한 뒤 치료실을 나갔다.

첫 번째 사례는 상담기관에서 드물지 않게 볼 수 있는 사례이다. 저 시기를 견디고 버텨 주면서 내담자의 마음을 알아주고 미술작업으로 초대하며 과정 안으로 들어올 수 있게끔 하기까지가 중요하다. 두 번째 사례는 미술작업과 놀이를 대조해서 볼 수 있는 사례다. 그 시간이 영호에게 도움이 된 시간이었던 것은 의심할 바 없다. 회기를 마치고 나가면서 영호가 기분이 한결 나아진 점이라든지 웃으면서 선생님께 인사하고 나갔다는 점으로 미루어 짐작할 수 있다. 그런데 향후에 치료작업을 어느 방향으로 이끌고 갈 것인가를 고려해 보면 놀이에서 더 나아간 미술작업을 목표로 할 수 있다. 이번 회기도 치료적이기는 하지만, 미술을 사용한 미술치료회기는 아니었다. 사례 2에서 제공된 찰흙은 영호에게 단순한 장난감의 의미였을 뿐, 미술을 한 것이 아니기 때문이다.

　본질적인 의미에서 '미술치료'가 되기 위해서는 아동이 미술재료를 장난감처럼 사용해서 노는 것 이상의 행위가 포함되어야 하며, 그 행위의 핵심은 표현과 창조성을 통해 드러나는 상징화 과정 그리고 승화 기제다. 상징화 과정을 거쳐 나온 미술작품은 비록 기교나 스타일 면에서 세련되지 못하고 조악하다 하더라도 다른 사람에게 그 의미를 전달할 수 있는 '표상(representation)'기능을 가지고 있다. 내면이 표현되었고 표현 과정에서 그 사람의 숨결이라 할 수 있는 창조성이 발휘되기 때문이다.

　마음이 건강하고 생활에 잘 적응하는 아동이라면 미술재료로 단순히 놀이를 하더라도 충분히 만족스러운 작업이 나올 수 있다. 하지만 문제 환경이나 문제 행동/정서를 가진 아동의 경우에는 비록 자신의 구미에 맞게 놀이 내용을 조절하고 공상의 세계를 꾸몄다 할지라도, 자신의 실제 세계 경험으로부터 완전히 자유롭지 못하다. 놀이의 중간중간에 현실로부터 기인한 고통이나 아픔의 흔적들이 삽입되며, 아동은 이를 조절하는 법을 알지 못하기 때문에 자신이 평소 사용하던 방법대로 짜증을 부리거나 장난감을 던지고 혹은 울거나 막무가내로 떼를 쓰게 된다. 즉, 흥미와 재미를 가지고 자신이 원하는 공상 세계로 시작한 놀이에서조차 완전한 만족을 얻기가 힘들어진다.

　이러한 아동의 놀이를 면밀히 살펴보면 어느 정도 진행된 이후 삽입되는 요소들이 공격, 처벌, 분노 등이라는 것을 알 수 있다. 현실에서 부당한 대우를 받던 아동이 이제는 놀이 속 가상의 상대를 처벌한다든지, 현실에서 공격받던 아동이 놀이 속에서는 주도적으로 공격하는 사람이 된다든지 하는 차이가 있지만, 현실 속 고통의 요소들은 결국 놀이에서도 재현되고 있다. 그러므로 『놀이의 정신분석적 이론(The psychoanalytic theory of play)』을 쓴 Waelder의 지적대로, 아동의 놀이는 현실을 둘러싸고 엮여 있는 공상이라고 볼 수 있다(Kramer, 1971에서 재인용).

아동은 놀이를 통해서 많은 것을 얻는다. 정상적인 어른으로 발달하면서 반드시 성취해야 하는 복잡한 고난이도의 손기술을 비롯하여 다양한 운동기술을 얻으며, 놀이 상대와의 사회적 규칙을 습득함으로써 사회화에 필요한 반응과 행동을 배우고 감정과 지성을 학습하며 사용할 기회를 얻는다. 그래서 놀이는 유희적인 목적뿐 아니라 교육적 성과를 겸하게 되며 때에 따라서는 치료적 효과까지 가져올 수 있다. 그러나 반드시 구분하고 넘어갈 점은, 놀이 자체의 본질에 비추어 봤을 때, '놀이'와 '교육'은 차이를 보이며 '놀이'와 '치료' 역시 엄연한 차이를 보인다는 것이다.

그러므로 문제를 가진 아동이 놀이를 통해서 치료적인 도움을 받을 수도 있지만, 미술은 놀이 이상의 것을 제공하려 하는 것이다.

미술과 놀이

미술의 내용에 있어서 놀이의 느낌이 없으면 내용이 푸석하고 부실하다. 놀이가 되어야 창조성이 흘러나오기 때문이다. 그런데 미술작업을 하면서 놀이로만 끝나 버리는 경우는 없다. 단순히 미술재료를 가지고 상상놀이, 공상놀이를 하는 경우가 아니라면, 미술작업은 항상 놀이 외의 과정이 들어간다.

놀이보다는 미술이 어렵다. 놀이와 미술의 차이점은 무엇보다도 대상의 상징성과 현실 원리 적용 정도에 있다. 놀이와 달리 미술에서는 만들어진 대상에 상징성이 부여되고, 미술과정 및 작품에서 현실 원리가 개입된다.

　미술은 놀이에 비하면 훨씬 더 현실적이다. 표현된 내용이 현실인 경우—심리적 현실까지 고려하면 더 많다고 할 수 있다—도 종종 있고, 표현 과정과 결과물은 언제나 현실적이다. 즉, 미술은 구체적으로 존재하는 결과물로서의 작품과 그것을 만드는 구체적인 실제 과정으로 인해 놀이보다 훨씬 더 현실 요소를 많이 가지고 있다. 다시 말하면, '놀이'처럼 머릿속으로 대상을 만들고 의미를 부여하며, 시간 지나면 없어지는 대상이 아닌, 구체적이고 현실적인 과정과 결과물이 있다는 것이다.

　먼저 작품 제작 과정을 살펴보면, 아동이 가진 기술의 한계 및 재료의 고유 특성으로 인한 제한점으로 인해 제작 의도에 충분히 만족스러운 작품이 나오는 것은 쉽지 않은 일이 된다. 미술작품을 만드는 아동의 경우 자신의 요구가 '당장' 그리고 '충분히' 만족되지 않는다는 것을 경험하고 인내해야만 마침내 어느 정도의 성과를 낼 수 있다.

　또한 구체적인 작품은 시간의 흐름에 상관없이 지속적으로 존재하면서 이것이 현실임을 일깨운다. 어느 날 한때 하던 소꿉장난의 내용 중 일부처럼 사라지는 것이 아니라 대상항상성을 가지고 계속 지속되는 것이다. 구체적으로 존재하는 작품에서 현실 요소가 뚜렷이 드러나는 것은 아동이 작품에 대해 끊임없이 투사하는 것에서 확인해 볼 수 있다. 여러 가지 복잡한 가정 문제로 지극히 자존감이 낮아진 아동의 경우 찰흙을 보자마자 '똥'이라고 하며 계속해서 자기 작품이 얼마나 '더러운가'를 이야기하는 것을 자주 듣게 된다. 혹은 그려진 그림을 보고 "망쳤어, 완전 망쳤어."라고 하는 것이라든가, 그림 속 인물에 대해 "나쁜놈 대장, 똥걸레."라고 상스럽게 부르는 행동 등은 아동이 자기 작품에 대해 투사하는 행위다. 이러한 투사는 구체적인 작품의 존재에서 비롯된 것이다. 작품이 실존하지 않고 상상 속에서만 존재한다면 우리는 아동의 이러한 투사 행동을 볼 수 없었을 것이다.

　이렇게 내담자로 하여금 현실을 만나도록 하고 현실 원리를 연습하도록 하는 것은 미술치료의 치료목표 때문이다. 미술치료는 원초아의 단순한 만족이나 쾌락 원리에 따라 움직이는 공상적인 시간을 제공하고자 하는 것이 아니라, 현실 원리를 습득하게 하며 안전한 공간 내에서 자아의 힘을 키우는 것, 그래서 결과적으로 자신의 현실에 적응하거나 버티면서 성장하도록 돕는 것이다. 다른 말로 표현하면, 내담자가 가진 자아의 힘(ego strength)을 키우고자 하는 것이다.

미술치료작업에서의 창조성

미술치료에서 말하는 창조성은 치료의 엔진과도 같은 역할을 한다. 미술치료에서 창조는 표현 및 승화와 밀접한 관련을 가진다. 치료과정에서 표현되는 것은 마음인데, 부서지고 파편화된 마음이다. 이러한 표현 과정에서 치료적 반전이 일어나는 것은 승화 기제의 작동이다. 승화는 원초아의 만족을 지연하며 에너지를 조절해서 사용하도록 한다. 미술과정에 깊이 몰입하게 되는데, 대상을 함부로 다루거나 결과에 상관없이 던지고 두드리며 행동화하는 것이 아니다. 미술에서 승화가 일어날 때, 창조는 무게를 지닌다. 비교해 보자면 이렇다. 화가 난 아동이 흙을 주무르고 던지고 짓밟았다. 짓밟힌 흙은 예전과 다른 모양을 지니게 되었으므로, 억지를 써서 이야기한다면 '화난 마음을 보여 주는 창작물'이다. 나름 창조다. 그러나 가볍다. 이 가벼움은 희뿌연 스모그 같은 그런 류의 가벼움이지, 청명한 공기의 가벼움이 아니다. 이와 다른 예도 있다. 던지고 짓밟은 흙덩이를 보다가 웅크리고 누운 곰이 떠올라 그 흙덩이에서 곰을 만들어 내고 곰을 감싸는 이글루까지 만들었다. 그렇다면 이것은 승화를 보여 주는 것이며, 또한 이때의 창조는 무게를 지닌 창조다. 창조가 무게를 지녔다는 말을 다르게 표현하면, 에너지를 지녔다고 할 수 있다. 의미 없고 가벼운 창조가 쉽게 흩날리는 에너지를 가졌다면, 한 개인의 삶에 의미를 지니고 상징적 변화를 선도하는 창조는 삶을 변화시킬 수 있는 에너지를 가졌다.

이러한 창조성은 미술치료작업을 해 나갈 때 다음 세 가지 능력으로 나타난다.

● 이미지화 능력   ● 작품 완성 능력   ● 작품 소화 능력

미술치료에서 말하는 창조성은 첫째, 이미지화 능력이다. 어떤 대상이나 자신의 생각, 느낌을 이미지로 만들 수 있어야 한다. 이미지는 구체적일 수도 있고 혹은 추상적일 수도 있다. 이미 시각 정보를 가진 대상이어서 이미지로 떠올리거나 표현하기 쉬운 경우에도 이미지화 작업은 의미가 있다. 예를 들어, 가족들의 모습은 이미지로 떠올리기 쉬운 시각 정보가 있지만 당장 눈으로 보고 있지 않을 때 그리는 가족들의 모습은 또 다른 의미를 지닐 수 있다. 구체적으로 이미지를 알고 있지만 그것이 표현될 때는 심리적으로 변형되거나 윤색되어 나타나기 때문이다.

이미지로 바뀐 대상들은 이미 그 안에 심리적 정보와 가치를 지니고 있다. 설사 이미지가 조악하고 묘사가 형편없이 단순하거나 지리멸렬해 보이는 내용이라 하더라도 여전히 가치가 있다. 물론 이미지가 좀 더 풍부하면 그 안에 담기는 이야깃거리도 더 풍요로워질 수 있다.

이미지로 표현하도록 내담자의 창조성을 북돋우는 방법은, 눈에 보이는 대로 그리는 것에 매달리지 말고 마음에 느껴지는 대로 그리도록 격려하는 것이다. 그래서 때로는 재료 자체의 느낌을 경험하도록 해 보기도 하고, 그림을 이루는 요소들을 분리해서 선이든 색이든 혹은 질감이든 한두 가지 요소를 중심으로 표현해 보도록 하기도 한다.

둘째, 작품 완성 능력이다. 일반적으로 작품 창조 과정에서 벽에 부딪히는 것은 흔한 일이다. 더욱이 내담자들은 자신의 마음을 표현하기 때문에 창조 과정에서 거의 필연적으로 불만이나 좌절을 경험한다. 대개는 자신의 작품에 대해 불만족스러움을 경험한다. 중간에 그린 어떤 선이 마음에 들지 않는데 지울 수가 없다거나 색깔이 마음에 안 든다거나 이쪽 부분은 잘 표현되었는데 저쪽 부분 때문에 망쳤다거나 혹은 그림에 대한 생각이 바뀌었다는 등 여러 가지 이유로 불만족을 경험한다. 이러한 불만과 좌절은 우리 내면의 갈등과 좌절이 상징

적으로 경험되는 것이다. 그렇기 때문에 벽에 부딪힌 작업을 끝까지 완성하는 능력은 창조성이라 할 수 있다. 작품 완성 능력으로서의 창조성은 '문제해결력'으로서의 창조성과 유사하다. 그런데 미술치료에서 작품 완성은 문제해결 이상의 의미를 가진다. 그것이 다음 설명에 나오는 세 번째 창조성이다.

셋째, 작품 소화 능력이다. 이 능력은 자기 작품의 의미를 이해하고 삶으로 흡수하는 것이다. 그러기 위해서는 '연결'되는 것이 필요하다. 일차적으로는 자신의 작품과 마음이 연결되어야 하고, 그다음으로는 자기 마음의 부분과 부분이 연결되어야 한다. 자신의 작품과 마음 사이 연결은 창작 과정에서부터 필요하다. 마음에 아무런 연결감 없이 그려진 작품은 결코 그 사람에게 소화되지 않는다. 마음으로 연결되지 않으면 머리로 이해하거나 미사여구로 말할 수 있을지는 몰라도, 진정으로 소화되지는 않는다.

마음의 부분과 부분이 연결되어야 한다는 말은, 서로 관계가 없거나 상충된다고 느껴지는 것이라 할지라도 그것들이 관련되었을 가능성을 열어 두는 것이다. 이를테면 이렇다. 이유 없이 우울하다고 느껴질 때에는 분노를 잘 인식하지 못한다. 그런데 그림으로 우울을 표현하다 보면 분노가 드러나기도 한다. 그러한 그림을 소화하는 과정에서 자신의 마음의 부분들, 즉 우울과 분노가 연결되었을 가능성, 이러한 감정을 부인하거나 회피했을 가능성을 이해하고 수용해 가는 것이다.

창조의 재료

창조의 재료가 무엇인가 하는 질문에 답하기 위해서는 Jung의 관점을 들어 볼 필요가 있다. Jung은 창조적 과정에 두 가지 양식이 있다고 보았다. 하나는 심리적 양식(psychological mode)이고, 다른 하나는 시각적 양식(visionary mode)이다. 심리적 양식의 창조물은 그것을 만든 사람이 의식할 수 있고 의도를 가지고 작업할 수 있는 것으로서 완성물을 보는 관객 역시 공감하거나 이해할 수 있는 것들이다. 그에 비해 시각적 양식은 집단 무의식으로부터 나온다. 이는 원시 시대로부터의 경험이 여러 세대에 거쳐 반복되고 변형되면서 만들어진 원형(archetype)의 저장고이므로, 만들어진 창조물 역시 쉽사리 이해할 수 있지 않다. 창조 과정은 말하자면 원형이 무의식적으로 활성화되는 과정이라 할 수 있다. 그래서 만드는 사람의 개인적인 이해나 생각, 의도를 넘어서고 만들어진 내용 역시 그것을 창조하는 한 개인을 넘어선 것으로 보았다.

Jung이 거시적인 차원으로 창조성을 바라본다면, Freud는 훨씬 미시적인 차원으로 바라본다. Freud는 창조성의 근본 에너지가 충족되지 않은 소망, 추동 때문에 일어나는 갈등이라 했다. (심리적으로) 배고픈 소크라테스는 그림을 그려도, 배부른 돼지는 그림을 그리지 않는 것이다. 충족되지 않은 소망이 배출되는 경로는 세 가지가 있을 수 있다. 하나는 억압하는 것이다. 두 번째는 머릿속에서 안간힘을 쓰는 것이다. 세 번째는 창조하는 것이다. 창조물이 상상이든 놀이든 공상이든 혹은 예술이든 말이다. 창조성이 심리 내적인 측면에서 중간자 역할을 한다고 할 수 있다.

그러므로 창조의 재료는 의식, 의도, 집단 무의식, 충족되지 않은 소망 등이라 할 수 있다. 그리고 이러한 재료를 구체적 산물로 연결시키는 감각과 욕구, 기술이 있다.

감각

창조를 하는 사람들은 감각을 통해 무엇을 느낀다. 시각적이든, 청각적이든, 혹은 다른 감각이든 감각 기관을 통해 무엇인가 들어오고 이를 처리한다. 감각적으로 더 뛰어나거나 더 예리한 사람들이 전문 예술가가 되는 확률이 높지만, 그렇지 않은 경우에라도 자신의 감각을 십분 활용하면 창조적 작업을 할 수 있다.

욕구

욕구는 표현하고 싶은 무엇으로 느껴지는 바로 그것이다. 이 욕구는 창조의 재료인 동시에 창조의 동기가 되는 내부적 압력이며, 무의식의 언저리 어디엔가 억압된 원시적인 충동과 환상들이다. 우리가 의식하지 못하는 내면 깊숙한 곳에는 우리 마음이 스스로를 보호하기 위해 가두어 둔 충동이나 환상이 있다. 이러한 원시적인 내용들은 창조적인 예술 활동에서 영감을 불러일으키는 원천이 된다.

미술치료 집단에서 만났던 한 사람은 자신이 이렇게까지 무엇을 표현하고 싶어 하는 줄 몰랐다고 했다. 마치 마음에 잘 보이지 않는 어떤 막이 있어서, 표현하고 싶은 마음 위로 덮여 있다가 재료들을 보면서 그 막이 걷혔는지, 완전히 몰두해서 미술작업에 푹 빠졌다. 그렇게 나오는 작품은 마음에서 마음으로 연결되는 울림을 가지고 있다. 그 사람은 자기가 보기를 원하면서도 한편으로는 보고 싶지 않던 마음의 모습과 만났다.

창조의 재료로서 '욕구'를 다른 방식으로 표현하면 '보여지고 싶은 어떤 욕구'라고 할 수 있다. 시각적인 작품을 만드는 사람들은 '보여지고 싶은 욕구'가 강한 사람들이다. 이들은 봐 줄 사람을 필요로 한다. (이때 '보는 사람'은 단 한 명의 진정 어린 감상력을 가진 사람일 수도 있고, 혹은 화가 자신일 수도 있다.)

기술

자신의 창조성과 욕구를 구체화할 수 있는 기술이 필요하다. 이 기술은 타고 나기도 하고 배우기도 하며, 정교하기도 하고 거칠기도 하다. 기술에 대해서는 조금 더 생각해 보기로 하자.

창조에서 기술과 능력의 의미

"잘 그리실 필요가 없습니다. 그냥 표현하고 싶은 대로 하시면 됩니다."

미술치료를 공부하고 실습하면서 가장 많이 듣는 말 아닌가 한다. 이제는 미술치료에서 마치 신조처럼 사용되는 말이기도 하다. 저 말은 마치, 미술치료시간에 예쁘거나 잘 그리는 그림은 필요가 없고, 기술도 중요하지 않다는 인상을 풍긴다. 뭔가 치료적인 그림은 거칠거나 통제되지 않은 것이므로 쏟아 내는 듯한 그림을 그려야 할 것 같은 느낌이다.

그렇다면 미술치료에서 '기술'이나 '능력'은 전혀 무관한 이야기인가?

　잠시 Kohut과 Levarie의 주장을 들어 보자(Siegel, 2002). 이들은 음악을 감상하는 즐거움에 대해 정신분석적 입장에서 이야기했다. 음악을 듣는 기쁨이란 음악을 들을 줄 알 때 느낄 수 있는 것이라 했다. 음악적 과제를 마스터해야만 음악을 즐길 수 있게 된다. 그 과제는 다름 아니라 음악의 구조를 깨달아 가는 것이다. 이러한 주장은 미술치료에서도 마찬가지로 적용된다. 그저 되는 대로 아무렇게나 그리면 될 것 같지만, 그렇지 않다. 미술의 구조를 깨달아 갈 때 미술을 즐길 수 있게 된다. 감각의 활성화나 자극에의 노출만 중요한 것이 아니라, 내적 구조를 만들어 가고 시각적인 긴장과 이완을 조절하며 진부하지 않은 미추의 개념과 내면세계의 반영이 균형을 잡아야 한다.

　기술과 능력은 창조성의 충분조건이 될 수는 없다. 그러나 적어도 필요조건이며, 기술과 능력을 무시하고 창조적일 수는 없다. 하물며, 기술이나 능력을 무시해야만 창조적이라고 바라보는 견해가 있다면 이는 창조성이 가지는 독창성을 지나치게 확대 해석하는 오류를 범한 것이다. 창조적으로 되기 위해서는 기술이 필요하다. 새로운 것이 나오기 위해서는 기존의 것을 흡수하고 배울 수 있어야 한다.

　좀 더 쉬운 비유를 들자면 이렇다. 영어로 시를 쓴다고 상상해 보자. 자기 마음을 표현하는 시를 짓는다고 했을 때, 영어가 모국어가 아닌 우리에겐 기껏 떠오르는 단어가 몇몇 단순한 감정 형용사뿐이다. sad, happy, ummm, well, I'm ok 정도다. 아무리 깊은 내면에 닿고 싶다고 한들, 시를 통해 우리 마음이 어루만져질 것 같지는 않다. 그럴 때 몇몇 단어들을 더 배워 보면 어떨까? 몇 개를 더 배운다고 달라지지 않을 것이라는 생각은, 말하자면 '학습된 무기력'이다. 배워서 알게 되면, 의외로 달라질 수도 있다. 마찬가지로 미술치료에서 기술과 능력을 배양하는 것은 중요하다. 기술은 표현을 돕고 창조성을 진작하며 깊이 있는 내면의 만남을 가능하게 한다.

　Allen(1992)은 미술치료사들이 다른 분야의 심리치료사와 근본적으로 다른 점이야말로 기술을 가르치는 것이라고 주장했다. 내면의 경험을 이미지로 표현하도록 하기 위해서는 어느 정도 기술을 가르침으로써 도울 수 있다. 물론 그리는 내용에 대해 가르치는 것이 아니다. 그보다는 구체적인 재료를 다루는 여러 가지 방법들을 시연해서 보여 주거나 가르쳐 준다.

기법을 배우는 것이 창조성을 가로막는다는 생각은 그다지 현실성이 없다. 실제에 있어서 창조성을 가로막는 것은, 기법이 아니라 두려움이다. 인간에 대한 근본적 믿음이 얕거나 차가울 때 사람들의 마음은 줄어들고 얼어붙는다. 인간에 대한 신뢰를 내담자에게 불어넣을 수 있고 모델링해 줄 수 있다고 믿는다면, 마찬가지로 기술과 기법도 가르쳐 줄 수 있어야 한다.

창조성을 북돋아 주는 개입

내담자의 창조성을 북돋아 주기 위해서 어떤 개입이 필요할까? 가장 좋은 방법은 적절한 수준까지 내담자에게 자극을 제공하는 것이다. ('적절한' 수준을 찾기가 어렵기는 하다.) 아무런 자극도 주어지지 않은 상태에서 "금 나와라 뚝딱."이라고 하는 것은 창조성이 아니다. 적절한 정도의 자극을 제시하는 것이 좋다.

어떤 내담자들의 경우에는 미술재료를 보는 것만으로도 자극이 충분하다. 색종이를 보는 것만으로도 감각이 자극되며 내면에 파동이 생기고 무엇인가를 하고 싶다는 욕구가 생긴다. 필자의 내담자 중에는 색종이를 보는 순간 '바로 저거다, 오늘은 저 색종이를 찢어서 폭발할 것 같은 내 마음을 표현해야지.'라는 마음이 들었다고 한 사람도 있었다.

또 다른 내담자들의 경우는 새로운 재료를 볼 때 자극을 받는다. 예를 들어, 천사점토나 색 스프레이, 형형색색의 한지, 비즈 같은 재료를 처음 보는 내담자들은 쉽게 흥미를 느끼고 재료에서 받는 느낌들을 이야기한다.

주제를 제시해 주는 것이 창조성을 북돋우는 개입이 될 때도 있다. '아무거나'라는 말이 너무 막연하게 느껴지는 경우에는 내담자에게 주제를 제시하는 것이 좋다. 아동 내담자라면, 추상적으로 주제를 제시하는 것("네 마음을 표현해 보렴.")보다는 구체적으로 제시하는 것("살고 싶은 집을 그려 볼까?")이 좋다.

변형해서 그리거나 참고해서 그릴 수 있는 자극을 주는 것도 창조성을 북돋울 수 있다. 아동·청소년 내담자들에게 친숙한 캐릭터를 제공해도 좋다. 무슨 캐릭터를 제공하든 결국 표현해 내는 것은 그 캐릭터가 아니라 자신의 일부가 투영된 모습이기 때문이다.

그리는 것을 별로 달가워하지 않는 내담자들도 꽤 있다. 이 내담자는 미술치료에 맞지 않나 보다 하고 급하게 결론 내리기보다는 작업의 성질이나 재료를 바꾸어서 제시해 보도록 한다. 회화적인 기술이 부족한 내담자거나 남자 청소년의 경우라면 평면 작업보다 입체 작업에 관심을 가질 확률이 높다.

때로 충분히 관찰하고 난 다음에야 천천히 시작하는 내담자들도 있다. 우울하거나 소극적·수동적인 내담자라면, 천천히 시작하는 그 속도에 맞추어서 함께 가는 것이 창조성을 최대한 이끌어 내는 방법이다.

혹은 완성 작품을 예시로 제공해도 괜찮다. 미술재료의 사용법이 낯선 경우나 무엇을 할 수 있는지 내담자가 감을 잘 잡지 못하는 경우라면 예시 작품이 도움이 된다. 처음 몇 개는 그대로 따라서 만든다고 하더라도 몇 번 하다 보면 자기 방식이 생기고 자신의 느낌을 얹어서 표현하기 마련이다.

적절한 자극의 제시는 치료사 입장에서 가장 어려운 것일 수 있다. 하지만 조금 더 여유를 가지고 준비해 볼 수 있다. 어차피 기가 막히게 딱 맞는 준비를 하는 것은 불가능한 이상일 뿐이다. 그러므로 내담자들과 계속해서 호흡을 맞추려고 마음먹으면 된다. 물어보고, 기다리고, 선택권을 주는 것, 그런 것이 호흡을 맞추는 방법이다. 가끔 아동 내담자들에게 잘 물어보지 않는 치료사들도 있는데, 우리가 물어보지 않고 무엇을 알 수 있는 경우는 별로 없다.

창조의 효과

창조는 그 안에 신비로움을 간직하고 있다. 창조의 효과는 그 당사자에게 무엇이 필요하며 어떤 부분을 채워야 하느냐에 따라 달라진다. 말을 잃어버린 자에게는 창조가 말이 되어 주고, 움직임이 죽은 자에게는 창조가 기동성을 부여하며, 관계가 막힌 경우에는 창조가 새로운 길이 되어 준다. 창조는 물과도 같아서 부드럽고 유연하게 필요한 부분에 담기고 가득 차면서 감싸 주는데, 어느 수준을 넘어서면 강력한 힘을 발휘한다.

창조로 인한 강력한 효과는 다른 무엇보다 마음에 탄력성을 회복하는 것이라 할 수 있다. 마음이 탄성을 회복하게 되면, 그것이 우리 삶을 헤쳐갈 수 있는 힘의 근원으로 작용한다.

참고문헌

Allen, P. (1992). Artist in residence: An alternative to "clinification" for art therapists. *Art Therapy, 9*(1), 22-29. DOI: 10.1080/07421656.1992.10758933

Arieti, S. (1976). *Creativity: The magic synthesis*. New York: Basic Books.

Cohen, B., Barnes, M., & Rankin, A. (1995). *Managing traumatic stress through art*. Lytherville, MD: Sidran Press.

Kramer, E. (1971). *Childhood and art therapy*. Chicago, IL: Magnolia Street Publishers.

Kris, E. (1952). *Psychoanalytic explorations in art*. Madison, CO: International University Press.

May, R. (1964). Creativity and encounter. *American Journal of Psychoanalysis, 24*(1), 39-43.

Rubin, J. A. (1984). *Child art therapy: Understanding and helping children grow through art* (2nd ed.). New York: Van Nostrand Reinhold.

Siegel, A. (2002). 하인즈 코헛과 자기 심리학(권명수 역). 서울: 한국심리치료연구소. (원저 1996년 출판)

Taylor, C. W. (1964). *Creativity: Progress and potential*. New York: McGraw-Hill.

Weisberg, R. W. (2009). 창의성: 문제해결, 과학, 발명, 예술에서의 혁신(김미선 역). 서울: 시그마프레스. (원저 2006년 출판)

제**6**장

승화

승화는 단순한 정신작용이 아니다. 항상 세 가지 변화가 있다.
관심이 집중되는 대상의 변화, 목표의 변화, 목표를 성취하는
데 사용하는 에너지의 변화가 그것이다.

- Edith Kramer (1971)

제6장 승화

승화는 원래 고체가 기체로 되는 것처럼 어떤 상태의 물질이 중간과정(액체) 없이 다른 상태로 변하는 것을 말한다. 마치 드라이아이스가 기화하는 것처럼 말이다. 치료 분야에서 말하는 승화도 이와 비슷한 개념이다. 공격적이거나 파괴적인 상태의 에너지가 어떤 다른 상태로 변하는 것이다. 대개 변화된 상태는 사회적으로 받아들여진다. 그래서 승화는 Freud가 언급한 방어기제 중 상당히 적응적인 방어기제라고 본다.

승화는 해소하기 어려운 충동과 감정을 전환해서 해롭지 않거나 혹은 사회적으로 유익하기까지 한 어떤 것으로 바꾸는 것이다. 그런데 이러한 정의만으로는 어떤 사람의 행동/변화가 승화인지 아닌지 이야기하기 어렵다. 예를 들어 보자. 공격적 충동을 가진 아동이 찰흙을 내려치고 있다. 승화인가? 글쎄, 승화일 수도 있다. 사람을 때리거나 물건을 부수지 않고, 찰흙을 내려치고 있으니 말이다. 그런데 조금만 더 구체적으로 질문해 보자. 만약 그 아동이 화가 난 채 함부로 던지고 있다면 이러한 행동도 승화인가? 찰흙을 아무 데나 던지는 과정에서 더 화가 치밀어 오르거나 파괴적인 즐거움을 맛보기도 할 것이다. 그렇게 된다면 이는 '승화'라고 할 수 없다. 오히려 '치환(displacement)'이라고 해야 한다. 치환은 근본 에너지가 변화하지 않은 채 단순히 대상만 바뀐 경우를 말한다.

1. 승화란 무엇인가

승화는 정신분석 이론에서 사용되는 개념으로 자아의 방어기제 중 하나이며 그 정의는 다음과 같다. 승화란 원초아(id)로부터 나온 욕구가 변형되어, 본능을 직접 만족시키지는 않는 어떤 행위로 변형되는 과정을 지칭한다. 이러한 과정은 적어도 두 가지 특징을 갖는다.

- 사회적으로 수용 불가능한 목표가 수용 가능한 목표로 바뀐다.
- 사용한 에너지가 변화한다.

첫 번째와 두 번째 특징은 서로 긴밀하게 연결되어 있다. 첫 번째 변화는 원초아의 욕구 대신 현실 원리가 개입한 부분인데, 바뀌기 전의 목표와 바뀐 결과물 사이에는 상징적 연결(symbolic linkage)이 있어야 한다. 두 번째 과정은 '중성화(neutralization)'라고 부를 수 있다. 이 과정을 통해 이전의 독성 가득한 에너지가 무해하게 바뀐다. 찰흙을 던지던 아동의 예로 돌아가서 설명하면, 이 아동은 엄마에 대한 분노가 있고 엄마에게 해를 입히고자 하는 공격적 에너지가 있었다. 그런데 이제는 찰흙을 던지고 있다. 아직은 승화가 아니지만 어쨌든 첫 번째 특징은 충족되었다. 그러다가 어떤 이유로 인해 (미술치료사의 도움이든 미술재료에 관심이 생겨서든) 찰흙으로 무엇인가 만들어 보고 싶은 욕구를 느꼈다. 찰흙을 동그랗게 굴리고 형태를 잡아 나가면서 조금씩 더 정성을 기울이기 시작했다. 이제 에너지가 향하는 대상도 변화되었고, 목표 역시 변화되었다. 사용하는 에너지의 색깔 역시 변화되었다. 두 번째 특징도 충족된 이 상태를 일컬어 '승화'라고 한다.

그림에 대해서도 마찬가지다. 어떤 사람이 너무나 화가 나서 그림으로 자신의 분노를 쏟아 내기로 했다고 하자. 그 사람이 붉은 물감을 푹 떠서 도화지 위

표 6-1	용어의 정의

- 승화(sublimation)
  - 방어기제로서 본능적 추동 에너지가 용납될 수 있는 목표를 위해 전환되는 것

- 치환(displacement)
  - 정서적 표적을 원래의 대상으로부터 대리적 대상으로 옮기는 것
  - 방어기제로서 하나의 문제에 연결된 흥미나 관심을 자아가 더 쉽게 수용할 수 있는 다른 것으로 옮기는 것

에 정신없이 바르며 자신의 분노를 거칠게 표현했다. 혹은 종이를 북북 찢으면서 야릇한 쾌감을 느꼈다. 그렇다면 이러한 행동은 승화인가? 아니다. 승화라기보다는 치환이라고 보아야 한다. 사람을 찢을 수 없으니 종이를 대신 찢었다고 볼 수 있으며, 대상을 그저 대체한 것이라 할 수 있다. 승화가 되기 위해서는 앞서 말한 변형 과정이 있어야 한다. 에너지가 중성화되고 목표가 바뀌어야 한다. 붉은 물감 그림이나 종이를 찢은 예의 경우 '중성화'라는 변형 과정이 없었다. 대상은 변했다. 사람이라는 대상에서 물감과 종이로 바뀌었다. 그렇지만 사용한 에너지는 변화하지 않았다. 여전히 공격적이고 파괴적이다. 대상의 파괴라는 목표 역시 변화하지 않았다. 그러므로 이는 승화라 볼 수 없다. 승화가 되려면 원래의 욕구가 충족되는 대신, 다른 즐거움을 느끼는 방식으로 움직여야 하기 때문이다.

　가끔은 대상을 바꾸는 치환도 도움이 되곤 한다. 치료상황에서는 많은 것들이 대체된다. 실제로 화가 난 대상에게 화를 낼 수는 없으니, 치료사에게 화를 낸다. 사실 치료사가 그렇게까지 잘못한 것은 없다. 그렇지만 내담자들은—특히나 신경증적인 내담자들은—치료사에게 '완벽할 것'을 요구하고 그렇지 못한 것에 대해 꼬투리를 잡고 화를 낸다. 얼핏 보면 치료사의 부족한 부분 때문에 정당하게 화를 내는 것 같다. 그러나 좀 더 균형 잡힌 시선으로 바라보면, 화를 내는 그 사람의 내적 과정이 드러난 것이다. 혹은 종이를 박박 찢는 것으로 대체된다. 이러한 대체가 도움이 되는 이유는 위험이 적은 상대에게 하기 때문에 보복

을 당하지 않는다는 점, 그리고 내면에 쌓인 분노의 김을 빼 주기 때문에 폭발할 위험을 줄인다는 점 등이다. 그러나 대체하는 것만으로 치료가 되는 경우는 드물다. 사용한 에너지가 중성화 과정을 거쳐 바뀌지 못했기 때문이다. 바뀌지 못한 에너지는 언제든 뭉쳐서 다른 곳에서 폭발할 수 있다.

사례를 통해 살펴본 승화

미술치료상황에서 승화도 목표의 변화와 에너지의 변화라는 두 가지 관점에서 살펴보면 분명하게 알 수 있다. 이제 구체적인 사례를 살펴보면서 무엇이 승화이며 무엇이 그렇지 않은가를 알아보기로 한다.

❂ 사례1

필자가 만났던 내담자 중에 어떤 사람이 기억난다. 사는 것에 지치고 관계에 짜증을 느끼던 그 내담자는 감정을 표현해 보자는 필자의 제안에 한동안 뚫어져라 미술재료만 보고 있더니 볼펜을 집어 들었다. 그 볼펜은 심이 매우 가늘었다. 이리저리 선을 긋던 내담자는 점점 선 긋기에 집중하는 듯하더니, 거칠고 빠르게 손을 움직였고 볼펜심이 제대로 나오지 않는다 싶었을 때 마침내 도화지가 찢어졌다. 필자는 직감적으로 이 내담자에게 좀 더 굵고 무른 재료가 필요하다고 느꼈다. 그러나 약한 재료는 안 될 것 같았다. 필자는 재료를 바꾸자고 하고 검은 크레파스와 목탄을 제공했다. 둘 중 하나를 선택하게 했는데, 그 내담자는 크레파스를 선택했고, 그날 회기 내내 칠하고 또 칠했다. 처음에 볼펜으로 그림을 그릴 때에 비해서는 한결 편안해졌지만 여전히 내담자는 공격적인 에너지로 도화지를 채웠다.

이 사례에서 우리가 살펴볼 점은 다음과 같다.

● 볼펜으로 그림을 그린 것은 승화라 할 수 있는가?
● 치료사가 재료를 바꾸자며 지시적으로 개입하는 것이 필요한가?

● 크레파스 그림은 승화라 할 수 있는가?

● 이러한 과정이 어떻게 이 사람의 치료에 도움이 되는가?

질문 1   볼펜으로 그림을 그린 것은 승화라 할 수 있는가?

0.01mm의 가느다랗고 날카로운 볼펜으로 그림을 그리는 것만 이야기한다면 그 행위 자체는 승화가 될 수도 있고 아닐 수도 있다. 참을 수 없는 공격과 분노의 에너지는 얼마든지 정교하고 세심한 작업에 사용될 수 있다. 심지어 강박적일 정도로 정교한 작업을 해낼 수도 있다. 그런데 앞에서 예로 든 상황에서 내담자는 자신의 분노를 그대로 쏟아 내고자 날카로운 선을 빠르게 긋는 것을 원했다. 재료의 특성상 날카로운 선은 가능했지만 빠르게 긋는 것은 어려웠다. 그래서 선을 그으면서 점점 더 거칠어졌다. 승화라고 할 수 없으며, 카타르시스라고 할 수도 없다. 다만, 자신이 얼마나 짜증이 나고, 화가 났는지, 그 기분과 감정이 생생하게 되살아났다.

질문 2   치료사가 재료를 바꾸자며 지시적으로 개입하는 것이 필요한가?

치료사가 중간에 끼어들어서 재료를 바꾸자고 한 것은 지시적인 개입이다. 미술치료에서 이렇게 지시적으로 개입하는 경우보다는 비지시적으로 개입하며 허용적이고 지지적일 때가 많다. 그런데 이번 경우처럼 지시적으로 개입하는 것은 언제 필요한가? 내담자의 자아강도가 약하거나 흔들린다고 느껴질 때며 작업 과정에서 악성적 퇴행으로 치달을 때이다. 만약 악성적으로 퇴행하는 작업이라 하더라도 이후에 충분히 언어화할 수 있을 정도의 자아강도가 있는 내담자라면 그러한 작업도 허용하는 것이 좋다. 그러나 그렇지 못한 경우라면 미술치료사가 좀 더 구체적으로 미술과정에 개입해야 한다. 미술치료사가 그냥 묵묵히 이야기를 들어 주거나 옆에 있어 주는 것으로는 불충분하다. 내담자가 버틸 수 있도록 대신 버텨 주어야 하고, 내담자가 자기 분노를 담아 두지 못한다면 대신 담아 주는 그릇이 되어야 한다.

미술치료에서 지시적 개입의 첫 번째 단계는 지금 현재 어떠한가를 묻는 것으로 시작한다. 계속 할 수 있는지, 작업이 어렵지는 않은지, 혹시 다른 도움을 원하지는 않는지 묻는다. 그런 다음 내담자가 원하면 제안을 하거나 구체적으로 돕는다. 이번 경우에는 보다 더 적절한 재료로 바꿀 것을 제안했다. 힘 있고 강력하되, 다루기가 쉬워서 강한 선을 빠르게 긋기에 적합한 재료를 제안했다. 만약 그 내담자가 정서적인 스트레스를 견딜 수 있고 자신의 상태를 살펴볼 수 있는 힘이 있다고 여겨졌으면 다르게 접근했을 것 같다. 종이가 찢어지고 화가 난 상황에서 내담자에게 그 마음의 상태에 머물러 보라고 권유했을 것이다. 다음과 같이 하지 않았을까?

내담자: (말없이 종이 위로 빠르게 선을 긋다가 점점 더 빨라졌고 볼펜이 나오지 않게 되었으며, 종이는 찢어졌다.)

미술치료사: 종이가 찢어졌군요. ○○ 씨, 괜찮아요?

내담자: 아, 모르겠어요. 짜증나요.

미술치료사: 네, 그래요, 짜증난 것 같아요. 음, ○○ 씨, 잠시만 지금의 짜증난 상태에 머물러 보실래요? (잠시 침묵) 지금 마음에 대해 이야기해 볼까요.

가끔 내담자들 중에서 심리적 힘이 없지는 않지만 부서질 정도로 취약한 상태를 보일 때가 있다. 필자는 내담자가 그러한 상태일 때 결코 밀어붙이지 않는다. 버텨 주고 붙잡아 주고 유지해 주고자 한다. 마음으로 버텨 주고, 말로 도와주면서 내담자에게 유익한 환경으로서의 자극을 제공해 주려 한다. 좋은 환경으로서의 자극을 말하자면, 치료사의 존재 자체가 가장 중요하다. 더불어, 선택된 미술재료와 구체적 기법도 치료사 이상으로 중요하다.

크레파스 그림은 승화라 할 수 있는가?

이 사람이 했던 크레파스 작업은 승화인가? 아쉽게도 아니다. 승화라고 보기는 어렵다. 목표를 이루기 위해 사용하는 에너지는 여전히 거칠고 공격적이기 때문이다. 내면의 어떤 욕구에 끌려 다니면서 하는 행동의 특징은 어쩔 수 없이 한다는 것, 그리고 계속해서 한다는 것이다. Kramer(1971)는 이 점을 지적하면서, 승화의 증거는 '반복 욕구의 감소'라 했다. 너무나도 명쾌한 증거 아닌가. 재미있어 하면서 반복한 것이라 하더라도 그 과정에 승화가 개입되어 있다면, 점진적으로 반복이 사라지기 시작한다. 더 이상 강박적으로 반복하지 않고, 단순하게 획일화된 반복을 보이지 않는다. 그러한 반복은 내면의 충동이 주인이 되어 어쩔 수 없이 하게 되는 것이기 때문이다.

자, 반복에 대해 이야기하면 독자들은 의문에 빠질 것이다. '어? 우리 아이도 똑같은 그림 엄청 많이 그리던데? 그러면 그것도 문제인가? 승화가 없었나?' 결론부터 이야기하자. 문제 없다. 실생활에 문제가 없다면 말이다. 정상적인 발달 과정에서 아동은 그림의 주제와 방식에 있어 무한히 반복한다. 똑같은 것을 그리고 또 그린다. 이러한 반복이 문제인가? 아니다. 아동의 실생활 적응을 살펴보고 그림의 내용을 보면 문제 여부를 이야기할 수 있다. 아동이 자기 생활에 적응을 잘하고, 또 그림 내용도 평범한 공상이나 일상을 반영하고 있으면 아무리 무한 반복을 보이더라도 정상이다. 그런데 이러한 정상적인 그림에 나타난 반복과 달리, 문제와 상처를 가진 아동의 작품은 문제와 상처가 반복된다. 그 문제와 상처가 아동의 내면에서 파괴적인 힘을 가지고 있기 때문이다. 대상이 변화하고 목표가 변화하며 에너지가 변화하는 충분한 변화가 있어야 마침내 그 문제와 상처로부터 벗어나기 시작한다. Kramer가 지적하는 반복의 감소는 바로 그러한 벗어남을 의미한다. 이 '반복'을 보다 분명하게 말한다면, '집착'이라는 단어로 바꾸어도 좋을 듯하다.

승화가 아니었다면 이 과정은 치료에서 어떻게 도움이 되는가? 그 질문에 대한 대답은 승화에 대한 기초 작업으로서 도움이 된다. 승화는 사실 쉽지 않은 과정이다. 쉽사리 이루어 낼 수 없다. 대부분의 회기는 승화를 향해 나아갈 뿐이다. 그러나 승화의 기초 작업을 한 것으로 그 의미는 충분하다. 미술치료과정에서 대부분의 시간은 카타르시스나 미술놀이에 머무른다. 놀이에 머물러도 괜찮다. 다만, 치료사는 자신의 치료방향이 놀이에서 미술과정—특히나 승화가 일어나는 안전장소로서의 미술과정—을 바라보고 있다는 것만 기억하면 된다.

🎨 사례 2

　　승화인지 아닌지 이야기할 만한 다른 사례를 살펴보자. 필자가 맡았던 아동들의 집단에서 일어난 일이다. 장기 거주 쉼터에서 함께 공동생활을 하는 아이들로 구성된 집단이었고, 주 1회 미술치료를 하고 있었다. 어느 집단에서나 그렇겠지만, 여기서도 함께 생활하는 아이들 중 유독 한 명이 잘 어울리지 못하고 고집을 부리다가 가끔 충돌하고는 했다. 마침 집단 미술치료를 하는 날 그 아이가 없었다. 미술치료가 시작되었고, 그중 한 명이 그림이 잘 그려지지 않는다며 시작부터 힘들어했다. "마음에 안 들어, 안 들어." 하며 짜증을 내던 그 아이가 갑자기 "이건 ○○이야."라고 하며 집단에 빠진 아이의 이름을 붙였다. 그 순간 집단 내 모든 아이들이 순식간에 그림 위에 크레파스로 거칠게 선을 날렸다. 약간은 악의에 찬 웃음소리와 짧은 고함소리로 종이 위에 죽죽 선을 그은 뒤, 도화지를 뜯어서 구겨 버렸다. 버려진 종이는 다시 다른 집단원에 의해 밟혔고, 아이들은 즐거워했다. 그리고 이 모든 일들은 너무나 순식간에 일어났다. '어' 소리도 내지 못하고 필자가 멍하게 있었는데—변명이지만—미술치료사 인턴으로 실습을 하면서 그때 자신감 있게 개입해서 제재하거나 혹은 이후에라도 아이들에게 질문을 할 수가 없었다. 끄집어내서 이야기하지 못한 채, 그냥 땅바닥에 내팽개쳐진 종이를 주워서 곱게 쓰레기통에 넣어 준 것이 내가 한 일이었다. 그동안 아이들은 마치 무슨 일이 있었냐는 듯이 자기 자

리에 돌아가서 그림을 완성했고, 그날따라 유달리 발표도 잘하고 서로를 지지해 주
며 끝이 났다. 마치 공동의 범죄를 저지른 사람들처럼, 유대감도 협동심도 더 높아
진 것처럼 보였다.

　이 회기에서 도대체 무슨 일이 벌어진 것일까? 집단원들 전부가 빠진 아이를
그리면서 분노와 공격성을 표출해서 그림을 망치고 구기고 밟았다. 물론 공격
성이 실제 대상에게 직접적으로 해를 입히지 않았으니 잘된 일인가? 미술로 분
출되었고, 마음에 평정을 찾았으니 괜찮은 일인가? 결코 아니다. 이것은 한구
석이라도 승화의 과정이 아니다. 치환(displacement)이다. 공격적 에너지는 그
저 대상을 달리하며 치환되었을 뿐이고, 살벌하고 피비린내 나는 장면이 연출
되면서 원초아의 욕구가 충족되었다. 이 회기는―단언하건대―치료적 실패였
다. Kramer도 이와 비슷한 사례를 들면서 미술치료적 실패라고 언급했다. 여기
서 잠깐 '실패'에 대해 언급하고 가자. 특정 치료과정을 실패라고 부르는 일은
흔치 않다. 치료장면에서 벌어지는 일들을 하나의 과정으로 보기 때문이다. 모
든 실패와 부정적 경험조차도 치료의 재료로 사용할 수 있기 때문에, "이건 실패
였어."라고 말할 수는 없다. 그러나 Kramer조차도 실패라고 언급한 의미―치료
경험이 가지는 무게와 흘려 버린 시간과 기회는 돌아오지 않는다는 것, 우리가
다루는 것은 실제 살아 있는 사람의 정신과 삶이라는 것, 따라서 함부로 치료할
수 없다는 것―를 곰곰이 되새겨 본다면, 앞에서 예로 든 내 경험은 치료적 개
입이 무엇인지 잘 몰랐던 초보 치료사의 낭만적 기억으로만 흘려 버릴 수는 없
을 것이다.

　정리하면, 원초아의 욕구를 그대로 채우는 것은 승화가 아니다. 화가 난다고
북북 찢었다? 승화가 아니다. 있는 힘껏 크레파스로 선을 그리며 쏟아 내었다?
승화가 아니다. 물감으로 바닥에 놓인 종이를 문지르다가 온몸이 물감범벅이
되었다? 승화가 아니다.

　사회적으로 용인되었다고 해서 그저 승화가 되는 것은 아니다. 원초아의 욕
구와 비슷한 욕구로 사회적 용인이 된 경우는 치환, 대체, 혹은 대리물이라 부른

다. 즉, 원초아의 본성이 유지되면서 대상만 바뀌는 것이다. 미술치료에서 말하는 치료가 되는 미술은, 치환이 아니라 승화가 있어야 한다. 승화는 공격적 에너지의 독성이 빠지는 게 핵심이다. 그래서 승화의 결과로 자아의 힘이 강해지는 것이다. 미술이 그 사람에게 치료적으로 되려면 승화가 일어나야 하는데, 승화되지 않은 미술작업은 카타르시스를 줄 수는 있어도 자아의 힘을 키워 줄 수 없기 때문에 근본적인 변화를 주지는 못한다.

2. 승화가 일어나기 위한 배경

미술치료에서, 특히 미술작업 과정에서 승화가 일어나기 위해서는 무엇이 필요할까? 어떤 환경이나 상태가 승화가 잘 일어나도록 할까?

승화가 일어나기 위한 최적의 배경은 아이러니하게 들리겠지만, 퇴행이다. 정신분석에서 말하는 퇴행이란 정신기능이 보다 미숙한 수준으로 되돌아간 것이다. 미술치료에서 만나는 퇴행은 미술작업 과정에서도 드러나고, 치료자와의 관계에서도 드러난다. 작업 과정에서 나타나는 양상은 보다 원시적인 미술작업인데, 재료의 사용 방식과 작업 내용, 경험되는 감정과 처리 양식 등에서 원시성이 나타난다. 내담자들은 자기가 다루는 미술재료를 좀 더 말초적으로 느끼고자 하며, 바르거나 뭉개거나 짓이기는 행동을 한다. 조절력을 필요로 하거나 세심하게 신경을 써야 하는 작업일 경우에 일부러 신경을 덜 쓴다든지, 우연한 효과를 기대하며 실험적인 행동을 해 본다든지 하는 식이다. 어쨌든 미술작업에 관심을 보이고, 예전과 다른 새로운 작업을 하면서 점차 더 작업 상황에서의 감각경험에 몰두해 간다.

퇴행이 일어나면 보다 근원적인 에너지에 맞닿을 수 있다. 퇴행해서 만나는 감정과 생각, 행동의 내용을 보면, 글자 그대로 유치찬란하다. 아마도 세련된 방어로 자기 자신을 감싸기 전에 형성된 시기로 되돌아가서 그렇겠지만, 퇴행은 그 사람의 불필요한 껍질을 내던지게 하는 측면이 있다. (그 껍질이 평소 생활에서는 중요하지만 말이다.) 퇴행한 내담자들은 대개 마음대로 안 된다고 징징거리며, 자기 자신은 대상에게 가혹해도 된다고 생각하고 대상은 자기에게 따뜻하며 충분하고 부드러워야 한다고 억지를 부린다. 정신없이 종이를 찢으면서 마음대로 예쁘게 안 찢어졌다고 징징거리는 것이나, 자기 자신은 물감을 함부로 뿌리고 던지고 바르면서, 물감 안에 조그마한 알갱이가 있어서 부드럽지 않은 느낌을 살짝 느꼈을 때 무슨 재료가 이러냐며 화를 내는 것 같은 행동이 모두 이에 해당한다. 이러한 퇴행에는 내담자의 어린 시절이 강하게 배어 나온다. 그리고 그렇게 배어 나온 어린 시절이 활성화되어야만 주요 감정과 핵심적인 갈등에 접근해 갈 수 있다. 그런 감정과 갈등은 종종 말도 안 되는 것일 때도 많다.

물론 퇴행만으로 치료가 되지는 않는다. 퇴행 그 자체만으로 치료적이라고 하지는 않는다. 퇴행에는 '아니한 만 못한' 악성적인 퇴행도 있다. 행동 조절에 실패하고, 감정은 걷잡을 수 없는 상태가 되어 버리는 퇴행이다. 마음대로 그려지지 않는다고 사람을 향해 미술재료를 집어던지는 행위부터, 물감으로 그림을 그리다가 몸에 바르거나 찰흙을 먹는 행동, 볼펜으로 박박 선을 긋다가 종이를 찢고 점차 흥분해서 소리를 지르는 것 등 행동을 조절하지 못하는 것이 여실히 드러나는 퇴행의 경우에는 미술치료사가 즉각적으로 강력하게 개입해야 한다. 치료사의 개입은 언어적 수준의 개입에서부터 신체적인 개입, 그리고 미술재료의 개입까지 들어가야 한다. 지금 어떤지 묻거나 도움이 필요하지 않은지 묻고, 보이는 대로 읽어 줄 수 있어야 한다. 어느 선까지 더 퇴행해도 괜찮은지 경계를 그어 줄 수도 있고, 혹은 잠시 휴식을 취하도록 하면서 내담자가 작업 과정에서 한 발짝 물러나게 할 수도 있다. 함께 작업 속으로 들어가기도 하고, 아니면 작업 과정을 보조해 주기도 하면서 일정 정도 퇴행을 보유해 줄 수도 있다.

다시금 승화의 초석으로서의 퇴행에 대한 이야기로 돌아가기로 하자. 승화가 사람의 내면세계를 변화시키는 변화 엔진으로 작동하기 위해서는 힘이 좋은 연료가 필요하다. 퇴행에는 보다 원시적이고 근원적인 에너지가 배어나온다. 그래서 다소 퇴행한 미술작업들이 승화를 위한 초석이 되는 것이다.

작업 과정에서의 퇴행은 반드시 필요하다. 조금 전에 언급한 '악성적인 퇴행'

과 대비되는 개념으로서 치료에 도움이 되는 퇴행을 가리켜 Ernst Kris(1952)는 '자아에 도움이 되는 퇴행(regression in the service of the ego)'*이라고 했다. (Kris가 이 용어를 사용한 것은 창조적인 과정에서 일차과정이 어떻게 자리매김하는지 설명하기 위해서다. 일차과정이 프로이드 학파에서 어떠한 중요한 의미를 가지는지 다시 생각해 볼 필요가 있다.) 그 의미는 '여기까지는 해 봐도 괜찮아.'라고 짐짓 허락해 준 여유로운 경계 속에서 마음껏—물론 제한적이라 하더라도 그 제한을 크게 느끼지 못할 만큼 마음껏 하는 것이다—퇴행해 보는 것이다. 미술작업에서 퇴행이 더욱 두드러진 것은, 작업 과정과 작업 내용 양자에 나타난다. 작업 과정에서 말초적이고 감각적인 활동을 하는 것과 작업 내용에 있어서 꿈과 기대, 소망과 욕구 등 일차 사고 내용이 나타나는 것은, 언어만을 사용하는 심리치료와 다른 점이다. 작업 과정에서의 감각적인 활동은 시감각과 촉감각, 체감각 등 감각기관에 저장된 어린 시절 기억들을 활성화한다. 그리고 작업 내용은 거리를 가지고 들여다볼 수 있는 여유를 주기 때문에 제한 없이 퇴행한 내용이 나타날 수 있다.

퇴행은 의도하지 않고 일어나기도 하며, 가끔은 의도적으로 일어나기도 한다. 자연스럽게 일어나는 퇴행은, 치료상황 자체 때문에 일어난다. 치료상황의 특징상, 두 사람이 도움을 주고받으며 친밀한 관계를 형성하지만 정보의 공개가 내담자 쪽에서 일방향적으로 이루어지므로 내담자의 퇴행이 촉진된다. 때로 치료상황에서 퇴행이 의도적일 수도 있는데, 말하자면 '도대체 내 속에 있는 것들은 뭘까?'라는 것을 여과 없이 보고자 하는 의도성이다. 그래서 일상생활이라면 하지 않았을 행동들이 나온다. 실제 관계에서는 해 보지 않았던 말이라든가, 차마 유치해서 표현하지 못했던 마음들과 같은 모습이 나오면서 미술작품의 내용이나 과정에서 퇴행이 나타나고, 내담자의 생각과 감정, 관계 방식에서 퇴행이 나타난다.

---

* 비슷한 이야기를 Weissman의 경우에는 '자아의 해리 기능(dissociative function of the ego)'이라고 언급했다. 이 역시 무엇인가 창조하는 과정에서 퇴행이 일어나는 것을 설명하기 위한 개념이다.

3. 승화의 과정, 최적의 좌절

승화의 재료는 퇴행했을 때 접촉하게 되는 원시적인 내용과 근원적 에너지라고 했다. 그렇다면 그러한 재료가 사용되는 과정에서 필연적으로 경험하는 것은 무엇일까? 앞서, 승화가 대상, 목표, 에너지의 변화가 일어나는 것이라 했는데, 이러한 변화를 다른 각도에서 이야기하자면 '최적의 좌절'과 '좌절의 극복'이라 할 수 있다.

설명에 앞서 힌트가 되는 질문을 제시하면 다음과 같다.

- 예쁘고 멋진 그림을 그렸다. 치료적으로 어떤 의미가 있을까?
- 억압되지 않은, 혹은 방어가 풀린 그림을 그렸다. 밝고 예쁜 모습인가?
- 마음 깊은 곳의 좌절과 어두움을 그렸는데, 그 모습이 마음에 드는가?
- 마침내 그림을 완성하기까지 버티는 힘은 무엇인가?

이러한 질문이 힌트가 되었는지 모르겠다. 대략적인 승화 과정을 스케치하자면 이렇다. 내담자가 그림을 그리고 무엇인가 만드는 미술과정에 몰두하기 시작한다. 자기 마음속 깊은 곳에 억눌러 두었거나 가둬 두었던 모습이 무엇이든, 그러한 모습이 그림에 표현되기 시작한다. 이를테면, 착하고 순종적이던 내담자 안에 감춰진 거만하고 착취적인 모습은 강력하고 거친 터치로 시작되어 공격적인 색채, 반복되는 약탈과 가학-피학 주제, 미술재료를 함부로 다루는 행동 등에 언뜻언뜻 스며 나오기 시작한다. 내담자는 한편으로는 그러한 자기 행위를 즐기고 한편으로는 불편해한다. 그 불편감은 만들어지고 있는 작품이 마음에 들지 않는다는 점에서 정점에 달한다. 마음에 들지는 않는데, 기묘하게 끌리기도 하고, 양가적인 느낌으로 오락가락하다가 외부적 도움(미술치료사의 존재, 혹은 직접적 개입)이 살짝 더해지면서 서서히 한쪽으로 기운다. 그림을 살려서 완성한다. 그 과정이 쉽지는 않지만, 조금씩 기울기 시작한 무게는 점차 더 기운다. 그림을 살리기 위해 필사적으로 애를 쓴다. 처음 느낌이나 생각과는 이미 다른 모습으로 많이 진전되었는데, 이러한 새로운 작품은 내담자의 것이기도 하면서 또한 내담자와는 독립된 어떤 것이다. 그렇게 시간이 흐르고, '마침내' 작품은 완성된다. 작품을 다 그린 내담자는 뒤로 물러서서 작품을 바라본다. '휴' 하는 느낌이다. 그곳에 자신이 있다.

이러한 과정에서 중요한 몇 가지를 꼽으면, '억눌렸던 모습의 표현, 불편하고 양가적인 느낌, 그럼에도 불구하고 그림을 살리기로 한다.' 등이다. 그림에서 제대로 승화되기 위해서는 승화될 재료도 있어야 하고, 승화되는 터닝 포인트도 필요하다. 승화될 재료가 앞서 설명한 '퇴행'이라면, 터닝 포인트는 지금부터 설명할 '최적의 좌절'이다.

최적의 좌절(optimal frustration)이 치료에서 필요한 것이라니, 어불성설처럼 들릴지도 모르겠다. 좌절이라는 말 자체가 이미 '최적'이 될 수 없을 것 같은데 말이다. 하지만 놀랍게도 마음의 성장을 위해서 반드시 필요한 과정은 '최고의 위안'이라거나 '최선의 해석'이 아니라, '최적의 좌절'이다. 최적의 좌절은, 좌절을 겪는 그 개인이 경험을 소화할 수 있어서 좌절을 자기 것으로 만들어 내는 것을 뜻한다. 좌절을 소화할 수 없어서 피똥을 눈다거나, 설사한다거나, 토해 버리거나, 혹은 암 덩어리가 된다면 이는 최적의 좌절이 아니라 외상(trauma)이 된다.

미술치료에서 최적의 좌절은, 작업 과정에서 '무언가 마음에 들지 않는 작품이 주는 좌절'이다. 마치 환상과 실제의 괴리만큼이나, 마음속 느낌/생각과 실제 눈앞의 작품은 괴리를 보인다. 재료가 마음에 들지 않을 수도 있다. 뭔가 2% 모자라는 재료일 수 있다. 색감의 구현이 마음에 들지 않을 수 있으며, 절반 넘게 진행된 표현에서 아쉬움을 느낄 수도 있다. "이렇게 그리려고 한 게 아닌데."라는 말이 머릿속을 맴돌 수도 있다. 하여튼 무언가 마음에 들지 않는 부분이 있다. 대부분의 좌절은 작업하는 중에 계속해서 만나게 되고, 좌절하고 버티고 인내하고 해결하며, 다시 좌절하고 인내하기를 반복한다. 마침내 완성된 작품에

Tip 순응과 동화

개인과 환경의 관계는 순응하느냐 동화하느냐 하는 두 가지로 볼 수 있다. 순응 (accommodation)은 주어진 환경에 자신을 맞추는 과정이다. 동화(assimilation)는 자신의 바람과 욕구를 만족시키기 위해서 환경을 변화시키는 과정이다.

아동이 자라면서 발달 과정에서 순응과 동화를 번갈아 경험하고 학습한다. 어른의 행동이나 반응을 따라하는 '모방'은 순응 과정의 예다. 상대방의 모습을 보면서 본뜨기를 하기 위해서는 자신의 행동을 조절하는 것이 필요한데, 그 경우 자신의 생각이나 취향에 맞추어 행동을 새롭게 재구성하기보다는 상대방의 행동에 적응하고 외부 환경에 맞추어 가는 것이다. 이에 비해 동화 과정의 대표적인 예는 놀이를 들 수 있다. 놀이는 외부 환경의 제약이나 요구보다는 한 개인의 내면적 요구에 따라 대상과 의미, 규칙을 새롭게 재구성하는 것이다.

미술은 작업의 내용에 있어서는 동화 과정을 사용하며 작업의 방식에 있어서는 순응 과정을 사용한다. 비록 작업 방식에서 창조적인 방법을 사용할 수도 있지만, 미술작업의 과정과 결과물이 구체적, 현실적으로 존재하기 때문에 이는 공상이나 환상보다는 현실에 가까운 것이므로 작업 방식은 '순응' 과정으로 볼 수 있다.

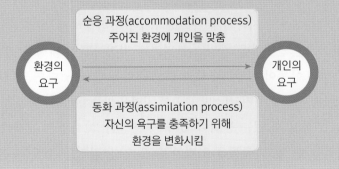

서도 최적의 좌절은 발생하는데, 작품 제작 과정에서 끝없는 좌절과 인내를 반복했다면 완성한 뒤 느끼는 좌절은 오히려 가볍고 즐길 만할 것이다.

미술치료가 치료가 되는 이유를 구체적으로 꼽을 때, 좌절의 존재를 빼놓을 수 없다. 건강한 삶을 위해서는 한 개인과 환경 간의 관계에서 순응하는 능력과 동화하는 능력이 적절하게 균형을 이루어야 한다(Tip 참조). 자신의 뜻대로 하기만을 원하는 사람은 순응 능력을 더 배양할 수 있어야 하는데, 좌절을 참고 조절할 수 있어야 한다. 반대로 환경에 자신을 맞추어 살아온 사람들은 동화 능력을 키워야 한다. 자신의 바람과 꿈, 공상, 자신의 목소리를 더 낼 수 있어야 한다.

삶에서, 인간관계에서 좌절은 늘 발생한다. 아주 어릴 때부터 마지막 순간을 맞이할 때까지 삶은 좌절의 연속이다. 다만 차이가 있다면, 견딜 만하고 참을 만한 것인지, 혹은 마음에 짐이 되거나 의식 저편으로 밀어 버려야만 하는 것인지일 뿐이다.

좌절을 견디는 힘은, 말하자면 마음의 근육과도 같은 것이다. 처음에는 아주 작은 무게조차도 들지 못해서 힘겨워하고 아파하지만, 나중에는 꽤 무거운 무게조차도 거뜬히 들어올릴 수 있는데, 이는 근육이 늘었기 때문이다. 사람이 근육 없이 그저 깡으로 버티려 하다가는 자칫 신체의 다른 부위가 다칠 수 있다. 마음도 마찬가지로 근육을 키우지 못하면 사소한 자극에 과도하게 반응하게 되고 번번이 상처를 입으며 제대로 기능하지 못하게 된다.

어려서 경험할 수 있는 최적의 좌절은 좋은 엄마와 좋은 아빠가 완벽한 대상이 아니라는 것을 조금씩 알아 가는 것이다. 그리고 자기가 원하는 바를 엄마, 아빠가 거절할 때에도 지나치게 가혹하다거나 무신경하게 거절하는 것이 아니라, 믿음직스러운 안정감을 가지고 분명하게 거절하고 달래 주는 것을 통해 경험하는 것이다. 아동이 성장하면서 이러한 경험을 할 수 있다면, 원하는 것을 기다릴 수 있는 능력이 생기고(소망 충족의 지연이 가능해진다), 충동을 조절할 수 있게 된다. 조절할 수 있는 능력이 있다면, 분명히 그 사람은 건강한 사람이다. 행동을 조절할 수 있고, 충동을 조절할 수 있으며, 감정을 조절할 수 있다면 말이다.

그런데 우리들 대부분은 최적의 좌절 경험이 인간의 이상화된 소망이라는 것을 알고 있다. 환상과 실제의 괴리는 언제든 좌절을 낳는다. 부모는 나름 최선을 다하지만, 언제나 부족한 부분을 안고 있다. 크든 작든 외상과 같은 경험이 발생할 수밖에 없다. 우리가 해야 할 일은 완벽하지 못한 아동기 경험에 죗값을 묻는 게 아니라, 무엇이 어떻게 어떤 부분에서 부족했는지 잘 살펴서 조금씩 보충해 가며 내 삶에 책임을 지는 성인으로 성숙해 가는 것이다. (심리치료 이론의 겉핥기식 공부는, '잘 안 되면 부모 탓'이라는 명제를 뒷받침해 주는 재료를 제공하는 것처럼 보인다. 하지만 어떤 학파, 어떤 이론에서도 '부모 탓'을 하지 않는다. 깊이 알수록 우리는 인간에 대해 겸허하게 되고, 자신에 대해서 받아들이게 되며 마침내 용기를 얻게 된다.)

　심리치료에서 치료사는 내담자가 최적의 좌절을 경험하게끔 기다리고 버텨 줘야 한다. 좌절이 급작스럽게 느껴진다거나 너무 심하게 느껴진다면, 내담자가 오히려 부서질 수도 있다. 예를 들면, 사소한 실수나 잘못(예를 들어, 치료사가 시간에 늦었다든가, 전 시간의 내담자 치료가 늦게 끝나서 기다리게 되었다든가 등)이 내담자에게는 너무 큰 것으로 느껴진다든가, 혹은 치료시간을 변경하거나 일정을 조정해야 하는 일조차도 받아들일 수 없는 것으로 비춰지면, 이러한 내담자의 느낌과 생각이 왜곡될 수 있다. 지나친 면이긴 하지만, 이는 어쨌든 내담자가 '급작스럽고 심각한 좌절'로 여길 수 있다. 간혹 내담자가 바라는 것 외의 어떠한 치료적 개입도 지나친 좌절로 이어질 수 있다. 위로해 주고 지지해 주고 편들어 주는 것만 바라고 오는 내담자의 경우에, 치료사의 해석이나 설명, 혹은 진심 어린 솔직성이 그저 차갑고 냉정한 것 이상도 이하도 아닌 것으로 느껴지기도 한다.

　별것 아닌 일을 별것으로 느끼는 것이 내담자의 문제다. 그 경우에는 아무리 환경이 중립적인 것이라 하더라도 부정적으로 느낀다. 그런데 그 문제를 해결하는 방식은, "이게 네 문제야."라고 알려 준다거나 문제의 원인을 가르쳐 준다 하더라도 해결되지 않는다. 대개 내담자에게는 그 말을 들을 수 있는 귀가 없고, 들어서 소화할 수 있는 소화력이 없기 때문이다. 라포와 작업동맹이 어느 정도 잘 형성된 내담자들조차도 치료사로부터 좌절을 겪는 것은 어려워한다. 좌절에 대한 건강한 인내가 없어서도 그렇고, 사람에 대한 좌절을 너무 힘들게만 받아들이기 때문에도 그렇다.

　좌절을 평가할 때 중요한 것은 어느 만큼 강도(intensity)가 적절하냐 하는 것이다. 문제는 그 '강도'가 너무나도 주관적인 것이어서 제공하는 편과 받아들이는 편이 서로 다르게 느낀다는 점이다. 치료사가 예상하는 좌절의 강도와 내담자가 경험하는 강도가 다르다는 것은 너무도 당연하다. 어려서도 마찬가지였을 것이다. 즉, 아동이 자랄 때 엄마는 별로 가혹하다는 느낌 없이 아동에게 소리를 질렀을 수 있다. 그런데 받아들이는 아동은 마치 그 소리가 자신을 죽일 것 같은 공포를 느끼며 속으로 후덜덜 떨고 있었을 수 있다. 엄마는 그저 교육적인 차원에서 아동을 가르쳤을 뿐이라고 항변하게 되고, 아동은 사랑받지 못하고 거절당한 혹독한 경험으로 기억할지도 모른다. 심리적 현실은 이렇듯 겉보기와 내면이 다르고, 처한 입장에 따라 전혀 다른 사실로 재편성된다.

상대방이 커다란 대상으로 느껴질수록, 상대방으로부터의 좌절은 받아들이기 어렵고 소화되지 않은 채 체한 느낌으로 남게 된다. 경험은 그것으로부터 한 발짝 떨어져서 볼 수 있는 지점이 있어야 배울 수 있다. 특히 부정적이고 힘든 경험일수록 그렇다.

미술치료에서도 치료사와의 관계에서 좌절을 경험하기도 하고, 견디기도 한다. 그런데 미술치료의 백미는, 좌절이 일어나는 관계가 무엇이냐 하는 점에 있다. 즉, 좌절은 치료사와의 관계에서만이 아니라 작품과의 관계에서도 일어난다는 점이다. 이자 관계가 아닌 삼자 관계를 주축으로 하는 미술치료는 작품과 내담자 관계에서 좌절이 일어나고 그것을 소화하도록 돕는다. (이와 관련해 미술치료에서 전이관계가 핵심이 아니라고 한 Kramer의 주장을 떠올려 볼 수 있다.)

그렇다. 미술치료에서 '최적의 좌절'이 일어나는 순간은 내담자가 자신의 작품에 깊숙이 몰입했을 때다. 분리되어 있던 자신의 내면—아마도 공격적이거나 위험하거나 그다지 환영받지 못할 어떤 것들일 것이다—이 화폭으로 옮겨진 순간이다. 자기 작품에서 뭐라고 설명하기 힘든 감정을 느낄 때며, 어떻게 그려야 할지 약간은 멍해진 느낌을 받을 때다.

이러한 좌절은 너무 강하지도 또 너무 약하지도 않을 수 있다. 다시 말하면 "도저히 못 그리겠다. 그만두고 싶다."라는 정도의 한쪽 극과, "이거 뭐야, 너무 유치하잖아."라는 다른 쪽 극 사이의 어딘가에 위치한다. 미술치료사는 내담자의 보조 자아처럼 기능한다. 내담자가 좌절을 버텨 내며 딛고 일어서도록 돕는다. "도저히 못 그리겠다."라고 할 때 손을 빌려 주고, "이거 뭐야, 유치해."라고 할 때 도전하고 응원한다. 좌절을 안겨 주는 그림, 마음에 들지 않는 그림을 버리지 않고 완성해 낼 때, 마음의 에너지는 고착된 지점에서 한 걸음 움직이기 시작할 것이다.

4. 승화의 확인

승화는 정신 내적 과정이라 그것을 확인하기 위한 방법은 간접적인 방법 외에는 없다. 미술치료사가 내담자의 정서 상태와 행동을 살피는 것, 치료사 자신의 반응을 돌아보는 것 외에, 외부적인 관찰에 해당되는 자료가 무엇인지 생각해 보면 다음과 같은 특징들이 있다.

첫째, 미술작품의 질

승화의 증거는 미술작품의 질(quality)과 관련이 있다. 승화가 일어난 미술작품은 함부로 그렸다거나 멋대로 그렸다는 느낌이 없다. 그 그림을 그린 사람이 할 수 있는 최대치의 능력으로 '아름답게' 그려졌다고 느껴진다. 우울을 표현하고 공격성과 분노가 드러난 그림에서 느껴지는 '비통한 아름다움'이 있다. 가볍게 히히덕거리는 것이 아닌, 진심이 서린 아름다움이 있다. 따라서 미술치료사는 그림을 그리는 사람이 그릴 수 있는 최대치의 그림을 그리도록 도와줘야 한다.

둘째, 미술작품의 상징성

그저 뜻 없는 작품은 없다. 하지만 가벼운 작품은 있다. 마치 심리치료시간에 내담자들이 하는 말에 의미가 없을 수는 없지만, 여전히 뜻 없는 말들도 많은 것과 같다. 미술작품에서 상징성이 있는가 하는 점은, 그 작품이 내담자의 깊은 내면 정서를 어느만큼 휘저어서 나온 것이냐 하는 말로 대신 질문할 수 있다. 치료사 편에서 보면, 작품에서 오는 울림이 있을 것이다. 공감이든 투사적 동일시든 치료사 내면에 울림을 일으키는 작품이라면, 이 작품은 내담자의 마음과 삶을 상징하는 무게를 지닌 것이다.

셋째, 미술과정에서의 몰입 정도

승화란 충동이나 욕구의 단순 만족이 아니다. 노력을 기울이고 몰두할 때 일어나는 과정이다. 에너지의 전환이 일어나기 위해서는 몰두할 수 있어야 한다.

너무 쉬운 과제에서는 몰입이 일어나지 않는다. 대충 쓱싹 할 수 있는데, 뭣하러 애를 쓰고 공을 들이겠는가. 사람의 마음은 미묘해서, 어려운 것을 싫어하면서도 쉽고 유치한 것은 더 싫어하는 경향이 있다.

넷째, 미술작품에 대한 내담자의 태도

작품을 완성한 뒤 내담자의 태도를 보면 이 작품에 승화 과정이 개입되었는지 짐작할 수 있다. 내담자들은 자기 마음과 땀이 담긴 작품을 소중히 여긴다. 마치 보물을 대하듯, 혹은 자기 대상을 대하듯 작품을 소중히 다룬다. 어떻게 보관할 것인가를 묻고, 시간이 지나도 작품을 기억하며, 치료가 끝날 때 갖고 싶어한다. 치료사에게 선물로 주는 경우도 있는데, 그냥 휙 던져 버리듯 주는 게 아니라 자기에게 소중한 것을 마음을 담아 선물하는 느낌으로 준다.

다섯째, 집착의 감소

승화가 일어나면 반복과 집착이 줄어들기 시작한다. 승화는 이미 원시적 에너지가 중화되기 시작한 것이므로 무엇인가 계속해서 집착하고 매달려야 하는 필요성이 줄어들게 된다. '아, 이제는 충분해.'라는 느낌이 생기고, 그다음으로 넘어가기 때문에 집착이 감소한다.

참고문헌

Kris, E. (1952). *Psychoanalytic explorations in art.* Madison, CO: International
　　University Press.
Kramer, E. (1971). *Childhood and art therapy.* Chicago, IL: Magnolia Street Publishers.

제**7**장

전이

그러므로 미술이야말로 미술치료사들이 전이와 역전이 문제를
다루는 시금석이 되어야 한다.

– Elinor Ulman (Agell et al., 1981)

제7장 전이

1. 전이란 무엇인가

심리치료 분야가 이론적 틀을 다지고 발전하면서 사용하는 치료 개념의 의미도 확장되거나 변하게 되었다. '전이'도 그러한 개념 중 하나다. 처음에 Freud가 '전이'를 언급하고 이를 치료적으로 다루기 위해 노력했을 때에 비해 오늘날의 전이 개념은 훨씬 넓게 확장되었다.

원래 '전이'는 어린 시절에 중요한 사람들과의 관계에서 경험한 것을 이후에 맺게 되는 다른 관계에서도 무의식적으로 반복하는 것을 가리킨다. 전이 현상에는 기억하고 싶지 않거나 의식 위로 떠올리지 못하는 갈등과 고통스러운 좌절이 밑바닥에 깔려 있다. 마음 깊은 곳에 자리 잡은 주요 대상—대개는 엄마다—과의 관계는 한 사람이 자라면서 자기 자신과 다른 사람에 대해 무엇을 어떻게 느끼고 생각하는가에 상당한 영향을 끼친다. 초기의 경험은 이후 삶의 틀걸이처럼 작용하므로, 그것이 시작된 기원으로 거슬러 올라가서 다시 재구성하도록 함으로써 근원적인 해결을 도모할 수 있다. 내담자가 치료사에게 반응하는데 그 반응 속에 내담자의 성격 구조가 과거로 거슬러 올라가서 골격이 드러나는 것을 '전이 신경증'이라 부른다. 전이 신경증이 형성되기 위해서는 치료사가 중립적인 자세를 유지하면서 투사할 수 있게끔 해 주어야 한다.

그에 비해 현재 확장된 의미로 사용하는 '전이'는 내담자가 치료사에게 보이는 전반적인 상호작용 양식을 일컫는 표현이 되었다. 고전적인 의미에서 '전이 신경증'이라 불리는 전이보다는 발생 기원과의 관계가 덜 두드러지는 것이 특징이다. 또한 치료사에 대한 내담자의 감정이나 태도가 그 사람의 성격 구조에서 어떠한 위치를 차지하는지, 뿌리에 있어서 양육자와의 관계를 내포하는지 여부 등은 덜 중요해졌다. 그보다는 내담자의 반응이 얼마나 현실에 근거해서 나타나는 것인가, 얼마나 적응적인가 하는 점이 중요해졌다. 따라서 그 반응에 관련된 상호작용과 대인관계를 솔직하고 면밀히 살펴보는 것이 중요하다. 즉, 내담자는 치료사와의 상호작용을 통해 자신이 알지 못했던 부분들을 학습하게 되는데, 상대에게 느끼는 자신의 감정이나 생각, 기대와 좌절, 행동양식 등을 알아가게 되고, 자신의 태도와 행동으로 인해 상대방은 어떤 영향을 받는지 알게 된다. 이러한 상호작용 내의 학습을 위해 치료사는 내담자에게 치료과정 내에서 벌어지는 일을 진술하게 나눈다. 치료사의 진솔성, 일치성, 혹은 투명성에 대한 강조는 전이 현상을 부정해서라기보다는 내담자를 돕는 방식의 변화에 기인한다. 그렇지만 이전의 '중립적 자세'와 대조되는 면*이 있다. 물론 투명성을 강조하는 치료적 입장에서도 치료와 관계없는 치료사의 사생활 공개나 치료사-내담자 간 개인적 교류를 허용하지는 않는다. 그러나 예전의 불투명한 중립적 회색을 버렸기 때문에 치료사의 자기 공개에 대해서도 약간은 유연한 입장을 취하며 내담자의 현실 검증을 돕는다.

치료사가 회색지대로 중립적 자세를 유지하는 경우는 말할 것도 없고, 투명성을 보이며 치료대화를 진행할 경우에도 여전히 내담자들은 자신이 보고 싶은 대로 보고 투사하고 추측하면서 관계를 맺게 된다. 내담자의 전이는 내담자의 삶에서 나름대로 오랫동안 유지된 삶의 패턴이기 때문에 어느 정도 강력한 힘을 가지고 있다. 치료관계에서 그러한 패턴은 치료사의 반응까지 달라지게 만들 만큼 영향력이 강하다.

사람들은 누구나 자신의 마음속에 있는 것을 바깥에서 보기 마련이다. 소유한 것이 적어서 빈곤함을 느끼는 사람은 상대방이 많이 가졌다고 생각하고 질투하

---

* 그러므로 Yalom이 『집단정신치료의 이론과 실제(The theory and practice of group psychotherapy)』에서 '전이와 투명성(transference and transparency)'이라는 장 제목으로 치료사의 투명성을 논한 것은 상당히 의미 있다고 할 수 있다.

며, 받아 보지 못한 사랑의 빈자리를 크게 느끼는 사람은 상대방(특히 치료사)이 모든 것을 채워 줄 것이라 기대한다. 마음속의 소망과 욕구는 좌절된 것일수록 질기게 살아남아서 엉뚱한 곳에서라도 영향력을 발휘하고는 한다. 내담자들의 전이는 좋고 싫은 감정에서 두드러지지만 전체적인 관계 역동에서 나타난다.

중요한 것은 내담자의 전이가 드러났을 때 이것이 내담자에게도 이해되고 보다 현실적인 검증을 거쳐 변화되도록 하는 것이다. 그렇게 되기까지 치료사는 때로 전이를 버텨 주고 때로는 전이를 해소하는 데 힘을 모은다.

2. 미술치료에서의 전이 이론

미술치료가 기존의 심리치료와 가장 두드러진 차이를 보이는 점을 하나 꼽으라면, 미술 덕분에 이자 관계가 아닌 삼자 관계가 된다는 점이다(그림 7-1 참조).

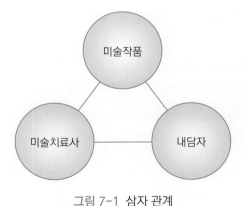

그림 7-1 삼자 관계

물론 미술작품이란 사람처럼 살아 있는 것은 아니다. 하지만 작품은 단순한 검사 자료라든가 관찰 재료로 사용되는 것을 넘어서서 하나의 독립된 개체로 영향을 끼친다. 그리고 이러한 삼자 관계 덕분에 기존의 언어적인 심리치료에서의 치료관계와는 많이 달라진다. 전이도 달라졌는데, 미술치료에서는 전이를 여전히 중요하게 바라보는 입장으로부터 전이를 거의 다루지 않는 입장까지 스펙트럼을 형성하고 있다.

　미술치료 내에서 전이가 가지는 의미와 역할에 대한 논의는 1980년과 1981년 학회 토론을 거쳐 『미국미술치료 학술지(American Journal of Art Therapy)』에서 가장 깊이 있게 다루어졌다. 미술치료 분야에서 '전이' 문제가 이토록 뜨거운 감자였던 이유는 결국 이 질문이 '미술치료 내에서 미술의 위치는 무엇인가?'라는 논쟁을 이끌어내기 때문이었다. 그 당시 미술치료 분야를 선도하던 중심 인물들이 함께 활발하고 뜨거운 논의를 전개했다(Agell et al., 1981). 이들은 모호하고 어렴풋했던 주제에 대해 보다 분명하게 입장을 드러냄으로써 그 차이가 얼마나 크게 벌어질 수 있는지 확인해 주었다.

　미술치료의 양극단을 '치료로서의 미술(art as therapy)'과 '미술심리치료(art psychotherapy)'로 나누었을 때 (최근에는 art psychotherapy를 art in therapy로 바꾸어 부르고 있다) 전자보다는 후자에서 '전이' 관계를 더 중점적으로 다루고 있다. 전자에 속하는 Kramer나 Ulman은 전이를 거의 다루지 않는 입장이며 게슈탈트적 접근을 사용한 Rhyne도 전이를 중심 개념으로 두지 않았다. 반면에 전이를

표 7-1 전이를 바라보는 입장

이론적 입장	전이를 거의 다루지 않는 입장	중간 입장	전이를 중요시한 입장
주요 개념	• 작업동맹 • 동료 예술가	• 미술치료는 삼자 관계 • 미술작품에 전이	• 전이는 보편적이므로 전이의 형성과 해소가 중요
미술치료 접근	• 치료로서의 미술	• 미술작품이 스크린의 역할 • 역투사적 진술 가능	• 미술심리치료
미술치료사	• Kramer • Ulman • Rhyne	• Wilson • Agell	• Naumburg • Rubin • Robbins • Wang

중요하게 생각하는 입장은 Rubin, Wang, Robbins 등이 있다. 그 중간 입장으로 Wilson 등이 있는데, 경우에 따라 강조하기도 하고, 전이 대상자를 새롭게 개념화하기도 한다(표 7-1 참조).

전이를 거의 다루지 않는 입장

전이를 거의 다루지 않는 미술치료사들은 미술치료에서 전이를 다루는 방식이 정신분석가와는 사뭇 다르다고 강조하면서 그 이유가 미술치료의 중심에 '미술'이 있기 때문이라 했다. 미술작업을 하는 과정에서만 경험할 수 있는 통찰이야말로 미술치료의 유일무이한 강점이라 할 수 있다. 그러므로 전이에 대해 강조하고 전이를 중심 개념으로 다루는 것은, 미술치료사를 정신분석적 심리치료사로 바꾸려 하는 것일 뿐이며, 설사 가능하다고 하더라도 그다지 바람직한 것이라 볼 수는 없다고 주장했다. 비록 '전이'가 어디서든 일어나는 보편적인 현상이라 하더라도, 미술치료상황에서 중심 개념으로 채택하는 것은 맞지 않을 수 있다. Ulman은 미술치료 내에서 전이 문제에 대해 Kramer와 입장이 동일했다. Kramer와 Ulman이 함께 쓴 논문을 인용하면 다음과 같다(Kramer & Ulman, 1976).

미술치료사로 하여금 정신분석적 과정을 수행하도록 훈련하는 것이 가능한가 하는 문제는 접어 두고, 그것이 미술치료 목표로 적합한가에 대해 물어보아야 한다. 미술치료라는 자기 분야에서 진정한 전문가라면 정신분석가 및 다른 종류의 '말로 하는 치료' 전문가들이 제공하지 못하는 무엇인가를 제공할 수 있어야 한다. 즉, 미술작업 과정을 통해서만 가능한 어떤 경험과 그러한 경험을 통해서만 얻을 수 있는 통찰을 줄 수 있어야 한다. 이러한 목표를 가지고 있으면서 전이를 이해하고 다루는 법을 아는 것이 중요하다. 미술치료사의 목표는 전이가 미술작업을 방해하지 않도록 하는 것인데, 미술작업이야말로 기본적인 갈등을 표현하고 담아내는 것이다. 미술치료사와 정신분석가의 공통점을 꼽으라면 치료동맹(therapeutic alliance)을 들 수 있고, 전이를 형성해서 분석 관계를 만드는 것에 있지 않다.

이러한 주장은 1970년대에 미술치료가 독립 분야로 틀을 갖추는 데 핵심적인 역할을 했다. 미술치료가 정신분석적 성격 이론과 치료 이론을 기반으로 발달했지만, 그저 정신분석의 틀에 미술을 덧붙인 것이 아니라는 차별 선언이기 때문이다.

Ulman은 자신이 미술치료를 했던 내담자 사례를 짧게 인용하면서 전이를 다루기보다 내담자와의 치료동맹에 힘을 실었고 내담자가 미술작업을 통해 통찰을 얻도록 도왔다고 설명한다. 사례로 소개된 내담자는 'Paul'인데, 어머니 없이 숙모와 함께 살면서 여러 가지 문제를 겪고 있었다. Ulman이 실제로 다음과 같이 말하지는 않았지만, 전달하고자 한 메시지는 이러하다.

Paul, 넌 마치 내가 네 숙모인 것처럼 말하는구나. 그런데 나는 네 숙모가 아니야. 내가 하는 일은, 네가 미술을 통해 감정을 표현하는 능력을 개발하고 사용하도록 돕는 것이야. 나는 네 무기력에 대해 듣는 것보다는 네가 그림을 그리는 것에 훨씬 더 관심이 있고, 함께 그림을 보는 것에 관심이 있단다.

즉, Ulman은 현재의 관계가 과거의 경험에 사로잡혀 있다는 생각에 불필요한 측면이 있으며 매번 그런 것도 아니라고 보았다.

이렇듯 미술치료의 과정에서 창조 작업을 해 나갈 때뿐 아니라 작품을 두고 이야기를 나눌 때에도 전이를 어떻게 다루냐에 따라 달라진다. 전이를 거의 다루지 않는 미술치료사들의 관점에서는 미술치료사의 역할이란 내담자가 만든 이미지를 이해하고, 내담자로 하여금 깨달을 수 있게 도와주는 '동료 예술가'에 더 가깝지, 분석가로 보지 않는다고 했다. 또한 미술작품을 이해할 때에는 현재 관계에서 느끼거나 경험하는 것을 표현하고 이해하는 것이 중요하며, '전이' 외의 다른 가능성을 염두에 두는 것이 중요하다고 본다.

중간 입장

중간 입장에서 가장 중요한 핵심 개념은 미술작품에 전이가 실리며 미술치료사는 그러한 전이를 이해하도록 돕는 존재라는 것이다.

미술치료사 Wilson은 내담자가 미술재료 및 미술작품에 대해 어떤 관계를 보이는가에 주목했다. 대체로 세 가지 유형이 있다. 첫 번째 유형은 인지적인 기능이나 전체 자아 능력이 약한 내담자들로서 이들은 미술재료를 부분 대상으로 느낀다. 이 유형의 내담자가 재료를 다루는 방식을 보면 초기 대상관계가 어떠했는지 그 흔적을 짐작할 수 있다. 두 번째 유형은 내담자가 자신의 작품을 자신의 일부 내지는 자신이 낳은 산물로 느끼며 작품을 만들어서 치료사에게 준다고 여긴다. 이러한 내담자들은 관심의 초점이 미술작품 자체보다도 치료사에게 있으며, 말로 하는 심리치료에서의 내담자와 마찬가지로 치료사에 대해 강한 전이를 형성한다. 세 번째 유형은 미술작품에 대해 전이를 형성하는 유형이다. 이 내담자들에게는 미술작품이 중요 대상을 대신하거나 중요 대상처럼 기능한다. 예를 들어, 찰흙을 가지고 작업할 때 마치 마음속 미운 대상을 대하는 것처럼, 찰흙에게 화를 내면서 내려치고 욕도 한다. Wilson은 마지막 세 번째 유형이 미술치료에서 가장 보편적으로 볼 수 있다고 언급했다. 그러므로 내담자가 미술재료와 작품에 대해 어떤 관계를 맺느냐에 따라 전이의 성질이나 양상이 달라질 수 있다. 공통된 점은 미술작업 과정이 있어서 전이와 역전이 문제가 다른 심리치료 분야와 다르게 나타날 수 있다는 점이다.

미술치료사 Agell도 전이를 어떻게 다루느냐 하는 것은 언어를 사용하는 심리치료와 상당히 다를 수 있다고 보았다. Agell 역시 전이가 미술치료사보다 미술작품에 실린다는 것을 강조했다. 말하자면 종이나 캔버스는 무엇인가를 투사할 수 있는 스크린이 되며, 물감이나 크레파스는 투사하는 도구가 된다. 그래서 미술작품에는 내담자가 투사한 내용들이 나타난다. Agell은 미술치료사가 가까이 있으면서 필요하면 언제든지 내담자를 도와줄 수 있는 협력자(collaborator)가 된다고 했다. 따라서 함께 미술작품을 바라봐 줄 수 있는 사람이 되고, 전이를 다루기는 하되 이중적인 역할(이를테면, 전이를 유도하기도 하고 해석하기도 해야 하는 역할)을 하지 않을 수 있다.

치료사가 내담자의 직접적인 전이 대상이 되지 않고, 내담자의 전이를 함께 바라봐 줄 수 있는 협력자가 된다는 것은 미술치료에서 매우 중요한 개념이다. '협력자(collaborator)' 개념은 원래 대상관계 접근에서 나온 것인데, 치료사는 내담자 옆에 서서 내담자가 자신의 문제를 거리를 두고 바라볼 수 있도록 도와줘야 한다는 것이다. Sullivan의 이론에 뿌리를 두고 있는 Havens는 치료사의 위치에 대해 대상관계 접근과 다른 학파를 비교하기를, 정신분석의 경우에는 내담자의 '뒤'에 있고(내담자가 분석을 받기 위해 카우치에 누워 있고, 분석가는 내담자에게 보이지 않게 그 뒤에 앉아 있다), 실존론적 접근에서는 내담자에 '가까이' 있는 데 비해, 대상관계 접근에서는 내담자 '옆'에 있다고 했다. 이 '위치'는 상징적인 의미이지만, 미술치료에서는 실제 위치도 그럴 수 있다. 우리는 내담자가 그림을 다 그린 뒤 함께 나란히 앉아서 그림을 볼 때가 많다.

나란히 옆으로 앉은 경우에 함께 동일한 곳을 바라볼 수 있다. 마치 극장에서 무대를 함께 바라보는 것처럼 말이다. 서로 마주 보고 있는 상태에서는—실제적인 의미에서보다, 심리적 혹은 상징적인 의미에서 말이다—눈앞의 상대에게 투사하게 된다. 투사를 받은 그 상대가 또한 투사된 것을 함께 바라봐 주어야 하므로, Agell이 지적했듯이 '이중적인 역할'이라 할 수 있다. 치료사가 내담자의 '옆'에 있다고 했던 Havens는 '역투사적 진술(counterprojective statement)'을 통해 내담자의 전이를 다룰 수 있다고 했다. 역투사적 진술은, 말하자면 좀 더 내담자 옆으로 가서 함께 바라봐 준다는 것을 전달하는 말이다.

내담자가 와서 어떤 사람에 대해 이야기한다. 자기의 상사인데, 정말 존경하고 또 좋은 사람이며 똑똑하고 탁월한 사람이라고 한다. 그런데 문제는 그 사람 앞에서는 부담스러워서 글도 못 쓰겠다고 한다. 그 말에 치료사는 "그 사람이 좀 세잖아요." 하면서, 내담자 옆에 서는 말을 할 수 있다. 이때 간접적으로 전달되는 메시지가 '나는 그렇게 센 사람이 아니야.' 내지는 '나도 그런 센 사람은 좋아하지 않아.'이며, '그렇게 센 사람에 대해 같이 좀 보자.' 등이 전달된다. 만약 치료사가 내담자의 전이를 자신에게로 투영되게끔 한다면, 내담자가 이야기할 때 그저 "음, 음." 하면서 중립적인 반응을 보일 수도 있다. 회색지대처럼 말이다. 그렇게 되면 내담자는 '상사에게 느끼는 부담감' 같은 부담감을 치료사에게도 느낄 수 있다. '내가 하는 이런 말이 어떻게 들릴까, 내가 바보 같아 보이지는 않을까?' 하는 느낌을 가지면서 말이다. 그리고 결국 이러한 부담감은 그 밑바닥에 있어서 내담자가 경험한 유년기 시절로 거슬러 올라갈 수 있고, '전이'라 할 수 있다. 관건은 전이를 다루는 방식인데, Havens의 '역투사적 진술'과 같이 내담자 편에 서는 말을 하게 되면, 전이를 무대로 던지게 되고, 함께 무대를 바라볼 수 있게 된다.

함께 무대를 바라본다고 할 때, 무대에 올라온(혹은 던져진) 사람들은 내담자의 심리 내면에 있는 사람들이다. 그 무대를 '이야기가 진행되는 스크린(narrative screen)'이라 할 수 있고, 무대와 관객 사이에는 어느 정도 거리가 있으므로, 찬찬히 살펴볼 수 있다는 장점이 있다. 전이와 연결해서 생각해 보면 전이가 불안을 자극하는 측면이 있으므로 그것을 살펴볼 수 있는 '거리'를 얻기 힘든 반면, 무대에 던져진 것은 거리를 확보할 수 있어서 살펴볼 수 있고, 치료사가 옆에 서 있을 수 있어 힘을 받을 수 있다는 점이다.

미술치료에서는 미술과정과 미술작품이 '무대'가 된다. 그 무대에 던져지는 심리 내적 과정은 상당 부분 일차과정(primary process) 요소를 가지고 있고 형태와 이미지라는 미술 표현 방식으로 나타난다. 우리는 한 발짝 떨어져서 작품을 보기 때문에 '심리적 거리 두기(psychological distancing)'를 할 수 있다. 미술치료사는 내담자의 창작 과정에서 '필요하면 언제든 도와주는 힘'일 뿐 아니라 완성된 작품을 함께 바라보는 진지한 옆 사람이다.

전이를 중요시한 입장

전이를 중요시한 입장은 일상생활이나 치료관계에서 전이가 나타나는 것은 피할 수 없는 일이라고 본다. 그렇기 때문에 전이를 이해하고 잘 다루어야 할 뿐 아니라, 미술을 통해 전이를 더욱 표현하도록 촉진하는 것이 중요하다고 본다. 미술치료사 Rubin과 Robbins는 전이의 불가피성을 역설한 대표적인 미술치료사들인데, 미술치료를 할 때 내담자들은 미술치료사에 대해 전이를 보이고, 전이관계는 재료나 과정, 작품에까지 영향을 준다고 했다. 그리고 미술을 통해 전이의 표현을 촉진시켜야 이를 보다 선명하게 이해하도록 도울 수 있다고 주장했다.

전이 문제가 치료에서 왜 중요한가? 그것은 사람들의 마음이 병들고 문제가 생긴 것을 이해할 때 성격이 형성되는 어린 시절의 양육환경으로 거슬러 올라가서 바라보기 때문이다. 치료란 미완성된 대화를 완성하는 것이며 잃어버린 싸움을 제대로 싸우는 것이라 할 수 있다. 미술치료사가 해야 할 일은 그러한 작업이 일어나도록 환경을 조성하는 것이다. 작업 환경의 첫 번째는 미술을 통해서 마련된다. Robbins는 Naumburg와 마찬가지로 미술이 심층적인 대화를 가능하게 하는 가교 역할을 한다고 보았다. 미술은 내담자로 하여금 과거로부터 영향받는 자신의 감정과 이미지를 외현화할 수 있게 돕는 틀이다. 미술작품에 담긴 상징과 이미지는 그것이 지닌 원시적이면서 비언어적인 메시지 때문에 내담자가 언어를 사용하기 이전에 경험한 것에 대해 느낄 수 있도록 해 줄 뿐 아니라, 치료사 자신의 유년기 (혹은 아동기) 경험도 자극한다. 그러므로 미술치료사는 내담자의 작품으로 인해 역전이 반응을 경험할 수 있다. 중요한 것은 미술이 있기 때문에 내담자의 전이든 미술치료사의 역전이든 비춰 볼 수 있는 거울이 있다는 점이다.

그러나 미술만으로는 그 과정이 깊어질 수 없다. 두 번째 작업 환경은 미술치료사의 존재와 역할을 통해 이루어진다. 내담자들은 자신이 그린 그림에 나타난 의미가 무엇인지, 자신의 과거 경험과 어떤 연결이 있는지, 자신도 잘 알지 못하는 내면과 형언하기 힘든 감정에 대해 어떤 식으로든 도움을 받길 원한다. 쏟아 낸 것들을 어떤 식으로든 소화하기 위해서는 미술치료사의 도움이 필요하다. 머리로 이해하는 것뿐 아니라 마음으로 경험하는 것이 필요하며, 이때 미술치료사는 단순히 지식을 전달하는 것이 아니라 새로운 부모로서 내담자에게 다가간다. 어떤 면에서는 제한적이지만 그래도 충분한 부모로서의 미술치료사는 내담자의 성장과 성숙을 돕는다. 내담자의 내면에 분열된 부분을 통합하도록 돕고, 상실의 고통을 치유하며 미움과 사랑의 양극단이 화해할 수 있게끔 도와준다. 때때로 내담자들은 곁에 있어 주는 미술치료사의 존재만으로도 도움을 받는다. 미술치료사가 조용히 공감적인 태도로 있으면서 내담자가 자신의 소망과 환상, 일차과정 사고를 담은 이미지를 미술작업으로 풀어 내도록 촉진해 줄 수 있다.

미술치료사 Wang은 '미술치료 분야에서 전이를 다루면서 회화적 전이(graphic transference)'라는 용어를 사용했다. 이는 환자의 내면 갈등이 미술작품을 통해 구체적인 형태로 표현되는 과정을 지칭한다. Wang은 내담자를 치료하는 기제를 두 가지로 보았는데, 하나는 창조 과정이며 다른 하나는 미술치료사와의 적극적인 대인관계를 통해서다. 미술치료에서 말하는 전이 해결로서의 '교정적 정서체험(corrective emotional experience)'은 미술작품을 통한 상징적인 활동 과정을 거쳐 이루어지며 이를 통해 내담자가 자신의 마음의 불안을 극복해 가게 되고 치료에서의 변화가 일어난다. Wang은 미술치료사가 전이 문제를 다룸에 있어서 고려해야 할 것으로 다음 여섯 가지를 제안했다.

- 전이와 역전이에 대한 정신분석적 이론의 지식이 있어야 한다.
- 미술재료가 어떻게 전이와 역전이를 표현하는지 이해하도록 내담자를 도와야 한다.
- 상징적 변형을 인식하도록 돕는다.
- 전이 과정을 인식하도록 돕는다.
- 내담자와 개인으로든 집단으로든 미술작업을 해 본다.
- 치료사가 자기 그림을 그림으로써 역전이를 알 수 있다.

이렇듯 미술치료 분야에서도 전이 문제를 다루기 위해 지속적으로 노력하고 있다. 전이와 역전이 주제는 Robbins가 지적하듯이 단순히 과거사로 돌아가는 것이 아니다. '전이와 역전이'는 비록 과거의 재생 모드로 돌아가고 있다 하더라도 지금 현재 일어나고 있는 일이며 그만큼 중요하기 때문에 잘 다루어야 하는 치료 주제다. 미술치료에서 전이가 분석 상황의 전이와 같이 중심 위치를 차지하지 못한다고 하더라도, 그것이 중요하다는 점에 있어서는 두말할 나위가 없다.

그런데 이렇듯 중요한 전이 주제가 왜 어떤 미술치료사들에게는 그다지 중요하지 않은 것처럼 되었는가? 이에 대해 Klorer는 치료의 대상이 누구냐에 따라 영향 받았을 가능성을 제시한다(Klorer, 1983). 전이-역전이 문제를 보면 그 대상이 누구냐, 어떤 상황이냐에 따라 논의 내용이 달라졌다고 지적한다. 이를 테면, 아동을 대상으로 치료할 때는 전이-역전이 문제가 두드러지지 않았다. Klorer가 인용한 Marshall(1979)의 개관 연구에서 아동 정신분석 연구의 25년 역사상 역전이에 대해 언급된 것은 열 개의 문헌 정도라고 했다. 그러면서 아동의 경우에는 전이관계의 원천이라 할 수 있는 부모가 실제로 아동의 삶에 영향을 주고 있기 때문에 치료상황에서 전이 반응을 다루기가 어렵거나 부적절할 수도 있다고 했다. 그러한 점에 대해 전이를 중요시하는 미술치료사들은 다음과 같이 주장한다. '전이'는 아동이 지금 현재 현실 속에서 만나는 엄마로 인해서 생긴 것이라기보다는, 초기 어머니 상(mother image)으로 인한 경험의 결과다. 따라서 전이는 피할 수 없고 어디에나 편재하는 것이며 미술작업과 대화를 통해 이를 다루어야 한다.

3. 미술치료에서 전이 다루기

미술치료에서 전이를 다룰 때 언어를 사용하는 심리치료와 공통되는 부분도 있고, 미술치료만의 독립적인 부분도 있다. 전이를 다루는 데 있어서 미술치료의 독특성은 미술의 존재로 인해 생기는데 표 7-2와 같이 전이 대상이나 전이의 표현 방식, 해소 방법에 있어서 공통점과 차이점을 보인다.

표 7-2	미술치료에서 내담자의 전이 대상과 전이의 표현 및 전이 해소 방법			
구분	내용	내용	언어적인 심리치료와의 비교	
			공통점	차이점
전이 대상	치료사		○	
	미술작품			○
전이의 표현	말, 행동, 태도, 감정 등		○	
	미술작품			○
전이의 해소	작업동맹	내담자의 삶의 문제해결, 라포의 형성	○	
		회기 내에서 구체적인 미술작업 돕기, 예술적인 파트너 관계		○
	해석과 통찰	언어적인 해석을 통한 통찰	○	
		작품을 통한 외현화 과정을 매개로 통찰		○

공통점

공통적인 부분은 치료사와 내담자의 관계를 중요시한다는 것, 그리고 내담자에게 필요한 양분이 제공되는 지지 환경은 다름 아닌 치료사 자신이라는 것이다. 사람이 변화하기 위해서는 어떤 부분이 채워져야 한다. 마음으로 지지받아 보지 못했다면 지지받는 경험이 필요하고, 건강한 훈육을 받지 못했다면 훈육을 받는 경험이 필요하다. 내담자가 가진 문제는 그 핵심으로 들어갈수록 성격 구조와 관련이 있고, 이는 또한 어린 시절의 양육에서 내면화한 관계의 틀이 자리 잡고 있다. 치료사가 '제한적 재양육'을 할 수 있는 것도 치료사-내담자 간의 관계, 특히 전이의 성질을 가지는 관계가 있기 때문이다.

어떤 내담자들은 치료가 시작될 때부터 미술치료사에게 마음으로 많이 의존하기도 하며 좋은 것을 투사하기도 하고 나쁜 것만 투사하기도 한다. 시간이 지나면서 내담자들의 전이는 음으로 양으로 더 크게 형성된다. 이러한 전이관계가 어느 정도 형성되고 난 뒤에는 치료적 개입이 보다 더 무게를 지니고 영향력을 가진다. 이때에도 치료사는 넘치지도 모자라지도 않는 애정과 관심으로 내담자를 만나고 돕게 된다. 건강한 관계를 맺지 못하는 내담자나 우울로 고통받는 내담자, 과거 기억에서 여전히 자유롭지 못한 내담자, 문제 행동을 바꾸고 싶은데 잘 되지 않아서 풀이 죽은 내담자 등 사연이 제각각이고 문제가 다양하게 보이지만 마음의 문제는 대체로 양상이 다를 뿐 공통분모를 가지고 있다. 그것은 내담자의 어린 시절에 건강하게 사랑해 주는 좋은 엄마(부모)를 내재화하지 못했기 때문에 마음 한구석이 여전히 어린아이 상태로 남아 있다는 점이다. 부모들은 각자의 위치와 상황에서 최선을 다하지만, 우리 모두가 부족한 점이 있기에 아이들은 자라면서 부모로부터 충분한 사랑과 지지를 경험하지 못했다(혹은 못했다고 기억한다). 그래서 마음의 빈 부분 때문에 자기중심성이 강하고 호혜성의 원칙으로 상대방을 만나지 못하며 거대자기의 환상이 남아 있어서 다른 사람이 자신이 원하는 대로 해 주지 않는다고 분노하기도 하며 자기가 못났다고 우울해하기도 한다. 치료사를 만나서도 모든 것을 자신이 원하는 대로 해 주기를 기대하며 치료사를 이상화한다. 전이가 강한 내담자들이 전부 그런 것은 아니지만, 대체로 치료에서 해야 할 일—자신의 문제를 이해하고 바꾸고자 책임을 지는 것—에 집중하기보다는 치료사에게 집중을 하고, 인정받고 사랑받는 것에만 관심 있어 하며, 치료사가 자신의 편을 들어 주기를 원하고 만약 그렇게 되지 않으면 쉽게 삐치곤 한다. 관계를 마음속에 표상하고 유지하는 힘이 약하기 때문에 치료사에 대한 감정에도 기복이 있고(긍정적인 전이는 어느새 부정적인 전이가 되곤 한다) 작은 꼬투리를 잡아 물고 늘어지거나 이와 반대로 마음에 들었던 한두 가지를 크게 생각하고 거기에 머무르려고 한다. 치료사는 내담자가 보이는 여러 모습들을 담아 주고 버텨 주고 기다려 준다. 치료사에 대한 관심과 애정, 사랑의 갈구나 실망과 분노, 파괴적 충동 등은 원래 부모와 관련된 감정들이 치료사에게 쏟아지는 것이라는 것을 이해하기 때문이다. 치료사는 귀 기울여 경청하고 감정을 반영하며 민감하게 공감하는 한편, 시간이 무르익으면서 때가 되었을 때 내담자가 자신의 전이를 이해하도록 설명해 주기도 하고 잘 보지 못하는 연관 고리들을 밝혀 주기도 하며 현실을 검증하고 받아들이도록 돕고 이전과 다른 새로운 삶의 방식을 연습하게 돕는다. 이 과정에서 내담자들의 마음에 어떤 부분은 채워지고 어떤 부분은 부족함을 깨닫고 받아들이게 되면서 전이가 해소되고 내담자 마음속의 내재화된 부모상도 변화한다. 이렇듯 전이의 발전과 이해, 해소는 미술치료에서도 중요한 깨달음의 줄기를 이룬다.

미술치료만의 독특성

앞서 표 7-2에서 소개했던 바와 같이 언어적인 심리치료와 미술치료에 있어서 전이와 관련한 차이점은 크게 세 가지다. 전이 대상, 전이의 표현, 그리고 전이의 해소에 있어서 차이를 보인다.

전이 대상

내담자의 전이가 치료사에 대해 형성되는 것은 상담 및 심리치료와 다를 바가 없지만, 미술작품에 대해서도 전이가 형성된다. 즉, 내담자가 작품(재료 및 과정 포함)에 대해 감정을 투사하고 강한 정서적 반응을 보인다. 미술작업이 잘 안 된다고 투정 부리고, 미술재료가 형편없다거나 마음에 들지 않는다면서 탓을 하고, 미술작품이 어떻다고 비판하며 감정적인 반응을 보이고 투사하는 반응 모두 넓은 의미에서 바라보면 작품에 대해 전이를 형성한 것이다. 좀 더 밀도 있고 강력한 전이는 내담자가 자신의 작품에 대해 애증이라 부를 수 있는 강한 감정적 연결을 가졌을 때 나타난다.

전이의 표현

두 번째 차이점은 전이의 표현과 관련이 있다. 대체로 전이는 내담자의 말이나 행동, 태도와 감정에 드러나지만 미술작품에 직·간접적으로 나타나게 된다. 그림 7-2는 치료사에 대한 전이를 직접적인 이미지로 표현한 내담자의 그림

그림 7-2
치료사에 대한
감정을 표현한 작품

이다. 내담자는 화면 상단의 붉은 꽃이 미술치료사를 상징하고, 하단의 고개 숙인 아이는 자신을 표현한 것이라고 했다. "우린 운명이 달라요."라는 말로 시작되는 글도 전이 감정을 표현하고 있는데, 치료사에 대한 이상화, 소외나 거절에 대한 두려움, 감정의 기복 등을 표현하고 있다.

Wilson이 분류했던 전이의 두 번째 유형처럼 자신의 작품을 선물로 주는 내담자들도 있다. 그림 7-3은 한 내담자가 필자를 캐리커처로 그려서 선물한 머그잔이다. 긍정적인 전이가 실린 것으로 미술치료사의 얼굴이 실물보다 더 귀엽게 그려졌다(그러한 표현도 고맙고, 컵도 고마운 선물이었다). 미술작품이라는 선물을 받는 것은 상징성을 지닌 행위로 내담자의 수용받고자 하는 욕구가 승화되어

그림 7-3 치료사 얼굴을 그려 준 머그잔

표현되고 충족된 것이라 할 수 있다. 치료시간에 이러한 선물을 받아도 되냐고 묻는다면, 그 대답은 "기꺼이 받는다."이다. 미술작업으로 중화된 에너지가 실린 선물을 받지 않는다면 이 세상에 받을 수 있는 선물은 없다. 미술작품이라는 선물을 줄 수 있는 것도, 기꺼이 받을 수 있는 것도 상징성을 지닌 것이기 때문에 그러한 오고감은 충분히 치료적이라 할 수 있다.

필자 역시 상담이 종결될 즈음에 전이가 실린 작품을 만들었다. 그림 7-4는 종결을 염두에 두고 그간의 상담 과정을 돌아보면서 만든 것인데, 그루터기에 앉은 사람과 그 사람을 뒤에서 지지해 주는 천사를 만들었다. 그리고 그림 7-5는 천사와 사람을 분리한 뒤 필자가 일하던 책상 뒤 선반에 천사를 앉힌 사진이다. 한동안 천사는 그곳 선반에서 편안하게 날개를 접고 앉아서, 일하는 필자를 지켜봐 주었다.

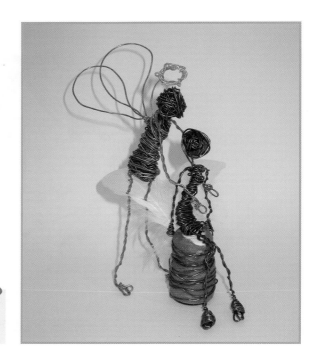

그림 7-4
천사와 나

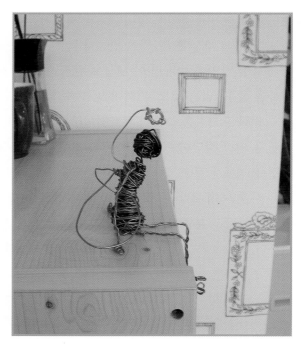

그림 7-5
선반 위의 천사

전이 해소

미술치료에서 전이를 해소하도록 돕는 첫 번째 방식은 미술작업을 중심으로 한 작업동맹이며, 두 번째 방식은 미술작품을 통해 깨달음과 통찰을 얻도록 하는 것이다.

먼저, 작업동맹에 대해 살펴보면 다음과 같다. 작업동맹은 치료의 목표를 위해 치료사와 내담자가 협력하는 것이다. 이들은 서로 상대편으로 나뉜 관계가 아니라 공동의 목표를 위해 협력하고 함께 뛰는 2인 3각 관계다. 한쪽 다리를 서로 묶은 채로 뛰기 때문에 속도도 중요하고 상호 간의 호흡도 중요한 것처럼 치료에서도 함께 가는 것이 중요하다. 작업동맹으로 내담자의 전이 문제를 접근하고 다룬다는 것은 비단 미술치료만의 방식은 아니다. 마음의 문제를 다루고 치료하는 심리치료에서 치료사가 내담자와 작업동맹(working alliance), 혹은 치료적 동맹(therapeutic alliance)을 맺는 것은 중요하다. 치료적 동맹의 원형은 엄마와 아이 사이의 건강한 관계다. Winnicott(1971)은 엄마가 조용히 있으면서 언제든 필요하면 도와줄 수 있는 상태이기 때문에 아동이 자신의 원초아를 자유롭게 경험할 수 있는 공간이 바로 치료적 동맹이라고 보았다. 이때 엄마는 리비도와 상관없이 공격적이지 않게 아동과 관계를 맺고, 아이 역시 엄마의 관심을 끌기 위해 노력하지 않고 자유롭게 있는 상태로 자신의 원초아에서 오는 충동이나 환상 등을 경험하게 되며 자유롭게 활동한다.

그런데 미술치료의 작업동맹이 갖는 차별성은 미술이라는 구체적인 대상이 공동 목표로 있다는 점이다. 목표가 구체적이면 추상적일 때보다 다루기가 쉽다. 작업동맹을 통해 전이를 다루었던 Kramer의 사례가 매우 대표적인 예다(Kramer, 1971). Kramer가 미술치료를 했던 아동 내담자 중 한 명이 손가락을 다친 적이 있었다. 미술치료시간에 다친 것은 아니었지만, 미술치료를 시작하자 그 아동은 자신이 다친 것에 대해 약간의 공상을 더해서 마치 미술치료사 때문에 다친 것처럼 말했다. 그러면서 미술치료사가 마녀라서 자기 손가락이 아프다고 비난했다. 그런 다음 자기 그림에서 Kramer를 마녀같이 표현하고자 했는데 그리다가 어떤 부분이 잘 안 되자, Kramer에게 도와달라고 했다. 생각해 보면 우스운 일이지만, 어쨌든 그 내담자는 자기가 마녀라고 한 그 사람에게서 도움을 받았다. 이는 그 아동이 어른에게서 받는 피해의식이나 두려움을 치료사에게 투사하고 있으면서도 한편으로는 현실적인 지각이 가능하고, 그래서 자신이 가진 부정적인 기대와 다른 경험을 할 수 있었던 것을 보여 준다.

이와 같은 사례는 미술작업을 중심으로 치료적 동맹을 맺는 미술치료의 예다. 미술치료회기에서는 구체적인 미술작업을 공동 목표로 도움을 주고받는 협력적 관계의 수립이 보다 용이하다. 내담자들이 미술작업 과정에서 좌절을 견디고 충동을 조절하며 좀 더 아끼고 소중히 다루는 법을 배우기까지 미술치료사는 내담자의 미술작업을 지지하고 돕는다. 내담자들이 어떤 부분을 어려워하면 구체적이고 직접적으로 도와주며, 어딘가에서 막혀 있으면 함께 뚫고 나가고, 아파하거나 애도할 때 그 마음에 함께 충분히 머무른다. 이러한 과정을 거치면서 내담자는 다른 사람의 도움을 받고 의지하고 신뢰하는 경험을 하며 차츰 이러한 경험을 흡수하여 내재화한다. 그 결과 내담자는 자아의 힘이 더 커지며, 이러한 변화는 상징적으로 다시금 작품에 반영되기도 하는데, 미술작품의 크기가 더 커진다든가 더 정교해진다든가 혹은 풍부해지는 것 등이다. 이러한 치료적 개입을 개념화한 Kramer(1971)는 미술치료에서의 작업동맹은 치료사와 내담자 사이의 '예술적인 파트너 관계(artistic partnership)'라고 명명했다.

이러한 해소와 변화의 과정은 상당히 상징적인데, 전이를 해소함에 있어 상징적으로 개입하는 것은 매우 중요하다. 치료과정에서 내담자의 문제가 상징적 형태로 나타날 때, 굳이 그 문제를 직접 말로 해석하거나 설명해야 하는 것은 아니다. 상징적 형태로 나타난 것은 동일한 수준에서 개입할 때 더 도움이 될 수 있다. 그리고 상징 수준에서 다루어진다고 해서 현실에서 영향력을 갖지 못하는 것도 아니다. 만약 상징 수준에서의 변화가 현실과 아무런 관련이 없다면, 우리가 하는 심리치료 역시 내담자의 현실에 아무런 변화를 가져오지 못할 수도 있다. 상담과 심리치료야말로 내담자의 삶에서 구분되어 일정 부분 보호받고 있는 영역이 아니던가. 다행히도 상징과 실제 삶은 연결되어 있고, 상징에서 바뀌면 실제에서도 바뀔 수 있다.

또 다른 방식으로 내담자의 전이를 해소하도록 돕는 것은 통찰을 통해서다. 미술작품에 나타나는 이미지를 통한 통찰 역시 전이의 해소와 훈습에 도움이 된다. Klorer(1983)가 언급했듯이 내담자가 미술치료사에 대한 전이를 표현했을 때 이를 다루기가 쉽지 않을 수 있다. 하지만 내담자가 의식하지 못하는 자신의 태도나 불분명한 감정을 해석하는 것보다 시각적으로 표현되어 구체적으로 존재하는 작품을 다루는 것이 더 용이할 수 있다. 미술작품으로 표현되는 전이는 내담자가 경험하는 감정과 욕구를 시각화하여 제시함으로써 미술치료사와 내담자가 함께 살펴볼 수 있는 심리적 거리를 제공하기 때문이다.

내담자가 통찰을 얻도록 돕기 위해 중요한 것은 미술치료사가 작품에 대해 섬세하게 느끼는 것과 그 느낌을 진솔하게 잘 전달하는 능력이다. 작품에 대한 느낌이 왜곡되거나 치우치지 않으면서 생생하게 잘 느껴지기 위해서는 무엇보다도 미술치료사의 마음에 힘이 있어야 한다. 마음 자세가 흐트러지면 작품에 대한 느낌도 휘어지기 마련이다. 치료사의 삶이 흠집 하나 없이 매끄러울 수야 없겠지만, 자신이 삶을 소탈하고 넉넉하게 수용하며 그만하면 충분하게(good enough) 살아갈 수 있다. 그렇게 힘을 가진 상태라야 작품을 생생하게 느낄 수 있는 감상력을 지닌다.

작품에 대한 느낌을 내담자에게 전달할 때에는 내담자의 소화력을 가늠해서 그에 맞추어 제공한다. 사람은 누구나 자신에 대한 언급을 듣기 어려워한다. 아마도 비판처럼 들리거나 평가처럼 들리기 때문인 것 같다. 부정적인 이야기가 아니라 하더라도 내담자들이 기대했던 이야기가 아닌 경우에는 대부분 먼저 귀가 움츠러들고 마음이 움츠러들며 그다음에는 떠나거나 공격할 태세를 갖추게 된다. 상당수의 내담자들이 자신이 겪는 어려움에 대해 더 많이 이해하게 되는 것보다는 자신을 편들어 주고 감정을 보듬어 주는 것만 원한다. 그러므로 작품에 대한 느낌을 통해 우리가 얻고자 하는 '깨달음'이 내담자에게 도움이 되게끔 배려해야 한다.

작품에 대한 느낌을 어떻게 전달하며 이야기를 풀어 나갈 것이냐 하는 것은 말하자면 치료적 솜씨다. 조금 더 투명하고 진솔해질 수 있는 솜씨다. 그렇게 하는 데는 몇 가지 방법이 있다.

- 해석이 내담자에게 따뜻하게 느껴지면서 이해를 도울 수 있으면 좋다.
- 때로는 왜 이러한 작업을 하는지 설명하는 것도 도움이 된다.
- 지식이나 근거를 제공하며 설명하는 것도 도움이 된다.
- 직면이 차가울 필요는 없다.
- 내담자에게 묻고 내담자가 이야기하도록 청하는 것은 언제든 도움이 된다.
  - '~인 것 같은데요, 어떻게 생각하세요?'
  - '제가 말씀드리는 것이 어떻게 들리나요?'
- 해석은 절대적인 것이라거나 최종적인 것이 아니며 변화의 여지를 남겨 두는 것이 좋다.

작품을 어떻게 바라보며 어떤 부분에 초점을 맞출 수 있는가에 관해서는 제 12장을 참고하기 바란다.

참고문헌

Agell, G., Levick, M., Rhyne, J., Robbins, A., Rubin, J. A., Ulman, E., Wang, C., & Wilson, L. (1981). Transference and countertransference in art therapy. *American Journal of Art Therapy, 21,* 3-24.

Klorer, G. (1983). Countertransference: A theoretical review and case study with a talented client. *Art Therapy, 10,* 219-225. DOI: 10.1080/07421656.1993.10759016

Kramer, E. (1971). *Childhood and art therapy.* Chicago, IL: Magnolia Street Publishers.

Kramer, E., & Ulman, E. (1976). Art therapy: Further exploration of definitions. *American Journal of Art Therapy, 16,* 2-42.

Marshall, R. J. (1979). Countertransference in the psychology of children and adolescents. In L. Epstein & A. J. Feiner (Eds.), *Countertransference: The therapist's contribution to treatment* (pp. 595-628). New York: Jason Aronson.

Winnicott, D. W. (1971). *Playing and reality.* London: Tavistock Publications.

미술치료 계획

제**8**장

치료개입의 결정

모든 미술치료사는 거칠고 유치하든, 정교하고 세련되든,
진정으로 표현된 작품을 귀중히 여긴다.

－ Judith Rubin (2006)

제8장 치료개입의 결정

드디어 미술치료를 어떻게 하면 되는지 그 방법을 이야기하기로 한다. 큰 틀을 먼저 잡고, 그에 맞추어서 세부적인 방향과 구체적인 방법을 정하면 된다. 만약 구체적인 방법을 먼저 생각하게 되면 치료적 접근인가 아닌가 판단하기 어려워질 것이다. 이를테면, 미술치료회기를 앞두고 막연하게 "오늘은 뭘 하지?"라고 묻는다면, 구체적인 기법은 고려했지만 그 기법의 대상자에게 적절한지 여부는 생각해 보지 못한 것이다. 카타르시스를 느끼게 해 주는 기법으로 신문지를 찢는다든가 찰흙을 누르고 던진다면, 이 기법은 치료적인가 아닌가? 그 대답은 대상자가 누구인지, 그리고 대상자의 치료적 필요가 무엇인지에 따라 다르다. 카타르시스에 초점이 맞춰진 표출 기법의 경우, 억압하거나 억제했던 내담자들이나 눈치 보고 자기 목소리가 약한 내담자들에게는 도움이 된다. 하지만 조절 능력이 약하거나 충동 통제가 잘 안 되는 내담자들의 경우 오히려 더 나쁘게 되기도 한다. 평소에도 기분 내키는 대로 행동하는 것이 문제였던 내담자라면, 그러한 치료회기를 통해 공격적인 리비도의 힘만 커지고 충동 통제나 소망을 지연하고 좌절을 인내하는 자아의 힘은 커지지 않기 때문이다. 그러므로 미술치료방법을 결정하려면 구체적인 기법을 생각하는 데서 출발할 것이 아니라 큰 틀을 먼저 잡아야 한다. 그다음에야 치료개입의 방향이나 방법에 대해 결정할 수 있다.

그저 미술활동을 한다고 치료가 될 것이라는 막연한 기대는 금물이다. 미술활동은 치료적일 때도 있고 아닐 때도 있으며, 심지어 비치료적일 때도 있다. 왜냐하면 미술활동은 하나의 '표현' 활동이고, 표현 자체는 약이 될 수도 독이 될 수도 있기 때문이다. (대체로 약이 된다고 하더라도 말이다.) 어떤 면에서 보면, 미술로 표현한다는 것은 말을 하는 것과도 비슷하다. 말하는 게 도움이 되는가? 물론이다. 하지만 말하는 것을 좀 더 절제하면서 속에서 익혀야 한다거나 혹은 말하지 않는 것이 더 나을 수도 있다. 미술도 마찬가지다. 표현하지 않는 것이 더 나을 때도 있다. 마치 말을 하다가 보니 싸움이 되었다거나, 말하다 보니 더 화가 난다는 것처럼, 미술도 감각과 느낌을 증폭시키기 때문에 표현하면서 더 해로운 결과를 가져올 수 있다. 단순하게 이분법적으로 이야기하면 미술을 통해서 발산해야 할 때도 있고 보유해야 할 때도 있다. 미술을 통해서 전혀 다른 과정이 가능하다.

따라서 미술치료에서 구체적인 방법을 결정할 때는 상대가 누구인지, 어떤 문제가 있으며, 어떤 치료목표를 가져야 하는지부터 생각해야 한다.

미술치료방법을 선택하는 구체적인 과정은 그림 8-1과 같다.

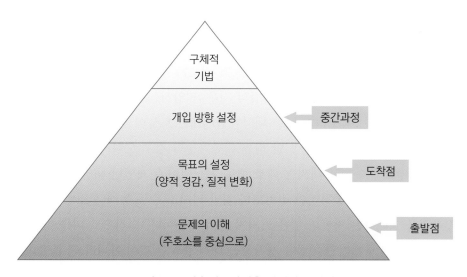

그림 8-1 미술치료방법을 선택하는 과정

1. 단계 ① 내담자에 대한 평가
내담자의 주호소를 중심으로 문제를 정리하고 이해하라

치료의 첫 단추는 내담자에 대한 평가로 시작한다. 내담자의 평가는 주호소를 중심으로 시작하는 것이 좋다. 주호소란 내담자가 무엇 때문에 왔는지, 어떤 어려움이 있는지, 무슨 도움을 받기를 원하는지에 대해 말한 부분이다. 이를테면, 요즘 우울해서 미술치료를 받고 싶다든지, 학교생활에 적응하기 힘들어서 미술치료를 받고 싶다고 했을 때 우울함이나 적응상의 어려움이 주호소가 된다. 이러한 주호소는 가능한 한 명확하고 구체적으로 만들어야 한다. 추상적인 이야기만으로도 감을 잡을 수 있다 하더라도 주호소는 분명할수록 좋다. 만약 모호하게 이야기한다면 실제 생활에서 어떻다는 것인지 분명하고 구체적으로 물어보는 것이 좋다. 주호소는 치료가 진행되면서 바뀌기도 하지만 처음 치료 방향을 잡을 때 가장 중요한 역할을 한다.

미술치료를 하면서 주호소를 제대로 잡지 못하는 경우가 몇 가지 있다.

- 주호소를 실제 생활 수준에서 잡지 않고 심리적 특성으로 잡거나, 막연하고 모호한 말을 주호소로 삼는 경우
- 그림 특성으로 주호소를 잡는 경우
- 바뀔 수 없는 부분을 주호소로 잡는 경우
- 과거사로 주호소를 잡는 경우

첫 번째 경우

첫 번째 경우와 같이 실제 생활 수준에서 주호소를 잡지 못한다는 말은 바꿔서 말하면 구체적인 내담자 상황을 제대로 모른다는 말이다. 예를 들어, 아동 내

담자의 부모가 치료받고 싶은 점이 무엇이냐고 물었을 때 "우리 아이가 너무 위축되어 있어서요."라며 모호하게 이야기할 때가 있다. 얼핏 들으면 위축되어 있다는 점이 분명한 문제 같아서 주호소로 잡을 수 있다. 그렇지만 이렇게 질문해 보자. 위축되어서 실제 생활에서 어떻다는 건가? 위축되어 있다는 것은 심리적인 상태를 말하는 것이지 실제 생활을 말하는 것은 아니다. 학교생활에서 위축된 모습은 구체적으로 어떤 행동으로 나타나는가? 선생님이 묻더라도 대답을 안 하는가? 질문을 받았을 때 아는데도 머뭇거리며 답하지 못하는가? 친구들과 어울려서 뛰어놀지 못하는가? 등 구체적인 행동에서 어떠한 문제가 나타나는지를 아는 것이 좋다.

구체적인 질문을 할수록 말을 빙빙 돌리거나 다른 이야기로 답하는 내담자도 있다. 그렇더라도 치료사는 끝까지 구체적인 대답을 찾아가야 한다. (초기면담에서 다 하지 않더라도 말이다.) 아동 내담자를 데리고 오는 부모들의 경우에는 누구를 막론하고 자기 자녀의 문제를 솔직하고 분명하게 이야기하기 어려워한다. 각색하거나, 변형하거나, 추상적으로 이야기하거나, 모호하게 이야기한다. 이는 부모들, 특히 아동의 어머니일 경우가 많은데, 이들의 노고와 힘든 마음을 위로해 주어야 한다. 이솝 우화에 나오는 외투를 벗기는 기술처럼, 세찬 바람을 불어 주는 것보다는 따뜻한 햇볕을 내리쬐는 것이 좋다.

어떤 부모는 자녀의 문제를 심각하게 과장해서 말하기도 한다. 마치 내일이라도 당장 어떻게 될 것처럼 동동거리며 마음 급하게 이야기하는데, 대개 이런 부모들은 자기 문제를 볼 수 있는 능력이 거의 없고, 문제를 견딜 능력도 미약하다. 그래서 치료사에게 이런저런 과도한 요구가 많고, 규칙을 무시하면서 특별한 대접을 당연히 받아야 하는 것처럼 주장하며, 상대방의 말을 들을 줄 모르고, 자기 뜻대로 되지 않으면 화를 내거나 눈물로 대응한다. 그런 부모들에게는 한편으로는 그 마음을 다독여 주고, 그러면서 동시에 어떤 부분은 분명하고 명확하게 알려 주어야 한다. 이를테면, 치료의 규칙과 경계—시간 약속, 돈, 전화상의 상담, 응급 시 대응 방법 등—를 분명하게 알려 줘야 하는데, 치료에서의 경계란 서로를 건강하게 지켜 주는 약속임을 설명해 줘야 한다. (덧붙이면, 분명하게 알려 준다고 해서 차갑거나 무뚝뚝하게 대할 필요는 없다.)

성인 내담자의 경우도 마찬가지여서, 자기가 무엇 때문에 미술치료를 받고 싶은지 구체적인 생활 수준에서의 주호소를 이야기하지 못하고 있다면 구체적으로 되게끔 도와줘야 한다. "그냥 늘 우울하고 늘 그랬어요."라든가, "잘 지내고 있어요, 그런데 마음이 우울해요."라는 말은 시작점을 주지 않고 시작하는 것과 같다. 그럴 때는 한편으로는 말하거나 생각하기 어려운 것을 공감해 주되, 다른 한편으로는 좀 더 구체적이 되어야 도와줄 수 있다는 것을 전해야 한다.

두 번째 경우

주호소를 제대로 잡지 못하는 두 번째 경우는 그림에 나타난 특성으로 문제를 잡는 경우다. 예를 들어, 미술치료를 받고 싶다면서 자기 아이를 데리고 와서 "선생님, 제 아이가 그림을 그렸는데요, 사람을 구석에 그렸고 어두워 보여요." 라고 하는 경우가 있다. 우리는 그럴 때 그림에 나타난 특성이 워낙 두드러지기 때문에 아동의 문제를 당연한 듯 가정하는 오류를 범할 수 있다. 하지만 그림에서 이상한 점이 주호소라거나 문제가 되는 경우는 결단코 없다. 그림은 그림일 뿐이다. 그림에 나타난 표현이 아무리 특이하고 기괴해 보인다 하더라도 그것 자체로 문제가 되지는 않는다. (아이들 그림은 원래 이상하다.) 실제 생활에서 보이는 문제를 중심으로 주호소를 잡아야 한다. 아마도 그렇게 이야기하는 부모는 아이의 문제를 모르지는 않지만 그런 이야기를 하자니 집안 이야기라든가 자기 자신의 이야기로 이어지게 될 것이 두려워서 문제를 다른 곳에서 찾고 싶은 마음일 것이다. 하지만 그렇게 문제를 피해 가서는 변화를 볼 수가 없다.

미술치료사 쪽에서도 마찬가지다. 내담자의 주호소를 충분히 듣지 않고 그림 검사를 실시하게 되면, 십중팔구는 그림 검사에서 무엇인가 비정상적인 것을 찾으려 하게 된다. 이를테면, 내담 아동이 사람을 그렸는데, 손을 등 뒤로 숨긴 모습을 그렸다면 '삶에 있어서의 주도권이나 통제력을 상실한 상태'라고 해석할 수도 있고, 혼자 뚝 떨어진 모습으로 그렸다면 '부모와의 관계에서 안정적인 애착을 형성하지 못한 상태'라고 해석할 수도 있다. 그 외에도 내담자가 그린 그림은 미술치료사의 눈에 여러 가지로 이상한 특징들을 보일 것이며 미술치료사는 그러한 특징들이 무엇인가 심리 내면의 특성들을 밝혀 주는 것이라고 믿고 싶을 것이다.

이러한 해석이 가지는 문제는 그러한 해석이 현재 아동을 치료하는 데 어떠한 방향도 제시해 주지 않는다는 것이다. 당장 다음 주에 내담 아동과의 미술치료시간이 잡힌다면, 무슨 프로그램을 해야 하는가? 어떤 프로그램이 '애착을 고양'하고 '자존감을 향상'시키며 '통제력을 회복'시키는가?

사례를 개념화하기 어려워하거나 문제가 무엇인지 파악하는 눈이 미약한 상태에서는 미술치료사들도 그림에 나타난 특성을 문제로 잡곤 한다. 그렇지만 그림 특징을 바탕으로 추론하는 심리적 특성(예를 들어, 그림을 이렇게 그린 것으로 보건대 자존감이 낮다, 사람을 저렇게 그렸으니 애착이 안정적이지 않다 등)은 내담자의 문제를 이해하기 위해 설명의 하나로 채택하는 가설이지 문제 그 자체라고 하기 어렵다. 의외로 많은 미술치료사들이 내담자의 문제를 이야기해 보라고 하면, 그림의 특징을 이야기한다. 비록 그들이 말하는 그림 특징이 워낙에 두드러져 보여서 그것과 관련된 심리 상태(이를테면, 자존감이 낮다는 점)를 강력하게 시사한다고 하더라도, 그림 특징은 그저 그림일 뿐이다. 그것을 문제로 잡고 치료를 시작해서는 안 된다. (그림이 문제가 될 것 같으면 세상에 있는 화가들은 다 이상한 사람들인가? 우리 눈에 이상해 보이는 그림들이 얼마나 많은가 말이다!) 내담자의 주호소가 실제 생활상의 용어가 아니라면, 실제 생활상의 용어로 바꾸어 보도록 도와줄 수 있다. 물론 내담자들이 자신의 문제가 무엇인지 정확하게 알고 오는 경우는 드물다. 하지만 내담자들의 말속에 이미 내포된 의미가 있으므로 그들이 말하는 것을 중심으로 문제를 이해하고 정리하는 것이 필요하다.

미술치료사들이 반드시 기억해야 하는 것은 내담자의 문제가 무엇이냐는 물음에 대한 답은 그림을 통해 이루어지는 것이 아니라는 점이다. 주호소는 그림에 나타나 있지 않다. 주호소는 내담자의 삶에 나타나 있다. 그 내담자의 행동에 드러나 있으며 내담자(혹은 내담자 부모)가 보고해 주는 현재까지의 역사에 반복해서 나타나 있다.

세 번째 경우

바뀔 수 없는 부분을 주호소로 잡는 경우가 있다. 세상에는 바꿀 수 있는 것과 바꿀 수 없는 것이 있다. 절대 바꿀 수 없는 것의 대표적인 것에 과거와 타인이 있다면, 바꿀 수 있는 것에는 과거의 의미, 타인에 대한 마음, 타인이 내게 미치는 영향력 등이 있다. 혹은 신체적인 문제는 바꿀 수 없지만 (얼마나 심인성이냐에 따라 다르다 하더라도 말이다) 신체적인 문제를 받아들이거나 소화하는 정도는 바꿀 수 있다.

미술치료의 대상으로 자주 만나게 되는 지적장애 아동이나 자폐아동의 주호소는 무엇인가? 물론 정신기능이 떨어져 있다는 것이 주호소(혹은 흔히 사용하는 말로 '문제')라 할 수 있다. 그러나 이것은 바꿀 수 있는 부분이 아니다. 자폐아동의 부모들 중에는 아이가 마음에 상처를 입고 마음 문을 닫아 걸어서 그렇지, 마음 문을 열게 되면 일반 아동이 될 거라고 기대하는 경우가 있다. 그 경우에는 자폐스펙트럼장애가 무엇인지 병에 대해 지식을 알려 줘야 한다. 그런 다음 일상생활 기능을 하나씩 학습시키고 성취하도록 돕게 되는데, 그 과정에서 아동의 눈높이에 맞는 적절한 목표를 잡고 한 단계씩 이루도록 한다. 그렇게 해서 마침내 평범한 일상생활이 가능하게 되는데, 만약 '자폐'가 무엇인지 보호자가 이해하지 못하고 무리한 목표를 세우거나 단시간에 빨리 바뀌는 것을 기대하게 되면 좌절하게 되고 혼란스러워지게 된다.

자폐스펙트럼장애는 힘들고 어려운 병이지만, 그것 자체로 불행을 보증하는 것은 결코 아니다. 치료 분야에서 확신하는 진리 중 하나는, 어떠한 상태도 그 자체로 절대적인 의미를 가지는 경우는 없다는 것이다. 자폐아동을 치료하게 되면 행동을 여러 단계로 분류해서 꾸준히 학습시키며 적응력을 높이고, 가족이 병에 대해 이해하고 문제를 다르게 생각하는 법을 배우며 바꿀 수 있는 것과 그렇지 않은 것을 구별해 낼 수 있게 되고, 그러면서 삶의 순간순간 꽤 좋은 행복감을 누리도록 도와준다. 행복에 있어서는 조건의 차이가 없다. 다만, 조건에 순응하되 묶이지 않을 수 있는 마음과 삶을 누릴 수 있는 태도에 차이가 있을 뿐이다.

네 번째 경우

과거사로 주호소를 대신하는 경우가 왕왕 있다. 아동 내담자를 데리고 온 부모들의 경우에 치료의 주호소를 이야기하면서 아동이 과거에 어떤 일이 있었고 그것이 얼마나 심각한 일이었느지에 대해 이야기할 때가 많다. 이를테면, 아동이 어렸을 때 어머니가 이혼을 하고 나가 버렸다든가, 아버지로부터 심하게 맞았다든가, 혹은 성추행을 당했다든가 등의 불행한 과거사를 말하면서 그것 때문에 미술치료를 받으러 왔다고 한다.

그 말은 어떤 면에서는 백번 이해할 수도 있는 말이지만 어떤 부분은 미술치료사가 보호자를 도와서 내담자의 현재 문제를 찾아 나가야 한다. 이미 몇 년 전의 일이라면, 그 일 이후 지금까지 어떻게 지내 왔는지, 지금 현재 어떠한 어려움이 있는지, 무엇이 문제인지 파악하는 것이 중요하다. 다시 말하면 과거사가 중요하기는 하지만, 과거사 자체가 문제는 아니다. 과거에 비하여 지금은 더 좋아졌다 하더라도, 지금 현재 어떤 어려움이 있는지 잘 살펴보아야 한다. 그래야 치료의 출발점을 찾을 수 있다.

주호소에 대해 이야기 나눌 때 염두에 두어야 할 점을 하나 더 언급하고자 한다. 내담자가 이야기하는 주호소가 '진짜 문제가 아니다.'라는 느낌이 드는 것에 대해서이다. 내담자의 말이 오락가락하거나, 내담자가 보다 더 중요한 문제를 감추고 별로 중요하지 않은 것을 이야기한다는 느낌이 들거나 할 때, 지금 이야기하는 이 문제는 내담자의 진짜 문제가 아니라는 느낌이 들 수 있다. 물론 그럴 수도 있다. 내담자가 자신의 문제가 무엇인지 볼 수 있는 마음의 눈이 없어서 그럴 수도 있고(알고 있다면 뭐하러 여기까지 왔겠는가), 차마 자기의 문제를 말하지 못해서 그럴 수도 있다. (마치 말하지 않으면 그게 문제가 될 것 같지 않은 마술적

그림 8-2 제 짐은 무겁지 않아요. 이것만 들어 주시면 됩니다.

사고라고나 할까.) 그럴 경우에는 내담자(혹은 보호자)가 말한 것을 충분히 수용하
면서 차차 주호소를 찾아가는 것이 필요하다. 도움을 받고자 하는 내담자라 하
더라도 자신의 문제를 선뜻 인정하기가 쉽지 않은 것은 물론이거니와 부끄럽거
나 감정이 격해서 말하기 어렵고 혹은 생각하기 어렵다는 것을 헤아려 주어야
한다.

그림 8-2처럼 내담자들은 무거운 짐을 메고 끙끙 대면서도 정작 치료사에게
는 아주 작은 짐덩어리만 줄 때가 있다. 그 작은 짐을 어떻게 받는지 보고나서
상대가 믿을 만하면 등 뒤의 짐도 넘겨 주려고 할 것이다.

주호소 찾아가기

우리가 만나는 내담자의 주호소는 무엇인가? 주호소가 가려져 있거나 모호하
고 분명하지 않을 때는 찾아가야 한다. 그렇다면 무엇을 '주호소'라고 보는가?
그것은 현재 삶에 적응하는 데 어떤 어려움이 있는가 구체적으로 찾는 것이다.

중요한 키워드는 현재-적응-구체적, 이 세 가지다.

　이 세 가지 단어를 중심으로 내담자와 함께 주호소를 찾아갈 수 있다. 지금 현재의 시점에서 적응이 어려운 것은 구체적으로 무엇인가?

　Freud가 말하기를, 건강한 사람은 일할 수 있고 사랑할 수 있는 사람이라 했다. 모든 사람에게 중요한 것은 두 가지인데 하나는 '일'이고, 다른 하나는 '관계'다. '일'이라 하면 구체적으로는 학교/직업/직장생활이고, 다르게 표현하면 각자의 발달 단계에서 성취해야 할 인생 과업이라고 할 수 있다. 그러므로 아동 및 청소년 내담자라면 학교생활이 해당할 수 있고, 학령 전 아동이라면 대소변 가리기라든가 언어 능력 습득과 같은 발달 과업이 해당할 수 있다. 관계 영역에서는 가족관계, 친구관계, 동료관계 등 내담자에게 중요한 관계에서 문제가 무엇이며 어떠한지 살피는 것이다. 관계에서 행동은 어떠한지, 각자의 감정은 어떠한지, 감정 조절은 가능한지 등을 생각해 볼 수 있다.

　다른 각도에서 살펴보면 그림 8-3과 같이 바라볼 수 있다. 내담자의 문제가 행동, 감정, 대인관계 등의 세 축 중에서 어디에 드러나는지 밝히는 것이다. 이들 영역은 서로 관련되어 있으므로 내담자가 감정에 관해서만 이야기할 경우에는 실제 대인관계에서 어떠한지, 내담자의 구체적 행동은 무엇인지 찾아 나가야 한다. 예를 들어, "전 요새 그냥 답답하고 너무 화가 나요."라는 이야기로 자신의 감정에 대해서만 이야기한다면, 구체적으로 어떤 대인관계 사건이 있었는지

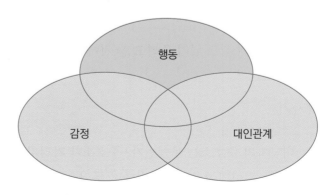

그림 8-3 주호소 영역

연관 고리를 찾아가야 한다.

구체적인 주호소 문제를 찾았으면 그다음은 그 주호소 이면에 어떤 심리적 요소들이 작용하는지 찾아가야 한다. 심리적 요소들은 일종의 가설인데, 이러한 가설은 치료과정에서 계속해서 바뀔 수 있다. 예를 들어, 우울한 사람이 왔을 때 이 사람의 감정이나 행동, 대인관계에 대해 구체적인 면을 찾아가면서 그 이면에 어떤 심리적 요소들이 있을지 가정해 볼 수 있다. 그 사람의 대인관계를 살펴보았더니 사람들 앞에서는 별말을 못하면서 뒤돌아서서 짜증을 잘 내고 분을 삭이곤 했다. 이 사람의 우울은 단순히 대인관계 기술이 부재한 것인가, 아니면 상대방에게 기대하는 것이 너무 많은 때문인가? 완벽한 기준을 바라보고 사는 이상주의자인가? 혹은 자신의 내면에 자기애적인 특성이 강하게 자리 잡고 있어서 스스로 '좀스러운 이야기'를 할 수 없는가?

구체적인 주호소를 찾고, 그에 따른 심리적 이면의 가설을 찾아가면 '주호소 찾기'라는 큰 과제를 완수한 셈이 된다. 주호소를 찾고 나면 목표를 설정하는 것도 자연스럽게 이루어진다.

주호소를 잡기 어려운 경우

주호소를 잡기 어려운 사람들 중에는 본인이 원하지 않은 상태에서 어쩔 수 없이 미술치료를 받는 경우가 있다. 그 경우 참여하는 내담자들은 '시간만 때우려는 태도'를 보이곤 한다. 이를테면, 치료회기 참석으로 인해 다른 부가적인 이익을 얻는 경우가 그러하다. 부모님이 고집해서 억지로 데리고 온 아동이나 청소년, 배우자가 요구해서 어쩔 수 없이 동행한 사람, 알코올 중독 문제를 가지고 있는데 어느 기관에서 일하기 위해 필수적으로 참여해야 한다든가 하는 등의 경우다. 그러한 경우에는 치료적 라포를 형성하고 난 다음에야 주호소가 나오게 된다. 치료를 시작할 때 마이너스 포인트에서 시작했다는 전제로 진행해 볼 수 있다.

2. 단계 ② 치료목표의 설정
양적인 경감, 질적인 변화

이제는 치료목표를 설정한다. 미술치료를 하면서 목표가 주호소와 분명하게 연결되지 않으면, 대개 공중에 붕 뜨게 된다. 그럴 때 주로 나오는 목표가 "감정을 표현하도록 한다."라든가 "자아존중감을 향상시킨다." 등의 목표다. 감정 표현이나 자존감 향상은 별로 정보가 없는 이야기다. 마치 신입사원 환영회에서 앞으로의 포부를 밝혀 보라고 했을 때 흔히 나오는 "열심히 하겠습니다!" 같은 류의 외침이다.

미술치료사들을 훈련시키는 과정에서 목표 설정이 부실한 것은 비단 우리나라만의 문제는 아니다. 미술치료사들의 훈련 과정이 상당히 철저하게 이루어진 미국에서도 같은 문제가 논의되었다. Hinz(2008)는 자신이 수련감독했던 초보 미술치료사들의 경우에 치료목표를 물으면 감정 표현이나 자존감 향상 등을 이야기했다고 하면서 이러한 목표는 상당히 표면적이고 겉핥기식이라고 했다. 그러면서 대개 그러한 초보 치료사들은 내담자가 미술작업을 통해 기분이 좋아지는 것을 중요시하고, 그래서 절대 실패하지 않는 쌈박한 방법을 자꾸 사용하게 된다고 지적했다. 하지만 깊이 있는 미술치료개입이 이루어지기 위해서는 표피적이고 표면적인 수준에서 머물러서는 안 된다.

치료목표를 구체적이면서 분명하게 설정하면 좋다. 목표는 반드시 주호소 및 내담자에 대한 평가와 연결되어야 한다. 치료목표가 불분명하거나 모호한 경우, 혹은 부적절한 치료목표를 설정한 경우에는 미술치료회기가 진행될수록 미술치료사가 더 혼란스러워하거나 그저 회기 시간만 보내고 있는 상태가 된다.

그렇다면 치료목표는 어떻게 선정하는가? 앞에서 정리한 '주호소'를 키워드로 잡으면 된다. 그 '주호소'가 질적으로 변하는 것이나 양적으로 변하는 것이 치료의 목표가 된다. 행동/감정/관계상의 문제가 양적인 차원에서는 줄어들고(구체적인 검사 지표나 내담자의 이야기 혹은 보호자와 주위 사람들의 관찰을 통해 수치화해서 확인할 수 있다), 질적인 차원에서는 변화해서 다른 것으로 대체되는 것, 이것이 목표가 된다.

예를 들어, 주의가 산만한 것이 가장 큰 문제로 평가된 아동의 경우에 '질'의 개념으로 목표를 설정하면 '주의 산만'에 배치되는 개념으로 '주의 집중'을 설정할 수 있으며, '양'의 개념으로 목표를 설정한다면 심각하게 주의가 산만한 정도를 10이라 하고 정상적인 정도를 1이라 했을 때 현재 산만한 정도에서 조금이라도 산만도를 낮추는 것이 목표가 된다. 이를테면, 주의 산만 7인 아동을 2나 3 정도로까지 낮추는 것이 목표가 된다. 이때 '양'은 어떠한 문제 목록의 강도일 수도 있고 빈도일 수도 있으므로 두 차원 모두를 고려하는 것이 좋다.

그런데 목표를 잡는 것이 쉽지 않은 이유는 내담자의 문제가 두드러진 하나만 있는 것이 아니라 감정이나 조절, 관계 등과 맞물려서 여러 가지로 복잡한 양상을 띠고 있기 때문이다. 그럴 때는 구체적 문제를 주호소로 하고 이와 관련된 감정 상태나 심리적 상태를 정리한 뒤, 이러한 감정 및 심리 상태의 원인으로 추정되는 이유가 무엇인가 가정해 볼 수 있다.

조금 더 복잡한 다른 예를 들어 보자. 초등학교 2학년 남자 아동 내담자가 왔다. 아동의 어머니로부터 주호소를 들어 봤더니, 학교에서 담임선생님의 말씀을 잘 안 듣고 고집을 심하게 부리며 자기 뜻대로 되지 않으면 소리부터 지르고 때때로 바닥을 뒹굴며 운다는 것이다. 친구들과 어울려 놀다가도 기분이 상하면 주먹질을 해서 치료비를 변상해 주기도 했고, 집에서도 엄마한테 욕하거나 물건을 던지고는 했다. 실제로 만나 본 아동의 인상은 또래 아이보다 덩치가 왜소한 편이고 다소 위축된 모습이며, 눈맞춤이 잘 안 되고, 목소리가 작았다. 어머니와 아동이 함께 있는 모습을 보니, 주로 어머니가 짜증을 내듯 이야기하고 아동은 수동공격적인 모습으로 대응했다. 그 모습을 보니 아동의 폭력적 행동은 자기 속의 우울하고 답답한 마음을 알아달라고 하는 것일 수 있겠다는 느낌이 들었다. 그러면 보다 근원적인 목표로 아동의 표현력 증진을 잡아야 할 것인가? 혹시 표현력을 증진하기 위해 어떤 그림이라도 그려 보도록 했더니, 공격적이고 파괴적인 그림이 계속 나오면 어떻게 해야 하는가? 신문지를 찢는다든가

표 8-1	아동의 주호소와 문제를 정리하기

종류		내용
구체적 문제		• 교사 지시를 따르지 못함 • 친구와의 마찰과 공격행동 • 행동화(소리 지르기, 나뒹굴기) • 엄마에게 공격행동(물건 던지기, 욕하기)
관련된 심리적 요인	상태	• 좌절 인내력 부족 • 충동 통제 능력 부족 • 적절한 요구 능력 부재 • 우울 가능성, 낮은 자존감, 충동적, 공격적
	원인	• 엄마와의 관계에서 정서적 안정과 적절한 훈육이 부재했을 가능성

흩날리거나 던지는 행위를 통해 오히려 더 충동적으로 되거나 파괴적으로 되지는 않을 것인가? 이러한 의문들이 들 수 있다. 그런데 어떠한 경우든 겉보기에 문제가 복잡하게 보이더라도, 문제와 문제의 원인을 규명해서 정리할 수 있다.

이 아동의 경우에 표 8-1과 같이 정리할 수 있다.

그리고 구체적인 치료목표는 표에서 제시된 구체적 문제가 양적으로 경감하고 질적으로 달라지는 것이 된다. 그렇게 되기 위해서 관련된 심리적 능력을 배양하고 강화하며, 심리적 상태를 바꾸도록 도와줄 수 있다. 심리적 원인으로 엄마와의 관계나 적절한 훈육이 부재했을 가능성을 들었는데, 이러한 원인 요소가 바뀌고 변화되기까지 시간이 걸리므로 한편으로는 계속해서 어머니 상담/교육을 병행하고 다른 한편으로는 치료사가 아동에게 적절한 훈육을 제공하는 재양육을 할 수 있다. 치료사의 재양육은 사랑과 훈육을 조화롭게 제공하는 것인데, 내담자가 성장하면서 인정과 사랑을 받은 경험이 거의 없고, 다른 한편으로는 지켜야 될 것이 무엇인지 모르고 절제력을 기를 환경이 아니었다는 것을 고려할 때 더욱 중요한 치료개입이 된다.

3. 단계 ③ 개입 방향 설정

이제는 미술치료의 방향을 큰 그림으로 설정하기로 하자. 주호소와 치료목표가 어느 정도 잡혔으면 어떻게 그 목표를 이룰지 생각해 보자. 치료목표를 성취하기 위해 필요한 것은 무엇인가? 무엇 때문에 주호소가 계속되고 있는가? 잘 모르고 있는 부분이 있어서 주호소가 지속되고 있는가? 감정적으로 너무 흔들리고 있는 것이 문제인가? 적응적인 행동이 무엇인지 연습해 볼 기회가 없었는가? 내담자들의 주호소와 치료목표에 따라 무엇이 부족하며 어떤 부분을 채워야 목표에 도달할 수 있는지 살펴보아야 한다. 대체로 공통되는 치료개입의 방향은 다음과 같다(그림 8-4 참조).

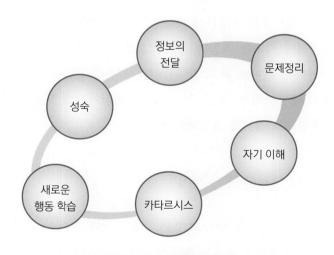

그림 8-4 치료개입의 방향

첫째, 정보의 전달

사람을 치료하는 심리치료 분야에서 정보의 전달은 매우 중요하다. 잘 알지 못하거나 혹은 잘못된 정보를 가지고 있어서 불안해하거나 죄책감을 가진 내담자들은 의외로 많다. 구체적인 질병이나 증상에 대해 잘 알지 못해서 고통당하는 경우가 많다. 원래 잘 알지 못하는 것은 그것이 무엇이든 불안한 법이다. 설사 우리가 병에 대해서 알게 된다고 해서 당장 무엇을 바꾸지 못한다고 하더라도, 아는 것만으로도 마음이 훨씬 더 편안해질 수 있다.

정상적인 것이 무엇인지 잘 알지 못해서 어려워하는 경우도 정보의 전달이 필요하다. 내담자들이 스스로 비정상적이라고 느끼는 것들 중에는 상당 부분 당연한 것이거나 정상적인 것들이 많다. 자신이 너무나 당연시하는 기준이 사실은 당연한 것이 아니라는 점을 알게 되면 처음에는 당황하고 화도 내지만 결국은 훨씬 더 편안해지게 마련이다.

정보의 전달이 치료적임에도 불구하고 좀 더 섬세하고 사려 깊게 진행되어야 할 때가 있다. 특히, 아동 내담자의 경우 부모에게 어떻게 양육하는 것이 건강한지 알려 주어야 하는데 이때는 부모들의 마음도 헤아려 주면서 정보를 전달해 주어야 한다. 의외로 많은 부모들이 자녀양육에 대해서 잘 모른다. 아이를 어떻게 키워야 건강하게 키우는 것인가를 잘 모르면서 어떤 부분을 가르쳐 주면 자신이 잘못 키웠다는 의미로 듣고 받아들이지 못한다. 그러므로 내담자의 보호자도 넓게 보아 내담자라는 것을 기억하고 그 내담자에게 도움이 되는 시기에 도움이 되는 방법으로 정보를 전달해야 한다.

둘째, 내담자의 문제에 대한 정리

내담자들이 자신의 문제를 잘 알고 오는 경우는 없다. 문제가 정리된 경우는 더 없다. 내담자들이 문제라고 느끼는 것이 과거의 일이거나 다른 사람에 대한 것일 때도 많고, 문제를 과장하거나 지나치게 비관적으로 보기도 한다. 그러므로 지금 현재의 시점에서 구체적으로 어떻게 문제가 되는지 정리해서 보는 것이 필요하다. 그렇게 하고 난 다음에 문제의 원인을 알아가고 이해하면서 풀어 갈 수 있다.

내담자들 중에는 자신이 문제의 원인까지 알고 있는데 해결이 안 된다고 주장하는 경우도 있다. 그 말의 진위를 따지는 것보다는, 산을 오르는 여러 가지

길 중에서 어떤 길이 막혔다면 다른 길을 찾아 올라가 보자고 하는 방식으로 권유할 수 있다.

셋째, 내담자의 자기 이해

심리치료에서 자기 이해만큼 중요한 주제는 없을 듯하다. 거울로 자신의 얼굴을 비춰 보는 것이 자기 이해의 기본이다. 내가 이러하구나, 이런 모습이구나, 내 마음속에 이러한 면이 있구나라는 것을 알아 가는 것이 자기 이해다. 사람이 자기 자신을 있는 그대로 수용하기 위해서는 자신을 속이거나 스스로 부인하지 않고 있는 그대로를 바라보아야 한다.

많은 사람이 자신에 대해 잘 모르거나 어떤 부분을 인정하지 않기 때문에 어려움을 겪곤 한다. 이상적인 목표를 가지고 있으면서 인간의 현실을 인정해 주지 않는 경우도 있고, 다른 사람에 대한 시기와 경쟁 때문에 중요한 것을 놓치기도 한다. 자존심이 걸려 있거나 자기애적인 욕구가 커졌을 때는 더더욱 자기 자신에 대한 이해가 흐려진다. 우리가 마음에서 어떤 문제를 해결하고 매듭지으려면 먼저 그 문제가 무엇인지 만나야 하겠고, 그 문제를 깊이 이해해서 소화해야 한다. 그런 다음에야 매듭을 지을 수 있을 것이다.

그림 8-5에서 보는 것처럼 우리가 미술치료를 통해 만나게 되는 '이미지'는 마음속의 생각 및 감정과 깊은 관련을 맺고 있다. 이미지를 통해서 자기 자신의 모습을 발견해 가는 것은 때때로 강력한 경험이 되곤 한다. 필자가 만났던 내담자 중에 몇 주째 계속해서 결혼 문제로 고민하던 여성이 있었다. 필자는 그녀에게 이제까지 결혼에 대해 이야기했는데, 그림 작업으로 한번 표현해 보자고 제안했다. 그리고 이미지에 나타난 것은 넓고 굵은 길과 여러 갈래로 뻗은 가느다란 여러 길이었다. 우리는 그 그림을 통해서 의외로 문제가 단순할 가능성이 있다는 느낌을 받았다. 말을 하면서 고민할 때에는 이것저것 복잡했지만, 그림에 나타난 모습은 주된 도로가 분명하게 보이는데, 다만 곁가지가 무성해서 복잡한 것처럼 보이는 길이었다.

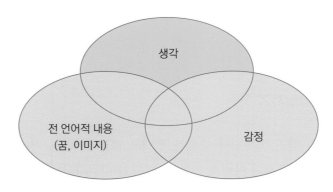

그림 8-5 이미지를 통한 자기 이해

넷째, 감정의 카타르시스

막힌 감정을 뚫어 주고 억눌린 감정을 풀어 주며 찢겨진 감정을 보듬어 주는 것이다. 해묵은 감정을 처리하기 위해서는 분출이 필요하다. 하지만 부정적인 감정을 표현하는 것은 한쪽의 날개일 뿐이다. 치료시간에 감정 표현을 더욱 촉진시키는 이유는 내담자들이 감정을 억누르고 살기 때문이다. 예를 들어, 분노는 표출하지 않아야 한다고 믿는 내담자여서 억누르고 살았다면, 분노를 내보여도 치명적이지 않다는 것을 경험하도록 하기 위해 표출을 촉진한다. 만약 평소에 분노 폭발을 자주 보이는 내담자라면, 감정을 억누르는 문제를 가진 것이 아니라 조절하지 못하는 문제를 가졌다고 할 수 있다. 이러한 경우에는 부정적 감정의 표출보다는 감정을 조절할 수 있는 능력을 키워 가는 것이 중요하다. 한두 가지 색채만 지닌 감정이 보다 분화가 되도록 해야 하고, 감정을 담아 두거나 기다리는 것이 가능해져야 한다. 그래야 나머지 한쪽의 날개도 함께 갖추게 된다.

비유를 들자면 이렇다. 기운이 넘치는 말이 있는데, 아직 길들여지지 않은 상태라서 그저 지하실에 묶어 두었다면, 말은 지하실 안에서 이리 뛰고 저리 뛰면서 시끄러운 소리를 낼 것이다. 그 말을 처음 풀어놓으면 정신없이 내달릴 것이다. 그 말을 잘 길들여서 때로는 타고 다니기도 하고, 때로는 한가로이 풀을 뜯는 모습도 보는 것, 그것이 감정을 건강하게 느끼면서 조절하고 사는 모습이라 할 수 있다.

다섯째, 새로운 행동의 학습

내담자들은 잘 몰라서 못하는 경우가 있다. 한 번도 배우지 못해서 못하는 것이다. 어떻게 감정을 조절하며 어떻게 자기 자신을 지키고, 타인과 거리를 건강하게 유지하는지 그 방법을 배우지 못했다. 그러므로 내담자가 치료시간에 직접적 혹은 간접적으로 배워 갈 수 있다. 치료사와의 관계에서 직접적으로 배울 수도 있고, 치료사와의 대화를 통해 간접적으로 배울 수도 있다. 즉, 실제 장면에서 모방하는 것은 아니라 하더라도 '아, 저렇게 이야기하면 되는구나.' '아, 저렇게 거절할 수도 있었네.' '응? 그렇게도 볼 수 있나?' 등의 경험으로 간접적인 모방 학습을 해 나갈 수 있다. 그래서 총체적으로 삶을 다루는 대처 기술이 나아지게 할 수 있다.

여섯째, 성숙

성숙은 내담자들마다 다른 모습으로 나타날 수 있지만 대체로 자신의 삶을 더 잘 받아들이고 다른 사람들과 조화를 이루며 편안하게 사는 것이라 할 수 있다. 주어진 현실을 소화하는 능력이 커지고 좌절과 어려움을 견디는 능력이 커지는 것이다. 아이들의 경우 자신의 충동을 조절하거나 만족을 지연하며 참을 수 있고 현실에 적응하는 능력이 향상되는 것이 성숙이다. 어른들도 비슷한데 주어진 현실을 소화하고 마음에서 화해를 이루며 어른다운 어른으로 성장해 가는 것이다. 이러한 성숙은 치료방향의 다른 요소들을 훈습해 가면서 이루어지기도 한다. 미술치료에서는 승화를 통한 자아의 성장이 바로 이러한 성숙을 가능하게 하는 원동력이 된다.

이러한 여섯 가지 치료방향을 잡고서 미술치료가 진행된다. 감정을 표현하거나 담아 두는 데 미술작업이 사용되는 것은 물론이거니와, 자신을 이해하고 문제를 정리하며 성장해 나가도록 돕는다.

치료의 과정에서 고려할 점

치료가 진행되는 과정에서 속도를 고려해야 한다. 치료의 속도는 특히 마음을 다룰 때 중요하다. 치료사가 내담자보다 더 빠르거나 급한 경우, 내담자는 넘어지고 상처를 입는다. 치료사가 느린 경우 내담자는 답답해하고 떠나간다. 속도는 결국 치료사와 내담자의 조율 과정인데, 치료사가 좀 더 섬세하게 맞추어야 할 조율이다.

치료사로서 회기를 진행하며 내담자와 '머물러 있을 것'인지, '움직일 것'인지를 고려할 수 있다. 머물러 있다는 것은 이런 것이다. 내담자의 요구, 필요, 이야기, 미술작업, 행동, 관계는 몇 번이고 반복되는데, 이러한 반복이 필요한 것임을 잘 헤아려서 지지해 주고 버텨 주는 것이다. 내담자의 '반복에 대한 요구'는 말로 표현되는 것이 아니다. 본인도 의식하지 못한 채 끊임없이 반복하는 경우가 다반사다. 내담자들마다 자신에게 어려운 부분이 다르고 그것을 소화하거나 바꾸는 속도도 다르다. 그러므로 미술치료사는 내담자의 속도에 맞추어 머물러 주고, 되풀이하는 것을 보호해 주어야 한다. 내담자가 특정 주제를 계속해서 그리기 원할 때는 아마도 그것이 필요하기 때문일 가능성이 높으므로 대체로 수용해 주고 지지해 준다. 아동 내담자의 경우에는 몇 달간 계속 같은 그림만 그리기도 한다. 그 내담자는 자신에게 필요한 것을 하고 있을 것이므로 기다려 주고 지지해 주어야 한다.

어느 하나가 충분히 반복되고 나면 '움직여야 할 때'가 온다. 그때는 변화를 위해 한 발자국씩 움직여야 한다. 미술치료의 경우에는 미술작업과 내담자의 실생활, 그리고 내담자의 정신세계가 함께 연동해서 움직이고 있기 때문에 작업이 바뀌는 것은 실생활의 변화와 정신세계의 변화를 보여 준다. 때로 뒤따르

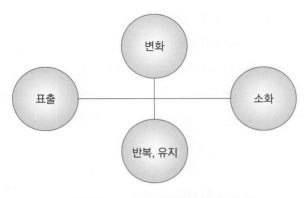

그림 8-6　치료과정에서 고려할 점

는 것일 수도 있고 앞서는 것일 수 있다. 어떤 부분이 충분히 채워지면, 내담자도 변화에 대한 욕구를 드러낸다. "이제 이거는 그만해요."라고 말하기도 하고 "저건 뭐예요? 어떻게 하는 거예요?"라며 다른 것에 대한 관심을 드러낸다. 내담자가 어느 정도 준비되었는데 변화를 거부하는 경우에는 그러한 거부 이면의 심리적 욕구를 잘 살펴서 변화로 인도해야 한다. 할 수 있는데 하지 않는 경우에는 미술작업의 질이 떨어지기 마련이다.

　횡단적으로 생각해 보면 표출할 것인가 소화할 것인가 고려할 수 있다. 표출은 어떤 의미에서 토해 내는 것이다. 표출은 시원하다. 걸렸던 것이 나오게 되니 당사자에게 시원하다. 하지만 표출만으로는 살이 찌지 않고 성장할 수 없다. 어떤 부분은 표출해야 하지만, 어떤 때는 소화해야 한다. 치료적 개입에서 표출을 돕는 것은 한편으로는 쉽다. 참으라는 말 외에 다른 것을 알지 못하던 내담자들은 '해도 된다'라는 말에 머뭇거리다가 마침내 찰흙을 던지고 거친 선을 그리며 물감을 마구 바르며 분출한다. 혹은 섬세하고 지독한 이미지를 정교하게 그리고, 때로는 아무 말없이 한 시간 내내 작업에만 매달리기도 한다. 왜 이렇게 그리고 싶은지 모르면서도 무언가에 홀린 듯이 열심히 그리고 만드는데, 그렇게 나온 작업이야말로 표출의 진수다. 이 표출을 돕기 위해서는 미술치료사가 안전한 공간—특히 심리적 공간—을 제공하고 진정 어린 눈으로 바라봐 주며 진솔하게 있는 그대로를 느껴야 한다.

소화는 표출과 반대되는 과정이다. 소화는 표출되어 나온 재료들을 마음으로 되새김질하는 작업이다. 상징적으로 이야기하면 소화란 잘게 부수고 씹어서 먹고 삼킨 뒤 피가 되고 살이 되게 하는 과정이다. 치료사는 내담자가 소화하도록 질문을 던져서 돕기도 하고 경청하기도 하며 해석하기도 한다. 내담자에게 문제가 되고 어려운 이슈가 되는 어떤 것이 표출되어 나왔을 경우, 그것을 함께 잘 살펴서 먹지 못할 것이라면 버리든가 그것이 아니라면 잘게 부수어 다시 먹든가 그것도 먹기 힘들다면 갈아서 먹어야 한다. 미술작업에서의 소화는 표출되는 거친 작업들에 조절과 완성미를 더하는 것이다.

이제까지 설명한 바와 같이 치료사의 머리와 마음에 치료목표가 먼저 설정된다 하더라도 내담자와 함께 해 나가는 것은 말할 나위 없이 중요하다. 내담자들과 치료동맹을 맺어야 한다는 것을 알고 있는가? 그렇다면 동일한 문제를 대상으로, 함께 무기를 쓰면서 공동의 목표를 성취해야 한다. 치료사 혼자서 목표를 설정하고 나가는 것은 바보스러운 짓이다. 함께 공동의 합의된 목표를 만들어야 한다. 어쩌면 공동의 목표를 만들기까지가 어려운 것인지도 모른다.

4. 단계 4 구체적 기법 선택

구체적인 기법을 선택하는 이 단계가 맨 마지막 단계다. 이 단계는 1~3단계가 진행되면서 함께 연동되어 움직이는 단계다. 내담자의 상태와 심리적 욕구, 필요에 따라 그때 그때 어떤 개입이 필요한지 작고 다양한 변화가 가능하다.

구체적 기법을 선택할 때 '내담자는 어느 정도 미술작업에 준비가 되었는가?'를 생각해야 한다. 미술작업에 대한 준비는 여러 차원이 있겠지만, 다음과 같은 것들을 고려해 본다.

- 문제의 성질: 자아동조적 vs. 자아이질적
- 미술치료 참여 동기: 자발적 vs. 비자발적
- 내담자의 이미지 생성 능력
- 내담자의 통찰 가능 여부

　내담자의 문제가 자아동조적(ego-syntonic)이면 자신의 문제를 문제라고 인정하고 있지 않기 때문에 치료가 좀 더 어렵다. 내담자가 미술치료에 참여한 동기가 비자발적인 경우에도 어렵다. 이러한 경우에는 내담자가 치료동기를 가지도록 돕고 기법을 선정할 때, 내담자가 조금이라도 흥미를 가질 수 있는 것들로 고려해 보아야 한다. 그런데 미술치료에서 구체적인 기법을 선택하는 데 가장 심각하게 고려해야 할 것은 내담자의 이미지 생성 능력이다. 이것은 미술 실기 능력과는 약간 다른데, 이미지를 떠올릴 수 있는 내담자들은 미술 실기 능력이 부족하다 하더라도 계속해서 작업을 하다 보면 자신만의 창조적 방법을 창안해 낸다. 하지만 이미지 자체가 빈약하고 푸석한 내담자들의 경우에는 무엇인가를 그리고 만드는 작업을 이어 가기가 어렵다. 예를 들어, 30대 중후반~50대 중반의 남성 알코올 중독자들로 이루어진 집단의 경우, 어떤 주제를 주고 그림으로 표현해 보라고 하면 아무리 도와주고 촉진해도 벽에 부딪힌 것 같은 모습과 만나게 된다. 이미지를 표현해 내지 못하는 사람들은 그림에 글씨만 잔뜩 써 놓거나 물건이나 사람을 간단하게 그리고 만다. 이러한 경우에는 기법을 선택할 때, 보다 더 맞춤식으로 접근해야 한다. 이미지를 만드는 것이 안 되는 경우, 이미지를 보고 느끼는 방법을 사용해야 한다. 이미지를 선택해서 하나씩 함께 보면서 느낌에 대해 같이 이야기하고 나누며 조금씩 재미있다고 느낀 다음에야 이미지를 변형해 보자고 초대할 수 있을 것이다.

　그림 8-7은 정신장애 환자의 작품이다. 이 환자 역시 미술치료 참여 동기가 다소 비자발적이었고, 이미지를 만드는 능력이 그다지 개발되지 않은 30대 후반의 남성 환자다. 감정을 표현하거나 가족을 그리거나 하는 주제가 잘 맞지 않

그림 8-7
당나귀

아서 자극 그림을 제시하고 그것을 따라 그리도록 제안했다. 물론 변형하거나 일부분만 그리는 것도 좋다고 했다. 그 환자는 달력 그림 중 하나를 선택해서 그렸는데, 비록 자신이 창조한 이미지는 아니었지만 당나귀라는 자극 그림으로부터 연관 고리를 얻어서 이야기를 이어 갔다. 짐을 싣고 가는 것이 눈에 띄었다고 하면서 자신도 이 당나귀처럼 싣고 가는 짐이 꽃이면 좋겠다고 했다.

마지막으로, 구체적 기법을 선택할 때 고려할 점으로 내담자의 통찰 가능 여부를 들었다. 내담자에 따라서는 통찰이 가능한 사람들도 있고 그렇지 못한 사람들도 있다. 대체로 어린 아동이나 지적장애가 있는 사람들, 치매나 알코올 중독으로 정신기능이 제한적인 사람들은 통찰이 어렵다. 이들에게는 미술치료작업 전반에서 지지적이고 안정적인 개입이 필요하며, 이미지를 사용해서 통찰로 이끄는 방식보다는 작업 과정에서의 활동과 행위에 초점을 맞추는 것이 좋다.

표현치료 연속선(ETC)

내담자가 어느 정도로 미술작업을 할 수 있는가 고려하는 것은 구체적 기법을 선택하고 조정할 때 매우 중요하다. 미술치료에는 ETC(Expressive Therapies Continuum, 표현치료 연속선)라고 불리는 체계가 있다(Kagin & Lusebrink, 1978;

Lusebrink, 1990). 이는 내담자의 정보처리와 기능 수준을 고려하여 미술치료사가 어떤 수준의 접근과 개입을 해야 하는지 생각하도록 한다(Hinz, 2008). 특히, 이미지를 처리하고 다루는 수준을 생각하도록 하기 때문에 미술치료로 작업할 때 유용한 개념이다.

ETC는 내담자가 어떤 수준에서 정보처리를 하는지 보도록 한다. 내담자에게 미술치료 평가법을 실시하거나 내담자가 재료를 어떻게 다루는지, 혹은 미술작업을 어떻게 하는지 살펴보면, 그 내담자에게 가장 두드러진 정보처리 수준을 알 수 있다. 어떤 내담자들은 운동감각적인 요소가 두드러진 모습을 보이고, 어떤 내담자들은 상징성이 강한 작업을 한다. 그림 8-8을 보면 각각의 수준은 위계를 보여 주는데, 가장 낮은 단계에서는 내담자가 운동감각적인 방식이나 감각기관을 통해 느끼는 감각 정보를 주로 사용한다. 이들은 작품을 그리거나 만들어서 무언가를 보여 주려고 한다거나 어떤 최종적인 대상을 만들어 내지 못한다. 자신이 만드는 작품에서 '표상(representation)'이 의미를 갖지 않는다. 자기 작업으로 인해 어떤 감정을 깨닫거나 혹은 작품을 감상하며 의미를 찾지 않는다. 그보다는 작업을 하느라 움직이는 몸놀림(크든 작든)이 의미를 가지며, 재료 자체가 주는 느낌과 감각이 중요하다. 이러한 단계가 두드러진 내담자들은 인지적으로 결손이 있는 내담자들이나 연령이 어린 내담자들, 혹은 어른 내담자들 중에서도 마음으로 어떤 부분을 바라보거나 생각하기 어려운 시기를 지나고 있는 내담자들이다.

그림 8-8 표현치료 연속선

운동감각적/감각적 수준이 두드러진 내담자들이라면 미술치료사 역시 그 단계의 재료와 기법을 중심으로 치료개입을 한다. 이를테면, 감각경험 중에서 촉감각이 위주가 되는 치료개입을 하는 경우, 부드러운 감각 재료(예를 들어, 전분 반죽, 밀가루 반죽, 면도 크림, 물기 많은 찰흙, 천사점토 등)를 만지고 주무르면서 마음에 위로가 되고 긴장이 누그러지게 돕는다. 혹은 앞서 말한 것처럼 알코올 중독 환자들이 이미지를 잘 생성해 내지 못할 때, 그림 이미지를 보여 주고 느낌을 이야기하는 방식으로 도와줄 수 있다.

운동감각적 수준에서는 팔을 움직이거나 몸을 움직여서 활동하도록 돕는다. 큰 종이 위에 물감 작업을 하거나 크게 팔을 휘둘러서 난화를 그리는 것, 선 채로 이젤이나 벽면 위의 도화지에 작업하는 것 등이 해당된다. 색 스프레이를 뿌려서 작업하는 경우도 운동감각적 요소가 두드러지며, 찰흙을 던지거나 밟는 것도 운동감각적인 면을 증진한다.

그 위의 단계에서는 지각적이거나 정서적인 수준의 정보처리를 할 수 있다. 이 단계는 운동감각적/감각적 단계보다는 한 단계 더 나아간 것이다. 자신의 미술작품에 대해 어떤 감정을 느끼거나 무엇을 닮았다고 하는데, 예를 들어 난화를 그리고 그 속에서 어떤 이미지를 찾아낸다면 지각적 수준의 활동이다. 감정을 덧붙여서 표현할 경우에는 정서적인 활동이다.

세 번째 단계는 인지적/상징적 수준인데, 이 단계에서는 정보처리가 복잡하고 정교하다. 대부분의 청소년 이상 내담자들은 이 단계를 보이지만, 때로 그들의 문제를 더 깊이 이해하고 다루기 위해서는 감각적 수준이나 운동감각적 수준으로 내려가야 한다. 특히 억압하고 억제하는 면이 강한 내담자들이라면 운동감각적/감각적 단계의 치료개입이 도움이 된다. 역으로, 운동감각적/감각적 수준에 머무르는 내담자라면, 아마도 인지적 결손이 있는 내담자일 텐데, 지각적인 부분들을 더 촉진하고 감정의 인식과 표현도 도와줄 수 있다.

앞서 말한 큰 틀에서 방향이 설정되면 구체적인 기법을 선택할 때 세부적 방향을 잡을 수 있다. 예를 들어, 표출하는 데 초점을 맞추면 재료를 준비할 때에도 보다 유동적인 재료(흐르는 물감, 핑거페인팅, 물기 많은 찰흙)를 쓰게 한다든지

미술치료 이벤트

주호소가 뚜렷하지 않으면서 교육적인 목적이나 이벤트 활동으로 미술치료를 의뢰하는 경우도 드물지 않게 있다. 대개 그런 경우에는 회기가 짧고 (한두 시간짜리 한 회기에 그치거나, 길더라도 10회기 안팎) 집단으로 진행되는 경우가 많다. 치료회기로 만나는 시간이 짧을수록 내담자들이 집중할 수 있는 기법을 치료사 편에서 생각해 보도록 한다. 마치 어쩌다가 한 번씩 먹는 특별한 음식 같은 느낌으로 기법을 선택하면 된다. 치료가 가장 치료답기 위해서는 내담자가 마음으로 움직여야 한다. 미술치료가 가장 미술치료다우려면 내담자가 미술작업에 깊이 몰두할 수 있어야 한다. 재미가 없는데 몰두하는 것은 불가능하다. 그러므로 짧은 미술치료회기에서 구체적인 치료목표도 부재한 상태라면, "어떻게 해야 이 내담자들이 미술작업 자체를 재미있어 할 수 있을까?"라고 스스로 자문해야 한다.

예를 들어, 어느 단체에서 수련회를 갔는데 수련회 프로그램 중 3시간을 떼어서 "미술치료를 해 주세요."라고 요청한다면 어떻게 주호소와 목표를 선정하고 개입해야 하는가? 이때 어떤 구체적 기법을 선택해야 하는가?

주호소가 딱히 두드러지지 않을 때에는 관심 주제가 있는지 묻고 그에 맞출 수 있다. 이 수련회의 주제가 '선물'이었다고 한다. 참여 인원은 대략 100명 내외로 몇 개의 조로 나뉘어 있다. 주어진 시간이 3시간이라면 어떤 것을 해야 할까? 정답은 물론 없지만, 필자는 선물이라는 주제를 듣고 조별 케이크 만들기를 제안했다. 각종 찰흙 재료(찰흙, 지점토, 천사 점토 등)로 케이크를 만들고 여러 가지 다양한 재료들로 장식하게 했다. 장식 재료는 충분히 넉넉하게 준비해서 조별로 창조적으로 사용하게 했는데, 하얀색 면도크림으로 케이크를 장식하는 것도 있고, 글루건으로 과자를 붙여서 만들기, 색 모래와 색 자갈로 케이크 장식하기, 수수깡과 매직콘 사용하기 등도 있었다. 이미 조별 활동을 하고 있었던 집단이므로 조별로 만드는 것은 익숙할 뿐더러 적당한 긴장과 경쟁도 활력을 주었다.

다시 말하지만, 정답은 없다. 우리가 아는 유일한 정답은 미술작업 안에 있다.

내담자에게 익숙한 재료를 쓰게 하거나 별 무리 없이 퇴행하도록 돕는 재료(신문지 찢기라든가, 물을 흠뻑 묻힌 종이를 던진다거나 촉감각을 활성화하는 부드러운 재료를 사용하는 것 등)를 고려할 수 있다.

중요한 것은 개입 방향의 설정이 내담자의 심리적 변화와 어떻게 영향을 주고받을 것인가 하는 점이다. 억제하고 억눌러온 감정 때문에 문제가 생긴 경우라면, 표출하고 표현하도록 서서히 유도하는 것이 좋다. 갑작스러운 표출은 부담스럽게 느껴질 것이다. 조절이 잘 안 되고, 감정이나 행동을 다스리지 못하는 내담자라면, 보유하는 쪽으로 초점을 맞추되, 기분껏 표출했다는 느낌을 가질 기회도 있어야 한다.

외상을 경험한 내담자라면 어떻게 해야 할까? 아마도 내담자는 자신의 마음속 압박 때문에 무한히 표출하고 싶어 할 것이다. 한편으로는 두려워하면서도 말이다. 그럴 경우에는 내담자의 요구를 따라가되, 그것을 담을 수 있는 그릇을 함께 잘 준비해야 한다. 실컷 표출만 하고 담지 못한다면 다시 이차, 삼차로 외상을 입을 수 있다. 안전한 기지, 안전한 그릇, 안전한 장소 등 여러 가지 이름으로 불리지만, '믿을 수 있는 엄마 품' 같은 이미지를 작업해 내야만 진정한 표출까지 가더라도 의미 있는 순간을 경험하게 될 것이다.

어떤 내담자를 만난다 하더라도 개입이 균형을 이루어야 한다. 어느 쪽의 방향을 선택하더라도 한 가지 방향으로만 가는 경우는 없다. 서로 다른 방향을 일보 후퇴 이보 전진, 혹은 삼보 전진 일보 후퇴하며 진행할 수 있다. 예를 들어, 마음에 깊이 쌓아 두었던 이야기를 표출해 내는 것이 도움 되는 내담자라 하더라도 그저 계속해서 표출하는 것만 도움이 되는 경우는 별로 없다. (마찬가지로 그렇게 된다면 또다른 외상을 경험할 뿐이다!) 표출을 받쳐줄 수 있을 만큼 충분한 보유가 이루어지고 소화되지 않는다면 무엇이 도움이 되겠는가 말이다. 또한 소화만 강조되다 보면 나중엔 소화할 것이 없는 양 스스로를 속이고 부인하게 되기도 한다.

참고문헌

Hinz, L. D. (2008). Walking the line between passion and caution in art therapy: Using the expressive therapies continuum to avoid therapist errors. *Art Therapy, 25*(1), 38–40. DOI: 10.1080/07421656.2008.10129352

Kagin, S. L., & Lusebrink, V. B. (1978). The expressive therapies continuum. *The Arts in Psychotherapy, 5,* 171–180. DOI: 10.1016/0090-9092(78)90031-5

Lusebrink, V. B. (1990). *Imagery and visual expression in therapy.* New York: Plenum Press.

Rubin, J. A. (2006). 미술치료학 개론(김진숙 역). 서울: 학지사. (원저 1999년 출판)

미술치료 준비 I: 재료

나는 나 자신을 바라볼 때, 능력 있는 예술가로서의 일반적인
자질과 심리치료 및 교육 분야의 특화된 능력을 결합한 전문가
라고 생각한다.

– Edith Kramer (2000)

277

제9장 미술치료 준비 I: 재료

　미술치료를 시작하는 데 있어 준비해야 하는 가장 중요한 것은 그 어떤 것보
다도 치료사 자신이다. 치료사 자신의 마음과 머리가 준비되어 있어야 미술치
료가 준비된 것이다. 머리의 준비는 자신이 만나는 내담자를 임상적으로 이해
하고 필요한 전문지식을 갖추고 도울 수 있도록 하는 것을 말한다. 마음의 준비
는 소박하고 진실하게 만날 준비가 되는 것인데 지나치게 겁먹거나 잘 보이려
고 애쓰거나 혹은 공격적이거나 비판적이거나 불안정하거나 휘둘리지 않을 수
있는 상태를 건강하게 유지할 수 있어야 한다. 이러한 준비가 일반적으로 상담
이나 심리치료와 공통되는 부분이라면, 미술치료에만 해당되는 준비 사항이 있
다. 바로 미술재료*와 미술기법인데 이는 미술치료에만 해당되는 하드웨어와
소프트웨어인 셈이다. 먼저 고려할 하드웨어는 미술작업에 사용할 미술재료와
도구다. 미술치료 기법의 첫 단추는 재료에 대한 생각에서 시작한다. 다른 치료
방법과 달리 미술치료의 경우에는 재료 준비가 매우 중요하다. 재료는 내담자
들에게 좋은 자극이 되기 때문이다. 재료라는 자극제를 통해 내담자의 내면 욕
구와 갈등, 심리 과정이 나타나게 된다. 이번 장에서는 다양한 미술재료의 준비
에 대해 살펴보기로 한다.

---

* 이 책에서 소개하는 재료는 상표명을 그대로 썼다. 구체적 제품에 대한 소개 및 평은 필자의 주관적 의
　견이다. 독자들은 이 정보를 도구 삼아 각자에게 맞는 재료를 찾아가기 바란다.

1. 회화 재료

연필, 색연필, 파스텔, 콩테, 목탄, 크레용, 사인펜, 마카, 물감

가장 기본적인 재료다. 그림검사의 목적으로 특정 재료만 사용해야 하는 것이 아니라면 미술치료시간에 회화 재료를 거의 늘 제공한다. 회화 재료는 연필부터 물감까지 있다. 회화 재료는 생각과 사고에 접근하기 좋은 재료다. 섬세하고 예민한 표현이 가능하며 그리는 개인의 취향이나 기분 상태, 생각, 관심사를 가장 잘 드러내 준다. 또한 그리는 사람이 얼마나 미술에 친숙하고 숙련된 솜씨를 가지고 있는가 하는 점도 잘 보여 준다. 그만큼 작업 과정에서 좌절감도 많이 생기게 하는 재료다.

연필

대부분의 내담자들에게 연필은 여러 미술재료 중 가장 친숙한 재료다. 그래서 Kramer는 내담자를 이해할 때 다른 재료의 선택 과정보다는 연필 선택 과정을 잘 살펴보도록 했다. 즉, 내담자가 몽당 연필을 고르는지 아니면 잘 깎인 연필을 고르는지 혹은 손에 잡히는 대로 아무거나 사용하는지에 따라 자존감과 환경 조절 능력도 가늠할 수 있다고 했다.

오늘날은 컴퓨터와 전자 기계를 많이 사용하게 되면서 직접 글씨를 쓸 일이 줄어들고 그에 비례해서 연필 사용도 줄었다. 하지만 흑연과 나무로 이루어진 연필은 다른 어떤 재료보다도 가장 기본적이고 중요한 재료다. 미술작업에서 그림을 그린다는 것이 핵심이라면, 그림을 그리는 데는 연필이 핵심일 것이다. 마음을 표현하는 데 꼭 복잡한 미술재료를 사용해야 하는 것이 아니다. 스케치만으로도 충분하다. 그리고 연필은 마음을 표현하는 데 볼펜이나 색펜으로 표현하지 못하는 어떤 감성을 표현할 수 있다.

연필의 종류는 진하기와 단단한 정도에 따라 표 9-1과 같이 H, F, HB, B 연필이 있다.

표 9-1　연필의 종류

9H 8H 7H 6H 5H 4H 3H 2H H	제도용: 섬세한 선을 긋는다.
F HB B	필기용: 글씨를 쓴다.
2B 3B	속기용: 빠르게 글씨를 쓴다.
4B 5B 6B	회화용: 그림을 그린다.

　H 연필은 Hard의 첫 자를 딴 것이고, F는 Firm, B는 Black의 첫 자다. H 연필은 연필심이 가늘고 단단하며 딱딱해서 설계나 제도에 주로 사용한다. B 연필은 진하고 부드러우며 스케치, 소묘, 크로키 등에 사용한다. H와 B의 숫자가 높을수록 그 특성이 두드러지는 것을 의미한다. 그러므로 2H나 3H 연필보다 9H가 더 단단하고 더 가늘다. 그리고 2B나 4B보다 6B가 훨씬 더 진하고 부드럽다. HB는 단단한 것과 진하기에서 중간 정도이므로 필기용으로 많이 사용한다. 글씨를 쓰는 연필과 그림을 그리는 연필을 구분하는 이유는 직접 그려 보면 알 수 있다. 그림 그리는 연필은 종이 위에 흑연이 입혀질 때 겉돌지 않고 부드럽게 잘 눕는 느낌이 든다. 진한 연필로는 연하게 그릴 수도 있지만, 단단하고 딱딱하며 연한 제도용 연필로는 진하게 그리기 어렵다. 하지만 이러한 구분은 대체적인 경향을 이야기하는 것일 뿐이므로, 미술재료를 알아가고 친숙해지는 과정에서 흐리고 딱딱한 연필로 그림을 그려 보기도 하고, 진한 연필로 그려 보기도 하는 것이 좋다. 강력한 표현을 하고 싶을 때는 연필심이 무르고 색이 진한 6B, 8B로 거침없는 작업을 해 볼 수 있고, 때로는 HB나 2H 정도의 흐린 색으로 스케치할 수도 있다.

　미술용 연필로 자주 쓰이는 제품은 표 9-2와 같다. 주로 일본 제품과 독일 제품이 강세인데, 일본 제품으로는 잠자리 모양 상표로 유명한 톰보우의 모노 시리즈와 미츠비시의 하이유니가 있다. 독일 제품으로는 색연필로 일반에게 친숙

| 표 9-2 | 연필 제품의 종류와 특징 |

제품	특징
톰보우(TOMBOW) -모노 제이(MONO J) -모노 100(MONO 100)	모노 100은 모노 제이보다 더 비싼 전문가용이다. 모노 100은 연필로 소묘화를 그릴 때 가장 보편적으로 사용될 만큼 사랑받는 제품이기도 하다. 까만색 연필 몸체에 잠자리 모양의 로고와 TOMBOW라는 글씨가 새겨져 있으며, 대체로 부드럽고 그릴 때 느낌이 좋다.
미쓰비시(MITSU-BISHI) -하이유니(Hi-uni)	미쓰비시사에서 만든 하이유니는 모노 100처럼 부드러우면서도 색감이 풍부한 연필이다. 필자도 소묘 작업을 할 때 톰보우의 모노 100을 주로 쓰다가 하이유니로 바꾸었는데, 종이 위에서 쭉쭉 선을 뻗을 때의 느낌이나 섬세하게 세부적인 면을 만져 줄 때의 느낌, 색감이 마음에 들어서 그 이후로 계속 이 연필을 즐겨 사용하였다.
스태들러(STAEDTLER)	스태들러에서 나오는 연필은 푸른색 몸체를 가진 마스 루모그라프(Mars Lumograph)라는 제품이다.
파버카스텔(FABER-CASTELL)	파버카스텔은 색연필 제품으로 친숙한 브랜드다.
프리즈마컬러 에보니 (PRISMACOLOR EBONY)	미국의 프리즈마컬러에서 만든 연필인데, 스케치용이나 디자인에 사용한다. 예전에 화방에서 액자를 맞추었을 때 화방 주인이 눈썹 그릴 때 쓰라고 주길래 참 이상하다고만 생각했는데, 이 연필의 질감이나 색감이 여성의 눈썹 화장에 사용해도 그럴듯하기 때문에 실제로 눈썹을 그리는 미용용으로도 사용한다.

한 스태들러와 파버카스텔이 많이 쓰인다.

연필로 작업을 시작할 때에는 선 긋기로 손을 풀고 마음을 풀어 갈 수 있다. 4절이나 2절 정도의 큰 도화지를 화판에 고정해 이젤 위에 세워 두고 앉아 보자. 위에서 아래로, 혹은 좌에서 우로 선을 긋기 시작한다. 익숙해지면 팔 움직임을 좀 더 빠르게 해 보자. 선 긋기는 단순한 팔 움직임인 것 같지만, 마음밭을 쟁기질해 주는 것 같은 효과가 있다. 어떤 면에서는 긴장을 완화한다. 그래서 Ulman이나 Kwiatkowska는 미술치료평가법을 만들면서 검사 중간에 팔을 움직이도록 팔 운동을 삽입하였다.

색연필

색연필은 아동용부터 전문 회화용에 이르기까지 폭넓은 종류가 있다. 주로 발색력이나 가짓수에서 차이를 보이는데, 전문 회화용 색연필의 경우에 48색, 72색, 132색, 150색까지 다양하게 나온다. 연필 제조회사에서 색연필도 만드는데 파버카스텔과 스태들러, 프리즈마컬러에서 나오는 제품이 많이 사용된다.

색연필에는 수성과 유성이 있다. 수성 색연필은 그림을 그리고 난 다음 물을 묻혀서 문지르면 마치 수채물감처럼 번지는 표현을 할 수 있다. 유성 색연필은 부드럽고 윤기가 있다. 오일 파스텔이나 수채화 위에 색연필로 작업을 더할 때에는 유성 색연필을 사용하는 것이 발색과 착색이 수월하고 좋다.

그림 9-1 컬러링에 흔히 사용하는 색연필

색연필은 필압의 차이에 따라 다양한 표현이 가능하다. 힘을 줘서 채색할 경우 바탕 종이의 색이 보이지 않을 정도로 진하게 칠할 수 있고, 반대로 힘을 약하게 줘서 칠할 경우에는 바탕 종이의 색이 조금 보이며 파스텔 느낌으로 연하게 칠할 수 있다. 색연필의 색이 서로 섞이도록 하고 싶다면, 흰색 색연필을 사용해서 덧칠을 하거나 색연필 블렌더를 사용하면 된다.

파스텔

파스텔의 종류는 초크 파스텔(chalk pastel)과 오일 파스텔(oil pastel)이 있다. 초크 파스텔은 우리가 흔히 파스텔이라고 알고 있는 미술재료다. 길쭉한 막대 모양으로 생겼으므로 스틱 파스텔(stick pastel)이라 부르기도 하며, 가루가 날리고 부드럽다고 해서 소프트 파스텔(soft pastel)이라 부르기도 한다. 다른 재료들에 비해 가루가 많이 날리고 표면에 붙는 점착력이 낮으므로 작품에 픽사티브를 뿌려서 보관한다. 반드시 실물을 보관하고 싶은 것이 아니라면 디지털 카메라로 찍어 사진을 남기는 것으로 대신할 수도 있다.

오일 파스텔은 크레파스라는 상품명으로 익숙한 재료다. 초크 파스텔에 비해 유분이 많고 가루도 날리지 않아서 재료를 다루기가 더 쉽게 느껴지며 진하거나 옅게 발색하기도 수월하다. 칠할 수 있는 표면도 다양해서 종이와 캔버스, 돌, 유리, 나무, 사포 등 다양한 재료 위에 작업할 수 있고, 물감 등 다른 종류의 재료로 그림을 그린 작품 위에 덧칠하기도 좋다.

파스텔을 사용해서 색을 섞는 표현을 할 때, 초크 파스텔은 색을 문질러서 혼합한다. 오일 파스텔은 손으로 문지르기가 쉽지 않으므로 찰필을 사용해서 색이 자연스럽게 섞이도록 한다. 찰필은 종이를 빡빡하게 말아서 연필 모양으로 만든 화구인데, 두 가지 이상의 오일 파스텔 색을 칠한 뒤 고르게 섞이도록 할 때 사용할 수 있다. 한 가지 색만 칠한 경우에도 색깔이 고르고 곱게 퍼지도록 찰필을 사용할 수 있다.

오일 파스텔과 유사한 재료로 크레용이 있다. 오일 파스텔이 안료에 오일과

왁스 성분으로 만들어졌다면 크레용은 안료와 왁스 성분으로만 만들어졌다. 그
래서 크레용보다는 오일 파스텔이 훨씬 더 풍부하고 기름진 느낌을 준다. 크레
용도 널리 사용되는 미술재료이지만[예: 미국 크레욜라(Crayola)사의 크레용], 미술
치료 분야에서 그림검사는 크레용을 사용하지 않고 주로 초크 파스텔을 사용한
다. 선을 긋거나 색칠하고 색을 혼합하는 등 다양하게 사용할 수 있다는 점과 재
료를 다루기가 쉽다고 볼 수도 있지만 손에 묻거나 부러지고 가루가 날리는 등
통제하기 쉽지 않은 측면도 있으므로 하나의 그림검사 과제를 통해서 폭 넓은
반응을 볼 수 있다는 점에서 초크 파스텔이 선호된다.

파스텔을 출시하는 제조사로는 우리나라의 문교와 알파 브랜드가 있고, 파버
카스텔, 렘브란트, 프리즈마컬러 등이 있다. 문교의 파스텔에는 사각과 원형이
있으며, 사각 파스텔에는 길이가 3cm 정도로 짧은 것과 길쭉하고 가루가 날리
지 않는 콩테류의 파스텔이 있다.

파스텔과 크레용은 계속해서 새로운 종류의 제품이 개발된다. 파스텔의 색
감이나 느낌은 살리되 가루가 손에 묻지 않도록 만든 것으로 파스텔연필(pastel
pencil)도 있다. 이는 연필처럼 생겨서 연필심 대신 파스텔이 들어 있다. 아예 손
에 묻지 않는 크레용도 있다. 그리고 아모스에서 나온 파스넷은 기존 크레용보
다 훨씬 더 느낌이 부드럽고 잘 발리는 재료다.

그림 9-2
오일 파스텔로 그린 뒤
찰필로 문지른 효과

콩테와 목탄

목탄은 숯 같은 느낌이며 지울 때는 식빵으로 지운다. 손에 잘 묻기 때문에 사용할 때 은박으로 싸서 그리기도 한다. 어차피 손에 많이 묻기는 하지만 약간은 손을 보호할 수 있다. 목탄은 자연목탄과 압축목탄이 있다. 자연목탄은 나무를 태워 만든 참숯이며, 압축목탄은 태운 나무 가루를 압축해서 만든 것이다. 압축목탄의 딱딱한 정도에 따라서 '매우 부드러운' '부드러운' '중간' '딱딱한' 등으로 나눌 수 있다. 목탄으로 그리는 그림은 연필 그림보다 더 원시적이며 원초적이다. 강하면서 부드러운 표현이 가능한 것이 바로 목탄이다. 명암 표현도 폭넓게 할 수 있으므로 목탄으로 정물화를 그리더라도 그리는 사람의 감정을 실어서 표현하기가 좋다.

그림 9-3 콩테(좌)와 목탄(우)

콩테는 목탄에 비하면 훨씬 더 정제된 느낌 혹은 절제된 느낌이다. 콩테로 그린 것은 지우기 어렵다. 콩테는 목탄에 찰흙을 섞어서 만든 것인데 목탄보다 더 단단하며 크로키와 같이 선을 주로 사용하는 작업에 사용된다. 검정색만 나오는 목탄과 달리 콩테는 검은색, 붉은색, 갈색 등의 색깔로 나온다. 그림 9-3에 사용한 콩테는 갈색 두 종류와 검정색 콩테다. 오른쪽의 목탄이 넓은 면을 부드럽게 표현하기 좋은데 비해서 콩테는 선화를 그리기에 더 좋다는 것을 볼 수 있다.

사인펜과 마카

사인펜과 마카는 비슷한 종류인데, '사인펜'은 브랜드명에서 비롯되어 일반명사처럼 사용되고 있다. 마카에 비해 가느다란 촉을 가진 펜이 사인펜인데, 그 이름처럼 포스터나 광고 전단을 간단하게 제작할 때 글씨 쓰기에 주로 사용한다. 마카는 사인펜보다 더 굵은 촉을 가진 펜이지만 어떤 것들은 사인펜만큼 가는 펜촉도 있다. 수성과 유성이 있는데, 유성은 대체로 색깔이 더 선명하고 다소 딱딱한 느낌이 나며, 수성은 그에 비해 부드러운 편이다. 아동용 미술재료로 모나미와 지구, 동아에서 나오는 유성매직(짧은 것도 있고 긴 것도 있다)은 진하고 펜 끝이 두꺼우며 냄새가 나는 편이어서 미술치료시간의 회화 재료로 자주 사용되지는 않는다. 모나미 칼라펜이라는 이름으로 나오는 마카는 수성이며 그 느낌이 훨씬 부드럽다. 미술치료 그림검사 중에 마카를 사용하도록 하는 검사들(예를 들면, PPAT)이 있는데, 이는 대중적으로 사용되는 마카의 종류가 달라서 그렇다. 미국의 마카는 크레욜라 브랜드에서 나오는 것이 대중적으로 사용되며 이는 수성이라 부드럽고 마치 우리나라의 크레파스처럼 아동들이 편하게 사용한다.

물감

물감은 물에 개어서 사용하는 수채화 물감, 손으로 직접 찍어서 쓰는 핑거 페인트, 물을 더 타지 않아도 바로 쓸 수 있는 템페라 페인트가 있고, 그 외에 아크릴 물감과 유화 물감이 있다. 공예품에 색을 입힐 때 아크릴 물감을 사용하기도 하지만, 아크릴이나 유화 물감은 미술치료에서 자주 쓰는 재료는 아니다.

수채화 물감은 우리나라의 신한이나 알파 브랜드가 좋다. 비싼 외국 수채화 물감으로 홀베인 사에서 만든 물감도 있는데 전문가용으로 색감이 탁월해서 사랑받는 제품이다. 물감 다루기가 친숙하지 않은 경우에 군이 홀베인 물감을 사용할 필요는 없다. 그러나 물감과 친해지고 물감 작업에서 많은 영감을 얻는다면 한번 사용해 보는 것도 추천할 만하다. 파란색만 하더라도 다양하고 깊이 있는 여러 가지 파란색(터키 블루, 코발트 블루, 코발트 블루 휴, 코발트 터키오즈 라이트, 세룰리안 블루, 마린 블루, 페르시안 블루, 울트라 마린, 울트라 마린 라이트, 피코크 블루, 컴포즈 블루, 벌디트 블루 등)을 접할 수 있기 때문이다.

핑거 페인트는 손에 직접 닿기 때문에 제조 회사에서 핑거 페인트용이라고 밝힌 제품을 써야 한다. 소량이기 때문에 일반적인 물감을 손으로 직접 만져도 성인의 경우 별 상관없지만, 아동에게는 조금 더 신경 써야 한다. 물감의 주원료는 공업용 원료인데 비해 핑거 페인트용으로 나온 물감 제품은 녹말과 같은 인체에 무해한 재료를 사용한다. 핑거 페인트 제품으로는 크레욜라 제품과 브랜드명이 '슈퍼 템페라'인 제품이 있다. 영유아나 신체 조절이 잘 되지 않는 아동

그림 9-4
핑거 페인트

내담자라면, 마음껏 작업하고 쉽게 씻고 지울 수 있는 공간에서 하는 것이 좋다.

템페라 페인트는 안료의 고착제가 달걀 노른자인 물감을 일컫는 말이다. 이 물감은 고대로부터 사용되었는데 벽면이나 나무, 양피지, 캔버스 등 다양한 표면 위에서 작업이 가능하다. 미술치료시간에 사용하는 템페라 페인트는 물감 그림에서 물 조절에 어려움을 느끼는 아동들이 주로 사용하는데, 안료와 미디엄이 이미 섞여서 사용자가 조절할 필요 없이 만들어져 나오므로 실제 사용은 간편하다. 마치 포스터 물감에 물이 조금 더 섞여 있어서 덜 **빡빡**하면서도 약간은 무게감을 느낄 수 있어서 막바로 찍어 그릴 수 있을 정도의 느낌이다. 우리나라에는 템페라 페인트가 별로 보급되어 있지 않아 사용이 많지는 않다. 핑거 페인팅용으로 나온 슈퍼 템페라를 붓으로 찍어 그려도 된다.

2. 종이

> 켄트지, 머메이드지, 미뗑스지, 디자이너스지, D.S.지, 탄트지, 삼원칼라 종이,
> 색종이, 한지, 티슈 페이퍼, 시트지, 펠트지

미술치료시간에 가장 흔히 쓰는 대표적인 종이는 켄트지다. 켄트지를 사러 가면 종이의 무게를 표시한 숫자를 볼 수 있다. 종이의 무게는 $1m^2$당 종이 한 장의 무게를 말하며, 종이의 종류가 같을 때 이 수치가 높을수록 질이 좋은 종이다. 더 두껍고 밀도가 높은 종이일수록 물감과 같은 회화 재료를 더 잘 안착시키고 지탱하기 때문이다. 얇은 연습장 종이 위에 물감을 칠했을 때와 두꺼운 종이 위에 칠했을 때 그 물감이 스며드는 것에 확연한 차이가 있음을 볼 수 있다. 일반적인 복사지나 공책의 내지가 70~80g이며, 색연필이나 크레용을 주로 쓰는 초등학생용 종이가 130g 안팎, 물감을 사용하는 종이는 180g 이상이 적당하며, 200g이 넘는 종이는 그만큼 더 질이 좋은 것이라 할 수 있다. 켄트지는 색깔에 따라 백상지와 미색지가 있는데, 대체로 백색을 띠는 백상지를 많이 사용하지만

옅은 미색을 띠는 미색지를 선호하는 사람들도 많다.

켄트지가 표면결이 매끈한 종이라면 표면결이 울퉁불퉁하게 나온 종이로 머메이드지, 미멩스지, 디자이너스지, D.S.지 등이 있다. 이들 종이는 표면결이 아주 약간 올록볼록하게 처리되어 있고, 종이 자체에 두께감이 있으며, 종이색이 매우 다양하고 색상이 깔끔하고 곱다. 파스텔이나 수채물감, 목탄 등 다양한 회화재료를 사용할 수 있고 종이 자체의 색이 탈색되지 않아 장기 보존도 가능하다. 머메이드지는 양면이 엠보싱 처리되어 있거나 한 면이 엠보싱 처리된 것이 있으며 종이가 어느 정도 두께감이 있고 표면 결이 느껴지며 색상은 종류별로 나온다. 사이즈는 전지, 2절, 4절, A4 등 네 종류다. 미멩스지도 표면결이 느껴지는 고급 종이다. 탄트지나 삼원칼라 종이는 여러 가지 색상이 다양하게 출시되는데, 두께가 얇아서 물감 작업보다는 크레용이나 색연필 작업에 적합하다.

미술치료를 하면서 색종이도 빼놓을 수 없다. 단면 및 양면 색종이, 금은색을 포함한 특수색의 색종이, 엠보싱이 처리된 색종이도 있고, 무늬가 들어간 색종이, 작은 종이접기용 색종이 등이 있다.

한지도 자주 사용한다. 한지는 색깔도 다양하고 무늬도 다양한 종류가 있다. 아무런 무늬 없는 흰 화선지도 활용도가 좋고, 여러 색깔과 무늬의 한지도 활용도가 좋다. 무엇보다도 이런 한지는 내담자들에게 어떤 감성을 불러일으키는 좋은 재료다. 내담자들은 빛깔이 곱고 무늬가 있는 한지들을 보면서 호감을 느끼는데, 이내 이 호감은 감성적인 면을 자극하거나 다양한 감정 반응으로 연결된다. 이를테면 '나는 이런 것은 예전에 만져 보지도 못했는데.'라고 생각하는 사람도 있고, '정말 예쁘다. 저 색깔 한지가 제일 마음에 드는데 다른 사람들이 가져가면 어쩌지?'라고 반응하는 사람도 있다. 어떤 반응이든 우리 안의 마음에 불이 들어오고 활성화된다면 치료시간 내에 함께 그 마음을 다루어 나갈 수 있기 때문에 도움이 된다.

티슈 페이퍼(tissue paper)는 우리말로 박엽지(博葉紙)라고 부르는데 이것은 아주 얇고 느낌이 한지와 유사하지만, 흔히 우리가 접하는 한지보다 훨씬 더 얇아서 나풀나풀하다는 느낌을 준다. 종잇결을 따라 쉽게 찢어지기도 한다. 티슈 페이퍼는 미국에서 미술치료를 할 때 찢고 붙이는 용도로 거의 빠지지 않고 썼을 만큼 자주 사용했던 종이다. 우리가 일상생활에서도 자주 보는데, 예를 들면 박스 포장을 하면서 상품의 완충제로 넣어 주거나 구두를 포장할 때 박스에 넣으면서 구두를 감싸는 용도 등으로 사용되고 있다.

특수 재질 지류 중 미술치료시간에 사용하기 좋은 재료는 시트지다. 필자는 시트지로 작업을 많이 했는데, 내담자들은 처음에 시트지에 별 관심 없어 하다가도 마칠 때 즈음에는 꽤 재미있었다고 말하곤 했다. 시트지는 뒷면을 떼어 내고 풀칠 없이 바로 붙일 수 있다는 점에서 의외로 재미있는 작업을 하게 해 주는 재료다. 시트지를 작은 네모로 잘게 잘라 두면 모자이크 하듯이 작업할 수도 있고, 혹은 시트지를 직접 오려서 작업할 수도 있다. 시트지의 색상은 다소 제한적이기는 하지만 15~16색 정도의 종류가 있으므로 창조적으로 작업해 볼 수 있을 정도는 된다.

펠트지 중에 미니펠트라는 제품명으로 출시되는 펠트지는 뒷면을 떼어 내고 붙일 수 있는 시트지 형태로 되어 있다. A4 용지 크기의 펠트지인데 색상이 여러 가지로 다양해서 오리고 붙이는 작업을 할 때 흥미롭게 할 수 있다.

그 외에 알루미늄 호일이라든가 기름종이, 골판지, 우드락 보드, 플라스틱 판넬 등 다양한 미술재료를 사용할 수 있다.

3. 붓

붓은 미술치료 재료 준비에서 상대적으로 중요도가 덜한 재료다. 아마도 작업 특성상 붓은 어느 정도의 붓을 다루는 기술과 집중력을 요구하기 때문에 내담자들이 잘 선택하지 않아서 그렇게 되는 것 같다. 그리고 붓과 같은 도구는 그리는 사람에게 익숙해져서 손에 딱 달라붙는 느낌을 주는 것이 좋은데, 치료상황에서 내담자들이 그런 느낌을 가지기는 쉽지가 않다. 그래서 미술치료사들도 붓 준비에는 다소 소홀해지곤 한다. 하지만 한 번을 사용하더라도 붓이 가지는 매력이나 특성을 생각하면 소홀히 대접할 수 없는 재료다.

붓을 준비할 때에는 아동용 붓이나 작은 붓만 준비하지 말고 반드시 큰 붓도 준비해야 한다. 그리고 종류를 다양하게 갖출 수 있다면 좋다. 이를테면, 납작한 평붓도 있고, 끝이 모이는 둥근 붓, 넓은 평면 붓 등이 있다.

아주 넓은 붓으로 물감을 잔뜩 묻혀서 자기 키보다 더 큰 넓은 종이 위에 한 획을 길게 쭉 뻗어 그린다고 상상해 보라. 그 상상에 마음이 약간 움직인다면, 그것은 붓의 매력을 알기 때문일 것이다. 미술치료작업에서 크고 넓은 붓은 반드시 필요하다. 흔히 빽붓이라 불리는 밑칠용 배경붓도 좋고, 페인트 칠을 할 때 쓰는 크고 넓은 붓도 좋다. 막붓이라 부르는 넓은 붓으로 물감 작업을 해 보는 것도 색다른 느낌을 줄 수 있다. 필자는 예전에 두꺼운 전지 두 장을 붙여 두고 페인트 칠용 막붓으로 노란 템페라 물감을 잔뜩 찍어서 길게 줄을 긋는 방식으로 종이 전체를 칠했던 적이 있다. 그 작업은 필자에게 소중했는데, 노란색이 어떤 느낌이라는 것, 그리고 필자에게 노란색의 에너지가 필요하다는 것을 마음으로 느낄 수 있었던 작업이었다.

붓 작업에서는 물통도 큰 것을 쓰는 게 좋다. 붓대가 2/3 정도 잠길 만큼 큰 물통에 붓을 빨아서 쓰는 게 좋다. 물론 물을 자주 갈아 주면 좋겠지만, 미술치료시간에 번거롭게 물을 갈러 오가지 않아도 될 만큼 물통이 큰 것이 더 좋다. 큰 양동이 정도면 적당하다.

4. 점토 작업 재료

밀가루, 전분, 식용색소, 천사점토, 아이클레이, 하비 클레이, 칼라밀, 플레이도우, 고무점토, 도예용 점토

직접 손으로 만지고 주무를 수 있는 점토 작업만큼 매력적인 작업도 드물다. 무엇인가 형태를 만들어 내는 것도, 혹은 형태가 없는 것도 내담자가 작업 과정

에 들어와서 마음으로 몰두할 수 있다면 모두 다 도움이 된다.

　점토 작업은 원시적이고 감각적인 성격이 강하다. 도구를 사용하지 않고(조각 칼이나 스펀지를 사용한다 하더라도 그것은 부차적이다) 직접 몸으로 부딪혀서 작업 하는 것이므로 그 성질상 보다 원시적이며 자연스럽게 퇴행을 촉발하는 경향이 있다. 다른 작업보다 유독 점토 작업에서 행동적으로나 감정적으로 퇴행을 보 이는 것도 그러한 이유 때문이다. 그래서 점토 작업을 준비할 때는 내담자의 발 달 수준을 고려할 필요가 있다. 예를 들어, 지체장애나 발달장애가 있는 아동의 경우, 점토 작업을 하다가 재료를 먹거나 핥는 경우가 있기 때문에 식용으로도 가능한 재료를 사용한다. 밀가루와 전분을 반죽으로 만들어서 점토 대용으로 사용하거나 풀로 쑤어서 유동적인 상태에서 사용한다. 색을 내고자 할 때는 '식 용색소'를 사용한다.

　손에 묻는 것을 극도로 싫어하거나 물기 많은 흙을 잘 다루지 못하는 내담자 들도 있다. 그런 경우에는 손에 묻지 않는 제품을 사용할 수 있다. 예를 들면, 도 너랜드에서 나온 천사점토, 아모스(AMOS)의 아이클레이, 하비 클레이, 칼라밀,

그림 9-5　천사점토로 만든 새 둥지

표 9-3   미술치료에서 사용하는 점토의 예

점토 종류		특징
	아모스 아이클레이	아이클레이는 합성수지 점토로 빨리 굳지 않고 색을 섞어 다양한 발색이 가능하다.
	도너랜드 천사점토	천사점토는 점토 중에서 가장 가벼우며 흰색으로만 나오는데 색사인펜이나 물감을 찍어 색을 만들어 사용할 수 있다.
	여주교재 옹기토	천연찰흙으로 개봉 후에는 쉽게 굳으므로 비닐로 잘 싸 두어야 하고, 건조해졌다면 물을 뿌린 후 비닐로 싸서 보관한다.
	조선도재 청자토	천연찰흙으로 옹기토와 동일한 방법으로 보관한다. 그 외에 조선도재에서 나오는 점토는 백자토, 분청토, 옹기토, 흑토, 갈색조형토 등이 있다.
	하비 도예토	하비 도예토는 주황, 검정, 흙색의 점토 외에 대리석 무늬의 점토가 있다.
	화성산업 데코돌 지점토	데코돌 지점토는 지점토 중에서 종이 입자가 고운 편이라 꽃전용 지점토라고 하며 사포질도 쉬운 편이다.
	이야코 만지락유토	'유토(油土)'라는 이름처럼 기름이 포함된 찰흙으로 쉽게 굳지 않는다.
	동아문구 라인점토	길쭉한 선 모양으로 나온 점토이며 빨주노초파보갈흰검 등의 색깔과 형광색이 나온다.

플레이도우 등이 유명한 제품이다. 이들 점토의 가장 큰 특징은 가볍고 부드러우며 손에 별로 묻지 않는다는 것이다. 물론 약간은 묻기도 하지만 다른 점토에 비하면 상대적으로 깔끔한 작업이 된다. 색을 입힐 수도 있는데, 사인펜으로 몇 번 찍은 뒤 손으로 조물조물 계속 주무르면 서서히 색깔이 전체로 번진다. 조금 더 진한 색으로 색을 내고자 할 때에는 물감을 묻히고 손으로 점토를 계속 주무르며 조물조물 만지면 된다.

고무점토도 있는데, 마치 고무 같은 느낌의 여러 색 점토다. 납작한 형태로 개별 포장해서 파는데, 가위로 오리면 원하는 형태로 오릴 수 있다. 작고 길게 오려서 동그랗게 말아 사용하기도 한다. 라인 클레이(line clay)는 선으로 된 철사 같은 점토다. 구부려도 쉽게 끊어지지 않아서 지그재그 형태나 U자형으로 구부려서 사용하기 좋다.

도예용 점토는 물기가 있어서 다소 질퍽거리기는 하지만 가장 흙다운 흙이다. 청자토와 백자토, 옹기토 등의 종류가 있다. 이러한 재료는 소량 구매하면 가격이 비싸지만 인터넷을 통해 대량으로 구매하면 좀 더 싸게 살 수 있다.

표 9-3에는 미술치료시간에 자주 사용하는 점토 종류를 정리해서 제시하였다.

5. 다양한 오브제 재료

작업 도구: 가위, 칼, 자, 풀, 테이프, 글루건
부드러운 재료: 깃털, 솜, 폼폼이, 가제 붕대, 석고 붕대
딱딱한 재료: 구슬, 단추, 스팽클, 색모래, 색자갈, 나무조각, 스티로폼
끈 재료: 털실, 노끈, 종이끈, 장식끈, 모루, 철사, 공예철사, 빵끈
기타: 과자, 음식 재료, 스티커, 스탬프, 각종 잡지 등

프랑스어인 '오브제'는 영어 object에 해당하는 단어인데, 미술에서 오브제라 함은 기존의 미술재료와 주제로부터 더 확장해서 여러 가지 사물이나 물건, 대상이 포함될 때 이를 지칭하는 말이다. 미술치료에서는 평면 위의 오브제 작업도 많이 하고 입체 작업으로서의 오브제도 많이 사용한다. 이러한 오브제 작업은 여러 가지 장식 재료를 많이 사용하기 때문에 취미로 하는 공예 활동이나 혹은 작업치료시간의 공예 활동과 비슷하게 보이기도 한다. 하지만 미술치료시간의 오브제 작업은 다른 공예 시간과는 다른데, 그 이유는 장식적인 요소를 가미한다고 하더라도 장식이 주된 목적이 아니기 때문이다.

작업 도구

자르고 붙이는 기본적인 작업을 위한 재료들을 살펴보기로 한다. 우선 가위는 오른손잡이 가위가 일반적이지만, 왼손잡이 가위도 있다. 그리고 핑킹 가위가 있는데 지그재그선으로 오릴 수 있다. 칼도 사용하지만, 아동 내담자나 자신을 상해할 위험이 있거나 정신건강의학과 병동에서 집단으로 미술치료작업을 할 때는 사용하지 않는다. 선을 긋고 오릴 때 내담자들이 자를 원할 때가 종종

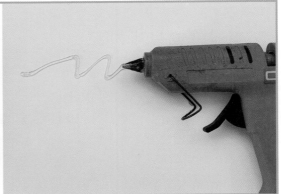

그림 9-6 글루건

있기 때문에 자도 준비한다. 풀은 액체 풀이나 고체 스틱 풀(흔히 딱풀이라는 이름으로 잘 알려져 있다)을 사용한다. 반짝이 풀도 있는데 이것은 풀에 반짝이 가루가 섞여 있어서 풀을 바르면 자연스럽게 반짝이도 함께 발린다. 글루건(glue gun)도 미술치료시간에 종종 사용하게 된다. 글루건은 실리콘보다 더 강력한 접착력을 가지고 있다. 단, 글루건은 전기에 꽂아서 고체로 된 풀을 열로 녹여 사용하는 것이므로 화상에 유의해야 한다. 딱딱한 재료를 서로 붙이거나 장식물을 접착할 때 글루건은 매우 유용하게 사용할 수 있다. 테이프는 스카치 테이프가 대표적이고 마스킹 테이프나 색지 테이프도 있다. 마스킹 테이프는 잘 붙고 떨어질 때 깨끗하게 잘 떨어진다. 마스킹 테이프는 손 조절이 미숙한 내담자들과 작업할 때 종이가 움직이지 않도록 종이를 붙여 두기도 하며 혹은 깔끔한 테두리 작업을 하고 싶을 때 사용하면 만족스러운 결과를 얻는다. 예를 들어, 내담자들과 책갈피를 만드는 작업을 할 때 길쭉한 네모를 오린 뒤 그 네모의 가장자리를 마스킹 테이프로 붙여 놓고 물감 작업을 한다. 작업을 마친 뒤 마스킹 테이프를 떼어 내면 깔끔하게 가장자리가 남아 있는 책갈피를 얻게 된다. 이러한 작업은 상징적인 의미가 있다. 마스킹 테이프로 두른 가장자리 안에 잘 담긴다는 의미다. 잘 담을 수 있다면 표현하는 것도 나쁘지 않은 일일 뿐 아니라, 담긴 내용이 해로운 것이 아니라는 것을 의미한다. 분노나 슬픔 같은 불쾌한 감정도 마찬가지로, 그 자체가 해로운 것이 아니며 어떻게 담아낼 수 있느냐가 중요하다. 마스킹 테이프와 물감 작업은 그러한 담아내기 작업을 상징적으로 보여 줄 수 있는 작업들 중 하나다.

부드러운 재료

부드러운 재료들은 그 자체로 내담자들에게 상당히 호소력을 지니는 것 같다. 마치 중간대상(transitional object)이 부드러운 촉감각 때문에 어머니를 연상시키고 위안을 주는 특별한 대상이 되는 것처럼 말이다. 대체로 많이 사용되는 부드러운 재료로는 깃털이 있다. 타조털이나 새 깃털이 있고, 거위털도 있는데 깃털 중간 부위는 **빳빳**하다.

솜은 탈지면도 있고 약간 얼기설기한 느낌의 솜도 있다. 폼폼이도 사랑받는
재료다. 작고 귀여운 동그라미 형태의 폼폼이는 아동부터 성인까지 모두 좋아
하는 재료 중 하나다. 폼폼이는 글루건으로 붙일 수 있다. 그림 9-7은 정신장애
환자의 작품인데 만들고 나서 본인이 무척 마음에 들어 했던 작품이다.

그림 9-7
폼폼이로 만든 양

그림 9-8
깃털로 만든 나무

가제 붕대도 오브제 조각으로 사용할 수 있는 좋은 재료다.

석고 붕대는 가제 붕대 사이사이에 석고 가루와 알갱이가 박혀 있어서 물을 묻혀 가볍게 주무르면 석고를 부드럽게 펴서 바를 수 있고 마르면서 딱딱해진다. 손가락 인형이나 얼굴 가면을 만들 때 많이 사용한다. 직접 얼굴에 석고 붕대를 발라서 작업하는 것이 가장 좋지만(자신의 얼굴을 가지게 되기 때문이다), 피부에 묻는 것이 싫다면 기성품 가면을 활용해서 가면 작업을 할 수도 있다. 동물 모양이나 사람 얼굴 모양의 종이 가면을 구매해서 사용할 수 있는데, 이들 가면은 흰색으로 출시되어 색을 입히거나 여러 가지 재료들을 붙여서 원하는 대로 모양을 낼 수 있다.

딱딱한 재료

색모래와 색자갈도 재미있는 재료다. 색모래는 미술용품을 파는 곳에서 살 수 있고, 색자갈은 대형마트의 어항 재료를 파는 곳에서 구입할 수 있다. 평면 작업에서나 입체 작업에서 사용하기 좋다. 성인 내담자들은 무엇인가를 만들기를 할 때 색모래와 색자갈을 창의적으로 활용하곤 한다. 색모래는 흩어지기 쉽기 때문에 풀칠을 하고 그 위로 뿌려서 사용한다. 색자갈은 주로 글루건으로 붙인다. 예전에 보았던 내담자 작품 중에 천사점토로 새를 만들고 그 새의 모이로 색자갈을 놓았던 작품이 있었다. 하얀 새의 부리에 초록색 색자갈을 모이로 물려 주었다. 그 회기가 거의 마지막 회기였는데, 그 내담자도 나도 작품을 보며 마음이 따뜻해졌던 기억이 난다.

구슬이나 단추, 스팽글 등도 가끔 쓰이는 재료다. 나무조각이라든가 스티로폼도 창의적으로 사용할 수 있는 재료다. 그리고 이러한 재료는 미술작업에서 재료의 범위가 무한히 넓어질 수 있다는 것을 보여 주는 것이기도 하다.

끈 재료

끈으로 사용하는 여러 가지 재료로는 털실, 노끈, 종이끈, 장식끈, 모루, 빵끈, 철사, 공예철사 등이 있다. 이들 각각은 굵기별, 색별로 다양한 종류가 있다. 복슬복슬한 느낌이 드는 털실이나 각종 재료의 노끈, 종이로 만들어진 종이끈, 장식이 가미된 장식끈이 있다. 모루라고 부르는 재료는 긴 철사에 헝겊이나 실을 입혀 놓은 것인데, 속심이 철사이기 때문에 구부리거나 형태를 잡기가 편하다. 철사에 입혀 놓은 재료도 다양해서 반짝거리는 반짝이모루, 파마머리처럼 올록볼록하게 실로 감싼 보글이모루도 있다. 모루와 비슷한 것으로는 빵끈이 있다.

그림 9-9
지끈

그림 9-10
색철사

그림 9-11
다양한 재료로 만든 나무

빵끈은 빵봉지를 묶는 것으로 일종의 철사인데 구부리기 쉽고 부드럽다. 미술 용품 파는 곳에 가면 여러 가지 색의 긴 빵끈을 볼 수 있다. 예전에 어떤 내담자는 이 빵끈을 사용해서 여러 종류의 사람을 만들기도 했다. 빵끈으로 만든 사람 작업이 좋았던 이유 중 하나는 얼마든지 형태를 바꾸기가 쉽다는 점이다. 내담자가 쭈그리고 앉은 사람을 만들었을 때 무엇을 해 주고 싶은지 묻자 그는 그 사람의 다리를 펴 주었다. 만약 회화 작업이었다면 그렇게 할 수 없었을 것이다. 빵끈이 심 주위로 얇은 두께지만 색깔이 보이는 면이 있다면, 철사나 공예철사는 심만 있는 셈이다. 보통 철사가 쇠로 만들어진 것에 비해 공예철사는 알루미늄으로 되어 있어서 구부리기 쉽고 모양을 만들기에 좋다. 여러 가지 색으로 나오며 굵기도 다양하다.

기타 재료

과자나 음식 재료를 미술치료작업에 쓰기도 한다. 음식 재료(예를 들어, 쌀, 팥, 콩, 굵은 소금, 커피, 꽃차의 꽃잎 등)를 미술작업에 사용할 경우에는 유효기간이 지났거나 오래된 재료일 때 작업에 임하는 내담자들도 한결 마음 편하게 사용하곤 했다. 보릿고개를 겪었던 성인 내담자들은 먹는 것으로 장난친다고 언성을 높이기도 하는데, 그 마음을 이해하려고 노력하면서 작업으로 초대하면 의외로 감동적인 결과를 얻기도 한다. 과자나 음식 재료처럼 재료 자체에 모양이 들어간 경우에는 주제를 단순한 것이나 구체적인 것으로 제시하는 것이 창의성을 북돋워 준다. 이를테면, 과자를 가지고 '집'을 만들어 보라거나 음식 재료와 다른 몇 가지 재료를 함께 써서 '나무'를 만들어 본다거나, 혹은 음식 재료로 얼굴을

그림 9-12 과자로 만든 집

그림 9-13 콜라주(사진과 깃털, 리본, 솜, 티슈 사용)

만드는 것 등이 그 예가 된다. 그 외에 스티커나 스탬프도 사용하는데, 이 재료에는 특히 아동 내담자들이 열광하곤 한다. 잡지나 사진은 콜라주 작업에서 자주 쓰인다. 내담자들이 잡지를 뒤적이는 데 시간을 너무 할애한다고 생각하면 미리 다양한 그림을 오려 내어 준비할 수도 있다.

참고문헌

Kramer, E. (2000). *Art as therapy*. Philadelphia, PA: Jessica Kingsley Publishers.

미술치료 준비 Ⅱ : 기법

미술치료사는 또한 미술가이기 때문에 대부분의 매체와 창작
과정에 대해 개인적으로 경험하며, 그런 경험은 다른 사람이
편하게 그것들을 사용하고 체험할 수 있게 도와주는 최상의
방법이다.

– Judith Rubin (2006)

제10장 미술치료 준비 II: 기법

이번 장에서는 앞 장에 이어 소프트웨어로서 미술치료의 기법을 고려해 보자. 구체적인 기법을 소개하기에 앞서 먼저 미술치료의 기법이 어떠한 의미인가를 설명하고자 한다.

1. 미술치료 프로그램 vs. 미술치료과정

미술치료 프로그램 등에서 '프로그램'이라고 하면 이미 짜여져 있는 어떤 것을 말한다. 미술치료사가 내담자를 만나기도 전에 미리 계획하고 만들어 둔 어떤 것은 엄밀한 의미에서는 치료의 유연함과 섬세함에 반대되는 말이다. 말하자면 '기성복' 같은 것이다. 치료는 내담자의 내면을 이해하며 그에 맞추어서 변화하고 성장하는 것이기 때문에 기성복이라기보다는 맞춤복이라 할 수 있다.

그럼에도 불구하고 '미술치료 프로그램'이라는 단어는 현장에서 자주 쓰인다. 미술치료가 시행되는 곳이 학교나 복지관 같은 기관이거나, 20회기 이내의 단기로 진행되고 집단인 경우에 대개 '미술치료 프로그램'이 있다. 이렇게 현장에서 사용될 수밖에 없는 이유가 몇 가지 있다. 첫 번째 이유는 문화적 특성이다. 우리나라는 유독 교육열이 높고 교육에 대해 상당히 긍정적이다. 반면, 상담을 받는다거나 치료를 받는다고 하면 부정적으로 보기도 하고 문제가 있다는 것을 지나치게 크게 생각하고 두려워한다. 그래서 미술치료를 할 때에도 "문제가 있어서라기보다는 좋은 것을 경험하고 배우는 것이에요."라고 말하고 싶어 한다.

그래서 미술치료를 내담자에게 제공하는 정서적인 교육 혹은 서비스라고 포장하고 '미술치료 프로그램'이라는 용어를 사용한다. 둘째, 치료과정의 특성이다. 다른 상담과 달리 미술치료는 재료와 기법이 존재한다. 그래서 무엇을 해야 할지 미리 계획하고 준비할 수 있는데, 이것이 과도하면 내담자의 특성이나 상태를 고려하기보다는 전체 계획을 미리 세우게 된다. 특히 미술치료의 대상자가 심리 내적 힘이 미약해서 이미지를 생성하기 어려워하거나 미술치료사에게 의존적이거나 수동적일 때에는 더욱 치료사 중심으로 무엇을 해야 할지 결정하게 된다. 세 번째 이유는 기관의 특성이다. 정부나 기업으로부터 지원을 받아 학교나 복지관에서 이루어지는 집단 미술치료의 경우 대부분 계획서를 제출할 때 프로그램을 첨부해야 한다. 어떤 것을 할지 미리 고지해야 하는 것이다. 이러한 여러 이유로 인해 '프로그램'이 만들어지고 사용된다.

현실적으로 이미 '프로그램'이라는 용어가 사용된다는 것을 인정한다 하더라도 그 이면의 치료적 이슈에 대해 생각해 볼 필요가 있고, 또한 미술치료사로서의 우리 자신을 돌아볼 수 있어야 할 것이다. 이에 다음과 같은 질문을 던져 볼 수 있다.

"과연 미술치료는 좋은 프로그램만 있으면 되는가?"
"'미술치료 프로그램'이라는 말은 적절한가?"
"프로그램이 맞거나 맞지 않는 내담자들은 누구인가?"
"미술치료사가 주도적으로 프로그램을 만들어서 진행하는 것이 치료적인가?"

필자는 미국에서 미술치료를 공부하는 동안 한 번도 치료 프로그램이라는 말은 들어 보지 못했다. 프로그램이라는 단어를 낮추어서 폄하하는 뜻이 아니다. 하지만 미리 짜인 15주짜리 프로그램이라는 것은 치료상황에서 존재하지 않는다. 내담자들의 상태와 요구, 필요가 그때그때 달라지기 때문이다. 무슨 대본을 준비하듯이 해야 할 것들을 준비하고 있다가 상대방의 요구나 상황과 상관없이 준비된 것만 주면 되는 것이 아니다. 그보다는 훨씬 더 내담자의 심리적 요구에 초점을 맞추어서 움직여야 한다. 그래서 치료에서 중요한 것은 치료의 과정(process)이다. 치료과정에서 어떻게 살아 있고 깨어 있으며 어떻게 보듬어 주어야 내담자의 마음이 이해받고 온전해지며 회복하게 되는지가 미술치료의 핵심이다. 미술치료는 무슨 식단이나 교육 프로그램을 짜듯 틀에 박혀 나오지 않는다. 내담자들을 만나기 전에 프로그램을 모두 짠다는 것은 과정을 중요시하는 입장에서는 생각하기 어려운 일이다.

사실 프로그램이라는 말은 치료와 어울리지 않는다. 특히나 1장에서 전술한 바와 같이 좁은 의미의 미술치료—심리적인 부분들을 어루만지고 만나며 심리내적인 힘을 변화시키고자 하는 미술치료—에는 맞지 않는다. 하지만 현실적으로 프로그램을 제출해야 할 때도 있고 혹은 전체 계획을 잡아 봄으로써 치료사가 미리 준비하는 데 도움이 될 수도 있다. 그러므로 미술치료 프로그램을 짜는 것도 넓게 보면 가능하다. 프로그램 중심이든 치료과정 중심이든 이 둘 간의 조화를 이루는 것이 중요한데, 프로그램을 미리 준비한다고 하더라도 실제 내담자를 만나서 프로그램이 변경될 가능성을 염두에 두어야 하고, 점진적으로 내담자에게 선택과 결정을 할 수 있게끔 격려해야 한다.

2. 여러 가지 기법

필자가 조지워싱턴 대학교에서 미술치료를 공부할 때 들었던 이야기다. '미술치료기법(The technique of art therapy)'이라는 과목이 있었는데, 그 과목명을 단수[technique]로 할 것인지 복수[techniques]로 할 것인지에 대해 의견이 분분했다고 한다. 단수로 했을 때에는 미술치료를 '어떻게 하는 것인가'에 대해 과정을 중심으로 생각해 보는 것을 의미하는 반면, 복수로 했을 때에는 미술치료를 하는 구체적인 방법으로서의 여러 가지 기법을 가르친다는 의미가 있다. 여러 논의 끝에 미술치료는 사람의 마음을 다루는 것이며 획일적인 기법이나 테크닉—"그럴 때는 이렇게 하세요." "이렇게 하면 이런 데 좋아요." 류의 테크닉—을 가르치는 것이 아니라는 데 의견이 모였고, 결국 전자인 단수형이 채택되었다.

치료의 테크닉, 이 용어에 대해서도 여러 가지 의견이 분분하다. 치료에 '테크닉'이 있을 수 있냐고 반문하는 사람들로부터, 구체적인 방법을 알려 달라거나 이렇게 하는 것이 더 좋다는 사람들까지 다양한 의견이 존재한다. 어떤 면에서 보면, 치료란 '사람과 사람 간의 진실한 만남'이 가장 핵심적인 것이므로 따로 테크닉이 존재하지 않는다. 하지만 또 다른 면에서 바라보면 진실한 만남을 위해 사용되는 공통 요소라는 것이 있을 수도 있다. 이를테면, 차가움보다는 따뜻함의 전달, 생각보다는 감정의 나눔, 교훈보다는 기다려 주고 공감해 주는 것 등이 있다. 이렇게 진실한 만남을 지향하는 공통 요소들도 넓은 의미에서 테크닉으로 볼 수 있듯이, 미술치료에서도 테크닉이 있다.

테크닉에 대해 이해하고 체험하게 되면, 미술치료사의 마음 창고에 든든한 자산으로 넣어 둘 수 있다. 그리고 그 자산은 때와 장소, 상황의 요구에 따라 적절하게 덧붙이거나 빼고 변형해서 사용할 수 있다. 테크닉에 관한 이 장은 어떤 의미에서는 계속 진행될 수밖에 없는 미완의 글이다. 중간중간 빈 부분이 있어서 그러한 틈은 독자들이 자신의 구체적 상황에 맞추어서 채워 가야 한다. 어떤 의미에서는 독자들을 믿고 이번 장을 꾸며 보려 한다. 구체적인 테크닉과 자료를 제시하는 것이 절대적인 기준으로서가 아니라 얼마든지 변용 가능한 D.I.Y. 재료를 제공하는 것으로 사용해 주면 좋겠다.

- 재료 탐색
- 모방해서 따라 만들기
- 자극 제시
- 자유화
- 주제화
- 작업의 크기를 변형하기
- 시리즈로 작업하기

- 미술치료사와 함께 작업하기
- 집단 작업
- 가족 회기에서 사용하는 미술치료기법

재료 탐색

글자 그대로 재료를 탐색하며 새로운 경험을 하는 것이다. 그것 자체로도 충분히 치료적이다. 아직 무엇인가를 만들 준비가 되지 않았을 때에는 재료를 가지고 노는 것만으로도 좋다. 찰흙이나 전분, 천사점토 같은 재료들은 만지작거리고 뭉쳐 보며 뜯고 꾹 누르거나 꽉 잡아 보고 비벼 보기도 하면서 그저 손에 익히는 시간이 필요하다.

미술이 익숙한 사람들도 재료 탐색은 좋은 시간이 된다. 특히, 사용하지 않았던 재료를 새롭게 써 보는 것은 어느 정도 낯설게 하기 기법이라 할 수 있다. 낯설게 되었을 때 만나게 되는 모습을 기대해도 좋다.

새로운 재료를 제공하면서 전통적인 주제와 결부하는 것도 좋은 방법이다. 예를 들어, 각종 끈 재료를 제공하면서 "이 재료를 사용해서 나무를 만들어 보세요."라고 하면 내담자들은 자기 안의 이미지를 탐색해 볼 수 있는 이러한 기회를 환영한다.

모방해서 따라 만들기

마음이 많이 헝클어졌거나 혼란스러운 상태에서는 외부에서 틀이 주어지는 것이 중요하다. 감정 기복이 극심하거나 와해되는 느낌이 있을 때 바깥에서 제공되는 틀은 그 사람이 감정을 버틸 수 있게 도와준다.

대표적인 방법은 미술치료사가 먼저 시작하는 것이다. 내담자는 그냥 구경만 해도 되고, 마음이 내키면 따라서 만들어도 된다. 빨리 만들 필요도 없고, 반드시 끝을 내야 하는 것도 아니다. 지켜보는 것만으로도 마음은 함께 움직일 수 있다. 미술치료사의 작업을 대리로 지켜보면서 작업에 약간 익숙해져야 내담자의 마음이 움직일 것이다. 그리고 그렇게 해서 시작하는 첫걸음을 도와주다 보면 작업 과정과 작품에 내담자의 마음이 묻어 나올 것이다.

조형물의 경우 완성된 작품을 보여 주는 것도 하나의 방법이 될 수 있다. 몇 가지 형태의 서로 다른 유형의 작업을 보여 주어도 좋다. 사람들의 창조성은 아무런 자극이 없는 상태보다는 약간의 자극이 주어진 상태에서 더 풍부하게 샘솟을 수 있다.

자극 제시

내담자에게 자극을 제시할 경우 직접 재료로 사용할 수 있는 자극과 간접적으로 아이디어를 사용할 수 있는 자극이 있다. 직접 재료로 사용하는 자극은 시각적인 회화 자극이나 다양하고 새로운 미술재료 자체가 자극이 된다.

밑그림을 그려서 준다

내담자에게 밑그림을 그려서 주고 내용을 덧붙이거나 변형해서 색칠하도록 한다. 밑그림이 그려진 작품은 기가 죽어 있거나 멍한 상태의 내담자들에게 관심을 불러일으키고 이들이 손쉽게 시작할 수 있게 한다.

밑그림의 내용은 복잡하지 않고 어느 정도 단순한 것이 좋다. 아동 내담자라면 캐릭터도 활용할 수 있다. 도라에몽이라든가 피카츄, 자동차나 로봇, 강아지, 토끼 등 아동 내담자가 관심이 생길 만한 것이면 좋다. 이러한 그림은 종이에 단순하게 모사해서 줄 수 있다.

밑그림을 그려서 준 기법이 내담자 마음에 가서 잘 부딪히면 그다음 시간에 내담자가 "지난번에 했던 것을 또 할 수 있나요?"라고 묻는다. 이때 몇 번이고 반복해도 된다. 대개 미술치료사 쪽에서 새로운 것을 해야 하지 않을까 지레 걱정하게 되는데, 사람의 마음은 충분한 반복을 통해 그다음 단계로 나아간다. 따라서 내담자의 마음에 불을 붙여서 '하고 싶다'라는 마음이 들게 되면, 그 마음이 충분히 커질 때까지 원하는 만큼 반복할 수 있게 해 주는 것이 좋다.

그림을 보고 그리도록 한다

그려진 그림을 자극으로 사용하는 대표적인 예는 Silver의 Draw-A-Story 검사 기법이다(Silver, 2009). 이 기법은 자극 열네 개를 제시하고 이 중 두 가지를 선택해서 변형해 그리도록 하는 것이다. 그림의 내용을 변형해서 덧붙이거나 빼는 것이 가능하다.

심각하게 우울하거나 감정적으로 압도된 상태에 있는 경우, 혹은 정신적으로 상당히 혼란스럽거나 피폐한 경우에 잘 구성된 그림을 보고 그리는 것이 도움이 된다. 조금만 건드려도 폭발할 것 같아서 자기 감정을 어떻게 표현해야 하는지 잘 모르겠다고 말하는 경우에도 일종의 김 빼기 작업으로 도움이 된다. 마치 압력밥솥에 압력이 높을 때 김을 빼 주는 것 같은 역할을 할 수 있다.

그림을 주고 완성하도록 한다

종이의 일부분에 완성된 그림을 주고 나머지 공간은 직접 채워서 전체를 완성하도록 한다. 일부분의 그림 역시 무엇인가 더하거나 색을 칠해서 바꿀 수 있다. 이 기법의 예가 이 책의 제16장 '정신장애 환자를 위한 단기 집단 미술치료'에 소개되었다.

단어를 주고 떠오르는 것을 그리도록 한다

구체적인 시각 자극을 제공하는 대신 단어만 제시하는 것으로도 충분할 수 있다. 다음의 단어를 읽고 어떤 이미지가 떠오르는지 잠시 시간을 가져 보자.

> 왕, 왕비, 왕자, 공주, 성, 귀신의 집
> 계곡, 산, 강, 수영장, 바다, 동굴, 터널, 화산, 폭포
> 정원, 정글, 괴물, 괴상한 동물, 폭풍

이 단어 목록은 미술치료작업을 할 때 내담자가 보다 편안하고 자유롭게 표현을 할 수 있도록 상상력을 북돋우기 위해 사용하는 것이다. 내담자에게 단어 목록을 들려주거나 보여 주고 이 중에서 관심이 가는 것들을 선택해서 이야기를 만들고 그림으로 그리도록 한다.

난화

난화(scribble drawing)는 Cane(1983)이 만든 방법으로, 특정 대상을 그리겠다는 의도 없이 곡선을 그리는데, 중간에 끊기지 않고 연속적인 선으로 리드미컬하게 움직여서 계속 선을 그린다. 그러다가 어느 정도 선의 덩어리가 형성되면 중지한 뒤 그 속에서 어떤 이미지를 찾을 수 있는지 살펴본다. 그런 뒤 그 이미지를 찾아서 그림으로 완성한다.

난화는 Winnicott이 소개한 스퀴글 기법과 유사한데, 스퀴글은 이 장의 뒷부분에서 '치료사와 함께 하는 활동'에 소개했다. 두 기법 모두 선을 그려서 이미지를 투사하도록 한 점에서 동일하다. 차이점은 난화에서는 내담자가 처음부터 끝까지 완성하며 스퀴글은 치료사와 함께 번갈아 가며 그려서 완성한다는 점, 그리고 난화에 비해 스퀴글은 대화의 보조자료로 사용된다는 점 등이다.

여덟 개의 스퀴글

여덟 개의 스퀴글(The Eight Frame Colored Squiggle Technique)은 이스라엘의 미술치료사 Steinhardt(2006)가 고안한 방법으로 스퀴글을 확장하여 만든 것이다. 준비할 미술재료는 45색 크레파스이며 50×70cm 사이즈의 흰 종이를 접어서 그림 10-1과 같이 여덟 개의 구역이 생기도록 한다.

내담자에게 각각의 네모 안에 선을 그려 넣어 보라고 한다. 순서상 어디부터 채워야 한다거나 색 사용을 어떻게 하라는 등의 제약은 없다. 여덟 개의 공간을 모두 그리지 못하고 남긴다면 조심스럽게 최소한의 표현이라도 하도록 권유해 보지만, 만약 그럼에도 불구하고 내담자가 그리지 않고 싶어 하면 그것 역시 하나의 선택으로 받아들인다. 선을 다 그린 다음에는 이 선에서 어떤 이미지를 볼

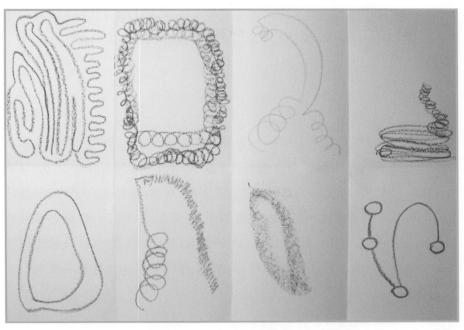

그림 10-1 여덟 개의 구역으로 종이를 접고 각각의 네모에 선을 그린 상태

수 있는지 찾아보고 그 이미지를 그림으로 완성하도록 한다. 다 그리고 난 다음
에 다시 한 번 자신이 그린 그림을 보면서 더 강조하고 싶거나 덧붙여서 그리고
싶은 부분이 있다면 그렇게 하도록 한다. 내담자에게 각각의 이미지 제목을 붙
여 보도록 해도 좋다. 각 이미지와 관련해서 떠오르는 이야기들을 적어 보는 것
도 하나의 방법이 되며, 어느 작품이 가장 마음에 드는지, 선호의 순위는 어떠한
지 매겨 보고 그 이유에 대해 함께 나누어 볼 수도 있다.

　이 기법은 편안하게 잘 소개할 경우 첫 회기에서 의미 있는 그림과 이야기로
이어진다. 여덟 개의 공간은 위-아래와 좌-우로 대칭을 이루고 있어서 짝을 이
루는 주제로서 양극단을 표현하게끔 되기도 하고 이어지는 시리즈로서 변화와
다양함을 보이게 되기도 한다. Steinhardt는 여덟 개의 그림들 중에서 시간을 더
많이 소비해서 내담자가 그림을 그린 이미지는 보다 의식적인 중요성을 가지는

이미지이며 시간을 적게 사용한 이미지는 아직 다룰 준비가 되지 않은 이슈거나 부담스럽고 문제가 많은 주제 혹은 무의식적 중요성을 가진 것이라고 보았다.

자유화

자유화는 미술치료기법 중에서 가장 핵심인 방법이다. 내담자에게 떠오르는 대로 그리고 표현하고 싶은 대로 마음껏 하도록 격려하고 지지해 주는 것, 그것 이야말로 미술치료의 정수라고 할 수 있다. 어떤 종류의 주제나 기법이라 하더라도 내담자의 내면에서 떠오르는 것을 막을 수 없을 뿐더러, 또한 내면에서 떠오르는 것 없이는 무엇을 한다고 하더라도 별 의미가 없을 것이다. 그래서 대개 성인 내담자들에게는 하고 싶은 것이 있는지를 먼저 묻고 최소한의 주제 제시만

그림 10-2 자유화

하는 경우가 많다.

"자신의 느낌, 감정을 표현해 보시겠어요?"
"떠오르는 대로 그려 보세요."
"그리고 싶은 것을 그려 보세요."

어떤 때에는 이미지가 나오지 않고 마치 낙서처럼 작품이 진행되기도 하지만, 이러한 자유로운 낙서는 내담자의 마음을 워밍업해 주는 효과가 있다.

주제화

내담자에게 주제를 제시하고 미술작업을 하도록 하는 방법이다. 미술치료사가 내담자를 좀 더 이해하고 탐색할 수 있는 기회도 되고, 내담자 자신이 스스로의 내면을 이해하고 탐색할 수 있는 기회도 될 수 있다.

감정 그리기

감정 그리기는 "자신의 감정을 그림으로 그려 보세요."라고 제시하는데, 내담자는 자신의 느낌과 감정을 구체적으로든 추상적으로든 표현하게 된다. 이 주제는 가장 고전적인 주제라고 불릴 만큼 매우 중요하며 풍부한 내용을 이끌어내는 주제다. 성인의 경우에는 추상적인 감정화도 자기 이해에 도움이 된다.

아동의 경우에는 감정 그리기 주제를 변형해서 사용한다. 왜냐하면 아동은 Piaget의 발달 단계상 형식적 조작기에 도달하지 못했으므로 주제가 추상적인 경우에는 작업을 제대로 하지 못하기 때문이다. 감정을 추상적인 어휘로 다루기 위해서는 형식적 조작기에 진입한 이후에야 가능하다. 그러므로 아동기에는 추상적인 감정 어휘의 사용이나 추상적 그림 표현 대신에 구체적인 사물이나 대상으로 표현하도록 한다. 그렇게 사용할 수 있는 주제는 화산 그리기/만들기, 예쁜 얼굴/미운 얼굴 등이 있다.

화산 그리기/만들기

'화산'은 터지는 것, 강력한 것, 위험한 것에 대한 상징으로서 흔히 분노나 내면의 에너지를 이미지로 보여 준다. 그리는 것도 도움이 되고, 만드는 것도 강력한데, 화산을 만들 경우 다소 무게감이 있는 찰흙으로 만들어 보는 것도 좋고, 아동의 악력(손아귀 힘)을 고려할 때 천사점토처럼 가벼운 찰흙도 좋다.

문 그리기

도화지를 절반 접어서 접힌 안쪽 면에 '문 안의 내부'를 그리고 바깥쪽은 문을 장식하거나 외부 모습을 그린다. '문'은 안과 밖을 나누기도 하고 이쪽과 저쪽을 나누는 경계가 되므로 어떤 변화를 상징하기도 하며 질적으로 다른 모습을 보여 주기도 한다.

벽 그리기

'벽'은 그 단어가 주는 느낌 그대로 우리가 만나게 되는 장애물이나 역경, 가로막힘을 상징한다. '벽 그리기'를 좀 더 구체적으로 "벽 앞에 선 내 모습을 그려 보세요."라고 제시하기도 한다. 그렇게 나온 작품에서 벽의 느낌과 벽면 앞의 자기상을 함께 살펴보고 그러한 표현에 실린 감정들을 보듬어 주며 공감할 수 있다. 때로는 급하게 반응하지 않고 기다리면서 벽의 특징을 세심하게 짚어 나갈 수도 있다. 그러한 벽이 실생활에서 어떻게 구체적으로 경험되는지 연결해서 생각해 보는 것도 중요하며, 실제 문제를 이야기해 나갈 때 이미지에 투영된 마음의 모습을 잊지 않는 것도 중요하다. 어떤 경우에는 구체적이고 실제적인 이야기를 풀어야 하며, 또 어떤 경우에는 현실을 아우르고 묶어서 마음에 대한 이야기를 해야 한다.

다리 그리기

'다리 위의 사람' 그림은 Hayes와 Lyons(1981)가 창안했다. '다리'는 이곳과 저곳을 이어 주고 연결하는 매개물이다. 다리 아래의 강을 건너간다는 것은 장애

물을 극복하는 것의 의미도 될 수 있고, 혹은 근본적으로 태도가 바뀌는 것을 의미할 수도 있다. 다리 그림(bridge drawing)에서는 다리의 이편과 저편으로 나누어 어떻게 묘사되었나 살펴보고 어느 방향으로 가고 있는지 보아야 한다. 다리 위에 있다는 것은 하나의 중간 과정에 있는 것이겠지만, 그려진 인물의 다리 위 위치가 어디인지 확인해야 한다. 다리의 구조물이 어떤 재료로 만들어졌는지, 어떤 종류의 다리인지, 다리 아래 있는 것은 무엇인지 살펴볼 수 있다.

길 그림

사물이나 대상마다 각기 고유한 의미와 상징성을 지니지 않은 것은 없을 것이다. 하지만 보다 더 보편적이거나 상징적인 의미를 지닌 것들이 있다고 본다면, '길'은 그중 하나일 것이다. 미래나 과거를 지칭할 때에도 길이라는 상징을 사용하며(앞으로 갈 길이라거나 지나 온 길 등), 운명(우리가 같은 길을 갈 것인가), 인생을 지칭할 때에도 사용한다.

길을 그려 보라는 단순한 주제가 어떻게 그 사람의 삶을 압축해서 보여 줄 수 있는가 하는 점은 '길 그림'에 관한 Hanes(2008)의 연구를 참조할 수 있다. Hanes는 교도소에 수감된 사람들—미국의 교도소에 수감된 사람들은 일반인에 비해 3~9배 정도 자살률이 높다고 하며 이는 심각한 문제 중 하나다—에게 '길 그림(road drawing)'을 그리도록 했는데, 그 결과 그림의 이미지와 대화를 통해 자살과 같은 부정적 가능성을 탐색할 수 있었다. 사용한 재료는 12×18inch 종이와 2B 연필, 여덟 가지 색깔의 크레용이었다. Hanes는 더 큰 종이를 쓰면 크기에 압도당하는 느낌을 가질 수도 있다고 하면서 때로는 작은 크기가 사람의 마음에 친근하게 다가가기도 한다고 했다.

Hanes가 제시한 방법은 이러하다. 미술치료시간에 내담자에게 "길을 그려 보세요."라고 이야기했다. 만약 내담자가 어떻게 그려야 할지 몰라서 불안해하거나, 정형화된 길만 그리려 하면 몇 가지 제안을 해 줄 수 있다. 이를테면, 다음과 같은 질문을 할 수 있다.

- 길이 똑바른 길입니까, 구부러졌습니까, 언덕길입니까, 아니면 평평한 길입니까?
- 길 표면이 시멘트입니까, 벽돌로 되어 있습니까, 아니면 더럽거나 까맣게 되어 있습니까?
- 도로 상태는 어떤가요?
- 길이 하나 이상인가요? 차선이 하나 이상인가요?
- 교차지점이 있나요? 만약 있다면, 십자형인가요, T자형인가요, Y자형인가요?
- 길이 시작하는 곳은 어딘가요? 길이 끝나는 곳은 어딘가요?
- 길을 따라서 표지판이 있나요? 표지판에 그림이나 글씨가 있나요?
- 길 양옆으로는 무엇이 있나요?

대개 이런 질문들은 내담자들이 아이디어를 생각해 내도록 도와주고, 때론 내담자들로부터 질문을 유발하기도 한다. 내담자들의 질문에 대해서는 기본적으로 맞거나 틀린 것 없이 자신이 원하는 바를 찾아갈 수 있게끔 도와주면 된다.

길/도로를 그리는 것은 미래에 대해 생각할 수 있는 여지를 준다. 막힌 길이라거나 중간에 잘린 길이라거나 잘못된 길이라는 표현은 그 그림을 그린 내담자가 미래에 대해 어떤 부정적 느낌과 예측을 하는지 보여 준다.

정물화 그리기

보고 그릴 수 있도록 테이블의 중앙에 정물을 준비한 다음, 내담자에게 정물을 그려 보자고 제안한다. 혹은 정물을 그리되 원하는 만큼 변형해서 그려도 된다고 제시한다. 보이는 것을 그리더라도 실제 대상과 그림 속 모습은 약간 차이를 보인다. 조금 더 가감하거나 변형한 경우에는 차이가 더 커지기 마련이다. 이 작업은 상징적으로 '우리의 현실'과 '마음에 해석한 현실' 사이의 간극을 생각해 보게 해 준다. 즉, 실제 우리가 경험하는 어떤 것과 경험한 것을 해석하고 내면화해서 기억하는 것 사이에는 차이가 존재한다는 것이다. 그 차이는 누구에게나 존재하는데, 다만 어떤 모습으로 어떻게 차이가 있는지 이해하는 것이 필요하다.

새 둥지 그리기

Kaiser(1996)가 개발한 주제 그림이며 성인의 애착관계를 나타낼 수 있도록 하는 투사기법으로 사용된다. 새 둥지를 그리고 그 둥지 속에 사는 새들을 그려 보라고 제안한다. 새 둥지라는 것은 애착관계를 상징적으로 보여 줄 수 있는 좋은 주제다. 내담자가 자신의 가족을 직접 그리는 경우에도 애착관계를 잘 보여 줄 수 있지만, 심리적으로 부담스러울 수 있는 반면, '새 둥지'는 좀 더 거리를 두고 편안하게 그릴 수 있다.

동일한 주제로 찰흙 작업도 있다. '새 둥지 만들기(The Bird's Nest Sculpture)'인데, 찰흙과 나뭇가지, 소나무겨우살이(Spanish moss)라고 하는 풀을 재료로 제공한다. (평가 회기가 아니라면 재료를 바꾸거나 대용해도 무방하므로, 실타래나 박엽지, 포장물 충전재를 대신 제공해도 된다. 소나무겨우살이라는 풀은 엉킨 실타래처럼 길쭉길쭉하고 헝클어진 모습으로 생겼다.)

Sheller(2007)는 아동을 대상으로 '새 둥지 그리기(The Bird's Nest Drawing: BND)'에 대해 연구한 결과, 그것이 아동의 심리 내면에 있는 애착관계를 잘 보여 준다고 했다. 불안전 애착을 가진 아동의 경우, 새 둥지 안에 어미 새가 있든 없든 안전하다고 느끼지 않았다. 불안 요소는 여러 군데에 나타나는데, 아기 새가 둥지 안에 없고 바깥에 있다든가, 새 둥지가 있는 가지가 가늘고 약하다든가, 다람쥐가 와서 새 둥지를 흐트러뜨릴 것이라고 하는 등의 모습으로 나타난다. 작품에 나타나는 애착 대상은 보호하거나 양육을 제공하지 않으며 필요한 순간에 부재하는 모습이다. 이를테면, 어미 새가 자고 있다든가 그림 속에 없고, 먹이를 주지만 충분하지가 않으며 아기 새를 내버려 두는 모습이다.

꿈과 대화하기

꿈으로 대화하는 미술치료기법은 Bruce Moon(2007)이 제안했다. 그는 실존적 미술치료접근을 통해 꿈 이미지를 다루는데, 꿈 이미지를 분석하고 상호 대화하도록 돕는다. 그렇게 하기 위해 세 가지 기본 전제가 있다. 첫째, 꿈을 있는 그대로 보며 숨어 있는 의미를 가정하지 않는다. 둘째, 미술치료사는 꿈의 이미지와 내담자 작품에 나타난 내용에 초점을 맞춘다. 셋째, 해석하는 말은 하지 않는다.

꿈과 대화하기의 전체적인 과정은 다음과 같다. 꿈 이미지를 그린다. 그다음에 꿈을 글로 쓴다. 그림 작품을 미술치료사와 내담자 사이에 두고 글로 쓴 꿈 내용을 내담자가 읽는다. 이번에는 미술치료사가 같은 글을 내담자에게 읽어 준다. 내담자 입장에서는 자신의 꿈을 두 번 들으면서 떠오르는 것이 더 많이 생긴다. 그림 작품과 글에서 나타난 바, 즉 꿈에서 중요한 것이 무엇인지 내담자가 스스로 찾도록 한다. 중요한 요소를 중심으로 자신의 생각, 느낌을 되돌아보며 확충한다. 내담자가 자유연상을 하면 미술치료사가 나중에 내담자의 말을 그대로 되풀이해서 말해 준다. 나타난 중요 요소끼리 묶고 서로 연결하도록 한다. 중요 요소 묶음을 내담자 자신의 삶과 관련해서 문장으로 표현하도록 한다. 그렇게 완성된 여러 개의 문장을 요약해서 하나의 문장으로 만들도록 한다. 그것이 바로 꿈으로부터 오는 '핵심 메시지(essential message)'다. 이제 꿈에 대한 반응으로서 어떤 행동들을 생각해 보고 그것을 시행하도록 한다.

적군 이름 붙이기

'적군 이름 붙이기(Naming the Enemy)'는 미술치료사 Henley(2007)가 양극성 장애가 일찍 발병한 아동들을 대상으로 2년 넘게 치료하면서 적용했던 미술치료기법이다. 원래 이 기법은 Fristad, Gavazzi와 Soldano(1998)가 먼저 사용했다. 이들은 아동 환자들을 치료하면서 아동으로 하여금 자신이 겪는 증상에 이름을 붙이게 함으로써 핵심 자아와 분리하도록 하고 거리를 만들도록 했다. 이를테면, "이건 분노예요."라고 이름 붙이며 찰흙 작업을 하는 식이었다. 말하자면, 증상이나 문제가 자신의 전부라는 느낌이 드는 아동들에게 그것이 전부가 아니라 일부이며 조금 더 객관화해서 따로 떨어진 대상으로 바라볼 수 있게끔 돕는

2. 여러 가지 기법

것이 이 기법의 목적이다. Henley는 원래의 기법에 덧붙여서 '친구 이름 붙이기'를 함께 사용했고 긍정적인 면도 더 부각하고자 했다. 미술작업을 하면서 적군도 찾고 친구도 찾기 때문에 말로만 자신의 증상이나 행위를 기술할 때에 비해 더 감성적이고 풍부한 느낌을 가지게 된다.

작업의 크기를 변형하기

크기가 달라지는 것만으로도 상당히 다르게 느껴지기 마련이다. 대개는 마음의 필요에 따라서 큰 작품을 하기도 하고 작은 작품을 하기도 한다. 종이 크기를 다양하게 구비하고 있는 이유는 그때그때 마음의 움직임과 상태에 따라 내담자들이 원하는 작업의 크기가 달라지기 때문이다.

커다란 작품으로 그리기

크기가 커지는 것만으로도 새로운 경험이 될 수 있다. 익숙하던 8절 도화지가 아니라 4절 도화지나 2절지, 혹은 두께감이 있는 전지 사이즈의 종이 위에 작업하는 것은 온몸을 사용해야 하기 때문에 의외의 경험이 된다. 큰 크기로 작업할 때에는 손만 움직이는 것이 아니라 팔이 움직이고 온몸이 움직이는 것이다. 처음 시작이 어려울 수도 있지만, 일단 시작하게 되면 작업 자체에 깊이 몰두할 수 있다.

벽면에 긴 두루마리 종이 — 다소 두께가 두꺼운 종이라야 찢어지지 않는다 — 를 붙여 놓고 작업하는 '벽화(mural)' 작업은 집단에서도 많이 사용하지만, 개인 미술치료시간에 사용해도 좋다.

아동과 작업할 때 '크기'가 가지는 의미는 각별하다. 어른들도 크기가 큰 작업을 하는 것이 도움이 될 때가 있지만, 아동의 경우에 더 두드러진다. '크다'는 것의 의미가 아동의 경우에 보다 더 직접적으로 '힘'을 의미할 때가 많다. 위축되거나 소심한 아동의 경우 처음부터 커다란 작품을 하게 되면 압도당할 수 있는데, 차차 익숙해지면서 여러 주에 걸쳐서 마치 프로젝트를 해내는 것처럼 커다란 작품을 완성하게 되면 그 성취감은 이루 말할 수 없을 정도다. 이때 크기가 큰 작품의 주제는 아동이 아끼고 좋아하는 대상이라야 할 것이다.

시리즈로 작업하기

이어지는 주제로 연결 작품 만들기

이어지는 주제로 연결 작품 만들기는 동일한 대상만 반복해서 그리거나 만드는 내담자와 작업할 때 고려해 볼 수 있는 방법이다. '반복'은 어느 정도 모든 내담자들에게 나타나는 행동이며 작품의 주제나 스타일은 계속해서 반복되기 마련이다. 그런데 매번 같은 대상만 반복해서 그리고 있다면 몇 가지를 고려해 볼 수 있다. 우선 내담자가 똑같은 것을 계속 반복하고 반복하는 것에 대해 미술치료사가 마음으로 잘 받아들이는 것이 중요하다. 예를 들어, 강아지만 반복해서 그리기 원하는 아동이라면, 굳이 다른 것을 그리도록 지시할 필요가 없다. '강아지'가 가지는 심리적 의미를 살펴서 계속 작업할 수 있도록 북돋아 주는 것이 좋다. 무엇인가를 반복해서 그릴 때에는 그 반복되는 대상이 심리적인 중요성을 가진다. 마음의 안식처이기도 하고, 자기 자신을 확인하는 것이기도 하며 중간 대상(transitional object)으로 삼은 것이기도 하다. 그러므로 미술치료사가 내담자의 반복 작품을 잘 받아 줄 수 있다면, 천천히 조금씩 그다음 작품에서 변화가 생긴다. 만약 변화가 생기지 않는다면, 급작스럽지 않은 정도에서 지금까지의 작품들과 연결되는 작품을 시도하는 것을 고려해 볼 수 있다. 예를 들어, '기차'라는 주제를 좋아하여 반복해서 그리는 아동이 있다. 그 기차가 달리는 길, 색깔이나 재료가 다른 선로들, 선로 위의 다른 기차, 용도가 다른 기차, 간이역과 풍경들 등을 계속해서 확대하면서 덧붙여 나아갈 수 있다. 그런 방식으로 작품에서 변화가 생기면 마음의 변화를 선도하기도 하고 반영하기도 한다.

미술치료사와 함께 작업하기

미술치료회기에 내담자와 미술치료사가 함께 미술작업을 하는 경우도 있다. 이러한 미술작업은 '반응 작품(response art)'이라 불린다. 즉, 회기 내에서 내담자에 대한 반응으로서 미술재료를 사용해서 치료개입을 하는 것이다. 미술작업은 두 사람이 공동 작업으로 하기도 하고, 각기 작품을 만드는 개별 작업을 하기도 한다. 미술치료사는 내담자를 따라 그리거나 대응되도록 그리는 편이며 경우에 따라서 내담자에 대한 자신의 느낌과 공감을 그림으로 옮기기도 한다. 어쨌든 이러한 반응 작품은 일종의 공감반응 같은 것으로서 내담자를 반영해 주는 것이라 할 수 있다.

잊지 말아야 할 것은 회기 내에서 미술치료사가 작업을 하는 경우에 작품에 완전히 푹 빠져서 치료사 개인의 심리적 욕구를 채우지 않아야 한다는 점이다. 회기 내 치료사의 모든 작업은 내담자에 대한 '거울반응(mirroring response)'이며 반응 작품이다.

Winnicott의 스퀴글 게임

스퀴글 게임(Squiggle game)은 치료사와 내담자가 계속해서 번갈아 가면서 그림을 그려 가는 방식이다. 절대적으로 한 번씩만 하고 번갈아 해야 하는 것은 아니며, 치료사 쪽에서 몇 번 선을 그려 주고 바꾸도록 해도 된다.

Winnicott(1971)은 시작할 때 이렇게 소개했다.

> 내가 눈을 감고 종이 위에 이렇게 그릴게. 그러면 네가 이것을 뭔가로 바꿔봐. 그다음에는 네 차례야. 네가 그리면 이번에는 내가 뭔가로 바꿔 볼게.

실제 Winnicott이 제시한 사례를 일부 살펴보면 다음과 같이 진행되었다.

치료사가 어떤 선을 그렸다.
내담 아동이 보고는 "오리발 같아요."라고 했다.

⬇

치료사가 물갈퀴가 달린 오리발을 간단하게 그렸다.

⬇

내담 아동이 오리의 물갈퀴 달린 발을 그렸다.

⬇

다시 치료사가 선을 그렸더니,
이번에 내담 아동이 그것을 호수에서 수영하는 오리로 바꾸었다.

⬇

내담 아동이 선을 그렸고, 뿔이라고 했다.

⬇

치료사가 선을 그렸고, 내담 아동이 개로 바꾸었다.

⬇

내담 아동이 선을 그렸고, 치료사가 물음표로 바꾸었다.
그것은 내담 아동이 생각했던 것은 확실히 아니었다.

⬇

내담 아동이 또 선을 그렸고, 이번에는 치료사가 백조로 바꾸었다.
(오리 테마가 연결된 것이기도 하다.)

⬇

치료사가 선을 그렸고, 내담 아동이 신발이라고 했다.

이렇게 계속 진행할 수 있는데, 상황에 따라서 유연하게 바꾸어 갈 수 있다. 이렇게 그림을 그려 가면서 대화를 하게 되면, 내담자(대개는 아동이다)가 자신의 생각과 감정을 말하기가 쉬워진다.

Landgarten의 방법

Landgarten(1981)은 다음과 같이 말했다.

당신과 제가 그림을 함께 그리도록 하지요. 좋아하는 색을 고르시고, 저에게
도 하나 골라 주세요. 제목은 '안녕?'이라고 붙일까요? 우리가 함께 만드는 첫
작품이니까요. 자, 당신이 고른 색깔은 당신을 상징하고요, 제 것은 저를 상징
합니다.

이렇게 지시를 주고는 함께 그림을 그린다. 물론 치료사는 단순히 자신이 원
하는 방식대로 그리는 것이 아니라 내담자가 어떤 식으로 선을 긋는지 살펴보면
서 거기에 대해 반영해 주고 공감하는 방식으로 그림을 그려 간다. 완성되면 둘
이 함께 그림에 대한 느낌을 나눈다.

집단 작업

집단 작업은 어떤 방식으로 이루어지느냐에 따라 다음과 같이 총 다섯 개의
방식으로 분류해 볼 수 있다.

- 개인 작업으로 진행하고 전체로 모여 함께 감상하는 방식
- 둘씩 짝을 지어 진행하고 전체로 모여 함께 이야기 나누는 방식
- 집단 전체를 둘로 나누어 진행하고 함께 감상하는 방식
- 집단을 몇 개의 소집단으로 묶어서 공동 작업을 한 뒤 함께 이야기 나누는
  방식
- 집단 전체가 하나의 팀이 되어 함께 작업하며 이야기 나누는 방식

대체로 아동이나 성인들의 집단에서는 개인 작업 방식을 주로 쓴다. 미술작
업 과제가 상호 교환을 필요로 한다면 둘씩 짝 짓는 방식도 사용하는데, 그때의
전제조건은 짝을 이루는 사람들의 기능 수준이 비슷해야 하며, 집단 전체의 응
집력이 어느 정도 형성된 토대 위에서 진행해야 한다는 점이다. 그렇지 않으면

둘씩 짝을 지을 때 어색해하거나 어려워할 수도 있다. 서로 잘 모르는 상태에서는 집단 전체를 둘로 나누어 진행하는 것이 단시간에 응집력을 가지게 한다. 청팀과 백팀처럼 두 팀으로 나누어 동일 주제를 줄 경우, 사람 마음 안에 자연스러운 경쟁심이 생기게 되고 그만큼 더 작업에 활기를 띠게 된다. 집단을 몇 개의 소집단으로 묶는 작업은 집단 미술치료에서 흔하지는 않지만, 집단 전체 규모가 10명을 넘어선다면 고려해 볼 수 있는 방식이다. 학교에서 진행되는 전체 학급 대상의 집단 미술치료의 경우 이러한 방식을 사용할 수 있다. 마지막으로 집단 전체가 하나의 팀이 되어 작업하며 이야기를 나누는 방식은 가족 단위 집단 작업에서부터 청소년이나 성인 집단에서 사용하는 방법이다. 동일한 공간 위에서 함께 작업을 하기 때문에 한 개인이 집단 내에서 어떤 위치를 차지하며 어떻게 상호작용하고 어떤 관계를 맺는지 압축해서 경험하고 바라볼 수 있는 좋은 기회가 된다.

집단 작업 방식이 개인별 작업으로 진행될 때에는, 앞서 설명한 각각의 주제를 주로 사용한다. 둘씩 짝지어 진행하는 경우에는 석고붕대로 가면 만들기와 같이 두 사람이 함께 해야 하는 작업을 주제로 사용한다. 집단 전체를 둘로 나누는 경우에는 하나의 주제로 각 팀이 그림을 완성하도록 할 수 있다. 예를 들면, 정신건강의학과 병동에서 환자들 아홉 명이 집단 미술치료에 참석했다. 이들을 두 집단으로 나눈 뒤, 큰 전지와 각종 미술도구, 재료를 제공하고 '세상에서 가장 멋진 나무'를 그려 보라고 제안할 수 있다. 그렇게 했을 때, 어느 때보다도 활기찬 시간이 될 수 있다.

집단 전체가 팀으로 작업할 경우 다음과 같은 주제를 제시할 수 있다.

집단으로 숲 만들기

각 참가자들마다 자신의 나무를 그리고 오린다. 자신이 좋아하는 나무, 자신의 특성을 드러내는 나무를 그린 뒤, 벽에 붙인 큰 도화지(뮤럴지) 위에 함께 붙인 뒤 이야기 나눈다. 자신이 그린 나무와 자기 모습, 숲속에서 보이는 나무의 모습과 집단에서 보이는 자기 모습을 비교해 보며 이야기 나눈다.

풍경 벽화

'벽화' 작업만큼 집단에서 했을 때 특별한 의미를 가지는 작업도 흔치 않다. 부대끼며 살아가는 사회생활의 축소판으로서 집단에서의 상호작용을 살펴보려면, 각 개인의 작업 공간이 중첩되면서 공동의 작업을 하는 것이 필요하다.

벽화 작업 중에서 풍경 벽화(landscape mural)라고 해서 완성되었을 때 길쭉한 풍경화가 되도록 하는 작업이 있다. 긴 종이를 벽면에 붙여 놓고 공동으로 작업하는 것이 일반적이다. 또 다른 한 가지 방식은 여러 장의 종이를 가로 방향으로 이어서 둔 뒤 약간씩 변화를 주면서 지평선을 표시하는 선을 길게 연결해서 긋는다. 그런 다음 종이 뒷면에 순서를 표시해 두고 각 개인에게 나누어 준다. 풍경을 완성한 뒤, 순서에 따라 다시 붙여서 어떤 풍경이 나타나는지 살펴본다.

섬 만들기

다양한 크기와 형태의 섬 모양으로 된 종이가 있고, 사람들이 각자 선택한다. 그 섬 안에 어떤 것들을 더 그려 넣을지, 어떻게 꾸밀지 하는 것은 사람들에게 맡긴다. 완성한 뒤, 푸른색 큰 도화지(여러 장 붙인 도화지도 가능) 위에 섬을 붙이도록 한다. 그리고 이 섬이 가지는 의미, 섬의 위치, 다른 섬과의 관계에 비추어서 자신의 느낌과 대인관계를 돌아보도록 한다.

집단 만다라

만다라는 둥근 원 형태 안에 이미지를 표현하는 방법이다. 원 안에 무늬가 있을 때도 있고, 원만 제시하는 경우도 있다. 원 모양을 크게 만들어서 사람들이 일부분(파이로 치면 한 조각씩 파이를 받는 것처럼)을 나누어 맡아 각자 그린 뒤 함께 붙여서 전체 모습을 살핀다. 혹은 큰 원을 그대로 둔 채, 동시에 작업하기도 한다. 종이를 테이블 위에 두기도 하고 바닥에 두기도 하는데, 바닥에 두면 사람들이 움직이기가 더 수월해진다.

돌려서 그리기

집단원들이 함께 그리지만 사람들마다 종이를 한 장씩 가지고 시작해서 옆 사람에게 주고 자신도 옆 사람의 그림을 받아서 더 그려 넣는 방식이다. 대인관계에 관심이 있고 상호작용이 잘 이루어지는 성인 집단인 경우 추상적인 지시로 돌려 그리기를 제안해 볼 수 있다. 다음에 제안된 내용은 얼마든지 가감하거나 수정 가능하다.

- 선을 그리세요. 그다음 사람에게 주세요.
- 구부러진 선을 그립니다. 그다음 사람에게 주세요.
- 어디엔가 물감을 칠해 보세요. 그다음 사람에게 주세요.
- 곡선을 더해 보세요. 그다음 사람에게 주세요.
- 어디엔가 원을 그려 보세요. 그다음 사람에게 주세요.
- 구불구불한 선을 그려 보세요. 그다음 사람에게 주세요.
- 어디엔가 물감을 칠해 보세요. 그다음 사람에게 주세요.
- 지그재그 라인을 그려 보세요.
- 벽에 붙이고 어떤지 함께 살펴보겠습니다.

혹은 좀 더 구체적인 제안으로 돌려 그리기를 할 수 있다.

- 자신이 걸어온 인생길을 그려 보세요. 길만 그리시면 됩니다. 그다음 사람에게 주세요.
- 인생길 양옆으로 넣고 싶은 풍경을 넣어 주세요. 그다음 사람에게 주세요.
- 길 위에 동반자를 그려 주세요. 사람이든 동물이든 다 좋습니다. 그다음 사람에게 주세요.
- 그려진 길 말고 샛길이 하나 더 있다면 어떻게 될까요? 샛길을 그려 보세요. 그다음 사람에게 주세요.

- 길을 장식해 주세요. 어떻게 장식해 주시겠어요?
- 벽에 붙이고 함께 살펴보겠습니다.

가족 회기에서 사용하는 미술치료기법

Kwiatkowska의 가족미술평가법

Kwiatkowska의 가족미술평가법(Family Art Evaluation: FAE)은 가족 중에 문제가 심각해서 입원한 청소년 혹은 성인이 있는 가족을 대상으로 한다. 재료는 약간 딱딱하고 각이 진 파스텔과 종이다. 총 여섯 장의 그림을 다음과 같은 순서로 그리도록 한다.

① 자유화(free picture)

긴장을 풀어 주고 편안한 분위기가 되도록 돕는다. 가족 구성원에게 각자 주제를 선택할 수 있는 자유를 준다.

② 현실적인 가족 초상화(realistic family portrait)

각 구성원들에게 자신의 가족 초상화를 그려 보라고 한다. (추상적으로 표현하는 것이 아니라 실제와 같이 그리는 구상화다.) 그림으로 그려야 하는 가족 구성원들이 있는 상태에서 초상화를 그린다는 것은 여러 가지 의미에서 서로 간의 반응을 촉발시키는 작업이 된다. 대개 가족들은 서로 눈치를 살피거나 그림에 관심을 보이고 또 간섭하거나 관여하고 정서적인 반응을 보인다. 이러한 과정에서 가족들의 심리적인 역할과 관계, 서로에 대한 지각과 상호작용 방식이 나타난다.

③ 추상적인 가족 초상화(abstract family portrait)

추상적인 가족화가 가장 어려운 과제다. 두 번째 그렸던 그림처럼 가족 초상화를 그리는데, 이번에는 추상적으로 표현해서 그려 보라고 한다. 이 그림은 각 사람들이 가족에 대해 어떤 마음과 생각을 가지고 있는지 볼 수 있을 뿐 아니라, 어느 정도로 조직화된 추상적 사고를 할 수 있는지 보여 준다.

세 번째 그림이 끝나고 나면 일어서서 팔 운동을 하도록 한다. 미술치료사가 시범을 보이면서 따라하도록 하는데, 팔을 위아래로, 좌우로, 그리고 원을 그리면서 돌리도록 한다. 그런 뒤, 다음 세장의 그림을 더 그린다.

④ 개인 난화(individual scribble)

난화를 통해 각 사람들의 통합 능력과 관심 주제를 볼 수 있다.

⑤ 공동 가족 난화(joint family scribble)

이 난화는 한 장의 종이를 사용해서 가족이 공동으로 난화 작업을 하는 것인데, 이러한 협동과제를 통해 가족이 어떻게 연결되어 있으며 어떻게 상호작용하는지 더 두드러지게 나타난다. 개인 난화와 공동 가족 난화를 비교해 보는 것도 의미 있다.

⑥ 자유화(free picture)

마지막 자유화는 가족미술평가 회기 동안 느꼈던 감정과 여러 가지 생각을 마무리할 수 있는 기회가 된다. 또한 첫 번째 그림과 비교해서 볼 수 있다.

Rubin의 평가법

Rubin의 평가법은 문제를 가진 아동이나 청소년이 있는 가족들을 대상으로 한다. 전체 세 장의 그림을 그리는데, 주제는 다음과 같다.

① 개인 난화(individual scribble)

Rubin은 대부분의 가족들이 (특히 성인들) 그림 그리기를 어려워하므로 시작을 난화로 했다고 한다. 난화는 사람들의 긴장을 누그러뜨리고 조금 더 편안하게 느끼게 한다. 아울러 얼핏 보면 의미 없게 보이는 선 위로 어떤 이미지를 투사하게 함으로써 그 사람의 마음 한 켠의 모습을 드러내게 도와준다.

② 가족 초상화(family portraits)

이 초상화는 구체적으로 그려도 되고 추상적으로 그려도 되며, 평면 작업으로 해도 되고 입체 작업으로 해도 된다. 자유로운 형식으로 가족 초상화를 만들도록 한다. 가족 초상화를 그리는 것은 항상 마음에서 부담이 될 수 있는 일이므로, 미술작업 방식이나 재료에 있어서 최대한 여러 가지 자유로운 선택을 보장해 줌으로써 내담자들의 작업을 지지하고 도와준다.

③ 가족 벽화(family mural)

Kwiatkowska의 공동 가족 난화처럼 가족들이 함께 공동의 작업을 하는 것을 관찰할 수 있는 기회가 된다. 공동 가족 난화에서와 마찬가지로 한 장의 종이를 사용하지만, 벽화로 붙인 종이는 훨씬 더 넓은 공간을 제공한다.

Wadeson의 부부평가법

Wadeson의 부부평가법은 부부나 커플을 대상으로 실시하는 미술평가법이다. 이 평가법에서도 세 장의 그림을 그리는데, 다음에 제시한 순서대로 그리지 않아도 된다.

① 협동화(말하지 않고 그림) (joint picture without talking)

말하지 않고 한 장의 종이에 함께 협동화를 그리도록 한다. 서로 말하지 않기 때문에 눈빛이라든가 제스처, 분위기 등 비언어적인 상호작용이 더욱 두드러지게 나타난다.

② 부부 관계 추상화(abstract of marital relationship)

부부 관계를 추상적으로 표현해 보도록 한다.

③ 배우자에게 주는 자화상(self portrait given to spouse)

자신의 초상화를 종이에 그려서 배우자에게 주도록 한다. 그런 다음 "배우자에게 하고 싶은 것을 해 보세요."라고 이야기해 준다. 이러한 상징적인 행위는 대개 강렬한 정서와 극적인 상호작용을 불러일으킨다.

참고문헌

Cane, F. (1983). *The artist in each of us.* Craftsbury Common, VT: Art Therapy Publications.

Fristad, M. A., Gavazzi, S. M., & Soldano, K. W. (1998). Naming the enemy: Learning to differentiate mood disorder symptoms from the self that experiences them. *Journal of Family Psychotherapy, 10*(1), 81-88.

Hanes, M. (2008). Signs of suicide: Using road drawings with inmates on suicide observation at a county jail. *Art Therapy, 25*(2), 78-84. DOI: 10.1080/07421656.2008.10129418

Hayes, R., & Lyons, S. (1981). The bridge drawing: A projective technique for assessment in art therapy. *The Arts in Psychotherapy, 8,* 207-217. DOI: 10.1016/0197-4556(81)90033-2

Henley, D. (2007). Naming the enemy: An art therapy intervention for children with bipolar and comorbid disorder. *Art Therapy, 24*(3), 104-110. DOI: 10.1080/07421656.2007.10129421

Kaiser, D. H. (1996). Indications of attachment security in a drawing task. *The Arts in Psychotherapy, 23*(4), 333-340. DOI: 10.1016/0197-4556(96)00003-2

Landgarten, H. (1981). *Clinical art therapy: A comprehensive guide.* New York: Brunner/Mazel.

Moon, B. L. (2007). Dialoguing with dreams in existential art therapy. *Art Therapy, 24*(3), 128-133. DOI: 10.1080/07421656.2007.10129428

Rubin, J. A. (2006). 미술치료학 개론(김진숙 역). 서울: 학지사. (원저 1999년 출판)

Sheller, S. (2007). Understanding insecure attachment: A study using children's bird nest imagery. *Art Therapy, 24*(3), 119–127. DOI: 10.1080/07421656.2007.10129427

Silver, R. (2009). 그림 속 우울과 공격성: 재미난 DAS 이야기(주리애 역). 서울: 학지사. (원저 2005년 출판)

Steinhardt, L. (2006). The eight frame colored squiggle technique. *Art Therapy, 23*(3), 112–118. DOI: 10.1080/07421656.2006.10129626

Winnicott, D. W. (1971). *Playing and reality*. New York: Routledge.

미술치료의 과정

제**11**장

미술치료 구조화

내담자들이 말하기를, 가장 감동적이고 치유적인 순간은 치료사가 주어진 틀에서 벗어나서 환자에게 자연스럽게 행동하며 무언가 예외적인 일을 했을 때 찾아왔다고 한다.
그러나 그렇게 되려면 이미 든든하고 안정적인 틀이 있어야만 한다.

– Nancy McWilliams (2007)

제11장 미술치료 구조화

　이 장에서는 미술치료가 시행되는 과정을 따라가면서 실제로 어떻게 미술치료가 진행되는지 살펴보자. 물론 실제 미술치료는 치료사의 이론적 배경이나 훈련 방식에 따라서 달라질 수 있고, 내담자의 필요에 따라, 혹은 미술치료가 시행되는 기관의 요구나 특성에 따라 달라질 수 있다. 그러나 대체적으로 공통되는 주제나 문제가 있고 어떻게 치료적으로 대응해야 하는가에 관한 원리나 규칙이 존재한다. 여기에서는 치료 초반기에 나타날 수 있는 여러 주제를 치료의 구조화라는 관점에서 살펴보기로 한다.

1. 치료의 시작

　미술치료가 시작되는 첫날이다. 개인 미술치료인 경우 첫 번째 회기는 접수면접으로 진행된다. 접수면접자가 따로 있어서 접수면접을 할 수도 있고, 미술치료사 자신이 접수면접을 겸하는 경우도 있다. 접수면접은 미술치료를 신청한 사람에게 왜 미술치료를 받고 싶은지, 현재의 문제는 무엇인지 주호소를 듣고, 개인사와 가족력, 발달력 등을 묻고, 앞으로 진행될 미술치료 전반―시간 약속이나 비밀보장도 포함―에 대해 간략하게 소개하는 시간이다. 접수면접에서는 내담자들이 하고 싶은 이야기가 많고, 또 짧은 시간에 내담자를 알아가기 위해 주호소, 가족력, 발달력을 듣기 때문에 굳이 미술작업을 하지 않아도 좋다. 물론 미술치료사에 따라서는 첫 번째 회기부터 미술작업을 하는 사람도 있다. 이러한 스타일은 각 미술치료사들마다 약간씩 다를 수 있다. 어떤 미술치료사의 경우에는 첫 회기에서 접수면접은 물론 미술작업도 하기 때문에 다른 회기와 달리 두 시간가량을 할애하기도 한다.

집단 미술치료의 경우에는 따로 접수면접을 하지 않는 것이 보통이며 첫 번째 시간에 서로 소개하면서 미술치료에 대한 기대와 앞으로의 목표, 규칙 등을 정하게 된다. 치료사에 따라서는 집단을 시작하기 전에 따로 개개인을 면담하는 경우도 있다.

이제 접수면접을 한 다음 본격적인 첫 회기가 시작된다. 먼저 내담자를 맞이하고 잠시 가벼운 여유를 가진 뒤 접수면접자와 미술치료사가 다른 경우에는 미술치료사 자신을 소개한다. "저는 미술치료사 누구입니다."라고 한 뒤 내담자와 주호소를 잠시 확인하고 미술치료에 대해 소개한다. 미술치료에 대해서는 내담자에게 먼저 물어봐도 좋다.

"미술치료를 신청하셨는데, 혹시 미술치료에 대해 들어 보셨나요?"

"이제 함께 미술치료를 하게 될 텐데요, 미술치료가 무엇이라 생각하세요?"

"미술치료라고 하면 어떤 것이 떠오르세요?"

"그래요, 말씀하신 것처럼 '미술치료는 미술을 통해 우리 마음을 알아 가는 것이에요.'"

"어떻게 되는지 지금부터 함께 해 보기로 해요."

그렇게 해서 그리는 첫 그림은 어쩌면 내담자에게 가장 중요한 그림일 수도 있다. 개인 미술치료로 만나는 내담자들 대부분이 그림이 바뀌고 스타일도 여러 번 변화하지만, 매번 돌아오는 것이 첫 그림일 정도로 첫 그림은 중요하다. 첫 그림이 가볍고 피상적인 사람들도 많다. 그렇다 하더라도 첫 번째 그림은 중요한 의미를 지닌다. 어쩌면 그 사람들은 그러한 피상적인 면을 미술치료에서 깊이 다루어야 할 것이다.

그림을 그린 뒤 내담자들은 미술치료사에게 해석을 기대하고 의존하며 불안해한다. 내담자를 더욱 의존적으로 만드는 지시적인 해석은 삼가야겠지만, 마음을 헤아려 주는 것은 꼭 필요하다. 무슨 말이라도 듣고 싶어 하는 그 마음을 이해해 주어야 하며, 처음 미술치료를 받으러 와서 얼마나 불안한지, 그러면서 얼마나 도움을 받고 싶은지 헤아려 주고 다독여 주어야 한다.

급하게 문제해결을 재촉하는 내담자라면 문제의 종류와 양상을 잘 살펴서 정리해 주는 것이 필요하다. 상담의 초반에는 문제 자체에 구체적인 해결책이 아니라 하더라도, 문제를 정리하는 것만으로도 내담자들의 마음은 도움을 받는다. 오히려 구체적 해결책이 장애물이 될 수도 있는데, 내담자들이 해결책을 듣고 그대로 하지 않을뿐더러 '상담도 별수 없군.'이라고 생각하기 쉽기 때문이다. 이와 달리 어떤 문제는 구체적인 정보를 제공하는 것만으로도 도움을 받는 경우도 있다. 그럴 때는 굳이 기다릴 필요가 없다. 우리가 듣는 내담자의 문제와 어려움이 어떤 종류인가 알기 위해서는 내담자에게 다시 물어보면 된다.

내담자의 말이 무엇이든, 내담자의 말에 담긴 불안이나 기대를 마음으로 헤아려 주어야 한다. 미술치료를 받으러 온 내담자들은 불안하고 답답한 심정으로 온 사람들이다. 그래서 짐짓 괜찮은 척 허세를 부리기도 하고, 그냥 한번 해 보러 왔다는 듯 굴기도 하며, 자기 문제가 별것 아니라는 듯이 말하기도 한다. 그렇게 포장된 모습 이면의 마음과 접촉할 수 있어야 마음을 매만질 수 있을 것이다.

자신의 문제를 해결하기 위해 자발적으로 미술치료실을 찾은 내담자들도 마음 열기가 어려운데 하물며 타의에 의해 미술치료를 시작한 경우는 어떨까. 다른 사람의 결정으로 미술치료를 시작하는 대표적인 내담자군이 바로 아동이다. 아동의 경우 시작부터가 중요한데, 치료 분위기가 너무 무겁거나 가볍지 않으면서 중심을 잡을 수 있어야 하고, 아동 내담자가 흥미와 관심을 느낄 수 있어야 한다.

아동 미술치료 집단을 예로 들어 보자. 미술치료시간이 되어서 치료실로 아동이 한두 명씩 들어오기 시작한다. 먼저 도착한 아동이 재료를 가지고 놀기도 하고, 치료사에게 와서 장난을 걸기도 한다. 그러다가 얼렁뚱땅 시작하기도 하는데, 함께 장난을 치면서 놀더라도 모든 회기의 시작과 끝은 분명하게 전달되는 것이 좋다. 먼저 재료를 만지고 노는 것을 허락하는 미술치료사도 있고 그렇지 않은 미술치료사도 있는데, 치료사는 아동들이 들어오는 것을 도와주고 기다려서 시작을 분명하게 언급하는 것이 좋다.

> "잠시 기다려 줄래? 15분 뒤에 같이 시작하는 거야."
> "자, 이제 시작하자! 모두들 다 왔니? 안녕?"

회기의 첫 2~3분 동안은 미술치료사가 회기의 시작을 알려 주고 구성원을 환영하며 치료시간임을 상기시키고 치료사 및 치료회기 내의 규칙을 소개하는 것으로 잡는다. 아동 미술치료 집단에서 규칙은 중요한데, 무엇을 할 수 있고 무엇은 할 수 없는지 알려 주는 규칙(집단원들에게 정하도록 해도 좋다)은 간결하고 분명해야 하고 일관되게 지켜져야 한다.

2. 치료 초반기의 저항과 두려움 다루기

자발적으로 미술치료에 참여한 사람들조차도 내담자로서 느끼는 부담을 피해 갈 수는 없는 듯하다. 치료사에 대해 기대를 거는 것 이상으로 마음에서는 망설이기도 하고 걱정하기도 하는 것이 인지상정이다.

미술치료뿐 아니라 모든 심리치료에서 치료사들은 내담자의 저항과 만나게 된다. 내담자들은 치료사가 믿을 만한 사람인가 시험한다. 치료사가 자신을 도와줄 수 있을 만큼 능력이 있는 사람인지에 대해서도 알고 싶어 하고, 자신이 믿고 의지해도 될 만큼 따뜻하고 호의적인 사람인지에 대해서도 확인하고 싶어 한다. 그런 시험은 때로 시기나 질투에서 비롯된 경쟁적 어조로 나타나기도 하고, 치료사에 대한 직접적인 공격적 질문들과 간접적이고 우회적인 발언들을 통해 나타나기도 한다.

필자가 만났던 내담자들 중에도 그러한 사람들이 몇 명 있었다. 몇 살인지 묻는 내담자도 있었고, 미술 같은 것을 한다고 뭐가 달라지냐고 하는 사람도 있었다. 좀 더 직접적으로 공격적인 발언을 하는 경우도 있다. 필자가 미국에서 미술치료 석사학위를 받고 돌아온 지 얼마 되지 않아서 만났던 내담자 한 명은 필자에게 무슨 자격증이 있냐고 물어서 자격증은 따로 없고 석사학위를 받고 미술치료를 한다고 했더니 "아~, 그러니까 말하자면 불법으로 하는 거네요."라고 해서 대답할 말이 없게 만든 사람도 있었다.

몇 살이세요

　나이나 성별, 종교, 출신 지역 등을 이유로 치료사에 대해 까다롭게 구는 내담자들도 종종 만나게 된다. (동일한 이유로 치료사를 좋아하는 경우도 있는데, 이러한 반응도 이후에 치료에서 다루어야 할 암초로 변할 수 있다.) "생각보다 젊으시네요."라든가 "무슨 띠세요?"(상대방의 나이를 물어볼 때 출생연도를 묻는 것보다 띠를 묻는 게 점잖다고 여기는 것 같다)와 같은 말들은 그 질문의 이면에 함축된 거부적 메시지 때문에 치료 초반부터 막히는 것 같은 느낌을 줄 수 있다. 이렇게 묻는 내담자에게 어떻게 대답해야 하는가?

　대체로 내담자의 질문에 답을 해 주지만 질문 이면의 마음에도 반응하고자 노력하게 된다. 필자는 구체적인 대답을 주는 편이지만, 치료사에 따라서는 개인 정보를 말하지 않는 것을 선호하는 사람들도 있다. 그렇지만 공통점은 질문 이면의 마음에 반응한다는 점이다.

❀ 구체적으로 대답하는 예

내담자: 선생님은 몇 년생이세요?

치료사: 72년생이에요.

내담자: 아~, 그러시구나. 저랑 세 살 차이 나네요.

치료사: 그러네요. (잠시 기다렸다가) 나이차를 알게 되니 어떤 느낌이 드세요?

내담자: 히히, 좀 젊네 싶어요.

치료사: 그렇군요. 음, 젊은 치료사라, 그것은 ○○ 씨에게 어떤 느낌인가요?

⚙ 비구체적으로 대답하는 예

내담자: 선생님은 몇 년생이세요?

치료사: 나이가 궁금하시군요.

내담자: 네, 몇 살이신지 궁금해요. 저랑 비슷한 것 같은데.

치료사: 제가 몇 살로 보이나요?

내담자: 음, 아마도 저보다 뭐 한두 살 위?

치료사: 제가 한두 살 위로 보이는군요. 저는 ○○ 씨가 나이를 물어보시는 마음이 무엇인지 궁금합니다.

내담자들의 답변을 기다려서 "제가 젊고 경험이 없을까 봐 걱정되나 봅니다."라고 할 수도 있고, "좀 더 나이가 지긋하고 노련한 사람한테 치료를 받았으면 하는 마음이 드나 봅니다."라거나 "제 나이가 갑자기 많아질 수는 없겠지요. 그렇지만 열심히 치료하고 함께 좋은 결과를 얻으면 좋겠습니다."라고 할 수 있다.

치료를 받는 위치에 선다는 것, 특히나 마음의 문제, 삶의 문제 때문에 치료받는 위치에 선다는 것은 쉬운 일이 아니다. 우리나라처럼 체면이 중요한 문화에서는 말할 것도 없다. 그래서 내담자들이 던지는 치료사에 대한 질문은 "당신은 나를 치료할 수 있는 사람입니까?"라는 메시지와 더불어 "이렇게 치료받게 되다니 부끄럽고 화가 나는군요."라는 의미였을 것이다.

그러므로 우선은 내담자의 마음에 섞인 불안함과 취약함을 알아차릴 수 있어야 한다. 마음으로 조금 더 안전하다고 느껴야 치료동맹도 맺을 수 있고 치료에서 변화도 생길 것이다.

그린다고 뭐가 달라져요

미술치료에서 만나는 내담자 저항 중 가장 보편적인 저항은 "이런 것을 그린다고 뭐가 달라져요?"라는 것이다. 자발적으로 참여한 내담자들조차도 도대체 그림 그린다고 뭐가 좋아지는가 회의적인 어조로 묻곤 한다. 이 질문은 마치 상담 받으러 가서 "이야기한다고 뭐가 달라지나요?"라고 묻는 것과 다를 바 없는 질문이다. 삶에서 의존적이고 책임감이 약한 사람들은 마음의 힘도 약하고 제한적이어서 심리치료의 효과도 제한적일 때가 많다. 하지만 상담과 심리치료가 말한다고 달라질 수 있다는 것을 꾸준히 입증해 왔던 것처럼, 미술치료도 '그리면 달라진다'는 것을 입증하고 있다. 그린다고 뭐가 좋아지냐고 묻는 내담자들에게는 그 마음에 깃든 불안이나 회의감도 달래 주어야겠지만, 미술치료가 감정을 다루는 예술치료라는 점을 설명해 주는 것이 좋다.

　　"진심으로 그리다 보면 분명히 달라질 겁니다."
　　"그림은 우리 마음으로 가는 지름길이거든요."
　　"○○ 씨가 감정 때문에 힘들다고 했는데, 미술은 감정을 회복하는 약이지요."
　　"가족 문제, 인간관계 문제, 직장 문제, 술 문제 등 우리가 가진 모든 문제에는 한 가지 공통점이 있어요. 네, 그건 우울하거나 화가 나고 미치겠다는 점이지요. 다르게 말하면 감정 문제인데요, 감정을 어떻게 치료해야 할까요? 예술을 통해서겠죠. 오늘 우리가 하는 작업은 감정을 나누고 회복하는 작업입니다. 잘 그리고 못 그리고는 중요하지 않아요. 열심히 마음을 표현한다고 생각하시면 됩니다."

여기가 뭐 하는 데예요

　아동 내담자는 자기가 왜 '미술치료'를 받으러 오는지 알지 못할 때가 많다. 때로 "여기가 뭐 하는 데예요?"라고 묻기도 한다. 솔직하고 간략하게 대답해 주면 된다. "응, 여기는 미술치료실이야. 마음이 아픈 사람들이 와서 치료받는 곳이야." 치료라는 단어 때문에 아동이 예민하게 반응한다면, "괜찮아, 마음은 가끔 탈이 나기도 하지만 건강해질 수 있어."라고 안심시켜 준다.
　어떤 아동이 여기가 학원이냐고 묻고는 미술치료실이라는 말을 들었다. 그러자, "여기는 애들 많이 안 오죠?"라고 하고는 머리를 푹 숙였다. 어떻게 해야 할 것인가? 아동의 말과 행동에서 느껴지는 바를 말해 주면 된다. "다른 애들은 안 오는데 ○○만 치료실에 온다고 생각되나 보구나." "뭔가 나한테 문제가 있나 싶어서 마음이 불편하구나?"라고 묻고는 역시 안심시켜 주고 희망을 불어넣어 줄 수 있다.

그리고 마지막으로 한 가지 덧붙이자면, 치료사가 아무리 노력한다 하더라도 첫 회기에 나타나고 그다음 회기에 오지 않는 내담자들이 있게 마련이다. 아무리 노력해도 좋아지지 않는 내담자들도 있다는 점을 생각하면 놀라운 일이 아닐지도 모른다. 어쨌든 내담자들 한 사람 한 사람에게 진실된 만남을 주고자 노력했지만, 현실에서 좌절이 생길 수도 있다는 것을 소박하게 받아들일 지혜도 필요하다.

3. 치료사에게 개인적인 질문을 할 때

내담자가 치료사에게 개인적인 것을 물어볼 때 어떻게 대답할 수 있는지를 두 가지 경우로 살펴보자. 첫 번째 경우는 치료사의 중립성을 좀 더 중요하게 생각하므로 직접적인 대답을 주지 않고 왜 그것이 궁금한지를 묻는 물음으로 돌려주는 방식이다.

내담자: 선생님, 선생님은 결혼하셨어요?
치료사: 글쎄요, 제가 결혼한 게 궁금하시군요.
내담자: 네, 결혼하셨을 것 같은데, 그렇죠?
치료사: 음, 그렇게 보이는군요. 결혼에 대해서 관심이 많으신 것 같아요.

이렇게 치료사의 개인 정보를 드러내지 않음으로써 내담자의 투사와 전이를 용이하게 할 수 있다. 두 번째 경우는 질문에 대해 간단하더라도 구체적인 대답을 해 준 뒤 다시 내담자에게 초점을 맞춰 주는 경우다.

> **내담자:** 선생님, 선생님은 결혼하셨어요?
> **치료사:** 네, 결혼했어요. 그게 궁금하셨나 봐요.
> **내담자:** 역시 그러시구나. 결혼하셨을 줄 알았어요.
> **치료사:** ○○ 씨에게 결혼이 중요한 것 같은데요, 어떤가요?

두 번째 대화는 첫 번째 대화에 비해 좀 더 치료사의 개인 정보를 공개하고 있다. 개인 정보 공개가 어느 수준에서 어느 정도 이루어져야 하는지에 대해 획일적인 기준은 없다. 대체로 많은 치료사들이 수용하는 기준은 다음과 같다.

- 치료사가 불편하게 여기는 개인 정보는 공개하지 않는 것이 좋다.
- 치료대화 내에서 관련 없는 개인 정보 공개는 부적절하다.
- 내담자의 관심사나 질문이 치료에 대한 저항이거나 치료상의 이차 이득 (secondary gain)이라면 그러한 '게임'에 휘말리지 않고 치료 초점을 잡을 수 있어야 한다.
- 치료의 초점으로 돌아올 수 있다면 유연하게 대응하는 것도 좋다.

기혼 여부나 아이가 있는지, 혹은 이런저런 비행행동들을 경험해 봤는지, 치료사의 어머니는 어떤 사람이었는지, 치료사가 사는 동네는 어딘지 등 내담자들은 여러 가지를 궁금해한다. 이러한 궁금증이 치료사의 사생활에 대한 관심처럼 보이기도 한다. 하지만 관심의 원천은 언제나 내담자 자기 자신에게 있다. 예를 들어, 기혼 여부가 궁금하다면, 내담자의 관심사가 결혼과 관련된 것일 수 있다. 내담자는 자신이 그러한 이야기를 하고 싶어 한다는 것을 빙빙 돌려서 말하는 것을 알고 있을 수도 있지만, 때때로 자신이 무슨 이야기를 하고 싶어 하는지 몰라서—그렇지만 내면 깊숙한 곳에서는 말하고 싶은 욕구가 있기 때문에—외부로 관심을 돌리기도 한다. 어쨌든 내담자들의 질문은 모두 내담자 자신의 이야기다.

만약 집요하게 끝까지 묻는 내담자라면, 치료에 대한 기대를 좀 더 구조화시킬 필요가 있다. 치료를 통해 치료사와 내담자가 교제하는 것이 아니라는 점, 치료사에게 초점을 맞추는 것이 아니라 내담자에게 초점을 맞추는 것이라는 점을 알려 줄 수 있다. 그 과정에서 분명하게 "음, 저는 제 사생활에 대한 질문은 받지 않습니다."라고 해도 좋다. 그러면서 "저한테 궁금한 게 많으시군요. 왜 이런 질문이 중요한가 이야기해 봐야 할 것 같습니다."라고 말할 수 있다. 만약 동일한 경험을 했어야만 나를 이해할 수 있다고 주장하는 내담자라면, 반드시 똑같은 경험을 해야만 상대방을 아는 게 아니라는 점을 설명해 준다.

4. 치료에서 경계를 설정하기

의외로 많은 미술치료사가 어려워하는 부분이 치료장면에서 경계(boundary)를 설정하는 것이다. 그 이유는 미술치료사들의 대체적인 성향과도 관련이 있는 듯하다. 대개의 미술치료사들은 감성적인 면이 강해서 내담자에게 쉽사리 동정적으로 되기 때문에 경계 설정이 어렵고, 다른 면에서는 예술가적인 특성 때문에 규칙보다는 예외를 더 선호하며 융통성을 너무 쉽게 발휘해 버려서 경계가 허물어진다. 그렇지만 적어도 전문적인 서비스로서 미술치료가 시행되려면 경계를 설정하고 유지하는 것이 필요하다.

경계란 무엇인가? 경계는 치료가 전문적인 서비스가 되게끔 돕는 하나의 틀이라 할 수 있다. 이 틀에 대한 약속을 지켜 나갈 때 건강한 치료 결과를 기대할 수 있다. 일상적인 관계에서 사람을 돕는 것과 가장 큰 차이가 경계의 유무이기도 하다. 옆집 사람과 수다 테라피를 할 때 서로 간의 경계는 매우 느슨하고 불분명하다. '경계'란 단어의 어감이나 뉘앙스가 마음에 들지 않는다면, '원칙'이라든가 '치료 구조'라는 단어로 바꾸어 생각해도 된다.

치료사 편에서 경계를 가장 분명하게 설명하는 말은, '더도 말고 덜도 말 것'이다. 내담자가 안쓰럽고 불쌍해 보여서 더 도와주고 싶더라도 절제할 수 있어야 하고, 내담자가 무례하거나 바뀌지 않을 것 같거나 공격적으로 행동하더라도 밀어내거나 보복하거나 배신하지 않아야 한다. 치료사의 마음에서 '이 사람은 그만 왔으면' 하는 마음이 들면 무슨 말을 하더라도 내담자들은 귀신처럼 알아낸다. 그렇지만 내담자를 진심으로 돕고 싶은 마음으로 "이 약속을 지키지 못하시면 치료를 계속 받을 수 없습니다."라고 하면 그 메시지를 알아듣는다.

중요한 점은 내담자가 누구든, 그리고 어떻게 행동하든 치료사는 치료사답게 행동해야 한다는 것이다. 그래야 돈을 받는 전문 치료사라고 할 수 있는데, 치료사다운 행동이 가장 선명하게 나타나는 부분이 경계를 잘 지키느냐 하는 점이다. 되는 것과 되지 않는 것이 일관되지 않거나 뒤죽박죽이면 곤란하다. 내담자가 어리거나 심리적으로 약한 사람인 경우라거나 지나치게 혹독한 부모 밑에서 자란 내담자인 경우에는 좀 더 융통성 있게 대하거나 허용적으로 대하는 것이 좋다. 그러나 허용적이라 하더라도 어떤 부분에 있어서는 분명하게 원칙을 지키고 일관되게 해야 한다.

경계를 지키는 것에 대해 한 마디 더 덧붙이면, 규칙이나 경계를 지키기 위해 지나치게 공격적으로 몰아세우는 것은 좋지 않다. 분명하게 경계를 설정하되, 내담자가 좌절하고 힘들어한다면 그러한 가르침을 잘 마무리하고 그다음 새로운 국면으로 들어가도록 인도해 주어야 한다. 아동과의 관계에서 '안 된다'는 것을 가르치기 위해 오래도록 질질 끈다면 기껏해야 어른인 치료사의 자기 요구가 관철되는 것 외에 얻는 것은 별로 없다. 안 되는 것을 안 된다고 짧고 분명하게 말해 주고 그 마음의 좌절을 보듬어 주면서 그다음 국면으로 넘어감으로써 심리적 에너지를 전환해 주어야 한다.

경계를 요구하기 어려운 것은 우리나라의 정서에 '내 것 네 것'을 잘 구분하지 않는 점과도 맥락이 닿아 있다. 하지만 우리가 힘들어하는 것은 다른 사람들이 '주제넘게' 내 일에 간섭할 때 아니던가. 결혼을 하지 않은 사람들한테는 꼭 잊지 않고 "아니, 나이가 그렇게 되었는데 아직까지 결혼을 안 하면 어떡해, 쯧쯧."

하면서 한마디 해 주는 것이라든가, 유별난 행동을 한 사람한테 "그렇게 해도 괜찮아? 집에서 뭐라고 안 해?"라고 하는 것 등이 내 것 네 것을 구분하지 못하는 일면이라 할 수 있다.

가끔은 구분하지 않는 것도 좋다. 하지만 '전문적 서비스'라는 것은 일종의 약속이며 책임이 따르는 것이다. 최선을 다하다가 기분에 따라 휙 돌아설 수 있는 것이 아니다. 전문적 서비스에는 무게와 책임감이 뒤따른다. 따라서 치료사는 치료 경계와 구조를 선명하게 유지해야 하고 또 자기 행동을 일관되게 잘 지켜 나가야 한다.

경계가 분명하게 설정되는 부분은 치료시간, 치료 약속, 치료비에서 가장 두드러지며, 일상생활에서의 접촉이나 이중관계 가능성, 위급할 때의 도움 등에서도 다루어진다. 어찌 보면 당연하고 단순한 원칙들이라서 문제에 부딪히기 전까지는 쉽게 생각할 수 있다. 한두 번 잘 지켜지지 않을 때에도 '이 정도 가지고 뭘.'이라는 생각이 들 수 있지만, 기초적인 부분을 잘 다룰 수 있어야 그 위에 건설적인 집을 지을 수 있다.

시간 약속

치료시간을 지키라

치료시간의 문제는 매우 중요한데, 임상 현장에서 이 문제를 다루기가 의외로 어려운 것 같다. 아직 우리나라 상담 풍토에서는 미술치료나 상담에 대해 전문 서비스라고 인식하기보다는 "이야기하는 것을 좀 들어 주는 것 가지고 너무 그런다. 그냥 좀 들어 주지, 그게 당연한 거 아닌가?"라고 기대하는 면이 있기 때문이다. 하지만 치료시간에 대한 아주 간단한 원칙은, 치료시간을 약속하고 그 약속을 지키라는 것이다. 그렇게 할 수 있어야 치료사에게나 내담자/환자에게 좋다. 장기적으로 보았을 때, 치료시간의 경계가 잘 지켜지면 치료시간에 제대로 집중할 수 있을 뿐 아니라, 마지막 시간까지 지치지 않고 최선을 다할 수 있다.

치료시간은 어느 정도가 적정한가

그 문제는 일반적인 상담에 준해서 생각할 수 있지만, 미술치료의 경우 그림을 그리는 시간까지 회기 내에 포함되므로 성인 회기의 경우 최소 50분~1시간 반 정도부터 길게는 3시간까지 하기도 한다. 몇 시간을 하든, 혹은 어떻게 하든 내담자와 약속을 하고 지키는 것이 가장 중요한 관건이다. 미술치료사가 미리 정하는 것이 대부분이지만, 미술치료가 진행되면서 어떤 부분이 잘 맞지 않다고 생각되면 내담자에게 물어본 뒤 함께 정해도 된다.

치료시간이 자꾸 길어져요

치료시간을 넘겨 가면서 길게 하지는 말아야 한다. 제시간에 마치는 게 좋다. 더 한다고 도움이 되는가? 그럴 수도 있지만, 도움이 되는 경우가 있다 하더라도 가끔 있을 뿐이다. 그보다는 더 하게 될 경우 계속해서 그렇게 할수록 치료사는 부담스러워지고 내담자는 특권의식이 강해진다. 그리고 강해진 특권의식은 진심 어린 사랑을 받는 경험과는 질적으로 다른 경험이므로 비치료적이거나 반치료적이다.

아동 내담자들을 만나는 미술치료사들은 특히 부모 면담 때문에 시간 조절을 잘 못하는 경우가 허다하다. 아동의 문제나 부모 자녀 관계의 질에 따라 다르기는 하겠지만, 아동의 부모도 넓게 봐서 내담자라고 보는 것이 좋다. 이들은 심리적으로 지지가 필요하고 아동의 문제와 양육 방식에 대한 정확한 정보를 필요로 하는 내담자라 할 수 있다.

미술치료가 시행되는 기관에 따라서 다를 수는 있지만, 만약 할 수만 있다면 아동 내담자의 보호자 상담도 치료 프로그램의 일부로 정해서 시행하는 것을 고려해 보아야 한다. 예를 들면, 아동 내담자를 일주일에 한 번 만나 1년간 미술치료를 한다고 했을 때 초반부에 어머니를 단독으로 상담하는 것을 최소 10회기로 잡거나, 지속적으로 2주일에 한 번씩 상담을 병행할 수 있다. 이러한 회기 없이 그저 아동 40분, 부모 면담(대개는 어머니가 오신다) 10분으로 잡아서 진행하게 되면, 아무리 능력 있는 치료사라 하더라도 시간을 넘기게 마련이다.

어머니 상담이 미술치료에서 그저 부가적인 것이 아니라는 점에 동의한다면, 어머니 상담을 반드시 함께 하는 것을 고려해 볼 수 있다. 어머니 상담에서 반드시 다루어야 하는 것은 첫째, 아동의 문제(혹은 장애)에 대한 정확한 정보 전달, 둘째, 아동 양육에서 어머니가 느끼는 고충을 배설하도록 수용해 주기, 셋째, 건강한 양육을 위해 어떤 부분을 변화시켜야 하는지 구체적으로 알아 가는 것 등이다.

어머니 상담도 함께 진행하고 있는데, 매번 시간을 넘기게 된다면, 40분-10분 패턴을 고수하지 말고 변화시키는 것도 생각해 보아야 한다. 30분-20분 패턴으로 가거나, 혹은 어머니 상담을 먼저 하고 아동 미술치료를 하는 것도 가능하다. 어머니에게 직접 시간에 대해 설명하고 혹시 더 길게 상담하고 싶은 경우에는 따로 약속을 잡아서 상담회기로 진행하도록 권유해야 한다.

시간을 넘기는 것이 반복되면 나중에는 그 내담자와 보내는 시간의 질이 떨어지게 된다. 그리고 그렇게 시간을 넘기는 미술치료사들은 자를 것을 잘 잘라 내지 못하기 때문에 마음속에 불필요한 공격성이 높아지고 짜증을 겪게 된다. 우리는 약속한 시간 동안 최선을 다해서 집중하고 전문적인 미술치료를 하되, 상대가 약속을 잘 지키지 못하면 지키도록 도울 수 있어야 한다.

치료시간이 끝나 갈 때 즈음에 시간 여유를 두고 그날 회기 내용을 정리하도록 하는 것도 좋다. 예를 들면, 이렇게 이야기할 수 있다.

"오늘 우리 시간이 거의 다 되어 가네요. 우리가 나누었던 이야기를 정리해 볼 수 있을까요?"

"여기까지 할까요?"

"네, 오늘은 여기까지 하지요."

필자가 주로 사용하는 말은 "오늘 여기까지 하지요."다. 만약 중요한 이야기가 나오고 있으면 그 이야기를 어느 정도 정리해 주면서 "중요한 이야기 같은데 다음에 좀 더 나누면 좋겠네요."라고 한다.

지각을 다루기

당연한 말이지만, 미술치료사는 자기 치료시간에 늦지 말아야 한다. 재료 준비까지 고려해서 넉넉한 시간에 도착해야 한다. 재료 준비가 잘된 미술치료실은 들어설 때 이미 내담자로부터 기대와 설렘을 이끌어 낸다. 허겁지겁 준비한 인상으로는 믿음을 줄 수 없다.

만약 내담자가 늦는다면 지각에 대해 치료적으로 다룰 필요가 있다. 실제로 오는 데 어떤 어려움이 있는지 묻고 별 이상이 없다면 오는 데 심리적인 부담이 있는지 살핀다. 반복해서 늦을 경우에는 다른 상황에서도 늦는지 물어보고, '지각'이 내담자에게 습관처럼 굳어진 문제인가 살펴보아야 한다. 그리고 만약 습관이라면 꾸준하게 행동수정을 도와주어야 한다.

계속 시간을 잘 맞추어 오던 내담자가 갑자기 지각하거나 오고 싶지 않았다고 한다면 그 마음을 헤아려 주어야 한다.

"지난 회기가 힘들었던 것 같습니다."

"마음이 힘들고 아팠던 때를 되돌아보는 것이 쉽지 않은 것 같습니다."

"오늘 오는 것이 어려우셨는지요?"

"늦었지만 오셔서 다행입니다."

치료비

돈 문제는 분명히 하는 게 좋다. 어물쩍 넘어가지만 않는다면 다 도움이 된다. 대개는 선불로 받지만, 후불로 받는 경우도 있다. 내담자가 치료비를 내지 않을 때는 그냥 "치료비를 안 내셨네요. 다음번에 내실 수 있으시지요?" 정도의 질문을 할 수 있는 치료사면 된다. 돈이 더럽지 않은 것처럼, 돈 이야기도 부끄럽지 않은 것이다.

"선생님이 저를 만나시는 게 다 돈 때문이잖아요!"라고 소리 지르는 내담자에게, "그렇지요, 돈을 주고받는 전문적 관계로 만났지요. 하지만 돈이 전부는 아닙니다."라고 답할 수 있으면 된다. 그러면서 내담자가 무슨 이야기를 하고 싶은지 그 마음을 알아주면 좋다.

이중관계

이중관계라는 것은 두 사람 사이의 관계가 여러 가지 관계로 맺어지는 경우다. 치료사-내담자면서, 교사-학생도 되고, 슈퍼바이저-슈퍼바이지도 되고, 아니면 무슨 사업에 연루된다든가, 내담자인데 우리 아이를 봐 주는 선생님이라든가 하는 식으로 되는 것이 이중관계다. 이중관계에 대한 간단한 원칙은 이중관계가 되면 복잡하다는 것이다. 내담자로 먼저 만났다면 그냥 내담자로 끝까지 가는 게 좋다. 이중·삼중 관계를 맺는 것은 바람직하지 않다. 복잡해지기 때문이다. 다소 고려해 볼 수 있는 점은 우리나라는 국토가 좁고 한두 다리를 넘어서면 어떤 식으로든 연결이 될 만큼 인간관계도 얽혀 있다는 점이다. 그래서 이중관계에 대해 다소 유연하게 허용하기도 한다. 치료를 시작할 때는 몰랐는데 나중에 알고 봤더니 어떤 식으로 관련된 관계라면 어떻게 해야 하는가? 우선은 치료시간 내에 그러한 관계에 대해 이야기 나눌 수 있어야 한다. 내담자가 어떻게 느끼는지, 또한 치료사는 어떻게 생각하는지 돌아볼 수 있어야 한다. 그러면서 서로의 역할에 충실할 수 있고, 마음으로 거리를 잘 유지할 수 있다면 괜찮을 것이다.

하지만 치료를 통해 알게 된 관계를 다른 관계로도 확장하고자 하는 것은 석연치 않은 구석이 있다. 내담자 쪽에서 그런 소망을 가지는 것은 치료사에 대한 이상화나 전이 때문에 충분히 그럴 수 있는 일이겠지만, 치료사 쪽에서 그런 의향이 있다면 부적절한 면이 있다. 무엇보다도 치료관계 외에 다른 관계를 맺고자 하는 소망이 충족되는 것이 과연 내담자에게 도움이 되는 것인가 하는 물음에 답할 수 있어야 할 것이다.

내담자로 왔다면, 그냥 끝까지 치료사에게 내담자로 와서 충분히 하고 싶은 말 하고, 충분히 위로받고, 또 충분히 직면도 하고 해소도 하면서 치료에서 다

누리고 가게 하는 것이 좋다. 사람은 생각보다 약한 면이 있어서, 괜찮을 줄 알았는데 괜찮지 않을 때가 많다. 이중관계도 그렇다. 괜찮을 줄 알았는데, 나중에 보니 괜찮지 않을 수가 있다. 아마도 그런 것을 염려하기 때문에 상담자의 윤리라든가 실행지침 같은 것들이 계속 이야기되고 교육되는 것이리라 생각한다.

단순한 것이 최선이다. 할 수만 있다면 그렇게 하는 게 좋다.

아는 사람이 상담을 부탁한다면 어떻게 해야 하는가

정답은 없겠지만, 할 수 있는 데까지 잘 돕는 것이 좋다. 알고 있는 부분들을 이야기해 주고 도움이 될 수 있는 코칭은 기꺼이 해 주는 것이 좋다. 그러나 본격적으로 그 사람의 상담자가 된다거나 치료사가 되는 것은 어렵다. 여러 가지 관계가 걸려 있는 경우에 치료적으로 도움이 되기 어렵기 때문이다. 특히나 정에 약하고 희생적인 특성이 강한 사람이라면, 과도하게 자신을 희생해 가면서 상대방을 구해 주려고 할 수 있다. 하지만 심리적인 문제를 겪는 사람에게 과도한 도움을 주게 되면 그 열매가 꼭 건강하지만은 않다.

치료사의 사생활 보호

치료사의 사생활 보호는 중요하다. 치료사는 치료시간 외에는 내담자와 분리되어 있어야 치료시간에 더 잘 집중할 수 있다.

전화 연락

내담자들은 가끔 치료시간 외에 전화를 해서 도움을 구하기도 한다. 치료사가 판단해서 사안이 긴급한 일인 경우에는 적절한 조언을 해 주게 된다. 심리적으로는 당장 급하지만 다음번 회기까지 기다릴 수 있는 일이라고 판단되면, "많이 힘들겠지만 잘 참고 다음 회기에 뵙고 이야기 나누어요."라고 말한다. 그런데 그런 일이 자주 발생하거나 혹은 전화 내용이 너무 길어지는 경우에는 경계를 설정하는 것이 필요하다. 내담자들 중에는 전화를 통해 자신의 문제를 구구절절이 늘어놓고 얼마나 힘든가 이야기하면서 도움을 요청하기도 한다. 요구가 많은 내담자의 경우에 치료사가 분명히 경계를 설정하지 않으면 자기 필요에 따라 치료사에게 전화해서 묻고 조언을 구하며 치료회기에 가까울 정도로 길게 전화통화를 하는 사람들도 있다.

내담자를 돕는 것은 물론 치료사의 일이지만, 개인적인 삶과 직업 활동 간에는 구분이 필요하다. 대체로 개인 전화번호는 내담자에게 알려 주지 않는 것이 좋다. 그러나 어떤 경로로 내담자가 알게 되어 전화하는 것을 피할 수는 없다. 가장 좋은 방법은, 치료 외의 시간에 접촉하는 것에 대해 치료사가 경계를 설정할 수 있는 것이며, 이러한 경계를 내담자가 받아들일 수 있게 돕는 것이다. (확신하건대 경계를 받아들이는 경험은 내담자에게도 도움이 된다. 왜냐하면 견디고 수용하는 마음의 힘이 커지는 효과가 있기 때문이다.)

외부에서의 만남

예상치 못한 곳에서 내담자와 만나게 되는 경우도 왕왕 발생한다. 필자의 경우에는 학회에서 미술치료를 주제로 발표하는데 청중의 한 사람으로 앉은 내담자를 만난 적이 있었다. 그 사람은 미술치료를 공부하는 사람이 아니었던 터라 그곳에서 만날 것이라고 예상하지는 못했다. 내 마음에서 처음 들었던 생각은, 저 사람이 '받았던 미술치료'와 '지금 강의로 듣는 미술치료'가 차이가 난다고 생각하면 어떡하지 하는 걱정이었다. 다른 것이 당연한데도 당황한 상태에서는 자신에 대한 거대자기가 떠올랐던 것 같다. 또 다른 경우에 지하철에서 내담자를 만난 적도 있었고, 길을 걷다가 내담자를 만난 적도 있었다.

우연한 만남이 짧고 일회적인 경우에는 가벼운 정도로 인사하고 지나간 뒤, 치료시간에 어떠했는지 물어볼 수 있다. 치료회기 외의 만남이 계속 지속될 경우에는 그러한 만남이 치료관계를 더 어렵게 하는 것은 아닌지 돌아보아야 한다.

내담자가 치료사를 외부 만남에 초대할 수도 있는데, 초대에 응하는 것이 적절한가 하는 점은 늘 논란의 여지가 있다. 초대에는 내담자가 치료사를 현실의 실제 인물로 만들고자 하는 소망이 담겨 있다. 결국 초점은 치료사가 초대에 응하는 것이 치료적으로 도움이 되는가 하는 점이다. 별다른 도움이 되지 못한다면 정중하게 거절하는 것도 바람직한 일이다.

5. 그 외에 고려할 것

약물치료 병행

내담자의 문제나 상태를 고려해서 약물치료를 병행하는 것을 고려해 보아야 할 때가 있다. 내담자의 문제가 정신병적인 증상이 주된 것이라면 정신건강의학과 치료를 통해 약물치료를 받으면서 미술치료를 병행하는 것이 좋다. 우울 상태가 오래 지속되었거나 일반적인 생활이 불가능할 정도라면 약물치료 권유를 고려해 보는 것이 좋다.

약물치료를 권할 때에는 무엇보다 미술치료사 자신이 약물치료에 대해 편견이나 오해가 없어야 한다. 약물치료가 사람을 의존적으로 만들거나, 혹은 약물치료 중에 약에 대해 내성이 생기거나 금단증상이 생기지 않는다. 약물치료가 자연적인 것이 아니라서 거부감이 든다고 한다면, 우리가 살고 있는 도시 생활도 기본적으로는 자연적인 것이 변형된 것임을 상기시켜 준다. (아파트, 지하철, 자동차 등 이 모든 것은 자연적인 것은 아니지만 우리 생활에 필요하며 이로운 면이 있다.)

종결

종결의 시기를 정하는 것은 미술치료가 시작되던 때와 마찬가지로 내담자와 미술치료사가 함께 합의할 수 있으면 가장 좋다. 처음 미술치료를 받기 시작했을 때 해결하고자 했던 문제들을 되돌아보고 어떤 부분에서 어느 정도 변화가 있었는지 되돌아본 뒤 치료사와 내담자가 합의해서 종결하는 것이 원칙이다.

치료회기가 길었거나 내담자의 연령이 어리거나 혹은 내담자가 의존적인 성격일 때는 종결을 더 세심하게 다루는 것이 필요하다. 개인 미술치료든 집단 미술치료든 종결이 다가오기 전에 종결에 대해서 이야기하는 것이 바람직하다. 그래야 내담자가 종결에 대해 마음에 준비도 하고 종결과 관련한 자신의 감정도 표현할 기회를 더 갖게 되기 때문이다.

10회기 안팎의 집단치료의 경우에는 처음부터 치료 횟수가 정해져 있는 것이 대부분이다. 그렇게 회기가 정해진 상태로 출발하면 첫 시간에 "우리는 앞으로 ○번 만나게 됩니다."라고 소개하는 것이 좋다. 비록 단기간이라 하더라도 내담자들이 많이 몰입하고 좋아하게 되면 종결을 더 받아들이기 어려워한다. "조금만 더 하면 안 돼요?"라고 묻는 내담자에게 미술치료사도 대답할 말을 찾지 못하곤 하는데, 만약 상황을 조정할 수 없는 것이라면—미술치료비를 제공하는 학교 예산이 정해져 있다든가 해서—미술치료사가 내담자의 아쉬움을 담아 주고 달래 주어야 한다. "그래요, 아쉽지만 우리는 다음 주까지 만난답니다. 만나는 동안 좋은 것을 많이 만들고 나누기로 해요."라고 말할 수 있다.

참고문헌

McWilliams, N. (2007). 정신분석적 심리치료(권석만, 이한주, 이순희 역). 서울: 학지사. (원저 2004년 출판)

미술치료의 과정과 개입

확신하건대 미술치료는 감정을 표현하는 수단을 제공하는
자원이고, 자기상을 분출하는 도구이며, 상징과 은유, 이미지,
색, 선을 통해 환자들이 의사소통할 수 있는 대안적인 언어다.

– Ruth Abraham (2008)

제12장 미술치료의 과정과 개입

이 장에서는 미술치료가 진행되면서 어떻게 치료적 개입을 할 것인지, 미술작업하기와 작업 후 대화, 두 부분으로 나누어서 살펴보기로 한다.

1. 미술작업하기

한 회기씩 거듭해 갈수록 조금 더 편안해지고 혹은 조금 더 어려운 이야기를 꺼내 놓으면서 내담자가 안으로 들어온다는 느낌이 든다. 미술작업을 처음 할 때에는 어떻게 비춰질까, 어떻게 만들까, 머리로 생각하고 판단하고 약간은 인위적인 느낌이 나게 작업한다 하더라도 그러한 모습은 약간씩 바뀐다. 조금 더 자연스럽고 조금 더 집중하며 외부에 대해 신경을 덜 쓰게 되고 물 흐르듯이 작업하게 된다. 어떤 때에는 작업이 짧고 어떤 때에는 작업이 길어진다.

대체로 처음에는 내담자가 몰두할 수 있는 작업을 찾게 되고, 이후에는 작업 과정을 보호하고 북돋우면서 풍부해지도록 도와준다. 그 과정에서 미술치료사가 편안함과 진지함을 모델링해서 보여 주어야 한다. 미술치료사는 내담자에게 집중해야 하고, 내담자에게 보유 환경, 지지 환경을 제공해야 한다. 또한, 전문가적 태도를 유지해야 하고, 필요하다면 적극적으로 다가가야 한다.

이러한 미술작업에서 중요한 것은 미술치료사가 '제3의 손(third hand)'이 되어 주는 것이다. 제3의 손은 Kramer(2007)가 언급한 개념으로 다음과 같다.

내담자에게 비지시적이면서 의미를 왜곡하지 않고, 내담자의 회화적인 표현에 지나친 간섭을 하지 않으며, 내담자에게 어울리지 않는 것을 강요하지 않으면서 작품을 만드는 과정을 돕는 것이다.

제3의 손을 가진 미술치료사는 내담자가 자신의 내면세계, 특히 감정을 시각적인 형태로 나타내는 것을 어려워하거나 어느 부분에서 막혀 있을 때 그 난관을 극복하되 내담자의 의도와 스타일이 꽃피울 수 있게끔 도와준다. Kramer는 미술치료사가 해야 하는 일이 '별것 아닌 이유로 인해 버려지는 작품을 구해 내는 것'이라고까지 언급했다. 아마도 마음을 표현하는 미술작업이 쉽거나 즐겁지만은 않다는 점을 고려할 때, 내담자들이 끝까지 작업을 해내도록 버텨 주고 지지해 주는 미술치료사의 역할을 강조한 것이라 생각된다.

작업 주제 정하기

어떤 작업을 해야 할까 하는 고민은 내담자와 함께 풀어 나가는 것이 최선이다. 미술치료사가 혼자서 고민하는 시간이 많아지면, 그만큼 내담자로부터 멀어진다. 아동 내담자든 성인 내담자든 내담자에게 묻는 것이 중요하다. 질문은 대체로 개방적으로 하지만, 선택의 폭이 너무 넓어서 혼란스러워하거나 어렵게 느끼는 내담자에게는 2~3개로 선택을 좁혀서 제시할 수 있다.

　"오늘 우리 뭐 하면 좋을까?"
　"어떤 것을 해 보고 싶으세요?"
　"지난 시간에 했던 것을 계속해서 해 볼래? 아니면 새로운 것을 할까?"
　"이번 시간에는 이것과 저것이 있어. 어떤 게 해 보고 싶니?"

이렇게 물었을 때 내담자가 하고 싶은 것이 있다고 하면 그것을 따라가는 것이 좋다. 가끔 아동 내담자가 캐릭터 그림이나 만화를 그리고 싶어 한다든가 파괴적인 이미지를 그리고 싶어 해서 미술치료사로서 망설이게 될 때가 있다. 하지만 이때에도 기본 원칙은 아동 내담자의 욕구대로 따라가는 것이다. 이미지가 파괴적으로 나오는 것과 이미지 만드는 행동이 파괴적인 것은 구분해야 한다. 이미지를 만드는 행동, 즉 미술작업 방식이 파괴적이지 않다면, 그려지는 이미지는 무엇이든지 치료적으로 도움이 된다.

작업이 막힌 것 같은 성인 내담자와도 마찬가지로 묻고 함께 풀어 나가는 것이 최선이다. 성인 내담자는 작업이 막힌 것이 하나의 중요 포인트가 되기도 한다.

"지금 어떠세요?"

"뭔가 약간 잘 안 되는 것 같은데, 잠깐 쉬면서 같이 살펴볼까요?"

작업 주제를 정할 때 고려할 것 중 하나는 내담자의 기능 수준과 자아강도다.

기능 수준

혼란스럽거나 와해되어 있는 내담자/환자의 경우에는 구체적인 주제가 도움이 된다. 추상적인 주제나 막연한 지시는 오히려 더 혼란스러울 수 있는데, 내담자/환자가 스스로 추상적인 표현을 하고자 원할 때가 아니라면 구체적인 주제가 더 좋다.

내담자의 자아강도

대체로 내담자의 자아강도가 어느 정도 강인하다면, 좀 더 비지시적이고 개방형 접근이 가능하다. 예를 들면, 미술치료사가 내담자에게 재료와 주제, 창작방식 모두를 믿고 맡겨도 된다.

"미술치료실을 잘 둘러봐. 그리고 네 마음에 드는 것으로 작업해 보렴."

"여기 여러 가지 재료가 있어. 같이 한번 볼까?"

만약 내담자의 자아강도가 미약하거나 불안하다면, 더 구체적이고 지시적인 접근이 필요하다. 혹은 두 가지를 섞는 것도 되는데, 재료는 지시적으로 주고 주제는 비지시적으로 줄 수도 있으며 그 반대도 가능하다.

미술작업에서의 규칙

어떤 규칙을 가지고 작업을 하느냐 하는 것은 치료사마다 약간씩 다를 수 있다. 기본적으로는 내담자가 스스로를 자해하거나 파괴하지 않고 존중하도록 돕는다는 원칙이 있다. 개인 미술치료보다 집단 미술치료에서 작업 규칙이 더 분명하게 다루어지는 편이다. 이를테면, 남의 작품에 함부로 손대지 않는다는 규칙은 대부분의 집단 미술치료에서 이야기하는 것이지만 개인 미술치료시간에는 거의 이야기하지 않는다.

어떤 종류의 미술치료든 원칙을 살펴보면 내담자의 행동에는 제한을 두지만, 표현되는 내용이나 주제, 표현하고자 하는 감정에는 제한이 없다. 하지만 표현되는 내용이 욕설이거나 상스럽고 공격적인 충동만 가득한 것이라면 "그런 것은 안 됩니다."라고 제재하기도 한다. 아동이나 청소년들의 경우 그림이라고 우기면서 욕설을 쓰거나 남녀 신체 부위를 그리기도 하는데, 이 경우에는 그 반응의 의도와 진지한 정도를 살펴서 중재해야 할 것이다.

집단인 경우 내담자의 행동에 대해 규칙을 정하고 분명하게 해 주어야 도움이 된다. 예를 들어, 집단 미술치료시간에 자리에서 일어나서 바깥으로 뛰어나갔다가 들어왔다를 멋대로 하는 아동이 있을 경우에는 이를 제재해야 한다. 만약 너무 순식간에 벌어진 일이라서 붙잡지 못했다면, 적어도 말로는 언급해야 한다.

작업 돕기

미술작업을 하면서 내담자가 도와달라고 하면 어떻게 해야 하는가? 결론부터 말하면, 당연히 돕는 것이 좋다. 의존적인 내담자라 하더라도 도와주고 나서 의존적인 면에 대해 이야기 나누는 것이 좋다. 미술작업이 중요하기는 하지만 반드시 내담자가 혼자 해야만 가치가 있는 것은 아니다. 아동 내담자가 그리거나 만들면서 막힌 부분이 있다면 적극적으로 도와줘도 된다. 그려 달라고 계속 요청하면 계속 그려 줘도 된다. 그러면서 "이 부분은 어떻게 해 줄까?"라고 물어서 '내담자가 지휘'하도록 해 주면 된다. 내담자가 원하는 것에 딱 맞게 그리지 못했다고 하더라도 괜찮다. 아마도 그때는 내담자가 "에이, 선생님, 이게 뭐예요?"라고 하면서 자신이 더 잘한다고 주장하며 크레파스를 가져갈 것이다.

상담과 심리치료는 그 기본적인 관계에서 의존적인 부분이 있다. 내담자는 아무리 강한 사람이라 하더라도 치료사에게 의존하고 기대면서 문제를 해결하고 자신을 성장시킨다. 충분히 의존하는 것은 나쁜 것이 아니다. 의존은 결국 어느 정도냐 하는 '정도의 문제'일 수 있는데, 내담자가 바라는 의존은 무한할 정도인 데 비해 실제로 의존할 수 있는 대상은 없었거나 혹은 그 대상이 의존을 받아 주는 시간과 깊이가 부족했을 것이다. 치료사 입장에서도 내담자의 무한한 기대를 모두 채워 줄 수는 없지만, 어떤 부분을 잘 채워 줄 수는 있다. 그리고 의존하고 싶은 마음이 어느 정도는 충족이 되어야 "네가 혼자 해 보렴."이라는 말을 마음으로 받아들일 수 있게 된다. 그러므로 내담자의 작업을 도와주는 것은 치료사가 의존을 받아 주고 기댈 수 있는 공간을 준다는 상징적인 행위이다.

구체적으로 도와달라는 요구가 없는 경우에는 작업에 직접 참여하지는 않더라도 그 옆에 '따뜻하게 바라봐 주는 시선'으로 함께할 수 있고, 재료를 준비해 주거나 혹은 종이가 움직일 때 잡아 준다든가 하는 등의 행동을 할 수 있다.

그림을 잘 못 그리는 내담자

내담자가 "전 정말 그림을 잘 못 그려요, 심지어 선 하나도 잘 못 그려요."라고 말할 때 미술치료사들은 "잘 그리고 못 그리는 것은 중요하지 않다."는 말로 격려한다. (진심 어린 말이기도 하다. 잘 그리고 못 그리고는 정말로 중요하지 않다.) 이렇게 말하는 이유는 무엇보다도 사람들마다 각자 자기만의 고유한 방식으로 표현하는 것을 촉진하기 위해서다. 우리는 휘갈겨서 아무렇게나 그린 듯한 난화가 치료적으로 의미를 가진다는 것을 알고 있고, 말 없는 환자가 십여 분간 고민하다가 마침내 점 하나를 찍는 것이 왜 중요한지를 알고 있다. 아무런 의미가 없어 보이는 그저 평범한 풍경화 한 장이라 하더라도 미술치료회기에서 그려졌을 때에는 그 풍경 밑에 감추어진 두려움과 불안, 회피와 방어를 감지하기 때문에 미술치료사는 그러한 환자의 작품을 소중한 표현으로 인정하고 받아들인다. 그러므로 내담자의 자기 표현이 고유한 방식으로 나타나도록 격려하는 것은 항상 중요하다.

덧붙이면, 미술치료라고 해서 꼭 그림 그리기에 연연할 필요는 없다. 회화는 가장 기본적인 미술 능력을 보여 주기는 하지만, 그렇다고 꼭 그리기를 해야 하는가? 그렇지 않다. 그리기 대신 만들기 작업을 해도 좋다. 어떤 내담자들은 그리기는 잘 못하는데 콜라주로 이미지를 조합하고 만드는 능력은 풍성한 경우도 있고, 또 어떤 내담자들은 연필로 그리는 것은 어려워하는데 붓으로 하는 것은 즐기는 경우도 있다. 평면 작업에서는 집중이 잘 안 되지만 입체 작업에서는 창조적으로 몰입하는 경우도 있다.

미술작업이라는 것은 결국 어느 하나의 능력만 관여하는 것이 아니라 여러 가지 다른 능력이 관여되는 복합적인 영역이다. 내담자에게 잘 맞는 작업을 함께 찾는 것이 중요하며, 만약 이미지를 표상하는 작업이 어려운 경우에는 ETC에서 잠시 언급했던 바와 마찬가지로 감각경험을 활성화시키는 것도 좋다.

어떻게 해야 할지 애매하다

미술작업을 하면서 어떻게 해야 할지, 무엇을 도와주어야 할지 애매하다면 그러한 모호함을 견디는 힘도 필요하다. 실제 삶은 드라마틱하지 않고 밍밍하거나 그저 그런 괴로움들의 연속이다. 내담자에게 이렇고 저런 구체적인 기법을 준비해 주어야만 하지 않을까 하는 강박관념이 있다면 그것을 벗어나는 게 좋다.

수용하기와 거절하기

거절도 때로는 치료적이다. 왜냐하면 거절을 하는 것도 배워야 하고, 거절을 당하는 것도 경험해야 하기 때문이다. 치료사가 거절의 모델이 되어야 할 때가 있다. 내담자의 행동이나 요구가 지나치거나 부적절한 경우에는 거절해야 하며 한계를 밝혀 주어야 한다.

거절과 관련해서 자주 등장하는 문제 중의 하나가 미술치료의 경우에는 내담자들이 미술재료를 함부로 쓰거나 지나치게 많이 쓰는 경우다.

미술재료의 과다 사용

내담자들이 재료를 어떻게 사용하는가 하는 것은 이들이 낯선 환경에 어떻게 다가가느냐 하는 점을 상징적으로 보여 준다. 재료를 지나치게 많이 쓰는 내담자들도 만나는데, 아동 내담자인 경우 그러한 행동은 이들이 '굶주렸음'을 상징적으로 보여 주는 것이다. 언젠가는 필요한 만큼만 가져가겠지만, 마음이 허전하고 비어 있어서 재료라도 팍팍 써 보겠다는 것이므로 말로 제재한다고 멈추게 할 수는 없다. 그러한 경우에는 치료실에서 제공하는 양 자체를 조절하는 수밖에 없다.

기다려 주기

심리치료는 어떻게 말하느냐의 문제가 아니라, 어떻게 듣느냐의 문제라고 한다. 마찬가지로 미술치료에서도 역시 치료사가 어떻게 듣느냐의 문제가 중요하다. 내담자에게서 듣는 것이 하나요, 작품으로부터 듣는 것이 다른 하나다. 잘 듣는다는 것은 말하는 사람의 말을 왜곡하지 않고 있는 그대로 비춰 줄 수 있음을 의미한다. 한때, 사람들은 미술치료사에게 그림에 나타난 암호를 풀어 주는 능력이 있기를 기대했다(일부, 의존적인 성향의 사람들은 여전히 그러한 기대를 가지고 있다). 뭔가 그림의 형식을 통해 툭툭 불거져 나온 '무의식적인 측면'이 어떤 의미인지 그 코드를 해석해 주리라 기대했다. 그러한 기대는 미술치료를 신비한 것으로 느끼게 했고, 그림을 해석하는 것을 두려워하기도 하며, 미술치료사의 능력을 과대포장하거나 오히려 폄하하는 경우도 생기게 했다. 이러한 영향 중에서 가장 안 좋은 영향은, 내담자가 치료에 대해 오해하게 되고 건강하지 않은 모습을 더 많이 가지게 된 점이다. 이를테면, 내담자는 그림 한두 장으로 자기 마음이 드러난다고 오해할 수 있고, 드러난 마음은 무의식적인 것이어서 자기가 알지 못한다고 하며 마음에서 책임을 부인할 수 있다. 또, 치료자의 확증적인 말 한 마디 한 마디에 매달리게 되고, 구체적인 해결책을 제시해 주기를 바라게 되어 건강하지 않은 의존성을 키우게 된다.

진짜 치료라면, 오히려 그 반대 방향으로 갈 것이다. 자기 마음을 열어 보기 위한 진지한 노력은 시간의 흐름을 견딜 것이고, 무의식도 의식도 자기 삶이자 자기 책임으로 기꺼이 받아들이게 될 것이며, 치료자의 도움도 받되 선택과 책임이 자신의 몫인 것도 알게 되고, 삶은 불확실하고 때로 실패하더라도 괜찮다는 것을 즐기며 살게 될 것이다.

2. 미술작업 후 대화하기

미술작업을 하고 나서 작품을 두고 대화하게 된다. 물론 미술작업 자체로 충분한 면도 있지만, 작업 후의 대화는 통찰지향적 미술치료의 정수라고 할 수 있을 것이다. 미술작업이 혼자만의 내면으로 깊이 들어가는 것이라면, 작업 후의 대화는 상호 관계 안에서 깊이 들어가는 것이다. 미술작업이 감성과 감정, 감각을 풍부하게 한다면, 작업 후의 대화는 그러한 내용들에 이해를 더하면서 골조를 부여해서 그것이 흩어져 날아가지 않도록 무게를 잡아 줄 것이다.

작업 후의 대화에 특별한 틀이 있지는 않지만, 대체로 공통되는 요소들을 묶으면 다음 세 가지라 할 수 있다. 관찰하기, 발견하기, 연결하기.

표 12-1 작업 후 대화 방식

관찰하기	발견하기	연결하기
과정 관찰: 작품을 만드는 과정이 어떠했나 되돌아본다. **작품 관찰**: 그림 속 형식 요소 및 내용 요소가 어떠한가 살펴본다.	**요소 발견**: 작품에 두드러진 요소는 무엇인지, 어떻게 보이는지, 어떤 느낌인지 살펴본다. **통합 발견**: 작품 전체의 느낌을 발견한다. 작품에 이름을 붙이고 의미를 발견한다. **변화 발견**: 여러 작품에 걸쳐서 흐름을 발견한다. 그림 속 주요 대상의 사이즈 변화, 색깔 변화, 위치 변화 등을 살핀다.	**요소 연결**: 작품의 요소 간에 비슷한 면을 연결한다. **회기 간 연결**: 이번 회기와 지난 회기들 간에 연결해서 살펴본다. **실생활 연결**: 그림과 실제 생활을 연결해서 의미를 살핀다.

관찰하기

미술작업을 마치고 처음 이야기를 나눌 때에는 대개 개방형 질문을 던진다. 질문은 꼭 의문문이 아니어도 된다.

"자, 이제 다 하셨군요."
"하시면서 어떠했는가 궁금합니다."
"하면서 어떠셨어요?"
"어떤 마음, 어떤 생각이 들던가요?"

관찰하는 주제는 두 가지다. 하나는 과정 관찰이며 다른 하나는 작품 관찰이다. 과정 관찰은 자신이 작품을 만들면서 어떠했는지 그 과정을 반추하는 것이다. 마음에서 무엇이 느껴졌었는지, 혹은 아무런 느낌이 없었는지, 지금 다시 돌아보면서 드는 느낌은 어떠한지 살펴본다. 미술치료사는 자신이 관찰하면서 느겼던 내담자의 정서와 내담자의 말이 어느 정도 일치하는지 혹은 차이가 나는지 집중하면서 듣는다. 그러한 일치나 차이가 내담자의 어떤 마음을 알려 주므로 그 마음을 이해하고자 집중해야 한다. 이를테면, 내담자가 힘들게 무언가를 표현하고 나서 아무런 느낌이 없다고 한다거나 하나도 힘들지 않다고 이야기한다면, 그러한 차이는 무엇을 의미하는 것인가. 그리고 미술치료사로서 무엇인가를 이해했을 때 그 이해를 어떻게 전달해서 그 사람에게 도움이 되게끔 할 것인가. 그러한 부분들이 치료과정에서 풀어 나가야 할 숙제다.

작품 관찰에서는 형식 요소와 내용 요소를 각기 살펴볼 수 있다. 형식 요소는 그림에 나타나는 객관적인 지표인데, 공간의 사용 정도나 주요 대상의 크기, 위치, 사용 색의 수, 필압 등이다. 내용 요소는 그보다 더 주관적인 부분으로서 주제와 완성도 등이다.

관찰하기 과정에서 평가나 판단이 들어오거나 섣부른 해석이 끼어들면 관찰이 주눅들 수 있다. 내담자가 자신을 표현할 때에도 그 과정을 존중해 주었던 것처럼, 작품을 감상하고 관찰하는 과정에서도 관찰을 존중하고 돕거나 보호해 주어야 한다. 미술치료사는 내담자의 관찰도 내담자의 고유 영역임을 이해하고 인정해야 한다. 내담자의 관찰과 치료사의 관찰이 다르다면 그렇게 다른 면도 내담자를 이해하기 위해 중요한 힌트가 될 수 있다. 동일하게 관찰할 수 있는 면은 대개 객관적인 부분으로 그림 속 형식 요소이기는 하지만, 그 형식 요소에 붙은 해석이나 의미 여하에 따라 얼마든지 서로 다른 관찰도 가능하다. 이를테면, 도화지 전체에서 길이가 1/10도 되지 않는 작은 인물상을 그리고 "에너지가 뭉쳐 있기 때문에 매우 크게 표현된 인물상이다."라고 주장하는 내담자는 객관적인 면을 무시한다기보다는 자신이 주장하고 싶은 어떤 것을 더 강조하고 있는 것이다. 그러한 강조를 이해하고 내담자의 관찰을 존중해 줄 때 그 속에 담긴 의미로 좀 더 접근할 수 있다. (그 내담자는 에너지를 모아야 할 필요를 간절히 느끼는가 생각해 볼 수 있다.)

내담자의 관찰 과정을 존중하고 돕는 또 한 가지 방법은 내담자가 말하는 것과 보여 주는 모습이 무엇이든 그것은 나름대로 삶에 적응하고 살아남기 위해 만든 생존 방식이라는 점을 기억하는 것이다. 비록 그 생존 방식이 지금 현재에는 도움이 되지 않는 '부적응적'인 것이라 하더라도—이를테면, 과도하게 방어적이어서 회피한다든가 부인하고 투사하는 방식이거나 혹은 의심하고 피해의식을 가지는 편집증적인 방식이라 하더라도—옛날의 어느 시기에선가는 그래도 살아남는 데 도움이 되었을 것이다. 그러므로 내담자가 보여 주는 면이 무엇이고 이야기하는 것이 무엇이든, 있는 그대로 존중하고 귀 기울여 듣는 것은 의미가 있다. 비록 내담자의 마음이 방어적이라 느껴지더라도, 그 방어는 해체나 분해의 대상이 아니라 이해의 대상이다.

발견하기

두 번째 요소는 발견하기인데, 관찰하기에 비해 좀 더 강약과 무게의 경중을 실어 살펴보는 것이라 할 수 있다. 즉, 관찰하기가 있는 그대로 쭉 훑어보는 것이라면, 발견하기는 보다 더 적극적으로 특색을 살려 내는 것이다. 세 가지 발견하기가 있는데, 요소 발견, 통합 발견, 변화 발견 등이다.

요소 발견은 작품에 두드러진 요소는 무엇인지, 어떻게 보이는지, 어떤 느낌인지 살펴보는 것이다. 내담자가 주도해도 좋고, 치료사가 도와줘도 되며 둘이 함께 해 나가기도 한다. 그림 속 요소들이 자연스럽게 흘러나온 것일수록 이것은 그릴 때의 의도와 달리 나중에 발견되는 것이 대다수다. 그래서 자신의 그림 속 요소를 발견하는 것은 매우 중요하다. 이러한 요소들은 처음에 강조하고 싶었던 것과는 달리 다 그리고 나서 보니 그제서야 두드러져 보이는 것들이다. 그려진 그림 속에서 형태에 해당되는 것들, 특히 그중 제작 과정의 초반기에 그려지는 것들은, 내담자의 생각과 의도를 보여 준다. 그림이 전개되는 과정에서 마치 '보충재'처럼 들어오는 것들이 내담자의 욕구나 갈등, 감정과 본능에 더 가깝다. 그래서 그림을 다 그린 내담자들은 "선생님, 제가 처음에는 이렇게 그리려고 한 게 아닌데요."라고 하면서 말을 이어 나간다. 억지로 무엇인가를 그린 것도 아니고, 뚜렷한 의도를 가진 것도 아니었지만, 좀 단순한 이유로 중간에 끼어들게 된 그림 속 대상(구체적이든 아니든)은 내담자의 마음속 좀 더 깊은 곳에 닿아 있다.

필자가 기억하는 한 사례는 30대 후반 여성 내담자의 이야기다. 그 사람은 옳고 그른 것이 분명한 세계에서 자신에게 주어진 너무 많은 일을 비명 소리 한 번 지르지 않고 감당하고 살았다. 그래서 한 번씩 몸이 아플 때면, 내가 너무 무리했나, 뒤돌아보곤 했다고 한다. 이 사람이 그렸던 어느 그림에서 필자는 숨어 있는 듯 눈에 띄지 않게 그려진 분홍색 꽃을 발견했다. 그 꽃은, 웬만큼 보는 것에 섬세한 필자의 눈에도 잘 들어오지 않았다. 그래서 필자는 분홍색 꽃을 발견하고는 "어, 근데 여기 보니 분홍색 꽃이 있네요."라고 했다. 그랬더니 쑥스러운 듯 내담자가 웃었다. "눈에 잘 띄지 않았었어요."라고 하면서 필자는 그 꽃이 상당히 여성스럽고 아름다우며 정성스럽게 그려졌다고 말해 주었다. 어쩌면 그런 모습이 당신을 조금 비춰 주고 있는지도 모르겠다 하면서. 그때는 내담자가 그냥 웃기만 했다. 약간의 긍정이었다. 여자가 여성스러운 것이 당연하다면 좋겠지만, 여러 가지 이유로 우리는 우리를 어딘가에 맞추어 재단하고 자르며 성장하게 된다. 이 내담자도 그랬다. 그 사람도 부모의 어긋난 기대와 거절 때문에, 그리고 형제자매 간 경쟁 때문에, 또 성장하면서 주위 환경의 요구까지 얹어져서 자신의 모습을 제대로 발현할 기회가 충분치 않았다. 나중에서야 내담자가 다시 이야기했지만, 그날 분홍색 꽃을 발견했던 것이 자신에게도 소중한 일이었다고 한다. 분홍꽃을 그릴 때는 그냥 거기가 허전해 보여서 넣었을 뿐인데, 다 그리고 나서 다시 보니 그 분홍꽃이야말로 자기 속에 숨 쉬는 작고 예쁜 부분이라는 것을 인정할 수 있었다고 했다.

통합 발견은 작품 전체의 느낌을 발견하는 것이다. 작품에 제목을 붙이거나 작품의 일부분에 이름을 붙이는 것을 통해서도 느낌을 발견해 갈 수 있다. 요소의 발견이 부분부분에 강한 스포트라이트를 비추는 것이라면 통합적으로 작품을 발견하는 것은 조각과 부분들을 아우르는 것이라 할 수 있다.

요소 발견과 통합 발견이 한 회기 내에서 만든 작품에 관한 것이라면 변화 발견은 여러 작품에 걸쳐서 흐름을 발견하는 것이다. 내담자의 마음이 변화하고 생활이 변화하면서 이러한 변화는 그림 속에 반영된다. 생활의 변화가 그림 속 변화보다 선행하는 경우도 있지만, 그림의 변화가 먼저 앞서서 나타날 때가 많다. 왜냐하면 마음이 먼저 변화하고 그림이 따라서 움직이며 이러한 변화가 뭉쳐서 힘이 될 때 생활이 변화하기 때문이다. 내담자가 그린 여러 작품들에서 주요대상의 크기나 색, 위치가 어떻게 변화했는지 살필 수 있다. 변화의 발견이 가장 큰 의미를 지니는 순간 중에는, 내담자가 의도하지도 기억하지도 않았지만 그림으로 만든 이미지가 예전의 어느 작품과 유사해서 비교할 만한 것이 될 때다. 그렇게 두 작품을 비교해 보면 내담자 자신도 이러한 면이 바뀌었구나 하는 점을 인식하게 되고는 한다.

연결하기

연결하기(linking)는 미술작업을 통해 나타난 것이 어떤 의미인지 깨달음을 찾아가는 과정이며 다음과 같이 몇 가지 연결이 있다.

- 작품 요소들 간에 연결하기
- 이번 회기와 지난 회기들 간에 연결하기
- 그림과 실제 생활을 연결하기

첫 번째 연결하기는 그림에서 반복되어 나오는 요소들을 의미를 중심으로 엮는 것이다. 그린 사람이 의도했든 아니든 선택한 재료의 특성과 소재, 주제 등이 비슷한 느낌으로 연결되기도 한다. 예를 들어, 우울하다고 온 내담자가 그림을 그렸는데 연약하고 부드러운 느낌을 주는 요소들이 반복되었다. 그 내담자와 함께 작품을 보면서 이렇게 말할 수 있다.

　"지난번 그림과 마찬가지로 파스텔을 선택해서 그리셨네요."

"파스텔을 사용하면서 문지르는 표현을 많이 하셨어요."

"연두색은 어떤 느낌이 드나요?"

"말씀하셨던 파스텔 느낌과도 비슷한 것 같네요. 이러한 느낌이 지금 자신에게 중요한 것 같습니다. 어떤가요?"

"우리 마음은 늘 균형을 찾아 움직이는 것 같습니다. 자기 마음 안에서 어떤 부분이 부족하거나, 혹은 바깥 상황에서 어떤 면이 부족하면 그것을 보충하려고 합니다. 만약 '부드러운 느낌'이 자신에게 중요하다면, 부드럽게 되지 않는 마음이나 상황은 어떤 것일까요?"

"구체적으로 떠오르는 것이 있다면 나누어 주시겠어요?"

두 번째 방식인 지난 회기와 이번 회기를 연결하는 것은 내담자의 작품이 중요한 주제에서 반복되거나 서로 대조되는 면을 비교해 보는 방법이다. 이 방법은 자주 사용하지 않더라도 의미 있는 순간에 사용하면 극적인 체험이 되기도 한다. 내담자에게 예전 작품을 비교해 보자고 제안하는 것은 종결 때 자주 사용하는 방법이지만, 치료과정이 한창 진행될 때에도 한 번씩 비교해 보는 것이 도움 되곤 한다. 미술치료에서 작품은 보존되기 때문에 이전 회기 작품(몇 달 전 작품일 때가 많다)과 이번 회기 작품을 나란히 두고 비교하면 시각적으로 유사한 면과 대조되는 면을 분명히 볼 수 있다.

"그 말씀을 들으니 예전에 ○○ 씨가 하셨던 작품이 떠오르는데요?"

"그때 작품도 꺼내서 함께 바라볼까요?"

마지막 세 번째 방식은 그림에 나타난 것과 실제 생활을 연결하는 것으로서 그림을 이해하고 통찰을 얻으려 할 때 보편적으로 사용하는 방법이다. 그림에 나타난 것이 커다란 주제든 사소한 소재든 내담자의 내면세계를 반영해 주고 있다. 그러므로 그림을 통해 이미지로 표현된 것이 실제 생활에서 어떻게 드러나고 어떤 갈등으로 경험되는지 이야기 나누는 것이 중요하다. 물론 매번 그림 표현을 구체적인 생활과 연결하려고 하면 인위적이거나 억지 해석이 될 수도 있으므로 기계적으로 연결할 필요는 없다. 자연스러운 연결이 가장 바람직하다. 내담자에게 자연스러운 연결을 촉진하는 방법은 내담자의 이야기를 따라가면서 질문으로 되돌려 주는 것이다.

"그림에서 이야기하신 그러한 느낌을 생활하면서 받을 때가 있으신가요?"
"그런 느낌을 최근에 경험하신 적 있으세요?"
"혹시 구체적으로 떠오르는 게 있으신가요?"

내담자와 미술치료과정이 어느 정도 진행되면 구체적인 갈등과 고민을 알고 있을 때가 많다. 미술작품에 드러난 심리적인 면이 내담자의 구체적 문제에 대해 비춰 줄 경우 미술치료사가 보다 직접적인 연결의 가능성을 물어보아도 좋다.

"그림에 대해 말씀하시는 것을 들으니, 지난번에 말씀하셨던 ○○ 씨의 어머니가 떠오릅니다. 혹시 그렇게 연결이 될 수 있을까요?"

중요한 것은 이렇게 찾아가는 과정에서 내담자가 평가받는다는 느낌을 가지거나 혹은 스스로 비판적으로 되지 않게끔 돕는 것이다. 우리 안에 어떠한 모습이나 욕구가 있든 그저 있는 그대로의 일부분을 알아가고 수용하는 것이 목표다. 내담자의 작품에서 반복해서 나오는 그림 요소들은 그 나름의 메시지를 가지고 있으므로 그것이 무엇일까 궁금해하는 마음으로 치료사와 내담자가 함께 힘을 모으는 과정이 바로 '연결하기' 과정이다. 연결이 잘 진행되면 내담자는 그림의 상징성에 대해 보다 편안하게 받아들이기 시작한다.

"(내담자) 제가 이번에도 검은색을 쓴 걸 보니 정말 전 검은색 힘이 필요한가 봐요. 이제는 좀 더 제 목소리를 내야 할 때인 것 같아요."
"(내담자) 정말이지, 제가 말로는 계속 잘 모르겠다고 하면서 앞으로 갈 길에

대해서 그림으로는 꽤 분명하게 그렸네요. 제 머리보다 마음이 더 잘 알고 있나
봐요."

그렇게 익숙해지면, 내담자와 미술치료사 간에는 상징적 대화를 진행하지만
그 의미를 내담자도 충분히 알고 전해 듣게 된다.

그림 12-1은 부끄러움이 많고 겁이 많은 내담자가 자신을 표현한 작품이다.
보리 뒤에 숨어서 울고 있는 아기 공룡이다. 벌들도 자유롭게 날아다니는데 공
룡 혼자 숨어 있다고 했다. 필자는 내담자에게 "그래도 공룡입니다. 아기 공룡
도 공룡이고, 숨어 있어도 공룡입니다."라고 말해 주었다. 그리고 덧붙여서 유
머러스하게 "숨는다고 숨었는데 다 보입니다."라고도 말해 주었다. 물론 내담자
도 그 의미를 알아듣고 한바탕 웃었다.

그림 12-1 겁 많은 공룡

전체로서 바라보기

　이렇게 관찰하기, 발견하기, 연결하기를 통해 자기 자신에 대해 좀 더 통합적으로 알고 깨달아 가게 된다. 서로 다른 모습들도 자신의 일부로 받아들이고 생각과 다른 것이라든가 소망과 배치되는 것, 반대되는 것들도 열린 마음으로 받아들이는 능력이 커지면, 이것은 우리 마음의 통합 능력이 커지는 것이다. 마음의 통합 능력이 커지는 것은 여러 가지 의미에서 정신 건강과 성숙을 향한 발걸음이 된다.

　마음의 통합 능력은 대상—자기 자신도 포함해서—을 어떻게 바라보느냐 하는 점과 관련되기 때문이다. 통합할 수 있는 능력 여하에 따라 대상을 부분대상으로 지각하느냐, 전체대상으로 만날 수 있느냐 하는 점이 나뉜다. 부분대상은 존재하는 대상의 일부분만 받아들이고 인정할 때 생긴다. 마치 엄마의 젖가슴만을 대상으로 받아들이는 경우에는 그 엄마가 야단칠 때 그 목소리를 내는 엄마는 아예 다른 대상이 되는 것이다. 그에 비해 전체대상은 보다 통합된 상대로 인식하는 것인데, '이런 면도 있고 저런 면도 있는 대상'으로 인식하는 것이다. 자기 자신이나 상대방을 전체대상으로 볼 수 있다면, 이는 건강하고 성숙한 상태다. 인간관계에서 어려움을 겪는 사람들을 잘 살펴보면 이들은 자기 주위의 사람을 전체대상으로서가 아니라 부분대상으로 보는 사람들이다. 상대에게서 좋은 점과 나쁜 점이 공존할 수 있음을 보지 못하고, 상대를 정말 나쁜 사람—나쁘다는 하나의 특징만 있는 사람—으로만 바라본다. 상대를 좋은 사람으로 봤을 때도 마찬가지다. 자신의 기대에 어긋나는 모습을 하나라도 보게 되면, "어떻게 저 사람이 저럴 수가 있는가!" 하면서 격노한다. 전체대상으로 보게 된다면 자기 기대에 어긋나는 모습을 보았을 때 실망스럽지만, 상대방에 대해 '그럼에도 불구하고 꽤 괜찮은 무엇'도 볼 수 있다.

미술치료에서는 미술작업과 감상 과정을 통해 전체대상을 만들어 가는 연습을 하게 된다. 심리적인 갈등과 고통을 지닌 상태에서 무엇인가를 그렸을 때, 그 고통이 그저 아름답고 마음에 들 수는 없을 것이다. 그러면 그릴수록, 그림은 어딘가 무거워지고 어긋나거나 둥둥 떠다니게 될 것이다. 미술작업을 할 때는 승화 과정을 통해 이러한 부분들이 통합되고 의미 있는 전체대상으로 자리 잡게 된다. 이 과정은 다른 각도로 보면 마음에 들지 않는 부분대상을 수용하고 전체대상으로 만들어 가는 과정이다. 완성된 작품의 일부분은 여전히 마음에 들지 않을 수도 있다. 그러나 전체로서 그 작품을 감상하고 느끼면서 그것을 만든 사람에게 '소중한 대상'이 된다. 자신이 만든 작품에 대해 통합성을 가지게 되면, 그것을 전체대상으로 경험할 뿐 아니라, 대상 자체로서 소중하게 대하게 된다. 여전히 마음에 들지 않는 어떤 부분들이 존재하고 있지만 매우 마음에 드는 부분 또한 발견할 수 있고, 이들을 동시에 가진 것으로 볼 수 있게 된다.

참고문헌

Abraham, R. (2008). 치매와 미술치료(김선현 역). 서울: 미진사. (원저 2004년 출판)

Kramer, E. (2007). 치료로서의 미술(김현희, 이동영 역). 서울: 시그마프레스. (원저 2000년 출판)

Moon, B. L. (2003). *Essentials of art therapy education and practice*. Chicago, IL: Charles C Thomas.

제**13**장

역전이 그리고
치료사 자신을 돌보기

나는 그녀에게 진솔한 피드백을 해 주었다고 느꼈는데, 그녀는 그것을 비난이라고 바꿔 버렸고 그래서 받아들이지 못한 것 같다.

나는 그녀의 말을 듣고 떠난다는 것, 그 갑작스러움에 정말이지 슬펐고 눈물이 나려 했다.

나는 제랄딘을 소중히 여겼고 따뜻하게 느꼈으며 집단에 적극적으로 참여하는 중요한 사람으로 여겼다.

– Liesl Silverstone (2009)

제13장 역전이 그리고 치료사 자신을 돌보기

모든 치료사는 살아 숨 쉬는 인간이다. 실수도 하고 아픔도 느끼고 고민과 고통, 좌절의 순간을 버티어 내는, 그러면서도 삶 가운데서 의미를 발견하고 아름다움을 느끼며, 인간관계에서의 감사함과 따뜻함을 나누고 누리는 사람들이다. 치료사가 자기 자신의 삶을 건강하고 행복하게 이끌어 가는 것은, 그들의 치료가 진짜 치료가 되도록 하는 가장 큰 힘이다. 하지만 만약 치료사가 힘들어지면 어떻게 되는가?

이 장에서는 미술치료사가 넘어질 수 있는 세 가지 경로를 살펴보고, 어떻게 스스로를 보살필 수 있는지, 그리고 미술치료사로서 자신을 보듬어 주는 방법에는 무엇이 있는지에 대해 이야기하기로 한다.

1. 미술치료사가 넘어질 수 있는 세 가지 경로

위기와 고통은 삶의 무대에 선 모든 사람들에게 공평하게 찾아오기 때문에, 특별히 치료사라고 해서 예외가 되지는 않는다. 오히려 치료사는 더 많은 고통의 가능성에 노출되어 있다. 첫째는 치료사의 강점이 약점으로 작용할 가능성 때문에, 둘째는 자기 개인의 문제 때문에, 그리고 셋째는 내담자의 문제에 전염이 될 수 있기 때문에 그렇다.

치료사의 강점이 약점으로 작용할 가능성

때로 치료사의 강점은 약점으로 작용할 수 있다. 산이 높으면 골이 깊다고 했던가. 치료사로서의 강점은 그 개인이 지닌 특성일 수도 있고 혹은 훈련과 노력의 결과일 수도 있다. (대개는 둘 다에 해당된다. 그 사람의 타고난 특성이자 훈련의 결과일 것이다.)

심리치료에 관심을 가지고 이 분야에 들어서는 사람들의 대체적인 특성도 있겠지만, 그중에서 특별히 미술치료에 관심을 가지는 사람들은 더 두드러진 특성이 있다. 바로 그들이 감각적이라는 것이다. 미술치료사들은 대부분 감각이 예민하다. 무딘 경우도 있지만 매우 드물다. 겉보기에 무딘 경우는 있다. 이를테면, 속으로는 예민한데 표현 능력이 부족하거나 일부러 표현하지 않는 경우다. 어쨌든 예민하다는 것은 미술치료사들의 대체적인 공통점이다. 그리고 대체로 감각이 예민한 사람들은 대인관계에서도 예민하게 반응하고, 그래서 상대의 눈치를 보거나 비판과 거절에 취약하며, 관심과 인정을 중요시한다. 감각이 예민한 사람들은 대개 감정도 풍부하다. (혹은 감정을 경험하는 정도가 매우 강렬하다. 말하자면, '와, 좋다.'가 아니라 '우와, 정말 정말 너무 좋다.'라고 느낀다.) 이들은 부정적인 감정—외롭다거나 우울하다거나 혹은 고통스럽다거나 하는—조차도 즐기는 사람들인데, 자기 스스로도 '미치겠다'고 하며 힘겨워하면서도 풍부한 감정을 은근히 즐기는 사람들이다. 오히려 아무것도 느끼지 못하는 것이야말로 최악의 상태라고 느끼는 듯하다.

감정이 풍부하다거나 감정의 강도가 강렬하다는 것은, 그 자체로 강점이 될수도 있고 약점이 될 수도 있다. 그 차이는 감정 조절 능력에 달려 있다. 감정이 강렬하더라도 그것을 담아 둘 수 있는 조절 능력이 충분하다면, 그 감정은 강점이 될 수 있다. 하지만 감정은 강력한데 조절 능력이 약하다면, 거의 대부분 약점으로 작용할 것이다. 감정을 조절할 수 있다는 말은, 감정을 의도적으로 바꾼다는 뜻이 아니다. 혹은 감정을 억누르거나 왜곡하거나 부인한다는 뜻도 아니다. 감정을 조절한다는 것은, 자신의 감정을 행동과 분리할 수 있는 능력이 있어서 비록 감정이 강렬하더라도 충동적으로 행동을 저지르지 않는다는 것이며, 감정에 담긴 메시지를 마음으로 이해할 수 있기 때문에 감정을 의도적으로 왜곡하지 않고 생긴 모습 그대로 느낄 수 있다는 뜻이다. 그렇게 감정을 느끼고 이해하는 것은 중요하다. 감정은 아무것도 없는 진공 상태에서 저절로 생긴 것이 아니기 때문이다. 내부에서든 외부에서든 무엇인가로부터 비롯되어 싹트기 시작한 것이 감정이다. 그러므로 감정의 의미와 메시지를 이해한다면, 우리는 이성이나 논리 외에 다른 길을 통해 자신을 알아 가게 된다.

감정을 조절할 수 있는 능력이 충분해지면 자신의 감정을 소중히 여길 뿐 아니라 신뢰할 수 있게 된다. 그리고 감정의 기복을 어떻게 다룰 수 있는지 혹은 어떻게 즐길 수 있는지 깨닫게 되는 것 같다.

감정과 더불어 대체적인 미술치료사들의 특성은 대인관계에서의 예민함 혹은 취약성이다. 구체적으로 말하면 타인의 평가나 거절에 약하다는 것이다. "다른 사람들이 뭐라고 하든 저는 신경 안 써요."라고 말하는 사람들도 간혹 만나기는 했지만, 그 사람들이 정말 신경을 안 쓴다면 그런 이야기도 하지 않았을 것이다. 그렇다. 사실 미술치료사들은 예술적인 기질도 있는데다가 인간관계에 관심을 가진 사람들이어서 대체로 예민한 편이고 다른 사람들의 평가와 거절에 약한 편이다. 평가가 긍정적이든 부정적이든 상관없이 약하고, 거절처럼 느껴지면 맥을 못 출 만큼 약하다. 그렇게 되기까지 개개인의 성장 배경이나 경험도 있겠지만, 그보다 기질적인 부분이나 성향이 한몫을 하는 것 같다. 일반화해서 이야기하기 어렵지만, 다른 표현예술 분야 쪽 치료사들(음악치료사나 무용치료사 등)에 비해 미술치료사들이 좀 더 소심하거나 내성적인 사람들이 많다. 왜 그런지 대답하기는 어렵지만, 소심하고 내성적인 사람들의 마음 특성에 미술이 잘 어울리는 듯하다. 일정 시간 자기만의 세계에 빠질 수 있는 미술의 특징을 생각해 보면 그리 이해하기가 어려운 이야기는 아닌 것 같다.

그런데 여기서 필자가 강조하고 싶은 바는 다른 사람의 거절과 비판, 평가에 대해 좀 덜 무서워하고 덜 영향받을 수 있도록 마음의 맷집이 커질 필요가 있다는 것이다. 거절을 털고 일어날 필요가 있다. 어쩌면 미술치료사는 자기 자신에 대한 거대자기(grandiose self)의 환상을 깨지 못한 사람들인지도 모른다. 그래서 '저를 좀 봐 주세요.'라는 욕구 때문에 미술이라는 매체를 매개로 치료 분야에 뛰어드는지도 모른다. 보여지고 싶은 욕구가 강렬한 사람이 미술치료사가 되고, 들어 줬으면 하는 욕구가 강렬한 사람이 음악치료사가 된다는 우스갯소리는 근거 없이 나온 말은 아니다. 거대자기의 환상이 깨어지는 것은 그 과정이 좀 험난할 수는 있겠지만, 그래서 얻게 되는 열매는 다소간의 자유로움 같은 것이다. 말하자면 심리적으로 솔직해질 수 있는 자유로움, 못난 모습도 내 것으로 껴안을 수 있는 자유로움 같은 것이다. '그래, 내가 그렇구나.'라고 자신에 대한 솔직한 겸손함을 체득하게 될 때, 우리는 다른 사람들의 말도 받아들일 수 있게 된다.

비판과 거절에 대한 예민성의 다른 한쪽에는 관심과 인정에 목마른 모습이 있다. 대체로 치료사들은 눈치가 빠른 사람들인데, 미술치료사들도 그렇다. 그리고 눈치 빠른 사람들이 마음에 맷집이 없는 경우 상대방의 반응을 과장해서 해석하거나 잘못 받아들일 때가 많다. 관심과 인정은 중요하지만, 가장 중심에 위치하면서 힘을 실어 주어야 하는 것은 자기가 자신에 대해 가지는 관심과 인정이다. 얼핏 역설적으로 들리겠지만 사람은 자기 자신에게 너무 무심하거나 혹은 빡빡한 기준을 내세워서 스스로를 힘들게 한다. 사람이 자신의 마음을 알아주고, 진심으로 전하고 싶은 메시지를 이해하며, 있는 그대로의 존재에 고개를 끄덕이지 않는다면 타인의 관심과 인정은 늘 부족하게 느껴질 뿐이다.

그리고 이 세 가지는 함께 간다는 것을 이해하면 좋다. 관심과 인정에 목마른 사람이 다른 사람의 평가와 거절을 쉽게 소화하기는 어렵고, 그래서 감정이 쉽게 들쑤셔지는 경험을 한다. 예민하고 섬세한 성향과 풍부한 감정을 지닌 미술치료사들은 이러한 자신의 특성을 잘 살펴서 보듬을 수 있어야 역전이를 바라볼 수 있는 자리를 얻게 된다.

어떤 경우든 핵심은 미술치료사로서 건강하게 자신을 돌볼 수 있어야 한다는 것이다. 건강하게 돌본다는 말은 자기중심적인 것이나 피학적인 것과는 다른 모습이다. 과도한 희생정신으로 다른 사람들만 돌보는 사람은 피학적인 면이 있다. 그 마음 안에서 다른 사람들에 대한 원망이 없이 그저 희생만 하고 있다면 아무래도 자기 자신을 특별한 사람이라고 여기는 거대자기가 강한 사람일 것이다. 혹은, 개인의 이익만 생각하느라 다른 사람의 입장을 들어 볼 여유도 없고 타인을 배려하지도 않는다면, 그 사람의 주위에 사람이 남지 않을 것이다. 그러므로 피학적이지 않으면서 희생도 할 수 있고, 자기중심적이지 않으면서 자신의 이익을 건강하게 추구할 수 있는 그러한 균형 상태가 우리들이 지향하는 바다.

치료사 개인의 문제

미술치료사가 넘어질 수 있는 두 번째 경로는 자기 개인의 문제 때문이다. 치료라는 분야에 뛰어들게 되는 가장 강력한 동기요, 힘의 원천이 바로 우리가 가진 문제와 아픔이다. 어려서 받았던 마음의 상처든, 자라면서 겪었던 힘든 일이든, 타고난 기질과 어린 시절부터 현재까지 이어지는 경험이 어우러졌을 것이다. 그러면서 문제를 이해하고 싶은 욕구와 변화시키고자 하는 희망, 화해와 성장의 경험 등이 치료사의 길을 걷게끔 해 준다.

치료사가 되어 가는 과정에서 슈퍼비전과 치료를 경험하고, 자신의 문제를 풀어 가면서 성숙해지는 것은 대다수의 치료사들이 걸어가는 길이다. 어떤 이론적 입장을 따르든, 치료사 자신의 치료가 먼저라는 것에는 이견이 없다. '치료가 필요하다'는 말은 따뜻한 말이다. 아무리 생활에서 적응을 잘하고 열심히 살아가는 사람이라 하더라도 그 사람의 마음 깊은 곳에 혼자 흘리는 눈물이 있는 것은 아닌지 알아주는 말이며, 사람이 가진 한계를 공감하는 말이고, 심각한 어려움과 문제를 가진 사람에게는 네가 혼자가 아니라는 것을 전달해 주는 말이다.

치료사가 자기 문제를 하나씩 풀어 가고 성숙해지면서 얻게 되는 힘은 균형감이다. 삶의 문제는 결국 균형의 문제다. 과거와 미래 사이에서의 균형, 문제와 희망 사이에서의 균형, 표현과 절제 사이에서의 균형, 자신감과 겸허함의 균형, 자기 욕구와 타인 요구 간의 균형 등, 이러한 균형을 찾으면서 우리는 조금 더 소탈해지고 편안해진다. 하지만 잊지 말아야 할 것은, 좀 더 편안해졌다고 해서 우리에게 문제가 없다고 할 수는 없다는 것이다. 어느 시점에서건 우리에겐 부족한 점이 있고 그것은 우리 시야에서 다소 벗어난 곳에 있다. 시야에 들어오지만 보이지 않는 맹점(blind spot)이 우리 안구에 존재하는 것처럼, 삶에 있어서의 맹점 역시 존재한다.

치료 공부를 하는 사람들 중에는 "제가 예전에는 이러저러한 문제가 있었지만 지금은 많이 좋아졌고, 그래서 지금은 괜찮아요."라고 말하는 사람들이 있다. 대개 공부를 시작한 지 얼마 되지 않았거나, 외부적 역할과 내면의 자존감이 일치하지 않는 사람들인 경우가 많다. 이를테면, 외부적 역할은 어른의 역할을 맡고 있어서 성숙한 목소리를 내야 하고, 내면의 자존감은 어린아이처럼 약해서 쉽게 긁히기 때문에 자기가 약하거나 문제가 있다는 것을 인정하기 어려운 경우다. 그 사람들의 말처럼 자신에게 문제가 있었는데 좋아졌다는 것도 맞는 말이겠지만, 예전과 다른 맹점을 가지게 되었을 가능성도 있다. 단순하게 이야기하면 하나가 좋아지고 나면 다른 하나가 나타나거나 보일 수 있다는 말이다. 하나가 좋아졌다고 해서 이젠 오케이라고 이야기하는 것은 삶을 잘 모르는 말인 듯하다. 치료를 공부할수록 인간에 대해 몰랐던 면을 알게 되는데, 특히 어두운 면들을 많이 알게 된다. 그리고 사람의 존재가 대단하기도 하지만 또한 역시 하찮은 면이 있다는 것을 인정하게 된다. 우리 자신에 대해서도 마찬가지다. 한 사람 한 사람이 소중하고 나 자신 역시 소중하지만, 또 다른 각도에서는 내가 아무것도 아니라는 것을 깨달아 가게 된다. 만약 '나는 이제 문제가 없어.'라는 생각만 있다면 내담자를 만났을 때 역전이가 생길 확률이 높다. 자기 문제를 잘 모르는 치료사이기 때문에 그렇다.

엄밀한 의미에서 이야기하자면, 자기 개인 문제 때문에 내담자에게 역전이를 느끼지 않는 치료사는 없다. 미술치료사 Riley(1999)는 역전이가 치료 안에서든 치료 바깥에서든 모든 인간관계에 공통적으로 나타나는 것이라고 하면서, 말하자면 사람에게 주어지는 꼬리표 같은 것이라고 했다. 필자도 그러한 견해에 동의한다. 그래서 건강하고 좋은 치료 전문가는 역전이가 전혀 없다거나 개인 문제가 전혀 없는 사람이 아니라, 자신을 들여다볼 수 있고 자신에게나 내담자에게 진솔하게 대할 수 있는 사람이다.

　필자의 경우에 역전이를 가장 강하게 경험했던—수없이 경험하지만 그중에서도 손꼽는—사례는 다음과 같다. 여러 해 전에 만났던 내담자는 필자와 비슷한 치료 이슈를 가진 사람이었다. 그럭저럭 괜찮게 잘 지내는 편이었고, 무엇이 문제인지 종잡을 수 없을 만큼 실제로 호소하는 문제의 무게는 본인이 느끼기에도, 그리고 치료사인 필자가 느끼기에도 무겁지 않은 것들이었다. 그녀에게 왜 미술치료를 받고 싶은가 물었더니, 모호한 말이기는 하지만 '그냥 나 자신을 잘 알고 싶어서' 그렇다고 했다. 심리치료를 공부하는 사람이니 그럴 수도 있겠다 싶었다. 그러면서도 한편으로 이 사람이 모르고 있는 자기 모습은 무엇이며, 알아봐 주기를 원하는 모습은 무엇일까라는 궁금증을 가지고 따라가던 어느 날이었다. 그 내담자가 슬픈 내용을 말하면서 계속해서 미소를 짓고 있었다. 필자는 "말하는 내용은 웃을 만한 내용이 아닌데, 미소를 짓고 계시네요."라고 하면서, 말 내용이든 표정이든 어느 한쪽에는 진심이 깃든 것 같지 않다고 했다. 그랬더니 그녀는 자신의 감정 표현이 늘 그런 식으로 된 것 같다고 했고, 우리는 감정 표현이 가장 어려웠던 때를 더듬어 올라가기 시작했다.

　그렇게 해서 이야기된 내용은 내담자의 아버지의 죽음에 대한 것이었다. 그 사람의 아버지는 그가 대학생일 때 암으로 돌아가셨다. 투병생활 끝에 돌아가셨으니 어느 정도 예견된 죽음이었지만, 남은 가족들은 소화하기 힘든 슬픔과 '혹시 ~했더라면'의 고통으로 힘겨워했다. 그럴 때 그 내담자는 마음 약한 엄마와 약간은 철부지인 오빠 사이에서 부지런히 '수습하는 자'의 역할을 맡았다. 자신의 애도 과정을 미루어 둔 채 엄마와 오빠를 챙기고 위로해 주었다. 자신의 몫이 아닌 일에는 열심과 집중으로, 자신 몫의 일에는 부인과 회피, 억압으로 지내 온 것이다. 그래서 그녀는 치료회기 초반에 내게 그런 말을 했다. 자신은 치료장면에서 우는 사람들을 보면 부럽지만, 아마도 울지 않을 것 같다고 했다. 그런 말은 치료사에 대한 기대를 간접적으로 우회해서 전달하는 말일 수도 있고, 자신의 문제로 들어가기 위한 초입에서 당황스러울 수 있는 상황을 예방하는 말일 수도 있으며, 혹은 자신이 알고 있는 자기 모습을 소개하는 말일 수도 있다.

어쨌든 이후에 그녀는 아버지 이야기를 풀어냈다. 아버지에 대한 그리움, 보고 싶음, 푸념 등의 이야기를 나누었다. 물론 하필이면 왜 이 시점에서 그 사람에게 아버지의 죽음이 불거진 것인지 살펴볼 수 있지만, 필자는 그때 그러한 치료방향까지 가기 전에 내가 이 내담자에게 도움이 될 수 있을지 확신이 서지 않았다. 필자의 아버지도 암으로 돌아가신 데다, 필자 역시도 애도 과정을 잘 거치지 못했기 때문이었다.

필자의 아버지는 예순한 살이라는 이른 나이에 암으로 돌아가셨다. 좀 더 계셨으면 딸의 결혼도, 취직도, 자녀 생산도 보셨을 텐데, 그 어느 하나 함께 나누지 못하시고 일찍 돌아가셨고, 아버지의 죽음은 필자에게 말할 수 없는 깊은 슬픔을 남겼다. 왜냐하면 아버지는 필자와 가장 닮은 세계였고, 필자와 글자 그대로 '통하는 세계'였기 때문에, 아버지의 죽음과 부재는 홀로 남아 있는 우주를 느끼게 해 주었다. 아버지의 죽음은 정서적으로 마비되는 것이 무엇인지, 억제와 억압이 어떻게 다를 수 있는지, 고통과 의미가 왜 연관이 되어야 살 수 있는지, 사랑하는 사람을 가슴에 묻는다는 것은 무엇인지, 여전히 울 수 있다는 것은 무엇인지를 경험하도록 했다.

그런 필자 앞에서 내담자가 '암으로 돌아가신 아버지'에 대해 이야기하면서 눈물을 흘리는데, 무엇을 어떻게 도와줄 수 있을까 싶은 마음이 들었다. 치료지식이 부족해서 그렇기도 하겠거니와, 설령 치료에 대해 많이 안다고 하더라도 그러한 지식이 도움이 될 것 같지 않았다. 필자는 그냥 그 사람의 이야기를 들으면서 마음이 아팠다. 아버지 생각도 나면서, 문제가 뒤섞이고 감정적으로 얽혀서 어떻게 해야 할지 답답했다. 이렇게 함께 흔들리게 되면 어떻게 그 사람을 도울 수 있겠는가.

그때 필자를 지도해 주시던 슈퍼바이저 선생님께서는 내담자에게 답을 주려 하거나 문제를 머리로 풀려고 하지 말라고 조언해 주셨다. 자신을 너무 완벽한 치료사로 끼워 맞추려고 하지 말고 대신 작품과 창작 과정을 신뢰하라고 하셨다. 그래서 필자는 말보다는 작품에 집중하기로 하고, 내담자에게 작품으로 느낌을 담아 내도록 독려했다. 의미가 불분명한 것들도 기다리고 또 기다리면서 당분간은 그저 떠오르는 느낌들을 작품으로 표현하는 시간이 되도록 했다.

그러한 과정을 거치면서 결국 그 내담자는 지금 현재의 마음에서 아버지를 만날 수 있었다. "지금 아버지에게 무어라 이야기하시겠어요."라는 질문에 내담자가 대답한 뒤, 두 번째 질문으로 "아버지는 ○○ 씨에게 뭐라고 말씀하실까요?"라고 물었다. 그 내담자는 자기가 만든 작품을 한동안 만지면서 바라보더니 "○○야, 아빠가 먼저 떠나서 미안하구나. 그리고 아빠는 네가 잘 버텨 줘서 고맙구나. 하지만 이제는 힘들 때 힘들다고 이야기하고, 네 행복을 위해 살았으면 좋겠어. 아빠는 네가 건강하고 행복하게 살기를 바란단다."라고 말했다. 필자는 그 말의 진심을 믿는다.

이후에 필자 역시 심리치료를 받으면서 아버지 이야기를 하고 마음에 묻어 두었던 감정들을 다루었다. 우리는 그렇게 도움을 주기도 하고, 또 도움을 받기도 한다. 그러면서 매번 우리가 선 자리에서 진실되게 살기 위해 노력할 뿐이다.

내담자의 문제에 의한 전염

세 번째로 미술치료사가 어려움을 겪게 되는 이유는 내담자의 문제에 전염이 되었기 때문이다. 내담자의 문제와 표면상으로는 관련이 없지만 그 이면에서 어떤 식으로든 연관이 되어 전염이 되곤 한다.

절망에 휩싸인 내담자가 찾아와서 깊은 한숨으로 마음을 뿜어 낸다고 하자. 혹은 차근차근 자신의 절망을 설명한다고 하자. 정말로 그 상황이 이해되지 않는가? 정말로 그 상황에서 내담자가 무엇인가를 '투사'했고 어떤 부분들을 왜곡했는가? 우리는 무엇을 바꿀 수 있을 것인가? 오히려 우리가 바꾸고자 하는 것은 좀 더 정직하게 말하면 내담자가 가져온 색안경을 내려놓고, 다른 종류의 색안경을 씌우는 것 아닌가?

우울한 내담자가 자신이 겪은 지독한 경험들에 대해 이야기한다. 비록 어떤 이야기들은 윤색되고 각색되었을 수 있지만, 이야기에 담긴 뉘앙스를 걸어 내고 사실만을 추려 내더라도 지독하고 우울한 이야기다. 필자가 만난 내담자들도 그러했다. 아버지가 화가 나서 도끼로 방문을 찍어 부수고 들어와 때린 이야기, 어머니가 맞아서 갈비뼈가 부러졌던 이야기, 어렵사리 꺼내 놓은 이야기를 친구가 듣고 다른 사람들 앞에서 우스개로 삼았던 이야기 등 내담자들의 슬픈 이야기 속에는 가족과 친구와 믿었던 사람들에 의한 파괴와 절망, 배신과 상처의 이야기가 가득하다. 이러한 이야기 중에서도 성(性), 폭력과 관계된 이야기는 한층 더 어둡다.

내담자의 문제에 전염되어 치료사가 흔들리게 되는 대표적인 경우는 '이차 외상(secondary trauma)'일 것이다. 성폭행이나 가족의 자살, 재해 등을 겪고 남은 피해자들은 자신이 겪은 외상을 소화하지 못해서 고통을 쏟아 낸다. 이들이 그리는 그림의 이미지에 반복적으로 등장하는 외상의 모습은 치료사에게도 감당할 수 없는 경험으로 다가오기도 한다. 필자는 언젠가 10대 중반의 여자아이가 그렸던 그림을 보고 마음에서 기겁을 했던 적이 있다. 성폭행을 당했던 그 아이는 도화지 한가득 남성의 성기를 그렸는데, 여러 개의 성기가 둥둥 떠다니는 것처럼 그려져 있었다. 그림 그리는 실력이 좋았기 때문에 그 그림은 꽤 사실적이었는데, 필자는 그런 그림이 그 아이에게 도움이 되는지 아닌지 판단하기가 어려웠다. 그림을 그리지 않더라도 이미지로 시달리고 있다면, 차라리 그림을 그리는 게 나은 것인지, 아니면 쉴 수 있는 공간의 이미지를 만들어 내기 전에 구체적인 작품으로 외상을 재현하는 것은 막았어야 했는지 판단할 수 없었다. 물론 치료적 개입에 대한 정답은 늘 내담자에게서 나온다. 내담자에게 묻고, 치료사 역시 그 순간에 진솔하게 만나는 것 외에는 정답이 없다. 그런데 치료사가 기겁을 하게 되면, 내담자에게 물어야 한다는 것을 잊어버리고 자꾸 치료사가 뭔가 해 줘야 한다고 착각하게 된다. 그렇게 되면 그때부터는 무엇을 하더라도 문제다.

내담자가 가져온 문제에 전혀 흔들리지 않는다면, 이번에는 치료사가 제대로 느끼거나 공감하고 있는지 물어볼 차례다. 이론적으로는 공감과 동정이 다르고, 공감과 역전이가 다르다. 이론적으로 말이다. 전혀 흔들리지 않는 치료사는 '지루함'이라는 조금 다른 종류의 문제를 돌아보아야 한다.

> **Tip** 치료사로서 자신이 만나는 내담자가 지루하게 느껴지는가?
>
> 몇 가지 이유를 생각할 수 있다. 우선 치료사 쪽의 문제인 경우다. 지루함의 첫 번째 이유는 내담자에 대한 이해 부족일 것이다. 잘 이해되지 않는 부분은 듣지 못해서 그럴 수 있다. 어느 부분에서 분명하게 묻지 못했거나 놓친 부분들이 있을 것이다.
>
> 두 번째 이유는 자신의 일에서 의미를 발견하지 못해서 그렇다. 치료작업은 작은 낟알갱이를 줍고 하나하나 씨를 뿌리는 작업이다. 기다리지 못하거나 조급하면 큰 그림을 볼 수 없기 때문에 의미를 놓치게 되기도 한다.
>
> 세 번째 이유는 자기가 잘 보지 못하고 있는 자기 문제와 관련되어 맹점이 있기 때문에 지루하게 느껴지는 것이다.
>
> 아니면 네 번째로 내담자 쪽의 문제일 수도 있다. 내담자가 가진 가장 큰 문제가 삶의 권태로움이나 대인관계에서의 깊이 없음인데 이것을 제대로 표현하지 못할 경우, 치료사가 직접 '지루하다'고 느낌으로써 내담자가 미처 표현하지 못한 느낌을 대신 경험하도록 한다고 할 수 있다. 자기애적인 내담자들은 종종 공감을 잘하지 못하기 때문에 자신도 공감을 받지 못하는데, 그러한 경우에도 '지루함'을 느끼게 된다.

내담자가 가지고 온 문제에 전염이 되어서 우리가 넘어지게 되었다면, 우리는 역전이에 대한 이야기를 하지 않을 수 없다. 역전이는 원래적 의미로는 치료사가 '무의식적으로' 자신의 어린 시절 경험으로 인해 뿌리내린 감정과 관계양상을 현재 만나는 내담자와의 관계에서 재경험하는 것이다. 이러한 경험은 대개 치료사 편에서 아직 해결되지 못한 문제들이 섞인 것이므로, 치료사의 판단을 흐리게 만들고 치료과정에 불필요한 낭비를 불러일으킨다. 그래서 필요 이상으로 화가 나거나 짜증이 나기도 하고(치료에 '필요한' 분노나 짜증보다 강도가 훨씬 강하고 조절이 잘 안 되는 것 같은 느낌이 든다. 예를 들어, 치료회기가 끝났는데도 여전히 그 내담자 때문에 화가 난다든가 개인적인 시간에도 불쑥 그 내담자 생각이 나면서 짜증이 확 밀려오는 경우다), 내담자에 대해 죄책감이 든다든가 내담자 문제를 해결해 줄 수 있을 것 같은 환상을 가지기도 하고 혹은 내담자 눈치를 보게도 된다. 이 모든 것은 치료상황에서의 치료사 판단을 흐리게 만든다. 역전이를 심하게 경험할 때 치료사들은 실제보다 상황을 나쁘게 평가하기도 하고, 자신의 능력 이상으로 일을 벌이기도 하며, 시간을 기다리지 못해서 내담자를 몰아붙이기도 한다. 어쨌든 이때 치료사가 쓰고 있는 에너지는 상당 부분 감정적인 수준에서 비롯된 것이어서, 불안정한 모습을 보이기 마련이며, 일관되지 못한 치료사의 태도와 행동은 내담자에게 혼란스러움을 안겨 줄 것이다.

그렇다면 치료사가 내담자에게 가지는 마음이랄까 태도, 혹은 정서 에너지는 그 정도와 본질이 무엇이든 필연적으로 치료과정에서 뒤엉킨 모습으로 귀결되는 역전이밖에 없는가? 다행히도 그렇지 않다. 역전이라는 개념과 다른 차원에서 이야기되는 개념인데, 바로 '공감'이다.

그리고 역전이 문제가 촉발된다고 하더라도 미술치료사에게는 친구 같은 도구가 있다. 그것은 바로 치료사 자신의 미술작품이다. 내담자를 이해할 때 내담자의 미술과정과 작품이 도움이 되는 것처럼, 치료사가 자신을 돌아볼 때 자신의 미술작품은 더할 나위 없이 좋은 거울로서 치료사와 만나게 된다.

미술치료사는 치료과정 동안 미술이라는 존재 때문에 어쩌면 더 어려운 삼각관계를 유지해 왔다. 삼각관계(triangular relationship)*는 치료과정 내에서 이자

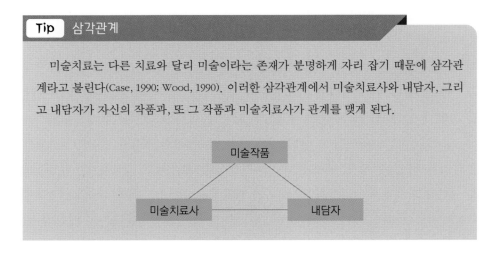

Tip 삼각관계

미술치료는 다른 치료와 달리 미술이라는 존재가 분명하게 자리 잡기 때문에 삼각관계라고 불린다(Case, 1990; Wood, 1990). 이러한 삼각관계에서 미술치료사와 내담자, 그리고 내담자가 자신의 작품과, 또 그 작품과 미술치료사가 관계를 맺게 된다.

미술작품

미술치료사   내담자

* 삼각관계 또는 삼자 관계라고 부른다. 미술치료 분야에서 이 관계를 일컬을 때 'triangular relationship'과 'triad'를 모두 사용하기 때문이다.

관계(치료사-내담자)보다 더 안정적일 수 있으면서 동시에 더 어렵고 난해할 수 있다. 대신 내담자가 가고 난 다음에 미술치료사는 시간에 구애되지 않고 또 다른 이자 관계(치료사-미술작품)를 연장할 수 있을 뿐 아니라, 미술치료사 그 자신의 작품을 통해 깨달음을 얻음으로써 역전이를 다룰 수 있다.

2. 역전이의 치료적 의미

모든 역전이가 치료사의 개인 문제로부터 나온 것은 아니다. 그리고 내담자에 대해 감정이 느껴진다고 해서 그러한 감정을 모두 역전이라 부르지는 않는다. 감정의 종류라든가 양에 있어서 '충분히 그렇게 느낄 수 있는 것들'은 그렇게 느끼는 것이 건강하다. 좋거나 싫거나, 화가 나거나 불쌍하거나, 얄밉거나 어이없거나 등 느껴지는 감정이 무엇이든 주어진 상황과 맥락에서 그렇게 느낄 수 있는 감정들은 역전이라기보다는 정상적인 반응이다. 그런데 정상적인 반응이라도 강도가 너무 강하거나 혹은 잘 해소되지 않고, 감정의 종류가 관계의 맥락과 잘 맞지 않다면 역전이를 생각해 볼 수 있다.

역전이라고 해서 모두가 치료에 걸림돌이 되는 것은 아니다. 어떤 역전이는 오히려 치료에 도움이 되는데, 내담자로부터 나와서 치료사 안에서 성숙되고 치료적으로 사용되기도 한다. 내담자가 스스로 소화하지 못하는 내면의 이야기 중에서, 본인이 제대로 인식하지 못하고 눌러 놓은 것들은 치료사에게 말하지 않아도 느낄 수 있는 느낌으로 전달된다. 제4장에서 설명했던 '투사적 동일시'가 치료 상황에서 나타나는 것이다. 투사적 동일시를 치료적으로 사용할 수 있는 치료사는 자신의 감정조절이 가능한 사람이라야 한다. 감정조절은 감정을 마음으로 담아둘 수 있는 능력이며, 감정이 바로 행동이나 충동으로 이어지지 않는 능력이다. 자신의 감정에 진실하고 솔직하며 살아 있는 감정을 지닌 사람이라야 투명하게 울림을 가질 수 있다. 감정에 진술하지 않은 치료사는 감정이 과장되거나 딱딱하게 굳었을 가능성이 있다.

치료사는 투명한 거울 역할을 잘해야 한다. 그러나 비춰 주기는 비춰 주는데 치료사의 거울이 자신의 역전이로 인하여 왜곡해 비춰 주게 되는 것이 문제다. 거울 자체가 문제가 되지 않도록 최선을 다해야 한다.

3. 치료사 자신을 돌보는 방법

우리는 자신을 잘 돌봐 줘야 한다. 그래야 사람을 만나는 직업에서 의미를 가지고 보람을 느끼며 끝까지 함께 갈 수 있다. 치료사가 자신을 돌보는 방법에는 여러 가지가 있겠지만, 미술치료사들에게 소중한 것들을 중심으로 이야기하고자 한다.

믿음

믿음을 가져야 한다. 이 '믿음'은 종교적인 차원의 이야기가 아니다. 그보다는 사람에 대해, 사랑에 대해, 그리고 미래에 대해 믿음을 가져야 한다. 우리가 속한 세계는 결국 믿는 대로 이루어지는 세계다. 자기충족적 예언(self-fulfilling prophecy)*을 들먹이지 않더라도, 믿음은 우리의 삶을 이루는 근간이다. 사람에 대해 가지고 있는 믿음은 무엇인가? 인간관계에서 어떤 의미를 찾는가? 무엇을 위해 사는가? 우리 자신은 누구인가? 우리는 진심으로 행복한가?

필자의 대학교 때 선생님 중 한 분은, 수업 시간에 걸핏하면 "심리치료가 되긴 돼?" 하면서 비아냥거리셨다. 그저 있는 그대로 소탈하게 대답하기에는 필자가 부족했었기 때문에 우물우물하면서 대답을 피해 가곤 했었다. 그분은 상담 전공은 아니지만 심리학과 교수님이면서 심리치료에 대해 부정적인 태도를 가지고 계셨다. 나중에 알게 된 것이지만, 상담 쪽으로 전공할까 생각도 하셨다고 한다. 그럴 수 있으리라 생각한다. 관심이 있었던 것에서 어떤 식으로든 좌절하게

---

* 대상에 대한 기대가 있을 때, 그 기대가 영향을 미쳐서 결국 기대한 대로 경험하게 되는 현상이다.

되면, 이솝 우화에 나오는 신포도처럼 취급할 수밖에 없다. 그래야 자신의 자존심을 지킬 수 있기 때문이다.

다른 사람이 나와 같은 믿음을 가지고 있는가 예민하게 바라볼 필요는 없다. 내 안에 믿음이 차오르면, 다른 사람의 생각과 믿음은 그저 '차이가 나는 어떤 다른 것'으로 스쳐 지나갈 수 있다. 조금 더 애정을 기울이는 관계거나 내 마음에 여유를 지니는 순간이라면, 친절하게 설명을 곁들여 줄 수도 있다. 상대가 받아들이는가 아닌가 하는 문제에서 자유로운 상태로 말이다.

필자는 이 책을 준비하면서 미술치료 워크숍이 있어서 잠시 지방에 다녀왔다. 그곳에서 역시 심리학과 교수님을 만나서(임상/상담 전공이 아니셨다) 같은 질문을 들었다. 약간 의심한다는 정도의 목소리였다. 마침 시간도 있고 적당한 마음의 여유도 있던 터라, 가벼운 목소리로 "그럼요, 치료가 되지요. 사람에 따라서 목표가 다를 수는 있는데요, 그 각각의 목표에 맞추어서 치료가 됩니다." 라고 대답해 드렸다. 내 믿음이 분명해질수록 설명도 간결해지는 것 같다. 이어서 그분이 물어보신 질문은 그렇다면 미술치료는 어떻게 치료가 되는가라는 것이었는데, 승화라든가 퇴행, 보유와 같은 단어를 사용하지 않고도 그 내용을 쉽게 풀어서 말씀드릴 수 있었다.

믿음이 반드시 좋은 경험을 통해서 생기는 것은 아니다. 물론 좋은 경험이 있으면 믿음이 생기기가 더 좋다. 하지만 우리는 그렇게 수동적인 존재가 아니다. 경험하는 환경이 척박하더라도 마음을 모을 수 있다면 믿음도 생길 수 있다.

솔직함

솔직함은 언제든 우리에게 강력한 힘이다. 다른 사람에게 솔직해지는 것은 어쩌면 두 번째 솔직함인 것 같다. 첫 번째 솔직함은 자기 자신에게 솔직해지는 것이다.

자신에게 솔직해질 수 없는 사람은 허세를 부린다. 허세는 특히나 치료사가 되려는 사람들에게 치명적이다. 왜냐하면 허세를 부리는 한 진실하지 않게 되기 때문이며 진실하지 않은 관계에서 치료가 이루어지기는 어렵기 때문이다.

치료사들의 허세는 자기 자신을 권위를 가진 존재로 느끼고 싶을 때 가장 두드러진다. 미술치료를 한다면서 그림으로 사람을 쉽게 평가하려는 태도라든가, 상대방을 이해하려 하기보다는 약점만 들춰내고 지적하는 행동, 내담자보다 우월한 삶을 영위한다는 암묵적인 뉘앙스, 자신의 심리적 문제는 전혀 없다는 듯한 태도 등이 치료사들의 허세다.

자신에게 솔직해지면, 우리 안의 목소리가 제대로 소리를 내게 된다. 자기 안의 목소리를 들을 수 있는 치료사는 삶에서 균형을 잡아 갈 수 있다. 어느 쪽으로 치우쳤는지, 무엇 때문에 그러한지, 조금 더 편안하게 느끼고 보게 되기 때문이다. 치료사에게는 균형이 최선이다. 삶의 문제가 바로 균형의 문제이기 때문이다. 감정과 생각이 균형을 이루어야 한다. 욕망과 포기, 미움과 화해가 균형을 이루어야 한다. 그리고 자기 개인의 삶과 치료사로서의 시간이 균형을 이루어야 한다. 내담자의 선택권과 치료사로서의 내 개입이 균형을 이루어야 한다. 어디까지가 내 역할이며 어디까지가 내 책임인지 보다 분명한 선을 찾을 수 있으면 좋다. 그래서 자기 행동과 자기 의지에 대해 선택권이 있음을 인정해야 한다. 그래야 책임을 질 수 있다.

책임감을 가진 사람은 솔직할 수 있다. 내담자에게 허세를 부리지 않고, 부족함을 가진 인간의 진실을 외면하지 않으면서 진실되게 만날 수 있다.

연결감, 친구

연결감이 있어야 한다. 친구와 연결되고, 동료와 연결되고, 자신이 가진 믿음을 나눌 수 있는 존재들과 연결이 있어야 한다. 혼자서 외롭게 고군분투할 필요가 없다. 때로 우리는 허무함을 느낀다. 사람만큼 소중한 존재도 없지만, 사람만큼 허무한 존재도 없다. 때로 분노를 경험하고, 때로 불안하고 소외되며, 멍한 느낌에서 헤어 나오지 못할 때도 있다.

우리가 하는 작업에서 의미를 찾고 노력하는 과정이 즐거우려면 누군가 함께

할 수 있는 친구가 필요하다. 서로 기다려 줄 수 있고 이해할 수 있고 믿음을 나
누는 친구가 있다는 것은 참 좋은 일이다. 그리고 그러한 친구를 얻은 사람은 혼
자든 함께든, 자연스러운 연결감을 누리고 있다.

균형

대부분의 물음에 대한 답이 균형을 잡는 것으로 귀결될 때가 있다. 미술치료
사로서의 건강한 삶도 균형의 문제다. 치료사에게 중요하며 균형을 이루어야
할 영역은 두 가지로 말할 수 있다. 하나는 건강한 감정이고, 다른 하나는 전문
가의 이성이다. 건강한 감정은 치료사 자신이 건강한 삶을 살고 있어서 감정을
경험하되 억눌리거나 왜곡되거나 뜯긴 감정이 아니라 온전하고 통합되어 살아
숨 쉬는 진짜 감정을 일컫는다. 건강한 감정이 있는 치료사라야 내담자에게 담
백하게 반응하며 투명하게 전달하고 도움을 줄 수 있다.

그리고 전문가의 이성이 필요하다. 능력이라거나 전문성이라는 말로 바꾸어
도 좋을 이 부분은, 매 순간 균형을 잡아 주고 확인하는 나침반 역할을 해 줄 것이
다. 감정이 에너지가 되어 기꺼이 치료의 길을 걸어가도록 힘을 제공한다면, 그
힘을 어디에 어떻게 써야 할지 방향을 제시하는 것은 전문성이라는 나침반이다.

전문성은 마음 자세만으로 갖추어지지 않는다. 돕겠다는 마음만으로는 불충
분하다. 사람을 돕기 위해서는 사람에 대한 깊이 있는 이해와 자신에 대한 겸허
한 화해와 수용, 절제 능력이 어우러져야 할 것이다. 또한, 전문성은 지식과 훈
련을 통해 문제를 이해하고 해결을 돕는 능력이다. 필요할 때 내담자에게 빌려
준 '치료사의 자아'이기도 하고, 경계가 허물어진 혼란 속에서 허우적대는 내담
자에게 붙잡도록 보이게 되는 '틀'이기도 하다. 지겹도록 반복하면서 같은 메시
지가 전달되는 '일관성'인 동시에, 새로운 것을 향해 열려 있는 '개방성'이다. 치
료사의 전문성은 기다림의 의미를 알고 있고, 모호함을 충분히 인내할 수 있으
며, 희망을 먼저 걸어 줄 수 있고, 결국에는 자신이 건 기대와 희망이 이루어짐
을 보면서 함께 나누는 축하다.

4. 미술치료사로서 자신을 돌보는 방법

첫 번째, 그림 그리기

그렇다. 그림을 그리는 것이 최선이다. 우리는 미술치료사가 아닌가! 우리는 이미지가 무엇인지 느낄 수 있다. 이미지를 볼 수 있고 그 이야기를 들을 수 있다. 그것으로 충분하다. 아플 때든, 힘들 때든, 좋을 때든, 마음이 가는 대로 도화지에 에너지를 실어 주어야 한다.

미술치료사가 자신의 역전이를 살펴보는 방법으로는 회기를 끝낸 뒤 그림을 그리는 것을 추천한다. 이 방법에 대한 문헌이 많지는 않지만 1990년대 전후에 발표된 문헌에서 다루어지고 있다(Haeseler, 1989; Lavery, 1994; Marano-Geiser, Ramseyer, & Wadeson, 1990; Moon, 1998). 회기 이후 미술치료사가 혼자서 미술작업을 하게 되면, 여러 가지 면에서 도움을 얻는다. 무엇인지 불분명하거나 모호한 역전이 감정이 있을 때 그것이 무엇인지 좀 더 이해할 수 있게 되며, 비록 분명한 것이라 하더라도 상처 입은 감정이 있을 때 그 감정을 추스르고 위로하는 시간을 가지게 된다. Lavery(1994)는 회기 후 미술치료사의 미술작업을 언급하면서 그 이점이 바로 자기치유(self-soothing)에 있다고 했다. Moon(2003) 역시 미술치료사가 개인적으로 미술작업을 하는 것이 여러 모로 도움이 된다고 역설하였다. 첫째는 치료작업에서 나타나는 미술치료사의 느낌을 명료화하고 표현하며 보유하는 기제가 되어 주기 때문이며, 둘째는 치료작업을 탐색하기도 하고 기록해 두는 형태가 된다. 셋째는 내담자에게 반응하며 상호작용하는 기초가 되어 주고, 넷째는 일종의 정신수양이 되며, 다섯째는 자신과 다른 사람에게 진정한 관계를 맺는 기초가 되기 때문이다.

회기 후 혼자만의 미술작업을 하면서 우리는 감정의 해소를 경험하고, 또한 감정이 해소되기 때문에 우리 자신의 문제와 내담자의 문제를 분리할 수 있는 능력을 회복하게 되며 '깊은 공감'과 '거리 유지'라는 두 마리 토끼를 얻게 된다.

그림 13-1은 필자의 반응 작품이다. 두 사람이 있는데, 한 사람은 몸을 돌려서 떠나려고 하고 다른 사람은 붙잡으려고 한다. 왼쪽의 노란색 사람이 필자인데, 군데군데 붉은 얼룩이 치료과정에서 좌절하고 답답했던 상처다. 문제가 잘 해결되지 않겠구나 하는 생각이 필자의 마음속에 너무 많았고 혼돈스럽고 우울한 마음이 컸는데, 그림으로 표현하고 나서 조금 진정된 느낌이었다.

그림 13-1
필자의 반응 작품

Tip　반응 작품

　반응 작품(response art)은 원래 회기 내에서 내담자와 상호작용할 때 미술치료사가 반응해 주는 작품을 일컫는 말이다. 이후 반응 작품의 범위가 넓어져서, 미술치료사가 자신의 역전이 반응을 관찰하기 위해 치료회기 이후 만드는 개인적인 미술작업도 반응 작품이라 부른다.

두 번째, 이미지 떠올리기

　때로 그림을 그릴 수 없을 정도로 마음이 힘들거든, 이미지를 떠올리는 것으로도 충분하다. 부드러운 이미지, 따뜻하고 평온한 이미지를 천천히 떠올리도록 한다. 사람마다 '쉰다'라는 느낌이 다를 수 있겠지만, 그래도 공통 분모는 '회복할 수 있는 곳'이라는 점이다. 안식처라고나 할까. 자기만의 안식처 이미지를 가지고 있으면 힘들고 어려울 때 그 이미지 속으로 들어가서 회복하고 나올 수 있을 것이다.

필자가 떠올리는 이미지는 고요하고 깨끗한 물이다. 작은 호수 같은 풍경을 떠올리고 그 주위를 바라본다. 햇빛이 반사되어 반짝거리는 수면의 모습, 눈에 보일 듯 스치는 바람, 그리고 물 안으로 천천히 내 몸을 눕히는 이미지를 떠올린다. 그러면 온몸을 감싸안아 주는 따뜻한 물의 느낌을 떠올릴 수 있다.

세 번째, 쉬기

미술치료사의 마음속에서 이미지가 잘 나오지 않는다면 아마도 지쳤다는 뜻일 것이다. 이미지는 때때로 고갈되기도 한다. 그럴 때는 그저 쉬어야 한다. (그런데 쉬고 싶다고 마음대로 쉴 수 있는 직장이 세상에 어디 있던가 말이다.) 물론 고갈되기 전에 보충하는 것이 더 좋다. 보충하는 방법은 규칙적이고 건강한 휴식 시간을 가지는 것과, 새롭고 건강한 외부 자극을 받아들이는 것 두 가지가 있다.

규칙적이고 건강한 휴식에 대해 몇 가지 첨언하자면, 휴식을 이벤트나 또 다른 일거리로 만들지 말라는 것, 떠나야 휴식이 되는 것이 아니라 자신에게 진정으로 필요한 것이 주어질 때 휴식이 된다는 것, 예민하거나 감각이 발달한 사람일수록 즉흥성은 뛰어나지만 일관성은 상대적으로 빈약하므로 휴식을 취할 때 규칙적이 되도록 애쓸 것 등이다.

네 번째, 좋은 자극 받기

앞서 말한 보충 방법 두 가지 중에 후자는 건강한 외부 자극을 받는 것이었다. 미술치료사에게 가장 좋은 자극은 그림을 보는 것이다. 자신에게 특별히 발달된 부분이 시각적 이미지임을 잊지 말고, '좋은 모습'을 보도록 한다. 자연 풍경도 하나의 좋은 그림이다. 사랑하는 가족의 얼굴을 찬찬히 들여다보는 것도 좋은 시간이다. 작가의 작품을 보는 것도 좋다. 필자는 가끔 인사동에 들러 현 시대 작가들의 작품을 감상하곤 하는데, 작가들의 섬세함과 작품에 대한 사랑을 느끼는 순간은 글자 그대로 '위로'가 된다. 그래, 사람들은 이렇게 열심히 사랑하며 살고 있구나 하는 느낌이 든다.

지나치게 잔혹한 시각 이미지는 미술치료사들에게 쓸데없는 고통이 될 수 있다. 필자는 그런 이미지는 되도록 피하는 게 좋다고 생각한다. 공격적이고 잔혹하고 처참한 모습들을 실제 생활에서 비껴 나갈 수 있다면, 비껴 나가는 것이 좋다. 아무것이나 가리지 않고 모두 만나는 것이 좋다는 식의 태도는, 인간이 한없이 약할 수도 있다는 것을 부인하려는 것일 뿐이다.

세상에 있는 여러 가지 자극들은 강-약의 차원에서 바라볼 수 있고, 또 좋음-나쁨의 차원에서 볼 수 있다. 급하게 보충해야 할 것 같으면, 강하고 좋은 시각 자극을 사용할 수 있으며, 보충의 원래 의미대로 천천히 채워 나갈 것 같으면, 부드럽고 자연스러우면서 좋은 시각 자극으로 채워 갈 수 있다.

예전에 필자는 아주 커다란 노란 그림을 그려서 일하는 곳에 걸어 놓았다. 전지의 2~3배 되는 크기의 두꺼운 종이에 빽붓이라 불리는 커다랗고 넙적한 붓으로 노란 물감을 겹겹이 칠해서 그림을 그렸다. 그러고는 그 작품을 벽에 붙여 두었다. 마음이 추워서 빛과 온기가 필요했던 때였다. 한동안 그 그림은 거기 붙어 있었고, 추위를 덜 타게 되었을 때 떼어 내었다. 지금 필자의 방에는 첫눈에 반해서 구입한 작가의 작품이 걸려 있다. 그 작품은 어스름한 달빛 아래 젊은 청년이 말을 타고 가는 모습이 그려진 풍경화다.

> **Tip** 소진과 공감피로를 극복하는 방법
>
> 미술치료사로서 겪게 되는 소진(burnout)은 그것을 겪는 시기에 개인적인 차이는 있지만 거의 대부분 경험하게 되는 현상이다. 일하면서 지치거나 힘들었던 순간이 회복되지 않고 계속 이어지고, 어느 순간부터 자신의 일에서 의미나 가치를 더 이상 느끼지 못하며, 내담자에게 진정어린 반응을 하지 않는 자신을 발견한다. 본의 아니게 내담자의 이야기를 건성으로 듣게 되고, 공감해 주어야 하는 순간이라는 것을 알면서도 공감하기가 힘겹게 느껴진다. 이와 같은 공감피로(compassion fatigue)는 이전까지 느끼던 공감만족(compassion satisfaction)에 대조된다. 공감만족은 누군가를 돕는다는 데에서 오는 순수한 기쁨이며, 공감피로는 아픈 사람을 오래 보살핀 사람들이 육체적·정신적으로 고갈되고 정서적으로 냉담해진 상태를 일컫는다.
>
> 소진이나 공감피로는 모두 미술치료사가 겪을 수 있는 문제다. 그러므로 이에 대해 이해하고 대비하는 방법을 모색하는 것이 바람직하다. 극복 방법에는 먼저 자신의 소진 수준, 공감피로 수준에서 변화가 있는지 스스로 알아차리는 것으로 시작한다. 그리고 자신을 돌보는 것을 미루지 말고 우선순위로 두려고 노력해야 한다. 워라벨(work and life balance)도 살펴보아야 한다. 다수의 미술치료사가 소진을 극복하는 방법으로 몸을 움직이는 것을 추천하는데 걷기라든가 등산, 요가 등을 권한다. 이러한 운동은 앉아서 일하는 직업군에게 특히 도움이 된다. 그리고 미술치료에서 사용하는 여러 방법을 자신이 사용하는 것도 좋고, 다른 종류의 표현예술매체를 사용하는 것도 추천할 만하다. 일례로, 미술치료사 Hyatt(2020)는 공감피로를 극복하기 위한 방법으로 자서전 쓰기와 반응그림, 즉흥적 움직임인 authentic movement를 사용했고, 공공 전시도 진행했다.

참고문헌

Case, C. (1990). *Working with children in art therapy*. London: Routledge.

Haeseler, M. P. (1989). Should art therapists create work alongside their clients? *American Journal of Art Therapy, 27*, 70-79.

Hyatt, L. (2020). From compassion fatigue to vitality: Memoir with art response for self-care. *Art Therapy, 37*(1), 46-50. DOI: 10.1080/07421656.2019.1677423

Lavery, T. P. (1994). Culture shock: Adventuring into the inner city through post-session imagery. *American Journal of Art Therapy, 33,* 14-20.

Marano-Geiser, R., Ramseyer, J., & Wadeson, H. (1990). Through the looking glass. *Art Therapy, 7*(3), 107-118. DOI: 10.1080/07421656.1990.10758902

Moon, B. L. (1998). *The dynamics of art as therapy with adolescents.* Springfield, IL: Charles C Thomas.

Moon, B. L. (2003). *Essentials of art therapy education and practice.* Springfield, IL: Charles C Thomas.

Riley, S. (1999). *Contemporary art therapy with adolescents.* London: Jessica Kingsley.

Silverstone, L. (2009). 인간중심 미술치료(주리애 역). 서울: 학지사. (원저 1997년 출판)

Wood, M. (1990). Art therapy in one session: Working with people with AIDS, *Inscape, Winter,* 27-33.

미술치료 사례

우울한 성인을 위한 장기 개인 미술치료

미술치료사는 내담자의 상징적 미술 표현을 해석하지 않는다.
그보다는 내담자로 하여금 자신의 미술작품의 의미를 스스로
발견하도록 격려한다.
비록 처음에 작품 속 상징의 의미를 잘 발견하지 못한다고
하더라도 …… 그 속의 의미를 발견하도록 도와줄 수 있다.

– Margaret Naumburg (1987)

제14장 우울한 성인을 위한
장기 개인 미술치료

이 장에서는 개인 미술치료 사례를 자세히 소개하려 한다. 구체적인 사례를 소개할 때는 늘 마음 한구석의 기대와 또 다른 우려가 동시에 공존한다. 기대하는 바는 우리가 머리로 이해하던 미술치료를 좀 더 살아 숨 쉬는 것으로 느낄 수 있으리라는 것이다. 마치 조각과 조각을 모아서 전체 틀을 잡으려 할 때, 마지막 순간에 생동감을 가진 전체 형태가 되는 것이라고나 할까. 나무인형 피노키오가 살아 움직이는 것처럼 말이다. 다른 한편의 우려는 내담자의 비밀 보호와 관련해서다. 비록 내담자가 자료 공개를 동의했지만, 그림이 워낙에 개인적인 자료이다 보니 일반적인 상담이나 심리치료의 자료 공개와 또 다른 속성을 지닐 수밖에 없다는 점이 마음의 짐이 된다. 최대한 내담자의 개인 정보를 보호하고 그 삶의 이야기를 존중하면서, 또 기꺼이 자료 공개를 허락해 준 그 마음에 고마움을 담고 이야기를 나누어 볼까 한다.

1. 만남과 인사

지현(가명) 씨는 30대 초반의 미혼 여성이다. 그녀는 생활 속에서의 대인관계 문제로 많이 우울하다면서 미술치료를 받고 싶어 해서 필자와 만나게 되었다. 첫 만남의 날짜와 시간을 정하면서 받은 이메일에서 지현 씨는 만남을 앞두고 자신의 마음이 떨리고 있다고 했는데, 필자가 받은 인상은 지현 씨가 다소 수줍음이 있고, 사람을 만나는 것을 어려워하며, 감성적인 스타일의 사람 같다는 느낌이었다.

지현 씨는 160cm 정도 되는 키에 마르지도 통통하지도 않은 보통 체구를 지녔고, 첫인상은 조용하고 침울해 보였다. 어깨 밑으로 내려오는 긴 생머리에 얼굴은 약간 가무잡잡했고, 눈이 동그랗게 크고 예뻤다. 신경을 써서 듣지 않으면 무슨 말을 하는지 들리지 않을 정도로 목소리가 작았지만, 말이 없거나 말을 아끼는 편은 아니었고 혼잣말을 하듯이 자신에 대해 술술 말을 잘 이어 갔다. 눈 마주침은 그다지 없는 편이었고 다소 긴장한 듯이 보였지만, 그림을 그려 보자는 미술치료사의 제의에 잠시 머뭇거리면서도 기대하고 있었다는 듯이 신속하게 그림을 그렸다.

미술치료를 받고 싶은 이유를 묻자, "그냥 사는 게 너무 힘들어요." "매사가 귀찮고, 뭔가 좋아질 것 같지가 않아요."라고 했다. 구체적으로 무엇이 힘들게 느껴지는지에 대해 물었을 때에도 "그냥 힘들어요." "사람들이란 믿을 게 못 되는 것 같아요."라고 해서 어렴풋이 대인관계 어려움이라는 인상만 받았다.

지현 씨가 미술치료를 받으러 와서 처음 그린 그림이 그림 14-1, 그림 14-2, 그림 14-3이다. 이들 그림은 DDS라는 그림 검사에 따른 것인데, 그 검사는 세 장의 그림을 연속해서 그리는 것이며, '이 재료를 사용해서 그림을 그리세요.' '나무를 그리세요.' '자신의 감정을 선, 색, 형태를 사용해서 그리세요.' 등의 주제가 제시된다.

첫 번째 그림 과제를 받은 지현 씨는 필자를 잠깐 쳐다보고는 이내 파스텔을 만지작거리면서 "뭘 그리지……." 하고 혼잣말을 했다. 그리고 12색 파스텔 중에서 조심스럽게 하늘색 파스텔을 집어들고는 물결무늬의 선을 두 줄로 천천히 그었고, 물방울 모양의 동그라미를 몇 개 그려 넣었다(그림 14-1 참조). 지현 씨는 이 그림이 "물속으로 빠져 들어가는 모습인데요, 가라앉으면서 공기 방울이 올라오는 거예요."라고 설명했다. 미술치료장면에서 내담자가 처음 그리는 그림은 말하자면 정신분석 상황에서 내담자가 가져오는 첫 꿈과도 유사하다. 그만큼 신비롭고 겹겹이 싸여 있으면서도 가장 적나라하게 마음을 표현한다고 할 수 있다. 지현 씨의 그림은 자신을 드러내지 않으면서도 고통을 알아주기를 기대하는 듯, 그림 주제는 직설적이고 파괴적이면서도 표현된 내용은 텅 비어 있고 무엇인가 빠진 듯한 느낌이었다. 지현 씨의 첫 그림은 자살 의도를 표현한 것일까? 지현 씨는 아니라고 했는데 어쨌든 외로움, 우울함, 죽을 것 같은 고통을 표현한 것 같았다.

두 번째 나무 그림(그림 14-2 참조)에는 크고 넓게 가지를 뻗친 나무와 나무를 향해 날아가는 작은 새가 눈에 띈다. 지현 씨는 "큰 나무가 생각났어요. 새가 쉴 수도 있는 그런 나무요."라고 했다. 필자는 지현 씨의 이야기를 들으면서 '크다'

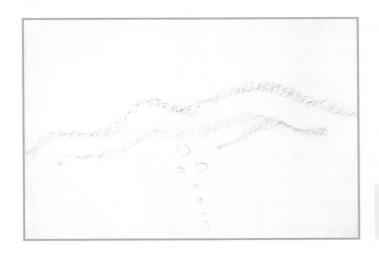

그림 14-1
1차 DDS(1)

그림 14-2
1차 DDS(2)

는 것과 '쉬다'라는 것이 지현 씨에게 어떤 의미일까 궁금했고 앞으로 천천히 듣게 되겠구나 하는 기대를 가지게 되었다. 스스로를 '작게' 느끼는 것은 마음이 위축된 내담자들에게서 자주 보이는 모습이기도 하다. 그러므로 미술치료가 진행되면서 크기나 밀도, 힘에서 점차 더 강력한 형태로 변화해 가는 것을 기대해 볼 수 있다. 첫 회기에 그린 지현 씨의 작품 속 대상은 크지만 필압이 낮고 힘이 없었다. 나무와 새 중에서 지현 씨가 좀 더 자신과 동일시하는 대상은 새인 것 같았다. (이후에도 지현 씨는 종종 '새'로 자신의 마음과 관계를 표현했다.) 그리고 그 새는 휴식을 원하고 있었다. 휴식도 여러 종류가 있겠지만, 지현 씨의 새가 원하는 휴식은, 크고 강력한 팔 안에서 보호받는 휴식인 듯했다. 새의 색깔은 보라색으로 나무와 구분되는데, 이처럼 주변에 묻혀서 보이지 않기보다는 누군가 자신을 알아봐 주기를 원하는 듯했다.

마지막으로 그린 감정 그림(그림 14-3 참조)에서 지현 씨는 V자 형태를 가장 먼저 그렸다. 하늘색으로 'V'자 선을 긋고 흰색으로 아랫부분을 조금 덧칠한 후, 검은색으로 그 주위에 선을 그려 넣었다. 그런 뒤 녹색과 붉은색을 사용해서 어린 싹 모양의 도형을 그렸다. 그러고는 이 그림이 자신이 가진 감정의 골을 보여주는 것이라 했다. 검은색을 사용한 것은 우울한 마음을 표현하기 위해서이며, 감정의 골 가운데에서 희망 같은 게 올라올 수 있으면 좋겠다고 했다. "어떤 상

그림 14-3
1차 DDS(3)

처 같은 게 깊숙이 나 있어요. 그 상처 때문에 우울하고 힘들죠. 하지만 그래도 어떤 희망 같은 게 있기를 바라요. 여기 초록 부분은 그런 희망, 소망 같은 것을 상징하고 있어요." 지현 씨의 그림에 나타난 V 형태는 이후의 회기에서 그림들을 통해 계속 반복된 형태였다. 성추행이나 성폭행의 상처를 가진 여아들의 그림들에서 'V' 형태는 종종 등장한다. 하지만 현재 지현 씨의 작품에서 그런 형태가 나온다고 해서 무엇을 추론하거나 가정하는 것은 섣부른 해석이 될 것이다.

2. 주호소와 치료목표

지현 씨가 미술치료를 받게 된 가장 큰 주호소는 파혼으로 인한 우울함 때문이었다. 지현 씨는 미술치료를 받기 몇 달 전에 결혼 준비 과정이 원만하게 진행되지 못해 결국 파혼하게 되었다. 그녀는 그 과정에서 가부장적인 시댁 어른들의 태도와 혼수를 둘러싼 집안 간의 대립, 의사소통 과정에서의 불협화음과 분쟁에 지쳤으며, 결혼까지 생각하고 성관계를 맺은 약혼자로부터 버림을 받았다는 절망감과 배신감이 들었다. 문제를 해결하는 데 있어 적극적인 모습을 보이지 않은 약혼자에 대한 원망과 분노 때문에 견디기 힘들고, 또 한편으로는 육체적 순결을 지키지 못했으므로 두 번 다시 사람을 만날 수 없을 것 같다고 했다.

필자는 이러한 주호소를 듣고 우리나라의 성문화와 지현 씨의 종교를 고려할 때 충분히 이해되기도 했고 다른 한편으로는 보수적이면서 미숙한 성태도가 안타깝고 답답했다. 지현 씨의 성에 대한 태도가 좀 더 어른스럽게 바뀌는 것도 치료목표 중 하나가 될 것 같았다. 그런데 이 목표는 몇 번의 회기가 진행되는 동안 예상치 못한 변화가 생기면서 다른 목표로 바뀌게 되었다(이 부분은 치료과정에서 소개했다). 그러나 구체적 치료목표가 바뀌었다 하더라도 그 근원에 있어서는 아마도 동일한 것이라고 생각된다.

바뀐 치료목표에서 핵심을 차지하는 것은 대인관계 어려움에 대한 것이었다. 지현 씨는 사람들을 만나서 건강하게 대인관계 맺는 것을 어려워했다. 지나치게 눈치를 보고 다른 사람들에게 맞추어 주거나, 사소한 말 한마디를 오래 기억하면서 분노를 느끼기도 했다. 특히 자신의 외모를 가지고 놀리는 사람들은 마치 '천적'처럼 느껴진다고 했다. 지현 씨는 직장을 그만둔 뒤 마치 은둔자처럼 틀어박혀서 생활하는데 사회생활을 다시 하기가 두렵고 무엇을 어떻게 해야 할지도 모르겠다고 했다. 사람들 앞에서 주시받는 상황이 두렵고, 실수하게 되거나 수치스러운 일이 발생할까 봐 두려워했다. 한편으로는 사람들이 자신을 거절하거나 무시하는 것 역시 불편하고 민감해지게 된다고 했다. 그리고 덧붙여서 자신에게 폭식 습관이 있다고 했다. 스트레스를 받으면 자꾸 먹게 되는데 속이 쓰릴 때까지 먹는다고 했다. 하루 종일 아무것도 안 하고 누워 TV를 보면서 먹기만 한 적도 있었는데, 그럴 때는 스스로에 대해서 바보 같다는 생각과 혐오스럽다는 생각이 든다고 했다.

그러므로 지현 씨에 대한 치료목표는 보다 편안하고 건강하게 사람들을 만나고 대인관계를 맺을 수 있도록 내면이 더 성숙하고 강인해지는 것, 그리고 그 결과로 대인관계가 좋아지는 것이 된다. 사람들의 눈치를 덜 보고 자신의 목소리도 내면서 건강하게 자신의 욕구와 의견을 이야기하고 상대방과 맞추어 갈 수 있는 것이 목표가 된다. 사소한 말 한마디가 오래 남는다면, 그것을 소화하는 소화력을 키우거나 혹은 그 말을 들었을 때 적절하게 자신을 보호할 수 있는 방어력을 키워야 할 것이다. 외모에 대한 놀림이 중요한 의미를 가진다면, 자신에게 '외모'가 무엇이며 무슨 의미인지 이해해야 할 것 같다. 우리나라가 외모를 중요시하는 면이 있기는 하지만 지현 씨가 느끼는 자신의 가치가 좀 더 세분화되고 다양해진다면 외모가 갖는 비중은 상대적으로 낮아질 수 있으며 다른 사람의 말에 덜 흔들리게 될 것이다. (객관적으로 지현 씨의 외모는 예쁜 편이었다.)

치료가 진행되면서 알게 된 것이지만, 가족은 지현 씨에게 가장 가까운 상대이면서도 소원하게 지내는 사람들이었다. 지현 씨는 어머니로부터 사랑을 받고자 하는 소망을 늘 지니고 있었지만 번번이 좌절을 경험했다. 지현 씨는 어린 시절에는 귀여움도 많이 받았다고 기억하면서도 대체로 어머니가 아들만 예뻐하고 상대적으로 딸들을 예뻐하지 않았다고 보았다. 지현 씨가 어렸을 적에 부모가 심하게 다툰 뒤, 아이들이 듣는 줄 모르고 어머니가 "그렇다면 당신이 딸들을 데리고 가라, 나는 아들을 키우겠다."라고 한 적이 있었는데 지현 씨는 이러한 말이 어머니의 심정을 드러낸다고 생각해서 어머니가 자신을 사랑하는지에 대해 더 예민하게 되었다고 했다. 아버지는 지현 씨와 특별히 살갑거나 친하지도 않고 심하게 혼내거나 야단치는 편도 아니라고 한다. 아버지는 무뚝뚝하면서 말수가 많지 않고 딸의 감정을 잘 살펴 줄 수 있는 분이 아니셨는데 당신도 워낙 감정 표현이 없는 분이라 한다. 여동생이나 남동생은 각자 자신의 일이 바쁘고 지현 씨와 시간을 많이 보내지 못했는데, 그래도 지현 씨는 여동생에게 많이 의존하고 가까이 지내는 편이다. 그러다 보니 의지가 될 때도 많지만 섭섭한 마음도 많이 든다고 한다.

지현 씨의 실제 가족이 어떠했는지에 대해 필자가 구체적으로 알 길은 없었다. 하지만 그녀가 말하는 가족의 모습이 무엇이든 그것이 심리적 현실이라는 점은 분명하다. 그리고 이러한 심리적 현실은 지현 씨의 자기(self)가 건강하고 독립적으로 발달하지 못하게 영향을 미쳤을 가능성이 높다. 그러므로 치료에서의 개입은 마음속의 결핍을 채워 줄 수 있는 경험, 상처 입은 자기애를 회복하는 경험에 초점을 맞추게 된다. 사랑도 어느 정도 충분히 받아 봐야 달라고 조르기만 하는 상태에서 벗어날 수 있고, 의존도 어느 정도 충분히 해 봐야 털고 일어날 수 있을 것이다.

사실 모든 아이들은 부모에게 의존하고 사랑받는 경험을 통해 건강한 어른으로 성장한다. 어린아이였을 때, 평범한 일상의 변화에도 부모는 기꺼이 박수 쳐 주고 환호하며 "아이구 예쁜 내 새끼, 세상에서 제일 예쁜 우리 딸."이라고 하지 않는가. 이렇게 아이의 거대자기가 지지받고 인정받을 때 아이들은 건강하게 자란다. 만약 그렇지 못하면 어른이 된 이후에 거대자기의 욕구가 비현실적으로 작용할 때가 있다. 이를테면, 지현 씨가 외모에 대해 계속 집착하는 것도 그러하다. 거대자기는 자신의 외모에 타인이 감탄해 줄 것을 원한다. 만약 감탄하지 않는다면 그것은 뭔가 문제가 있는 것으로 느끼게 되는 것이다.

미술치료에서는 미술치료사도 내담자의 자기대상으로 기능하지만, 미술작품 자체가 자기대상으로 기능한다(Lachman-Chapin, 1979). 지현 씨가 자신을 더 건강하게 인정하고 수용하도록 미술치료사도 지지하고 돕겠지만 미술작품도 점차 더 큰 몫을 할 것이라 기대하며 우리는 미술치료를 계속해 나갔다.

3. 미술치료과정

지현 씨와 필자는 1년 2개월 동안 일주일에 한 번씩 만났다. 지현 씨의 요청이 있을 때에는 일주일에 두 번 만나기도 했다. 미술치료가 후반부로 접어들면서 2주일에 한 번 만났고, 다시 일주일마다 만나기를 한 달가량 하다가 마지막 한 달은 2주일에 한 번씩 만났다.

골짜기에 갇혔어요

첫 면접 이후 지현 씨가 처음 그린 그림은 〈골짜기에 갇힌 나〉였다(그림 14-4 참조). 자신의 감정을 표현해 보라는 제의에 그린 이 그림은, 터널 혹은 깊은 골짜기 같은 곳에 자신만 갇혀 있고, "다른 사람들은 그 위의 밝은 햇빛이 비치고 시원한 공기가 있는 곳에 자신들끼리 살아가고 있다."고 했다. 웅크린 자세의 작은 인물이 골짜기 가장 깊은 바닥에 그려져 있다. 그림에 사용한 색깔은 고동색과 검은색, 청색, 녹색 등이고, 색연필을 사용했는데 필압이 낮아서 희미하게 보인다.

필자는 그림에 대한 해석은 거의 하지 않았고 그림을 함께 관찰하거나 느낌을 발견하는 것을 도왔다. 그림 14-4에 대해서는 "골짜기가 깊어 보입니다." "깊은 곳에 혼자 있으니 외로워 보입니다."라고 말했다. 지현 씨가 그림으로 자신의 마음을 잘 드러내고 있어서 그림을 따라가면서 그 과정을 믿고 변화를 지켜보는 것도 좋을 것 같았다.

그림 14-4 골짜기에 갇힌 나

제 마음속에는 칼이 있어요

　한 주 한 주 지나면서 지현 씨는 미술치료과정에 빠르게 적응해 나갔다. 치료를 받으러 오는 곳과 자신의 집은 버스를 타고 한 시간 조금 넘게 걸리는 먼 거리임에도 불구하고, 지현 씨는 한 번도 회기에 지각한 적이 없었다. "지난 한 주 어떻게 지내셨어요?"라는 질문을 던지면, 지현 씨는 기다렸다는 듯이 지난 한 주의 삶에 대해 이야기를 시작하곤 했다. 이 당시 지현 씨는 '어제와 다를 바 없는 하루하루'를 살고 있었다. 깨어진 결혼에 대해서는 가족 중 어느 누구도 이야기를 하고 싶어 하지 않는 분위기이며, 마치 아무런 일도 없었다는 듯 행동한다고 했다. 가끔 어머니만이 파혼 때문에 속상해하실 뿐이다. 지현 씨 자신도 어느 날 생각해 보면, 그런 일이 정말로 나한테 일어났었나 싶기도 하다가, 다음

날 다시 생각해 보면 어떻게 그런 일이 일어날 수 있나 싶기도 해서 억울하고 너무나 힘겹다고 했다.

미술치료회기에서 지현 씨가 그린 그림들은 대개 '감정을 표현해 보라.'라거나 '그리고 싶은 것을 그려 보라.' 혹은 '자기 자신을 표현해 보라.'라는 주제를 가지고 있었다. 이 시기에 지현 씨가 그린 자화상 중 하나인 그림 14-5를 보면 보라색이 주조색으로 사용되었고, 눈과 입술을 강조했으며, 가슴에 칼을 품었다. 어딘가를 힘주어 응시하지만 말을 하지 못하는 여인의 표정이 우측 하단의 울고 있는 눈의 형상과 대비되어 보인다. 지현 씨는 "마음 깊은 곳에 남들이 알지 못하는 칼을 품었어요. 그런데 그 칼을 사용하지 못할 거예요. 왜냐하면 사

그림 14-5
자화상

용할 만큼 강하지 않거든요."라고 했다. 그래도 칼을 가지고 있지 않은가 말이다. 칼은 금방이라도 사용할 수 있을 만큼 날이 서 있어서 반짝거리기까지 한다. 만약 칼의 모습이 은장도 같은 유형이었다면 필자는 마음이 더 무거웠을 것 같았다. 그림 전체에서 반복되는 형태 이미지가 여성성을 드러내는데—머리카락이 얼굴을 감싼 형태도 보리 낟알 같은 길쭉한 구멍 모양이며 종이의 하단에 그려진 새싹도 비슷한 형태다. 인물 묘사에서 머리카락이 가장 강조된 것도 여성적인 측면이다—칼조차 은장도처럼 나왔다면 성에 대한 태도가 뿌리에서부터 수동적이고 보수적으로 느껴졌을 것 같았다. 다행히 칼은 커다란 식칼처럼 보였다. 필자는 "사용할 만큼 강하지 않다는 것은 칼을 쥔 사람이 그렇다는 것인가요?"라고 묻고는 "그래도 칼을 가지고 계시네요."라고 말했다. 어떻게 쓰느냐에 따라 다를 수 있지만, 자신을 방어하고 필요에 맞게 공격할 수 있는 도구가 칼이다. 비록 힘들어 보이기는 하지만 그래도 칼을 가진 모습이 좋아 보였다.

저를 데려가 주세요

지현 씨는 결혼을 준비하면서 몇 번인가 다투고 화해하고 다시 갈등을 겪고 푸는 과정에서 성관계를 맺었다고 했다. 결혼이 되지 않으리라는 생각은 못했었는데, 결국 이렇게 결혼이 깨어지고 보니 모든 것이 자신이 부족하고 못나서 그렇게 된 게 아닌가 하는 생각도 들고, 미래에 희망이 없을 거란 암울한 느낌 때문에 견디기 어렵다고 했다. 그림 14-6은 지현 씨가 그린 V 형태 그림인데, 붉은색과 검정색 사용이 두드러지게 보인다. 붉은색과 검정색 두 색깔로 그려진 강렬한 쐐기 형태 옆에는 막대기 형태의 사람과 휘갈겨 쓴 글이 있다. "하나님, 저를 데려가 주세요. 아니에요 아니에요, 무서워요."라는 글은, 이 당시 지현 씨가 호소하던 바, 감정의 극렬한 고통을 압축해서 보여 주는 외마디 비명과 같았다. 조그맣게 그려진 사람의 가슴 중앙에서 선명하게 흘러 나오는 붉은 피는 내담자가 자신의 상처와 고통을 드러내 보이고자 선택한 상징적 표현이다. 골이 깊게 파인 쐐기 모양의 형태에 덧칠된 붉은색은 높은 필압과 검은색의 조화 때

그림 14-6
V 형태 그림

문에 강렬한 분노를 느끼게 해 준다. 거칠게 다루어진 터치 역시 붉은 분노의 에너지를 느끼게 해 준다. 지현 씨는 자신에게 무책임했던 약혼자에 대해 심한 배신감과 분노를 느꼈으며, 그러한 처지의 자기 자신에 대해 절망과 죄책감을 느꼈다. 미래가 보이지 않는 것 같다는 답답함은 얼굴을 온통 남색으로 칠해 버린 데서도 드러난다.

필자도 우리나라에서 보수적인 성교육을 받고 자란 터라 지현 씨의 절망감과 고통을 전혀 모르지는 않았다. 하지만 지현 씨가 느끼는 고통이 너무 무겁다는 마음도 들었다. 무슨 죄를 지은 것도 아닌데 이렇게까지 힘들어야 할까? 필자는 약혼자였던 상대도 이런 마음을 겪고 있을지 지현 씨에게 물어보았다. 지현 씨는 "아마 아닐 거예요."라고 했다. 만약 그렇다면 이 고통은 헤어짐과 상실로 인한 것 이상의 다른 의미라 볼 수 있을 것이다. 즉, 여성의 순결만 강조하여 남녀 간의 성을 평등하게 바라보지 않는 문화의 산물인 것 같았다. 알게 모르게 여성만 상품화되는 우리 성문화에서는 지현 씨처럼 마음에 짐을 가질 수 있다. 그래서 다음에 사람을 만나면 처음이 아닌데 어떡하냐는 고민을 하게 되고 절망적으로 느껴지는 것이다. 아마도 마음으로 사랑하는 것과 성관계가 통합되지 않고 나뉘어 있는 것이나 남녀 관계에서 발생하는 일에 대해 수동적 자세를 가지는 것은 미숙한 성태도라 불러야 할 것 같다. 껍질을 깨고 나오려면 힘이 있어야 하

는데, 그런 마음으로 보면 무기력해 보이는 그림 14-6보다는 마음에 칼이라도
품고 있는 그림 14-5가 더 바람직해 보였다.

울고 있는 노란 새

지현 씨가 스스로를 약하고 상처 입기 쉬운 상태로 느끼는 것은 가족을 그린
그림에서도 나타난다. 지현 씨는 자신의 가족을 새로 그렸는데 자기 자신은 울
고 있는 노란 새로 그렸다(그림 14-7 참조). 다른 새들은 날아다니고 있거나 자유
롭게 앉아 있지만 지현 씨의 새는 눈을 감은 채 가시 철조망에 둘러싸여 누워 있
다. 그래도 베개가 있어서 다행인 듯하지만, 누웠다는 것을 보여 주기 위한 장치
일 뿐 포근해 보이지 않는 면도 있다. 그 새는 노란색으로 표현되었고, "하나님
살려 주세요!"라고 울면서 말한다. 다른 새들 각각은 어머니와 아버지, 여동생,
남동생이며, 좌측 상단의 하늘색 얼굴은 무서운 새로 표현된 할머니모습이다.
(지현 씨에게 할머니는 '자신을 예뻐해 주지 않은 무서운 얼굴'의 의미였는데 지현 씨 어
머니에게 시집살이를 호되게 시켰던 분이기도 하다.)

필자는 이때에도 그림에서 보이는 이미지와 느낌을 발견하고 실생활에 대해
묻는 연결하기 작업 외에 다른 말은 하지 않았다. 노란 새가 많이 힘들어 보인

그림 14-7
새로 표현한 가족

다는 것, 하늘색 얼굴은 누구인지, 왜 그렇게 무서운 표정을 짓고 있는지에 대해 묻고 지현 씨가 가족에 대해 이야기하는 것을 경청했다.

사람들은 마음이 많이 답답하거나 어떤 일에 마음이 묶여 있을 때에는 그림 속에 글씨를 써 넣곤 한다. 그만큼 절박하고, 그만큼 직설적으로 알아달라고 요구하는 것이다. 지현 씨의 그림도 그랬다. 이미지 작업이 진행되면서도 다른 한 편으로는 마음의 요구가 절박해서 글씨로 쓰곤 했다. 언젠가는 그림 속에 '살려 주는 힘을 가진 대상'도 나타날 것이라고—혹은 그런 대상을 그려 보자고 제안할 수 있을 것이라고—희망을 걸지만, 아직은 때가 이른 것 같았다.

새로운 탄생

그러던 중 갑작스러운 변화가 생겼다. 지현 씨는 생리통 때문에 산부인과 검사를 받아 보던 중에 뜻밖에도 처녀막이 거의 손상되지 않았다는 이야기를 들었다. 지현 씨는 갑자기 너무 행복하게 되었고 들떴으며, "이제 새롭게 출발할 수 있을 것 같아요."라고 했다. 이 느낌은 날개를 활짝 피고 따뜻한 햇살 속에 있는 새와 같은 느낌이라고 했는데, "마치 하나님이 내 죄를 용서해 주신 것 같은 느낌이에요."라고 했다. 그림 14-8은 그러한 지현 씨의 느낌을 담아 표현한 그

그림 14-8
새로운 탄생

림으로, 8절지 가득 화면을 채우고 있는 이 노란 새는 철조망에서 벗어 나온 듯, 햇빛을 받으며 양 날개를 좌우로 펼친 모습이다. 그러나 이 새가 가진 노란색은 여린 필압과 함께 연약한 이미지를 형성하고 있다. 형태에서도 노란 새는 눈을 감은 얼굴이다. 이전에 그린 새 가족 그림에 나타난 자신의 모습과 인상은 다르지만, 동일하게 눈을 감은 노란 새였다.

지현 씨의 들뜬 기분에 그저 함께 기뻐하고 있기에는 뭔가 허전했다. 아마도 연약한 새와 같은 인상을 느꼈던 까닭이었다. 자신의 가치와 정체성이 처녀성 여부에 있는 것이 아닌데, '죄'라는 느낌은 가혹하고 지나친 면이 있었다. 살아가다 보면 사람을 만나고 사랑하고 사귈 수 있는 것인데 무엇 때문에 처녀막이 그렇게 큰 의미를 차지해야 하는 것일까. 한 사람이 건강한 어른으로 자란다는 것은 자신을 온전히 책임지고 조절해 가며 수용하는 것이지만, 그렇게 되기까지는 누구나 후회도 하고 실수도 한다. 돌이켜 볼 때 부족하지 않은 성장 과정이 어디 있겠는가. 필자의 마음에서 지현 씨는 '감은 눈, 연약한 필압, 노란색'의 느낌을 가진 새였다. 강하게 날아오를 수 있고 자신의 힘으로 먹이를 물어올 수 있는 힘을 가진 새가 아니라, 이제 막 잠자다가 일어나 날개를 펼쳤을 뿐인 새였다.

'새'의 이미지도 필자의 마음에 약간 걸리는 면이 있었다. '새'는 지현 씨에게 어떤 의미일까. 어떤 상징으로 새가 반복해서 등장하는 것일까. 이 시점에서 아직 지현 씨도 필자도 그 의미를 다 알 수는 없었다. 지금까지의 느낌으로는 '날고 싶지만 날지 못하는 새'의 인상만 어렴풋이 잡힐 뿐이다. 창공을 날아다니는 모든 것들은 자유로워 보이는 면도 있지만, 뿌리를 내리고 든든하게 흔들리지 않는 모습과는 대조되는 존재들이다. 다르게 표현하면 현실적인 적응력이 약한 느낌이라고나 할까. 그러므로 하늘 위의 공간이 삶의 터전인 새라면 날 수 있는 힘이 강력하든가 혹은 돌아올 새 둥지가 포근하든가 했으면 좋겠다고 느꼈다.

함께 나는 새

이후에 언젠가 지현 씨는 자기 자신과 필자를 상징하는 새 그림을 그렸다(그림

14-9 참조). 위쪽의 연두색 새가 지현 씨인데, 이제 막 비행하는 법을 익혀서 나는 연습을 하기 시작했다고 한다. 아직 날아다니는 것이 서툰 까닭에 떨어질까 봐 무섭기도 하지만, 그 바로 아래 날고 있는 초록색 큰 새 덕분에 좀 더 안심하고 날아갈 수 있다고 한다. 뒤쪽에서 날아오는 새는 할머니 새인데, 이전에 비해서 훨씬 작아진 모습이며 부리에 초록 잎사귀도 물고 있다. 예전 새 가족 그림에서 할머니 새는 좌측 상단부에 커다란 얼굴을 가지고 있었다.

　가끔 내담자들은 그림에 미술치료사를 그려 주기도 하고 혹은 전이감정을 묘사하기도 한다. 지현 씨의 이번 그림도 그러했다. 필자를 다소 이상화해서 그려 준 그 그림을 보면서 우선은 고마웠고, 지현 씨의 새가 날기 시작했다는 것이 반가웠다.

　이제 날갯짓을 시작했으니 앞으로 힘든 과정도 겪어 내고 더 건강한 어른으로 자라기를 기대해도 좋을 것 같다. 어른이 되도록 돕는 과정에서 치료사는 더욱 섬세한 치료작업을 따라가야 한다. 내담자의 말을 경청하고 지지하며 공감하되, 현실에 뿌리를 내리도록 직면해 주기도 하며 한 차원 다른 각도에서 스스로를 이해하도록 설명이나 해석을 제안하기도 한다. 다르게 표현하면, 입에 쓰더라도 좋은 약을 준비해서 제공하게 된다. 필자도 이 회기를 통해 그간의 미술치료작업을 되돌아보면서 어떤 면에서는 필요한 작업들이 이루어진 것 같았고

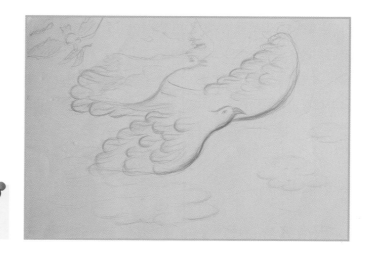

그림 14-9
새로운 날갯짓

앞으로의 작업에서는 내담자가 스스로 날 수 있게 성장하도록 도와야 할 것이라 느꼈다.

아버지와의 갈등

지현 씨는 육체적 순결과 건강에 대한 염려가 줄어든 뒤 부모에 대한 이야기들을 많이 했다. 집에서 어머니와 말다툼을 벌인 것이나 아버지에게 섭섭함이나 분노를 느끼는 것, 동생에게 섭섭함을 느끼는 것 등을 주로 이야기했다. 그림 14-10은 아버지와 자신의 관계를 표현한 작품이다. 아버지는 왼쪽 편에 그려진 단단하고 거대한 기둥과 같은 나무이다. 선인장 같기도 하고 굵은 통 같기도 한 그 나무에 비해 오른쪽에 그려진 꽃은 줄기가 구부러져 거의 꺾인 모습이다. 붉은 꽃은 바닥을 향하였고, 꽃 주위로 온통 어두움이 검게 드리워져 있다. 꽃이 느끼는 절망감과 패배감을 보여 주기라도 하듯 검은색 공기는 빽빽하게 꽃을 감싸고 있다.

구체적인 일이 있었던 날의 느낌을 그린 것이 그림 14-11이다. 그 전날 지현 씨는 아버지의 오토바이를 닦아 드리고 칭찬받기를 기대했었다. 그런데 아버지는 오토바이에 뭔가 메모를 해 두었던 게 지워져서 지현 씨에게 화를 내고 다그

그림 14-10
아버지와 나(1)

그림 14-11
아버지와 나(2)

쳤다. 방에 들어온 지현 씨는 싸늘한 아버지 말투에 마치 총을 맞은 것처럼 아팠다면서, 조그마한 잘못에도 버림받는 느낌이 들었다고 했다.

지현 씨는 다른 사람의 말에 쉽게 상처를 받는 편이었는데 그림 14-11에서도 오른쪽 아래에 붉은 혀 때문에 산산이 부서진 조각들을 그렸고, 목을 매단 모습도 그렸다. 조금 덜 상처 받고 자신을 더 보호할 수 있는 뭔가가 필요해 보였다. "오토바이 닦아 드릴까요."라고 묻거나 아니면 화를 내는 아버지께 뭐라도 변명할 수 있었으면 그림에서처럼 둔기로 머리를 맞는 모습까지 가지 않았을 수도 있을 것 같았다.

지현 씨는 그 순간에 그런 말이 잘 생각나지도 않고 입이 떨어지지도 않는다고 했지만, 필자는 용기를 내 보라고 했다. 아마도 지현 씨에게 필요한 것은 뭐라고 말해야 할지를 아는 것보다는 실제로 말을 해 보는 용기일 수도 있을 것 같았다. 미술치료시간에 지현 씨는 말을 잘하고 있지 않은가 말이다. 그리고 비록 결과가 좋지는 않았지만 지현 씨가 가족관계에서 노력하는 점은 칭찬할 만 했다.

아이 같은 모습과 내 마음

변화한다는 것은 아무래도 그 상태가 자아동조적(ego-syntonic)일 때보다는 자아이질적(ego-dystonic)일 때 힘을 가지게 된다. '뭐 어때.'라고 느낄 때는 변하기 어렵지만, '나도 이런 것은 싫다.'라고 느끼면 변할 수 있는 힘을 갖게 된다. 지현 씨는 자신이 어리고 아이 같은 면이 있다는 것을 부끄러워하기도 했지만 조금씩 그런 모습을 싫어하기 시작했다. 그림 14-12는 자신이 느끼는 자기 모습을 그린 것이다. 푸른 탈을 쓴 광대의 모습이나 원숭이, 혹은 어린 아기의 모습들은 각각 지현 씨의 감정을 대변해 주는 대변인들이다. 그러면서 지현 씨는 이렇게 글을 써서 필자에게 보내 주었다.

　　제 정체성 왜 살아야 하는지 제 존재의 가치 모두가 느껴지지 않습니다. 언제나 나약하고 힘이 들고 눌려 있던 저의 모습, 답답한 모습, 어린아이와 같은 모습 …… 제 진짜 모습을 알고 싶습니다.

그림 14-12
자화상

나약하거나 어린아이 같은 모습도 지현 씨의 진짜 모습일 것이다. 다만 그러한 모습이 일부분일 것인데, 비중이 상대적으로 작아지려면 다른 모습이 더 자라나야 할 것 같다. 지현 씨가 자신의 모습에서 원하는 부분을 만들어 가려면 마음의 근력이 커져야 할 것이다. 그래야 어두움도 밝음도 조금 더 편안하게 자신의 것으로 소화하고 통합해 갈 수 있다.

　　우리는 그림의 이미지와 느낌을 중심으로 작업을 계속해 나갔다. 자연스럽게 떠오르는 이미지는 가장 중요한 재료였다. 가끔 이미지를 더 깊이 보고 싶거나 혹은 이미지를 바꾸어 보고 싶을 때는 이미 그렸던 이미지를 다시 그려 보기도 하고 혹은 그렸던 종이 위에 덧붙여서 그려 보기도 했다.

　　그림 14-13은 이 당시에 그렸던 감정 이미지다. 울고 있는 사람과 두 개의 하트 모양 이미지가 나왔는데, 위쪽의 빨간 하트는 가볍고 힘이 없어 보이지만,

그림 14-13
내 마음

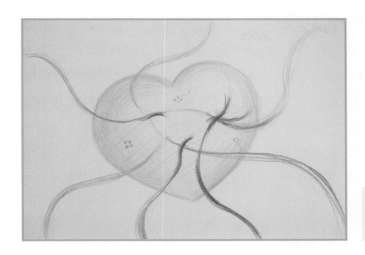

그림 14-14
상처 입은 마음

검은색 하트와 가장자리에 돋아나온 가시는 고통받는 심장을 표현하는 것이라
했다.

　그림 14-14는 몇 주 뒤에 이 그림의 이미지를 부분 확대해서 다시 그렸던 〈상
처 입은 마음〉이라는 작품이다. 붉은 피는 마치 우아한 리본이나 레이스처럼 심
장에서 연결되어 나오고 있고 심장의 여기저기에 자그마한 꽃무늬가 아로새겨
져 있다. 붉은색과 노란색, 오렌지색으로 그려진 이 그림은, 고통을 아름답게 형
상화하고자 하는 지현 씨의 의도가 잘 표현된 작품이다. 일곱 가닥의 붉은 선은
심장에 연결된 부분이 강한 필압으로 강조되었고, 그중 두 가닥은 서로 얽히고
부딪히면서 불협화음을 보여 주고 있다. 이 가닥들에 대해 지현 씨는 바깥에서
만나는 사람들과의 관계에서나 가족과의 관계에서 외로움, 섭섭함과 답답함을
표현한다고 했다.

두 번째 그림 검사

　미술치료를 시작한 지 약 6개월로 접어드는 시기에 두 번째 DDS를 실시하였
다(그림 14-15, 그림 14-16, 그림 14-17 참조). 첫 번째 자유화에서 보라색으로 그
려진 나비는 '나비가 되어 훨훨 날고 싶은 마음'이 표현된 것이라 한다. 나무 그

림에서는 새 집이 나왔고, 나무 뒤편으로 집이 있으며 강물이 흐르는 풍경이 그려져 있다. 감정을 그린 세 번째 그림은 지현 씨가 한참을 생각하다가 그린 그림이었다. 단순화된 인물의 형태가 깃발을 든 모습으로, 인물의 가장자리는 갈색으로 한 번, 빨간색으로 한 번, 두 줄로 그렸는데 전체적으로 필압은 매우 높게 그렸다. 인물의 얼굴 일부분이 검은색으로 칠해져 있고, 가슴 부분은 주황색으로 일부가 칠해져 있다. 지현 씨는 세 번째 그림을 보면서 "내 감정을 생각하면서 밝은 부분, 어두운 부분이 떠올랐어요. 머릿속 어딘가 상처가 이렇게 ……

그림 14-15
2차 DDS(1)

그림 14-16
2차 DDS(2)

그림 14-17
2차 DDS(3)

음, 뭔가 해결에 대한 깃발을 들고 있지만, 아직 잘 모르겠어요."라고 말했다.

처음 그렸던 DDS와 비교하면 조금 더 건강해진 것 같았지만 아직은 우리가 해야 할 작업이 많아 보였다. 머릿속 상처라는 말도 깃대를 들고 있는 것도 앞으로의 작업에 대한 서막을 알리는 것 같았다.

고통을 표현하기

미술치료가 사람들에게 쉴 수 있는 마음 공간이 되는 것은, 무엇보다도 그 마음의 고통을 표현할 수 있게 자리를 내어 주기 때문일 것이다. 지현 씨는 미술치료를 계속하면서 더 풍부하고 강한 이미지로 자기 고통을 표현했다. 그렇게 이미지로 툭 던져진 것은 바깥의 대상으로 외현화하면서 우리들이 함께 바라볼 수 있는 기회를 제공했다.

아마도 지현 씨의 작품들 중 가장 극단적이고 강렬하게 표현된 작품이 그림 14-18, 그림 14-19, 그림 14-20일 것 같다. 그림 14-18은 붉은 바닷속으로 빠져 들어가는 사람의 모습인데 이미 물에 빠져서 손가락만 남은 모습이 그려져 있다. 하단부에는 눈동자가 선명하게 표현된 여인의 얼굴이 있다. 입술은 약간 벌린 채 무슨 말인가 하려는 듯한 모습이기도 하다. 머리카락은 구불구불하고 길게 얼굴의 양쪽으로 한 줄씩 그려져 있어서 첫눈에 머리카락을 알아보기는 힘들다. '또'라는 글자는 여러 가지 의미를 함축적으로 느끼도록 해 주고 있다. '또 힘들게 되다니…….' '또다시 이렇게…….' 등 '또'라는 의미에 담긴 스스로에 대한 실망이나 질책, 상황에 대한 푸념, 자괴감 등을 느낄 수 있다. 어쩌면 머리와 꼬리만 남은 채 뼈가 앙상하게 드러난 물고기의 모습이 지현 씨가 겪는 '또'라는 감정을 이미지화해서 보여 주고 있는 건지도 모른다.

이어서 그린 그림 14-19는 지현 씨가 종종 그리곤 했던 목을 매단 형상이 나

그림 14-18
또

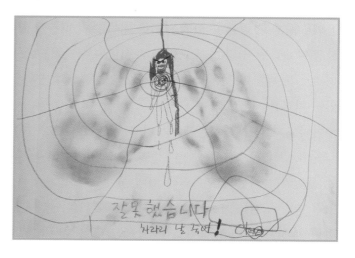

그림 14-19
잘못했습니다

온 그림이다. 거미줄처럼 표현된 얽힌 선들은 붉은색 색연필을 사용해서 그려졌으며, 이전 작품에서 과도하게 사용된 파스텔 가루가 손에 묻었던 것을 이용해서 손 도장을 찍었다. 마치 붉은 손이 보라색 사람의 목을 조르기라도 할 듯이 다가가는 형상이다. 거대한 손 앞에서 보라색 형상의 사람은 힘없이 그저 당할 것만 같은데, 그럴수록 앙 다문 입과 바짝 약이 오른 눈매가 더 두드러진다. 죄책감과 분노가 가장 극도로 높았을 때 그렸던 그림이라, 목을 매다는 형태 밑에 "잘못했습니다. 차라리 날 죽여! 아파."라고 글씨를 적었다. "차라리 날 죽여!"와 "잘못했습니다."는 색도 다르지만 느낌이나 뉘앙스도 매우 달라지고 있다.

그림 14-20은 세 점의 작품을 그릴 때 맨 마지막에 완성한 작품이다. 붉은 깃털을 가진 새가 날개를 퍼덕이며 날고 있는 모습이다. 물감으로 칠한 이 작품에서 새의 깃털은 거칠고 강력한 붓터치를 그대로 보여 준다. 군데군데 보라색으로 선이 표현되고 있으나, 전체적으로 붉은색이 주조를 이룬다. 가장 역동적인 이미지를 보여 주는 이 그림은, 붉은 새가 가지고 있는 에너지가 그대로 보이는 듯하다. 물론 이 에너지는 고통스럽고 공격적이며 분노가 서린 것이지만, 바로 전에 그린 물에 빠져 들어가는 그림이나 혹은 목을 매단 그림에 비해 훨씬 더 적극적이고 능동적인 표현이 나타난 그림이라 할 수 있다.

이 작품들을 그렸을 때 지현 씨는 어느 모임에서 집단원과의 갈등이 있었고

그림 14-20
붉은 새

리더와도 갈등이 있었다. 한번은 집단에서 각자의 모습을 상상해 보는 시간을 가졌다고 한다. 그때 지현 씨는 인어공주를 떠올렸고, 자신이 가지지 못했다고 느껴지는 아름다운 용모에 대한 소망을 표출하며 이야기했다. 그런데 나중에 복도에서 만난 여성 리더가 어린아이를 데리고 걸어오다가 지현 씨를 만나자, 어린아이를 향해 "○○야, 이 누나 별명이 뭔지 아니?"라고 물었다. 그러고 나서는 "인어공주야."라고 한 뒤, 약간 웃으면서 "머리만 인어공주야."라고 했다. 아마도 지현 씨의 머리카락이 길어서 그렇게 이야기했다고 하더라도, 지현 씨는 자신이 집단에서 나누었던 이야기가 한낱 웃음거리처럼 사용된 데 극심한 불쾌감과 모욕감을 느꼈다. 또 그 주에 지현 씨는 자신의 몸이 좋지 않아 엄마에게 좀 더 신경을 써 달라고 떼를 썼는데, 마침 지현 씨 남동생이 누나는 너무나 이기적이라면서 나이가 몇인데 독립할 생각은 하지 않고 엄마를 힘들게 하냐고 매몰차게 비난해서 크게 다투었다.

그래서 그림에 표현된 것들은 그만큼 화나고 억울하고 섭섭한 '붉은 마음'이었던 것이다. 필자는 그 마음에 한편으로 공감이 가면서도 다른 한편으로는 감정이 너무 압도한다는 느낌도 받았다. 감정이 압도해 버리면 우리는 누구든지 균형을 잃을 수밖에 없다. 조금 물러서서 그렇게까지 감정이 출렁이지 않아도 되는 면을 발견할 수는 없을까. 우선은 리더 잘못을 함께 이야기했다. 집단 내에서 했던 이야기가 무엇이건 보호해 주지 못했다면 그 사람 잘못이다. 그리고 외모에 대한 이야기는 지현 씨에게 남다른 의미가 있으므로 그러한 의미까지 그 리더가 알 수는 없었겠지만 어쨌든 지현 씨는 더 상처 입었을 수 있을 것 같다. 그런데 이렇게 할 수는 없었을까? 머리만 인어공주라고 할 때, "저한테는 그런 말이 농담이 아닙니다."라거나 "선생님, 저희가 집단에서 했던 이야기인데 농담으로라도 그러지 마세요."라고 말이다. 혹은 남동생이 이기적이라고 몰아붙일 때, "너무 그러지 마, 나도 노력하고 있어."라고 말하며 자신을 보호했으면 싶었다.

필자의 의도가 성급했던지 오히려 지현 씨는 마음으로 이해받지 못했다고 느낀 것 같았다. 섭섭함 때문인지, 아니면 자신도 그렇게 하지 못하는 것이 답답하다고 여겨서였는지 이후에 그린 그림은 이미지가 더 부서지고 와해되어 있었다.

글로 하는 호소

지현 씨는 여기저기가 많이 아팠다. 어느 날은 단순하게 그림을 그리고는 몸이 아프다는 이야기만 잔뜩 글로 썼다.

> 몸이 아프다. 계속 아프다. 위가 아프다. 장이 아프다. 간이 아프다. 머리가 아프다. 자궁이 아프다. 머리가 빠진다. 여성호르몬이 없다. 발바닥 상처도 아프다.
> 경락을 받으면, 한약을 먹으면, 생식을 먹으면, 식생활을 바꾸고 운동하고 특수한 물, 녹즙기, 너무 필요한 게 많은데 돈이 없다. 죽어 간다. 고통스럽다.

또 다른 날은 마음이 힘든 것을 글로 썼고 자신을 괴롭히는 여성의 얼굴과 목을 매단 사람 모습을 그렸다(그림 14-21 참조).

> 틀렸다. 사랑으로 살기엔 틀렸다. 나도 좋은 사람하고 사랑하고 싶다. 질린다. 재미 없다. 거짓말. 다 거짓말. 진실을 말할 수 없다. 난 머리가 다 빠지고 쭈글이가 되어 죽어 간다. 하나님만 믿었는데 슬프다. 무섭다.

글씨가 주가 되고 부수적으로 한두 개의 이미지를 넣기도 했는데, 그림 14-22에는 커다란 입에 각종 면도칼과 도끼, 독거미가 그려져 있었다. 이렇게 반복되는 이야기와 그림 속 대상들은 지현 씨 말처럼 그때 갈등을 빚고 있던 사람을 상징하는 것일 수도 있고, 혹은 수용이 부족하다고 느껴지는 치료사에 대한 것일 수도 있으며, 아니면 지현 씨 마음에 내면화된 어머니상일 수도 있었다. 그것이 무엇이든 그림의 이미지가 파괴적인 데다가 글 내용도 많이 힘들어 보여서 걱정이 되었다.

미술치료에서 마음의 고통은 도대체 어떻게 풀어 갈 수 있을까? 우선은 고통을 이미지로 표현하고 난 다음에야 그 이미지를 느끼고 헤아려 줄 수 있다. 이

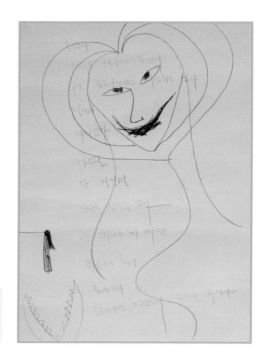

그림 14-21
목을 맨 형태

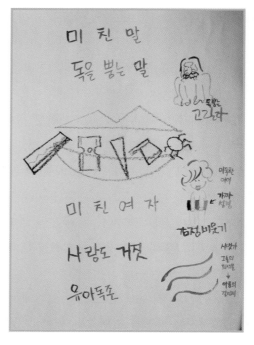

그림 14-22
미친 말

미지로 나오지 않는 것은 더 소화하기 어려운 것들이다. 지현 씨는 감정에 과부하가 걸리거나 Melanie Klein이 말한 '분열편집 지위(paranoid-schizoid position)'의 상태가 되면, 이미지가 나오기보다는 거품을 뿜듯이 글을 적었다. 대체로 언어를 매개로 하는 심리치료에서는 말로 표현하지 못하고 퇴행해서 실제 행동으로 행동화하는 것일 텐데, 미술치료에서는 이미지가 나오지 못하고 퇴행하면 파편화된 글을 적는다. 이때 나오는 글은 생각이나 사고의 힘을 보여 주는 것 같지 않다. 그보다는 더 원시적인 상태로 보이며, 이미지 과정까지 가지 못한 행동화 같다.

이러한 글쓰기를 수용해야 하는 것인가 아니면 제재해야 하는 것인가? 혹은 구체적인 이야기를 나누면서 바뀌도록 논박해야 하는가? 필자가 이 시기에 가장 고민했던 점은 '사람이 어떻게 해야 변할 수 있는가'였다. 지지하고 수용하고 이해하는 것만으로 부족하지 않나 하는 걱정도 종종 들었다. 당시에 필자는 슈퍼비전을 계속 받고 있었는데, 슈퍼바이저 선생님께서는 미술과정을 좀 더 신뢰하라고 조언하셨다.

이미지로 드러나는 분노의 얼굴

미술과정을 더 신뢰한다는 것은 쉬우면서도 어려운 길이었다. 하지만 마음을 실어서 고통을 표현할 때 그 에너지가 중성화될 수 있다는 것은 미술과정이 약속한 좋은 선물이기도 하다. 그림 14-23은 최근 지현 씨가 그렸던 분노의 얼굴 중 가장 승화된 작품이었다. 그 그림은 지현 씨가 미워하는 상대의 얼굴을 그린 것이기도 하고 혹은 지현 씨 마음속에 있는 분노의 얼굴을 그린 것이기도 하다. 입 주위가 특히 검게 표현되었는데, 말 때문에 상처받고 힘들었던 것을 나타낸 것이라 하며, 이는 억세게 표현된 붉은 이빨과 입, 힘주어 눌러 그린 붉은색 눈과 더불어 분노의 느낌을 잘 전달하고 있다.

글씨가 줄어들고 다시금 이미지에 힘이 실리게 되었던 것도 그 작품을 하고 난 다음부터였던 것 같다. 우리는 다시금 미술작품에 나타난 이미지에 주목하

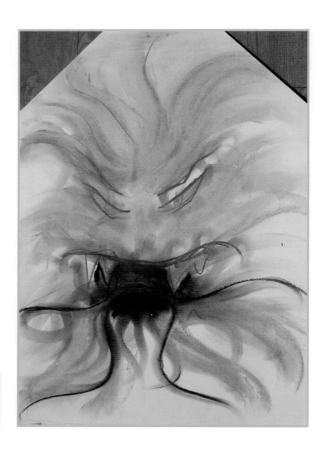

그림 14-23
분노의 얼굴

면서 메시지를 듣기 위해 그림 속 요소들을 바라보고 의미를 발견하며 실생활과 연결해 나갔다. 때로 우리의 대화는 상징적인 수준에서 계속 진행되기도 했다. 이를테면 그림 14-24는 상징적인 수준에서만 이야기했던 그림이었다.

그림 14-24는 지현 씨가 자신의 마음을 썩은 나뭇잎으로 표현한 것이다. 벌레 먹어 썩은 부위가 군데군데 있는데, 벌레 먹은 부분을 사람들이 보고 억지로 파내려고 칼과 포크를 들고 수술하는 모습이라고 했다. 썩은 부위라면 수술하는 것도 나쁘지 않을 것 같았지만, '억지로'라는 말은 마음에 걸렸다. 필자는 지현 씨에게 나뭇잎을 도와주는 힘을 이미지로 그려서 덧붙여 보자고 했다. 지현 씨는 하늘색 손을 그렸다. 그런 다음 그 손이 칼과 포크를 잡아 주어서 아프지 않게 수술하도록 지켜 줄 것이라 말했다.

그림 14-24
수술하기

이미지를 신뢰하며

우리는 그렇게 미술작업을 중심으로 이미지를 만들고 그 의미를 발견하며 실생활과 연결 짓기를 계속했다. 때로는 필자가 주제를 제안하기도 했지만, 대부분 지현 씨가 떠오르는 이미지를 그렸다. 가끔은 그려진 이미지에 더해서 뭔가를 덧붙여 그리기도 했다. 어떤 때는 감정을 담은 추상적 이미지(그림 14-25 참조)였고, 어떤 때는 표지판의 사인처럼 간결한 이미지(그림 14-26 참조)였다.

그림 14-25
초록색 선

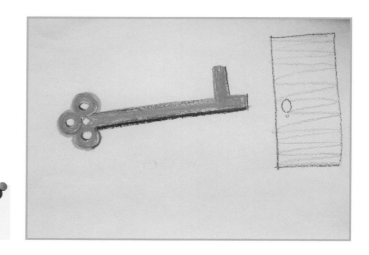

그림 14-26
문제해결 열쇠

조금 더 수용하며

자신에 대해 더 따뜻한 시선으로 바라보게 되고, 자신의 못난 점도 좋은 점도 일부분으로 수용하게 되는 것은 아마도 모든 심리치료가 지향하는 바일 것이다. 지현 씨가 자신을 더 따뜻하게 바라보는 것은 그림 이미지가 변화하는 것과 함께 연동되어 움직여 갔다. 어떤 때에는 자신에 대한 느낌이 바뀌어서 그림 이미지가 바뀌기도 했고, 또 어떤 때에는 실생활은 그다지 변화하지 않았지만 그림 이미지에서 먼저 변화하고 감정과 생각이 뒤따라간 뒤 행동이 마지막으로 변화하기도 했다. 종결에 가까워질 즈음에 그렸던 지현 씨 작품은 특별한 선물 같은 작품들이었다.

그림 14-27과 그림 14-28은 자기 자신을 그린 두 점의 작품이다. 자신이 가진 두 가지 반대 모습을 그린 것이라 했는데, 자기 속의 남성성과 여성성에 대해 이야기를 나누었다. 필자는 특히 지현 씨가 자신을 '무사'로 표현한 것이 반가웠다. 지현 씨 또한 그런 점을 받아들였다. 이전에 자신을 '예쁘고 착한 여성'으로만 규정지으려 애썼다면 이제는 스스로를 지킬 수 있고, 힘을 가진 무사로도 바라볼 수 있을 것 같다고 했다. "(그림 14-27과 그림 14-28 자화상을 가리킴) 이 작품을 그리고 나서, 재밌는 것 같아요. 재밌고…… 아, 두 가지 다 갖고 있구나. 어

그림 14-27
자화상(1)

그림 14-28
자화상(2)

그림 14-29
자화상(3)

그림 14-30
초기의 자화상

느 한쪽도 무시할 필요도 없단 생각이 들거든요."라고 지현 씨가 말했다. 필자도 지현 씨의 그 말에 동의한다.

그림 14-29에는 사람들 앞에서 춤을 추는 여인의 모습이 표현되었다. 화면의 좌측 위에 관객들도 웃으며 환호하고 있다. 이 그림은 사람들에 대한 두려움이나 만남에 어려움이 여전히 느껴지는 가운데, 이성을 만나고 싶다는 지현 씨 자신의 욕구를 인정하고 받아들였으며, 또 직장을 알아보고 있는 중에 나온 그림이었다. 이 그림과 거의 비슷하지만 확연히 다른 느낌의 그림이 기억이 났다. 바로 그림 14-30인데, 이 작품은 미술치료 초기에 그렸던 자화상이다. 우리는 미술치료를 종결하는 준비를 하면서 예전 작품들을 종종 꺼내서 나란히 두고 바라보곤 했는데, 독자들도 그때 우리가 느꼈던 바를 짐작할 수 있을 것이다. 예전 작품(그림 14-30 참조)은 곱고 예쁘지만 힘없이 눈을 감고 있는 모습이었다. 지현 씨는 예전에 자기가 저렇게 약하게 그린 줄 몰랐다며 지금의 모습이 더 좋다고 했다. 지현 씨도 필자도 종결 시기에 그린 자화상 작품을 보는 것이 행복했다. 설사 우리 안에 부족하고 부서진 면이 있다 하더라도 보다 통합된 면을 바라보며 나아갈 수 있는 가능성은 여전히 생명력을 가지고 있는 것이다.

마지막 그림검사

지현 씨는 미술치료를 종결하면서 DDS 그림을 한 번 더 그렸고, 과거의 DDS 그림과 비교해 보는 시간을 가졌다. 지현 씨는 예전 그림을 보면서 다른 그림은 기억이 나지 않았지만 첫 번째 그림(물에 빠져 들어가는 모습, 그림 14-1)은 가장 기억에 남았다고 했다. 미술치료를 해 나가는 과정의 중간중간에 떠오른 그림이었고, 그 그림의 느낌을 생각하면 "내 몸에 힘이 다 빠지고 숨도 못 쉬게끔, 물에 빠져 죽는 사람처럼 느껴지는 거요."라고 설명했다.

나무 그림들에 대해서 첫 번째, 두 번째 그린 나무 그림은 나무가 자기 자신 같다는 느낌보다는 새나 새집이 자기 자신 같다고 하였고, 세 번째 그린 나무 그림에 대해서는 나무가 자신과 닮았다고 했다.

"뭐라 그럴까, 검사 같은 거 하면, 이걸 풍성하고 멋있게 그리라고 하더라고요. 어디서 들었는데…… 나무 그리기 이런 게 나오면, 잘 그려야지, 크고 튼튼하게 그리라고 그러더라고요."

"정말, 나무가 저랑 같지는 않아요. 여기(그림 14-16 참조)도 이 나무가 저 같지는 않고, 이게, 집이 저 같고…… 근데 이 나무(그림 14-32 참조)는 진짜 저 같아요. …… 혼돈의 머리가…… 네. 좀 이렇게 고뇌하는 혼돈, 얼마나 뿌리를 박고싶었으면……, 이미 뿌리 다 내렸는데, 아휴."

그림 14-31
3차 DDS(1)

그림 14-32
3차 DDS(2)

"이 그림(그림 14-2 참조)은 보면, 새가 되게 힘들어 보여요. 좀, 뭐 어딘가 나무한테로 가기는 가는데, 나무는 너무 크고 좋은데, 새는 막 힘들어 보여요. 약해 보이기도 하지만, 음…… 날고 있는 게 기특한 것 같은데요. 그리고 되게 두려운데, 무슨 뭐, 나무가 하나님이고 이런 건 아니겠지만, 뭐 있는 것도 별로 없을 것 같거든요, 나무에. 별로 뜯어먹을 것도 없을 것 같은데, 가는 거 보면, 그래도 뭐랄까, 음…… 지루한 나무 말고도 뭔가 찾아낼 여지가 많은 것 같아요. 이 와중에도 가는 걸 보면, 그런 느낌이 들어요. 그리고 좀…… 나무에 대한 기대감? 그런 것도 있는데, 나무가 두렵기도 하고, 완벽해 보이기도 하고, 하여튼 좀 그런 것 같아요. 지금 어쨌든 가는 거죠. 뭔가 갈급하니까 가는 것 같아요."

마지막으로 그린 그림들이 눈에 보기에 대단히 건강해 보이거나 혹은 멋있어 보이지는 않았다. 하지만 그렇게 멋지지 않아도 괜찮은 맛이 있었다. 지현 씨도 필자도 그런 '맛'을 인정했다. 지현 씨는 자기 그림—혹은 자기 자신—을 보며 소박하게 웃을 수 있는 여유가 생겼다. 그 여유가 1년 여의 만남을 통해 얻은 참 좋은 선물이었다고 믿는다.

그림 14-33
3차 DDS(3)

4. 맺는말

지현 씨의 사례는 미술치료를 통해 어떻게 개인에게 다가가고 미술치료가 진행되는지 살펴볼 수 있는 귀중한 사례였다. 우리는 이미지 작업을 계속해서 진행하면서 이미지의 의미와 상징을 느끼려고 노력했으며, 그러한 이미지가 실제 삶으로 연결되는 것을 도왔다. 미술작업은 자신의 마음을 드러내기에 의미를 가지기도 하지만, 완성된 작품을 치료사와 함께 보며 감상할 때 주인공이 되어 스포트라이트를 받음으로써 의미를 가지기도 한다. 마음의 빈자리가 많아서 그 결핍감 때문에 거대자기의 환상이 여전히 크게 자리 잡고 있을 때에는 새로운 사실을 깨닫고 논박하며 알게 되는 것으로는 쉽사리 바뀌지 않는다. 그보다는 '감탄으로 빛나는 어머니 눈길'처럼 누군가 그 존재를 알아주고 보아 주며 공감해 주는 마음이 전달될 때 바뀌게 된다. 지현 씨와의 미술치료시간도 그러한 '눈길'이 되었기를 바라는 마음이다.

참고문헌

Lachman-Chapin, M. (1979). Kohut's theories on narcissism: Implications for art therapy. *American Journal of Art Therapy, 19,* 3-9.

Naumburg, M. (1987). *Dynamically oriented art therapy: Its principles and practice.* Chicago, IL: Magnolia street publishers.

제 **15**장

불안한 청소년을 위한
단기 개인 미술치료

미술은 마치 삶처럼 생각과 감정, 이미지, 믿음, 행동, 경험,
그리고 관계로 이루어져 있다.

– Bruce Moon (2012)

제15장 불안한 청소년을 위한
단기 개인 미술치료

　이 사례는 시험불안으로 인해 병원치료와 더불어 미술치료를 받았던 고등학생 민지 양(가명)의 미술치료 사례다. 중·고등학교에 재학 중인 청소년 내담자의 경우 고려해야 할 특징이 몇 가지 있다(주리애, 윤수현, 2014). 첫째, 대부분 비자발적인 참여로 시작한다. 청소년 내담자가 원해서 미술치료를 시작하는 경우는 드물고, 부모나 교사, 또는 법원 명령 등으로 미술치료를 시작하는 경우가 대부분이다. 그렇다고 해서 반드시 비협조적인 것은 아니지만 이들의 참여가 자신의 선택이 아니라는 점을 고려해야 할 필요가 있다. 둘째, 시간 조절이 어려운 경우가 많고 회기에 빠지는 것이 상황 요소인지 내담자의 은밀한 저항인지 구분하기가 쉽지 않다. 예를 들어, 시험이나 학교행사 등의 일정으로 회기를 빠지게 되는 일은 거의 모든 청소년 내담자에게 발생한다. 어떤 경우는 분명하게 상황 원인을 파악할 수 있지만, 또 다른 경우는 치료에 대한 저항을 포장한 것일 때도 있다. 치료 저항이라면 비판적이지 않게 언급해 줄 수 있다. 셋째, 장기 회기로 진행되기보다는 대부분 단기 회기로 진행된다. 청소년 내담자는 미술치료를 받기 위해 시간을 내기가 빠듯한 경우가 많다. 치료 기간이 한 학기를 넘어가지 않는 경우가 많고, 회기를 시작할 때는 예상하지 못했던 상황변수가 생기는 일도 많다. 장기적으로 다루어야 할 치료 문제를 가진 경우에도 장기 회기가 어려울 수 있으므로, 전체 치료 기간이 어느 정도 가능할지를 고려해서 치료개입의 수준과 범위를 조절해야 한다.

1. 만남과 주호소

민지는 약 6개월 동안 1주일에 한 번씩 개인 미술치료를 받았다. 또래에 비해 키가 작고 말랐던 민지는 앞으로 숙인 듯한 구부정한 자세를 하고 있어서 더 작아 보였고, 처음 만났을 때 중학생이거나 초등학교 6학년 정도로 보일 만큼 실제 나이보다 더 어려 보였다. 민지는 중학교 때까지 반에서 상위권 성적을 유지했었는데, 고등학생이 된 이후에는 반 분위기가 경쟁적인데다 친구 사귀기도 쉽지 않아서 학교생활 적응에 어려움을 겪고 있었다. 그러던 중 1학기 중간고사 첫 시험에서 자신의 예상보다 훨씬 낮은 성적을 받게 되었고, 그다음 시험에서도 긴장하느라 시험을 잘 치르지 못했다. 부모님은 그런 민지에게 대학 수시입학의 첫 단추부터 잘못 되면 어떡하냐면서 정신을 똑바로 차려야 한다며 다그치듯 훈육을 했다. 민지 자신도 미래에 대한 걱정이 커져서 시험이 다가오면 잠도 잘 못 자고 긴장하게 되었다. 중학교 때와는 달리 시험 시간에 문제를 받으면 너무 떨리고 불안해져서 집중해서 문제를 풀기가 어렵다고 했다. '이번 시험은 정말 망치면 안 돼!'라는 생각을 할수록 더 불안해지고 초조하게 느껴져서 학습능률도 크게 저하되었다. 어느 날 민지가 독서실에서 공부하다가 막연하게 너무 불안하고 답답해서 도저히 공부를 할 수가 없다며 울면서 집으로 온 일이 있었고, 딸의 상태를 걱정한 부모님 손에 이끌려서 병원을 방문하게 되었다.

병원의 의사 선생님은 민지에게 상담이나 미술치료 등 자신을 표현하고 마음을 매만지는 작업도 하면 좋겠다고 추천했는데, 민지가 말로 하는 상담보다는 뭔가 작업을 하는 게 재미있겠다며 미술치료를 선택했다. 그런데 막상 미술치료실에서 만난 민지는 그림에 그다지 흥미가 없는 듯했다. 잘 못 그린다고 말하기도 했고, 그림 그릴 때 자신 없어 하면서 망설이는 모습을 보이곤 했다. 혹시 마음에 드는 미술재료가 있는지 살펴보자는 제안에도 쉽게 움직이지 못했다. 원하는 대로 그림이 잘 그려지지 않는 것이 실패로 느껴져서 시작하기도 전에 걱정이 앞서는 것 같았다. 민지가 처음 그린 그림은 '빗속의 사람' 그림이었다.

우리가 만난 날 비가 오기도 했고, 민지의 스트레스 대항력을 그림을 통해 이해하고자 필자가 그 주제를 제안했다.

그림 15-1은 민지가 그린 '빗속의 사람' 그림이다. 두 명의 사람이 손을 잡고 횡단보도 건널목 앞에 서 있다. 누구인지 물었을 때, 우산을 든 인물은 어머니고 그 옆에는 자신이며 병원에 오는 길을 그린 것이라고 했다. 이 주제의 그림을 그릴 때 일반적으로 한 사람만 그리는 경우가 많은데 민지는 두 사람을 그렸다는 점이 눈에 띄었다.

필자가 민지와의 미술치료에서 중요하게 생각한 점은 몇 가지가 있는데, 우선은 고등학생이라서 학업과 병행할 때 시간이 빠듯하므로 장기 회기보다는 단기 회기로 되거나 중간 중간 쉬었다가 연결해서 하는 회기가 될 가능성이 높다는 점, 불안을 조절하는 구체적 방법을 포함해서 이미지 트레이닝이 필요하다는 점, 그리고 심리적인 연결고리를 확인할 수 있다면 민지에게 힘이 되고 위로가 되는 방식으로 접근해야겠다는 점 등이었다.

그림 15-1 민지의 '빗속의 사람' 그림

2. 미술치료과정

　처음 서너 번의 회기에는 회화 작업을 주로 했는데, 구체적 주제나 사물 그리기를 시도해 본 뒤에 난화와 콜라주 등 다른 방식도 시도해 보았다. 민지는 난화를 할 때 오히려 긴장하고 불안해했다. 그 이유에 대해 함께 탐색했을 때, 뚜렷한 목표가 보이지 않는다는 점이 막막하고 불안하게 만드는 것 같다고 했다. 정답을 찾는 훈련에 익숙한 우리나라 고등학생이라면 충분히 그렇게 느낄 수 있을 것 같았다. 민지의 감정에 공감하면서 불안에 대한 민지 생각과 경험을 더 표현해 보도록 도왔다.

　8회기쯤 되었을 때 민지가 그림 그리기 말고 다른 것을 해 보고 싶다고 했다. 몇 가지 작업을 소개했을 때 민지는 점토 작업을 해 보고 싶다고 했다. 필자도 점토 작업이 불안을 완화하고 마음을 든든하게 하는 데에 도움이 될 거라고 말해 주었다. 구체적으로 뭔가를 만들기보다는 여러 가지 종류의 점토를 만지고 주물러 보자고 했다. 그러다가 점토 가닥을 길게 늘여서 작업하는 코일링 기법과 둥글게 구를 만들기를 가르쳐 주었더니 민지가 무척 재미있어 했다. 코일링 기법을 하면서 필자는 민지에게 그 점토 가닥이 자신의 인생이라고 생각하고 어느 정도의 길이가 될지 만들어 보라고 했다. 민지는 점토를 가늘고 길게 만들더니 너무 가늘어 보인다며 다시 만들겠다고 했다. 점토를 몇 번 다시 뭉쳤다가 늘였다가를 반복한 뒤 마음에 드는 적당한 길이와 굵기의 점토 인생끈을 만들었다. '인생 점토'에 대해 이야기해 달라고 했더니 자신의 이야기를 술술 잘 풀어내었다. 미래에 대한 이야기는 상상과 희망으로 채워서 말했는데, 막연하지만 행복한 가정을 이루고 1남1녀의 자녀를 두고 살다가 나이 들어 죽는다고 했다. 필자는 민지에게 그 인생 점토에서 지금 현재 고등학교 시기를 잘라 보라고 했다. 그다음에는 다시 현재 고1에 해당되는 부분을 잘라 보라고 했고, 다시 1학기, 그리고 시험 기간을 잘라 보라고 했다. 아주 작은 조각으로 고1 시험 기간을 잘라 낸 민지는 "헐, 이렇게 작은 조각이에요. 보이지도 않겠어요."라며 헛웃음을 터뜨렸다. 필자는 시험 기간을 작은 부분으로 잘라 낸 것은 다름 아닌 민지 자신이라는 점을 분명하게 이야기해 주었다. 마음에서 정말 부담이 되고 감당할 수 없다고 느꼈다면, 자신도 모르게 그 부분이 인생의 대부분을 차지하지 않았을까 질문을 덧붙여 주었더니, 민지는 "그러게요. 저는 진짜 너무 힘들다고만 생각했는데 이렇게 작게 잘라 낸 건…… 그렇죠. 제가 그렇게 잘라 냈죠."라고 말했다.

그다음 회기에도 우리는 점토 작업을 계속했는데, 민지는 점토를 만지면서 자신의 학교생활에 대한 이야기를 들려주었다. 중학교 때와 다른 학업량과 친구관계, 경쟁에서 비롯된 재미없는 생활, 막막하게만 느껴지는 자신의 미래, 늘 무언가에 쫓기는 듯한 느낌, 수면과 집중에서의 문제 등. 그날은 민지의 이야기를 함께 정리하는 것으로 마무리했고, 그다음 회기부터 점토를 사용해서 자화상을 만들어 보기로 했다.

그림 15-2는 민지가 만든 자화상이다. 그전까지 민지는 색깔이 있는 합성수지 점토(아이클레이)를 주로 사용했는데, 자화상을 만들면서는 색깔이 없는 점토로 하고 싶다고 했다. 이유를 물으니, 자신의 감정은 훨씬 더 어둡고 가라앉은 색인데 점토의 색깔은 너무 밝고 화려해서 맞지 않는 것 같다고 대답했다. 민지는 꽃지점토를 사용해서 힘없이 앉아 있는 사람을 만들었다. 두 다리를 뻗은 채

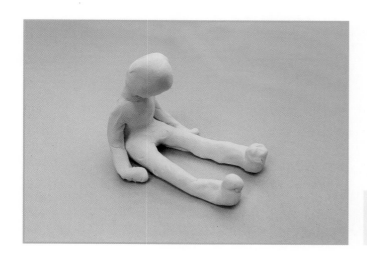

그림 15-2
민지의 자화상

무기력하게 앉은 모습이 자신을 닮았다면서, 지점토 인물이 불쌍해 보인다고 애틋해했다. 자신의 작품을 사진 찍어간 민지는 그다음 주에 와서 그 인물에게 뭔가를 해 주고 싶다고 했다.

민지는 지점토 인물에게 무엇을 해 줄 수 있을까에 대해 많이 고민했고 몇 가지를 시도해 보더니 결과물이 마음에 들지 않는다고 했다. 의자를 만든 다음에 그 인물을 일으켜서 의자에 앉혀 보기도 했고, 무릎담요를 만들어서 덮어 보기도 했다. 나쁘지는 않았지만 뭔가 부족하다고 했다.

몇 번의 시도와 고민, 논의 끝에 민지는 그 사람을 안아 줄 수 있는 '어른'을 만들었다. 앉아 있는 인물보다 크기가 더 크고 어깨와 팔이 건장해 보이는 여성이었다. 안아 주는 자세도 마음에 들게끔 되지 않아서 몇 번을 시도하고 수정한 다음에야 최종적으로 민지의 마음에 드는 형태가 되었다(그림 15-3 참조).

민지는 자신이 만든 '안아 주는 사람' 작품을 물끄러미 한참 바라보았다. 지쳐서 모든 것을 포기한 듯 앉아 있는 사람에게 그저 안아 주고 위로해 주는 사람이 있다는 것은 참 다행스러운 일이라 했다. 필자 역시 그러한 말에 공감하면서 민지에게는 그러한 사람이 있는지 물어보았다. 잠시 골똘히 생각하던 민지는 그런 것 같다고 했다. 엄마는 자신을 야단치기도 하고 독한 말을 하실 때도 있지만, 그래도 가장 믿을 만한 자기편이라는 생각이 든다고 했다. 그러면서 점토 작

그림 15-3
안아 주는 사람

업을 하기 전에는 엄마에 대해 섭섭한 마음이 더 큰 것 같았는데, 이렇게 작업을 다 하고 나서 보니 자신의 마음에 엄마의 사랑에 대한 확신 같은 것이 느껴진다고 했다. 필자도 민지가 새롭게 느끼게 된 그 확신이 소중한 것이라고 지지해 주었다. 그리고 자화상 인물에게 무엇이 필요한지를 생각해 내고 만들어 낸 것도 민지 자신이라는 점을 다시 강조해 주었다. 지난번 인생 점토에서 고1 시험이 차지하는 길이를 결정한 것도 민지였던 것처럼 말이다. 민지는 자신에게 결정권이 있으며 그러한 선택은 심리적인 힘이라는 필자의 말에 가만히 동의하듯 고개를 끄덕였다.

우리는 민지의 시험 불안에 대해서도 조금 더 구체적인 의미를 찾아 나갔다. 부모님을 실망시킬까 봐 걱정이 된다는 우려부터 시작해서 시험공부가 조금 덜 되었다고 느껴질 때 남은 시간 동안 공부하기보다는 오히려 그냥 포기하고 완전히 손을 놓아 버리는 행동 이면에 잠재된 흑백논리적 태도, 완벽주의적 추구, 자기파괴적 선택 등을 이야기했다. 그러면서 민지는 자기 행동과 선택에 대해 새롭게 깨달은 듯했고, 지금보다 더 단단한 마음을 가지고 싶다고 했다.

그다음 주에 '마음'을 형상화하는 작업을 했다. 인물을 만들 때와 마찬가지로 지점토를 사용해서 하트 모양의 마음을 만들었다. 단단해지도록 꼭꼭 눌러서 만들고 완성한 뒤, 민지는 이 '마음'을 지니고 있으면 우리가 나눈 이야기를 더 잘 기억할 수 있겠노라고 했다.

불안과 걱정을 조절할 수 있는 방법 중에 가장 손쉬운 방법이 심호흡이다. 그래서 민지에게 시험 시작 전 약간의 시간 여유가 있을 때, 주머니 속의 하트를 손에 쥐고 깊게 심호흡을 하자고 제안했다. 회기 동안 그 연습을 몇 번 하기도 했다.

민지는 그다음에 치른 시험에서 대체로 만족스러운 결과를 얻었다. 조금 아쉽게 느껴지는 부분도 있다고 했지만, 긴장이 몰려올 때 괜찮다고 스스로 되뇌면서 자신을 안아 주는 이미지를 떠올리거나 심호흡을 하는 것으로 버텨 나갈 수 있었다고 했다.

3. 종결

민지랑 미술치료를 종결하던 날, '앞으로 걸어갈 길'을 주제로 미술작업을 했다. 민지는 길이 이어지는 저 멀리에 큰 산과 계곡, 웅덩이를 그렸고, 위쪽 하늘에는 태양과 번개, 먹구름을 그렸다. 그러면서 앞으로도 어려운 일을 만나겠지만 한 걸음씩 걸어 보겠노라고 했다. 뭐랄까, 너무 정석적인 그림과 이야기라서 필자는 잠깐 망설였다. 정말 민지가 그렇게 느끼는 것인지, 아니면 정답 같은 대답을 한 것 같기도 했다. 하지만 심리적인 문제를 더 깊게 파고들어서 마음의 넓이와 깊이를 키우는 것은, 지금 당장 해야 할 당면과제라기보다는 앞으로 천천히 해 나가야 할 과제일 것이다. 주호소였던 시험 불안이 누그러진 것으로 이번 치료작업을 매듭지어도 될 것 같았다. 필자는 민지의 그림과 이야기를 지지해 주면서 웅덩이를 만나서 넘어지더라도 괜찮고, 넘어지는 것만으로 실패라고 할 수 없다고 말해 주었다. 필요하다고 느낀다면 언제든지 다시 만나기로 하고 종결하였다.

청소년 내담자와 미술치료를 종결할 때에는 항상 마음 한 구석에 아쉬움이 남는다. 조금 더 길게 만날 수 있다면 마음이 성장하고 더 단단해질 수 있도록 도울 수 있지 않을까 하는 마음 때문이다. 그러나 그것은 치료사의 욕심일 것이다.

Winnicott(2005)의 'Good Enough Mother'라는 말로부터 생각해 볼 수 있는 개념은 Good Enough Therapy이다. 이것은 넘치도록 충분히 좋은 치료라기보다는 '그만하면 충분한 치료'의 의미 아닐까. 종결 이후에도 민지의 성장과 성숙은 계속해서 진행되어 가리라고 믿는다.

참고문헌

주리애, 윤수현(2014). 청소년을 위한 미술치료. 경기: 아트북스.

Moon, B. L. (2012). *The dynamics of art as therapy with adolescents* (2nd ed.). Springfield, IL: Charles C Thomas.

Winnicott, D. W. (2005). *Playing and reality* (2nd ed.). Abingdon: Routledge.

제**16**장

정신장애 환자를 위한 단기 집단 미술치료

입원환자 집단을 이끄는 치료사가 해야 하는 가장 중요한 일은
목표 설정이다.
증상을 경감시키는 한편, 성격 구조에 변화를 주고자 하는 것은
입원환자 집단의 경우 비현실적인 목표다. 이러한 야심찬
목표를 가지고 있다가는 얼마 못가 치료 허무주의에 빠지게
되고 자기 자신이나 집단 치료를 비효과적이라고 절망적으로
낙인찍게 된다.

– Irvin Yalom (1983)

제16장 정신장애 환자를 위한 단기 집단 미술치료

미술치료에 대한 이론을 공부하고, 실제 미술치료를 받아 본(혹은 임상실습을 경험한) 경우라 하더라도, 정신건강의학과 병동에서 환자들을 대상으로 미술치료를 실시할 때에는 혼란을 겪기도 한다. 이를테면, 미술치료 이론에서는 정신역동적 이론에 기반하여 갈등의 표출, 충동성, 공격성, 중성화, 승화, 상징, 창조성 등의 개념을 이해하고 치료적 개입을 배웠는데, 실제 만나게 되는 정신장애 환자들은 소위 '이론적으로 들었던 사례'와 너무나 다르기 때문이다. 책에 나오는 사례처럼 풍부한 이미지 속에 넘치는 상징성이 있기는커녕, 빈약한 이미지의 단순한 그림만 보게 되거나 '못 그린다'라는 이야기만 듣곤 한다. 어쩌다 무엇이라도 그리는 경우에는 10분 만에 그림이 다 끝나 버려서 한 시간으로 배정된 미술치료시간이 너무도 길게—치료사 입장에서 길게—느껴질 수 있다. 그래도 뭔가 연결의 고리를 찾고자 빈약한 이미지의 그림을 가지고 대화를 나누어 보지만 대화는 툭툭 끊기고, 책에서 읽었던 대로 "어디에 사는 나무인가요?" 등의 질문으로 상징성을 탐색해 보지만, 질문이 겉돈다는 느낌이 들 뿐이다. 내면의 역동성을 드러내기에 최상의 과제라 생각해서 "감정을 표현해 보세요."라고 하면 뭘 그려야 할지 너무도 막막해하는 모습을 보이고, "그리고 싶은 것을 그려 보세요."라고 하면 한참을 뜸 들이다가 아주 단순하고 소박하게 집이나 꽃, 커피잔을 그릴 뿐이다. 그래서 미술치료라고 이름 붙이기는 했지만, 뭐가 어떻게 해서 치료가 된다는 건지 그저 시간만 때우는 건 아닌지 의심도 든다.

미술과정에 깊이 몰입할 수 있게 되면서 승화 기제를 사용하게 되는 치료로서의 미술(art as therapy)이든, 이미지를 통해 깨달음과 통찰을 얻게 되는 미술심리치료(art in therapy)든 치료다운 미술치료가 되려면 어떻게 해야 하는 것일까?

이 장에서는 정신장애 환자를 대상으로 하는 단기 집단 미술치료를 살펴보기로 한다.

1. 정신장애 환자를 위한 미술치료

정신건강의학과 의사였던 Meijering은 미술치료라는 용어를 사용하지 않고 병동에서 행해지는 치료적인 미술활동에 대해 세 가지로 구분하여 기술했다 (Meijering, 1961). 이 분류는 현재도 치료개입을 구분하고 개념을 잡는 데 유용하다.

- 표현치료(expressive therapy)
- 정통 창조적 치료(creative therapy proper)
- 미술활동(artistic activities)

표현치료

표현치료는 치료관계 내에서 정서를 표출하도록 돕는 것을 일컫는다. 억눌린 감정을 표현하고 메마른 감정을 북돋는 것이 주된 치료과정이 된다. 이러한 과정을 거치면서 분노와 화, 우울과 불안 등 여러 가지 부정적인 감정들을 더 순화할 수 있는 기회를 가지고, 감정을 더욱 조절할 수 있는 능력을 키운다. 사용하는 미술재료는 단순하고 쉽게 다룰 수 있는 것들을 주로 사용하며 이러한 치료에서 중요한 것은 '드러내기 기능(uncovering function)'이다.

정통 창조적 치료

이는 예술 분야에 정통한 전문가들이 환자들로 하여금 예술적인 창조 행위를 하도록 돕는 것을 일컫는다. 미술활동의 경우 미술재료와 사용방법에 전문적인 기술과 능력을 가지고 있으면서 환자가 무엇인가를 표현하고 싶어 할 때 그것을 표현해 내는 방법을 전문적으로 잘 도울 수 있어야 한다. 환자의 작품에 대한 해석은 절제되며, 환자가 자신의 공상을 표현하고자 할 때 그것을 도와주는 것이 우선시된다. 따라서 표현한 내용을 중요시하기보다는 표현 방법을 찾아가는 데 더 강조점을 두며, 작업에서 '통합 기능(integrative function)'을 가진다.

미술활동

미술활동은 정신건강의학과 병동에 있는 만성 환자들을 대상으로 유희적 미술활동을 하는 것을 일컫는다. 이것은 두 번째로 언급한 정통 창조적 치료와 달리 돕는 이의 역할이 훨씬 더 직접적이고 구체적이며 종종 지시적일 때도 있다. 미술활동으로 분류된 치료법에서는 환자로 하여금 무엇인가를 표출하도록 돕는다거나 공상을 작품으로 통합해 내도록 돕는 것보다는 환자들의 현재 상태를 유지하도록 지지하는 데에 가깝다. 이러한 활동은 '덮어 두기 기능(covering function)'을 가진다.

2. 미술치료사의 준비

정신건강의학과 병동에서 미술치료를 진행할 경우에는 미술치료사로서 다음과 같은 세 가지 능력을 갖추어야 한다.

● 증상과 병에 대한 이해
● 적절한 치료목표 선정과 그에 따른 개입
● 다른 치료진과의 연계

첫 번째 필요한 것은 증상과 병에 대한 이해다. 이것은 아무리 강조해도 지나치지 않는다. 환자들의 병과 증상을 이해하지 못하면 어떻게 대처해야 하는지, 어떻게 접근해야 하는지 알 수가 없다. 그림에 나타나는 특징이나 환자들의 행동 역시 병의 증상일 때가 많다. 그럴 때 어떻게 치료적으로 도울 수 있을지 알기 위해서는 기본적으로 정신병리에 대한 지식이 필요하다. 예를 들면, 집단 미술치료시간에 정신증적(psychotic)인 증상을 보이는 환자가 횡설수설하는 말을 계속 하도록 내버려 두는 것이 좋은가? 경청하고 지지해야 하는가? 경우에 따라 다를 수 있겠지만 필자의 경우에는 환자가 끝까지 이야기하도록 내버려 두지 않는다. 정신증 환자의 두서없는 말은 증상인데 집단 작업에서 도움이 되지 않기 때문이다. 조금 경청한 뒤 말을 받아서 필자가 대신 정리해 준다. 그리고 작업으로 다시 초점을 맞추도록 돕는다.

둘째, 적절한 치료목표의 선정과 그에 따른 개입이다. 집단 미술치료를 하는 경우, 대개 단기로 진행된다. 구성원이 계속 바뀌기 때문에 1회에 그치는 집단일 때도 많다. 그러므로 어떤 치료목표를 선정하고 그에 맞추어 개입해야 하는가 하는 점은 장기 개인 미술치료일 때와 전혀 다를 수 있다. 이에 대해서는 이어지는 부분에서 더 이야기하기로 한다.

셋째, 다른 치료진과의 연계다. 치료진과 조화롭게 일하면서 유연하게 대처하는 것은 우리 직업뿐 아니라 다른 직업에서도 필요한 작업일 것이다. 그런데 유독 미술치료사의 경우에는 다른 사람들과의 연계가 더 필요한 이유가 있다. 그것은 미술치료에 대해 다른 치료진들이 잘 모르기 때문이다. 그러므로 미술치료사는 주기적으로 자신의 치료작업을 프레젠테이션해서 알리고 어떤 일들을 하는지 설명해 줄 책임이 있다. 우리가 하는 작업을 눈으로 볼 때 다른 치료진의 이해와 협조를 얻기가 쉽다. 환자에 대한 정보를 얻는 것이나 미술치료를 실시할 장소의 지원, 재료비 지원 등 구체적인 문제도 걸려 있으므로 치료진과 조화롭게 일할 수 있는 것은 반드시 필요하다.

3. 미술치료의 목표

앞서 제8장에서 치료개입을 어떻게 결정하는가 소개했는데, 그 첫 번째 단계가 주호소를 찾는 것이었다. 그런데 집단 치료의 경우 내담자들의 주호소는 제각각이다. 다만 공통점이 있다면 이들 모두 무엇인가 문제가 있다는 점이며 치료를 위해 모였다는 사실이다. 병동에서 이루어지는 집단 치료의 경우 입원해 있다는 상황도 매우 중요한 공통점이 된다.

병원에서 미술치료를 할 때 성공적인 치료회기가 되기 위해 가장 중요한 것은 목표 선정이다. 목표 선정이 적절하지 않으면, 개입도 과정도 혼들리기 쉽다. 예를 들자면, 정신건강의학과 입원환자들에게 흰 종이와 크레파스를 주고 '감정을 표현하라'거나 '그리고 싶은 것을 그리라'고 하는 것은 대체로 큰 도움이 되지 않는다. 이러한 개입은 개인 회기나 장기적으로 가는 미술치료 상황에서 정신역동적 입장을 가지고 치료할 때 사용하는 방법이다. 따라서 집단 회기라거나 단기적인 미술치료인 경우에는 별로 추천할 만한 방법이 아니다.

우리나라 실정에서 입원한 정신장애 환자들을 대상으로 제공되는 미술치료 프로그램은 집단 미술치료가 대부분이다. 매 회기마다 구성원들이 새로 들어오고 또 나가기 때문에, 집단의 기간은 1회기라고 봐야 한다. 몇 주에 걸쳐서 지속적으로 참여하는 구성원도 있게 마련이지만, 대개 매 회기마다 새로운 환자들이 집단에 들어오고, 몇몇 환자들은 퇴원이나 다른 이유로 집단에 불참한다. 그러므로 집단의 지속 기간은 1회기, 혹은 단기로 본다.

그렇다면 우리가 치료목표를 잡으면서 고려해야 할 사항은 다음과 같다.

- 개인 회기가 아니라 집단이다.
- 장기적으로 이루어지지 않고 단기적이다. 심지어는 단회로 끝날 수도 있다.
- 셋째는 단기라는 점만으로도 정신역동적 입장이 아닐 가능성이 높다. 문제해결 위주의 절충적 입장, 행동수정이 주가 되는 행동주의적 입장, 혹은 인지적 입장도 생각해 볼 수 있다.

따라서 장기적으로 가는 전통적 방식의 개인 심리치료에서처럼, '증상을 완화시키고, 증상의 원인이 되는 성격 구조를 이해하여 변화시키는 것'이 목표가 될 수 없다. 만약 그런 목표를 잡고 증상의 원인을 파악하려 한다면 상당히 비현실적인 목표가 되고 치료사도 환자도 무기력해지며 흥미를 잃게 될 것이다. 그보다는 좀 더 현실적이고 구체적인 목표가 필요하다. 우선은 입원한 환자들이 겪는 입원 스트레스를 견디도록 도와주는 시간이라야 한다. 그리고 '치료받으니 좋네.'라는 느낌을 갖도록 도와줘야 한다. 이러한 느낌은 입원한 기간 동안 치료 과정에 협조적으로 될 수 있게끔 힘을 실어 줄 뿐 아니라, 퇴원 이후에도 지속적인 치료를 받고자 하는 기대나 희망을 가지게 해 준다. 입원환자 중에 "퇴원하고 나가서 미술치료를 계속 받으려면 어떻게 해야 되나요?"라고 묻는 경우가 있는데, 이러한 질문은 치료회기와 개입이 적절했음을 보여 주는 신호다.

4. 미술치료개입

입원 스트레스를 견디는 시간, 그리고 치료받으니 좋다는 느낌을 주는 시간이 되려면 어떻게 해야 할까?

미술치료에서 사용하는 도구와 재료, 지시 및 개입 방법들은 환자가 입원과 관련된 스트레스를 견딜 수 있도록 생각/느낌/갈등을 표출하고 중화하거나 아니면 공감과 지지를 해 주며 안정시켜야 한다. 지나치게 상징적인 대화나 무의식적 소재를 다루는 것은 적합하지 않다. 병동에서 정신증을 보이는 환자들이 그림을 그리면서 공상이나 망상을 계속 이야기할 때 오히려 이를 끊어 주거나 자제시키는 것이 더 나을 때도 있다.

집단인 경우에는 ETC(표현예술치료 연속선)상에서 개인 간 편차가 매우 크다. 그리고 집단 구성원의 미술 실기 능력이 얼마나 천차만별인가를 생각해 보아야 한다. 성인 정신장애 환자들의 경우 10% 내외는 미술을 즐기거나 묘사 능력이 뛰어난 환자들이지만, 나머지 대부분은 미술을 어렵게 느끼거나 자신은 잘 그리지 못한다고 생각하는 사람들이다. 비록 미술치료에서 '잘 그리고 못 그리고'가 중요하지는 않다고 하지만, 참여하는 환자들에게 중요한 주제라면 그것은 중요하게 다루어져야 한다.

그러므로 초점은 미술에 친숙하지 않은 다수의 사람들에게 맞출 수 있고, 이들이 조금 더 편안하게 접근할 수 있는 방법을 찾아야 한다. 한두 번의 치료회기를 진행해 보면—설사 구성원이 조금씩 바뀌더라도—대체적인 분위기와 수준을 가늠할 수 있다. 만약 미술 실기 능력이 상당히 초보적인 수준이며 이미지를 생성하는 것이 어려운 경우에는 보다 더 구조화된 방법을 사용하는 것이 좋다. 어떤 특정 절차를 따라서 하기만 하면 되는 방법을 가리켜 구조화된 방법이라 부르는데, 이러한 개입법들은 실기 능력의 차이가 크게 나타나지 않는다. 예를 들면, 풍선아트용 풍선(바람을 불어 넣으면 길쭉한 모양이 되어 풍선을 꼬거나 돌려서 모양을 만들 수 있다)으로 강아지, 꽃 등을 만들거나 종이접기를 할 수 있다. 그런 다음 이러한 사물에서 연상되는 것들을 이야기할 수 있고 혹은 감정을 나눌 수 있다. 환자들이 선뜻 미술작업에 동기를 가지지 못할 경우에는 이들의 수동적인 자세를 고려하여 완성 작품을 몇 가지 제시하거나 그림(명화든 실제 작품이든)을 보여 주며 물꼬를 트는 것도 좋다.

비구조화된 개입은 표현 방식에서나 주제에서 환자가 스스로 결정할 수 있는 부분이 많다. 어떤 주제를 가지고 그림을 그리는 경우에는 상대적으로 실기 능력에서 차이가 크게 난다. 또한, 감정이나 관계와 같이 추상적인 주제를 다루거나 가족, 자기 개념과 같은 주제를 주게 되면, 생각하고 추상화해 내는 능력의 정도에 따라 상당히 깊이가 다른 작품들이 나오게 된다. 물론 집단의 참여자들이 모두 동일한 깊이의 미술작품을 만들 필요는 없다. 그러나 능력이 차이가 많이 나게 되면, 잘하는 한두 사람을 제외한 다른 사람들은 들러리나 구경꾼처럼 된다. 집단이 장기적으로 길게 갈 수 있다면 그러한 행동 특성과 그 이면의 심리적 기제들을 함께 다룰 수 있겠지만, 구성원의 변화가 계속되는 단기 집단에서는 그렇게 다루기가 어렵다. 더구나 급성 정신증 증세로 입원한 경우에는 상당히 긴장하고 불안해하며 충동적이라서 행동을 조절하거나 예측하기 어려운 점도 생각해야 한다.

반구조화된 개입은 절반 정도로 완성된 자극을 제공하여 환자가 자신의 스타일로 변형하여 완성할 수 있게끔 하는 방법이다. 그림 자극을 주고 덧붙이거나 삭제해서 그리도록 하는 것이라든가, 재료 자체에 두드러진 특성이 있는 것들을 사용하여 무엇을 만들도록 하는 것 등이 이러한 개입에 해당된다.

종합하여 정리하면, 정신건강의학과 병동에서 미술치료 집단을 이끌 때에는 집단 구성원들의 편차를 고려해서 기법을 선택하되, 회기별로는 구조화와 비구조화 개입 사이를 오가며 환자들의 반응을 봐서 조절해 나갈 수 있다. 실기 능력을 고려하는 이유는 집단 치료에서 자아강도가 비슷한 환자들로 집단을 구성하는 것과 같은 맥락으로 생각할 수는 있다. 무슨 말이냐 하면, 신경증적인 문제라거나 성격적인 문제로 집단 치료에 참여하는 구성원들이 대다수인 경우에는 심각한 정신증을 앓고 있거나 기능이 저하된 경계선적 환자를 구성원으로 받지 않는 게 좋은 것처럼, 집단 구성원들의 미술 실기 능력은 서로 수준 차이가 있다 하더라도 그 차이 때문에 자기 작품에 신경 쓰지 못하고 남의 작품이나 멍하게 바라본다든가 서성거리며 집단을 돌아다니게 해서는 안 된다는 뜻이다.

자, 이제는 구체적으로 어떤 방법들이 도움이 되는지 생각해 보도록 한다. 앞에서, 미술치료 집단의 목표가 입원 생활을 덜 불편하게 해 주고, 향후 시작될 치료에 대해 거부감을 줄여 주는 것, 가능하면 치료에 있어 기대나 희망을 품도록 해 주는 것이라고 했다. 이를 다르게 표현하면, 환자의 심리적 상태나 문제의 원인에 대한 파악은 부차적인 치료목표이고, 정서적 안정이 주된 치료목표라고 할 수 있다. 만약 환자의 상태나 문제 원인을 파악하고자 한다면 투사적인 속성을 볼 수 있는 그림 주제들이 도움이 되겠지만, 정서적 안정을 도모하기 위해서라면 그러한 주제가 아니어도 좋다. 그리고 정서적 안정을 위한 미술치료개입은 직면적인 개입이나 강렬한 정서 체험이 포함되지 않아도 된다. 물론 카타르시스를 경험하든지 무엇인가 한 번 강렬하게 배출하고 나면 정서적으로 해방되는 느낌을 경험할 수도 있다. 하지만 단기 회기로 끝나는 미술치료 집단, 그것도 입원했다는 사실 때문에 엄청난 스트레스를 겪고 있는 환자들에게 강렬한 정서적 경험은 부담스러운 것이 될 수 있다. 그보다는 편안함을 주고 즐겁게 몰입할 수 있도록 이끌어 주는 미술치료개입법이 필요하다. 대부분의 환자들은 손재주가 없고, 그림을 잘 못 그린다. 이러한 점을 고려해서 환자들이 따라할 수 있거나 어느 정도 기술의 보조를 받되 자신만의 독특한 개성을 드러낼 수 있는 기법을 사용하면 좋다.

5. 구체적인 기법

정신건강의학과 입원병동에서 사용할 수 있는 여러 가지 접근과 방법들이 많겠지만 필자는 반구조화된 기법으로 자극을 제시해서 활용하는 방법이나 재료 자체 특성으로 흥미롭게 할 수 있는 방법을 선호한다. 이러한 두 종류의 방법에 해당되는 기법들 몇 가지를 소개하면서 환자들의 작품도 함께 나누고자 한다.

- 자극을 제시하고 그 자극을 활용해서 그리거나 만들도록 하는 방법
  - 그림을 연장해서 그리기
  - 그림을 보고 따라 그리기
- 재료 자체의 특성으로 인해 흥미롭게 할 수 있는 방법
  - 과자로 집 만들기

- 매직콘으로 대상 만들기
- 시트지로 그림 꾸미기

자극을 제시하고 그 자극을 활용해서 그리거나 만들도록 하는 방법

그림을 연장해서 그리기

이 기법은 종이 위에 그림을 붙여서 제시하고 그 그림을 활용해서 전체 그림을 완성하도록 하는 방법이다. 자극으로 제시되는 그림은 단순하거나 색감이 부드럽고 아름다운 것이면 좋다. 자극 그림으로 아동용 그림 교재를 활용하면 된다. 여러 종류의 자극 그림을 제시하고, 환자들이 선택해서 나누어 가지도록 한다. 갖고 싶은 그림을 가지고 시작하게 하면 훨씬 더 몰입하기가 좋다. 또 갖고 싶어 하는 사람이 여러 명이 될 경우 어떻게 타협하고 경쟁하며 양보하는가 연습할 수 있어서 좋다.

필자는 이 기법처럼 어떤 자극을 주고 그 자극을 변형하거나 활용해서 그림을 그리도록 하는 방법을 선호한다. 전혀 아무것도 없는 상태에서 무엇을 그리도록 하는 것은 빈약한 이미지나 만들어 낼 뿐, 그다지 자유롭게 그림을 그리게 되지 않는다.

그림 16-1의 ⓑ는 우울하고 가정 내 부부 문제 갈등이 심각한 40대 여성이 그린 것이다. 원래 ⓐ와 같이 흰 8절지 도화지에 배 모양의 그림이 붙어 있었다. 주제는, '붙어 있는 그림을 사용해서 한 장의 그림을 완성하세요.'였다. 이렇게 어떤 자극을 주고 그림을 그리도록 하면, 백지를 준 것보다 훨씬 편안하게 시작할 수 있다. 이 환자 역시 한 시간 동안 매우 몰두하면서 열심히 그림을 그렸는데, '수국'이라고 이름 붙인 배에 자기와 남편이 타고 있고, '하트'라고 이름 붙인 배에는 자녀들이 타고 있다. 인생은 바다 위를 건너가는 항해와 같아서 무엇이 어떻게 될지 모르지만, 열심히 항해하고 있다고 했다. 필자는 그러한 노력과 의지를 지지해 주고 꼭 그렇게 되시기를 바란다고 격려했다.

a 제시 자극

b 환자 작품

그림 16-1 가족 항해

그림을 보고 따라 그리기

이 기법은 완성된 그림을 보고 따라 그리는 것인데, 원하는 대로 일부만 그리거나 일부를 변형해서 그릴 수 있다고 이야기해 준다. 제시되는 작품은 책에서 잘라서 코팅한 뒤 보여 주기도 하고, 달력이나 화보에서 가져오기도 했다.

그림 16-2는 **a**가 자극으로 제시된 그림이며 **b**가 정신장애 환자의 작품이다. **a**는 원성 스님의 『거울』(2001)의 한 부분으로 〈홍매화 질던 날〉이다. 원

a 제시 작품

b 환자 작품

그림 16-2 꽃잎이 흩날리는 날

래 그림에 비해 환자의 그림은 더 여성스럽고 분명한 느낌을 준다. b 의 그림은 10대 후반의 우울한 여성이 그린 작품이다. 이러한 그림을 굳이 해석할 필요는 없다. 그림 과정에서 몰입하고 승화를 경험한 것을 미술치료사가 아는 이상, 그림을 완성했을 때 "참 아름답습니다."라고 말하며 지지하는 것으로 충분하다. 바람에 꽃잎이 휘날리는 자극 그림을 선택한 것만으로도 이 환자는 단순히 장식이 되고 예뻐 보이는 작품을 그린 것이 아니라, 자신의 마음을 실어서 표현한 것이라는 점을 알기에 '아름답다'고 말하는 것이 가장 치료적인 개입이 된다고 믿는다.

재료 자체의 특성으로 인해 흥미롭게 할 수 있는 방법

과자로 집 만들기

이 기법은 중학생 이상 되는 학생 내담자에서부터 성인 정신장애 환자에 이르기까지 폭넓게 사용했는데, 정신 운동 속도가 저하된 환자라 하더라도 굉장히 흥미 있어 하며, 꽤 만족스러운 회기로 진행될 수 있었다.

그림 16-3에 나온 여러 작품들에서 볼 수 있는 것처럼, 과자로 만드는 집의 형태와 모양은 천차만별이다. 어떤 과자를 쓰느냐에 따라 느낌도 달라진다. 기본

그림 16-3
과자로 만든 집

적으로 사용하는 재료는 과자와 글루건이다. 글루건은 문구사나 대형마트의 집 수리 재료(망치, 드릴 등)를 파는 코너에서 쉽게 살 수 있다. 흰 둥근 막대가 고체 풀인데, 총처럼 생긴 글루건에 넣고 전기에 꽂아 두면 2~3분 지났을 때 풀이 녹아서 사용할 수 있게 된다. 마치 총을 쏘듯이 방아쇠를 잡아 당기면, 글루건 입구에 녹은 풀이 액체 형태로 나오게 된다. 뜨거우므로 조심해야 하고, 고체로 된 물체들은 대개 다 붙는다. 다만, 뜨겁기 때문에 열에 쉽게 녹는 재료는 붙이기 어렵다. 과자의 경우 딱딱한 과자는 대부분 다 붙는데, 초콜릿이 두껍게 입혀져 있거나 크림이 발라져 있는 경우에는 녹아 버려서 붙이기 힘들다.

과자는 어떤 종류라도 집을 만드는 재료로 쓸 수 있다. 건빵이나 웨하스, 버터코코넛 같은 네모지고 납작한 종류는 일반적인 형태의 집을 만들 때 벽돌처럼 많이 사용된다. 동그란 모양의 쿠키도 자주 사용하는데, 두껍든 얇든 약간의 풀을 붙일 수 있으면 사용하기 어렵지 않다. 사루비아나 빼빼로 같은 길쭉한 과자는 지붕의 틀을 잡을 때 사용하기도 한다. 뻥튀기처럼 넓고 납작한 원형 과자도 지붕으로 쓰이기도 하며, 라면 면발을 그대로 사용해서 지붕으로 쓴 적도 있다. 젤리 및 여러 가지 색깔과 모양의 사탕이나 작은 과자류는 장식용으로 많이 사용한다. 고래밥이라든가 석기시대, 초코송이, 알사탕, 별사탕, 박하사탕 등을 쓸 수 있다.

가끔 환자들이 먹지 않냐고 걱정하는 경우가 있는데, 필자의 경험상으로는 의외로 환자들은 먹지 않는다. 처음 재료가 제시되면, "에이, 먹는 거 가지고 장난치면 어떡해요?"라고 하거나 "와, 다 먹어야지~."라고 하는데, 일단 만들기 시작하면 창작 과정에 흠뻑 빠지게 되면서 먹는 것은 전혀 관심 밖으로 밀려난다. (거의 매번 이런 광경을 목격했다.) 먹어도 되냐고 질문받는 경우는 있다. 필자는 그럴 때는 먹으면서 해도 좋다고 답해 준다. 만들기 시작하면서 먹지 않는다는 것을 알기 때문이기도 하고, 조금은 먹어도 된다고 생각하기 때문이다. 치료 관계에서 상징적이거나 심리적인 의미로 젖 먹이기를 해 줘야겠지만, 실제로도 먹을 수 있다면 나쁘지 않다고 여유 있게 생각한다.

그림 16-4는 조현정동장애로 입원한 남성 환자와 여성 환자가 만든 집이다.

같은 날 만들었기 때문에 재료가 똑같았는데, 같은 재료를 쓰고도 느낌은 매우 다른 것을 볼 수 있다. 이 작품들은 환자들이 미술과정에 깊이 몰입할 수만 있다면 그렇게 해서 만들어진 미술작품은 만든 사람의 심리적 상태—마음 깊은 곳의 갈등이나 채워지지 않은 요구—를 시각적으로 매우 잘 표현한다는 것을 알

a 남성 환자 작품

b 여성 환자 작품

그림 16-4 정신장애 환자의 과자집 작품

려 준다. **a**는 툭 트인 공간에 가득 찬 느낌을 주고 있는데, 건빵으로 집을 만들면서 바닥에 깔린 부분과 낮은 벽면, 두 기둥을 세웠다. 따로 문이 필요 없을 만큼 어느 곳에서라도 들어오고 나갈 수 있을 것 같다. 지나친 개방 때문에 비바람조차 막지 못한다고 느꼈을까? 마지막으로 세운 두 개의 기둥 위에 넓고 둥근 뻥튀기를 올려 마치 파라솔처럼 그늘을 만들어 주고 있다. 정원은 온통 팝콘과 다양한 색깔의 초콜릿으로 뒤덮었다. 이 작품에서는 무엇인가를 발산하고자 하는 욕구가 두드러진다. 다행스러운 점은 이전 회기에서 '하고 싶은 말들이 너무 많아' 이미지로 그림을 그리는 것이 되지 않던 이 환자가 이 작품에서는 이미지로 의사소통이 되고 있다는 점이다. 그것은 내적 욕구의 조절과 변형이 가능하다는 증거다.

a에 비해 **b**는 담아 두기 기능이 두드러져 보인다. 보유에 대한 욕구를 드러내듯, **b**의 집은 무엇인가를 담아 두는 저장 용기 같은 느낌이다. 벽면은 건빵으로 만들어져 단단해 보이고, 문이나 창문이 없어 그 안을 들여다 볼 수 없다. 뻥튀기로 만든 지붕의 중심에는 마치 손잡이처럼 꼬깔콘을 붙였다. 조절되지 않고 통제되지 않는 감정과 행동들이 단단한 벽돌 안에 넣어 둘 수 있게 되길 바라고, 때로는 김을 빼듯이 뚜껑을 들어 올려 감정을 날려 버리길 바라는 듯하다.

물론, 집 만들기라는 주제 자체가 환자의 자기 개념, 내면 욕구, 갈등, 그리고 가족과 관련된 이슈들을 드러내므로, 필요하거나 가능하다면 그러한 이야기들을 나눌 수도 있다. 하지만 정신건강의학과 입원환자들에 대한 치료목표와 치료기간을 고려할 때, '집을 만드는 것'까지만 했다면 충분하다고 본다. 만약 그 이상이 필요하거나 그것을 넘어선 이야기들을 나눌 시기가 되었다면, 환자가 자발적으로 이야기하고 마무리하는 모습을 보게 될 것이다. 미술치료사는 그때 그 옆에서 귀를 열고 듣기만 하면 된다.

매직콘으로 대상 만들기

매직콘이라는 재료는 옥수수로 만들어졌고, 손가락 한 마디 정도의 크기이며 부드럽고 가벼워서 다루기가 좋다. 가장 큰 장점은 침이나 물을 묻혀서 서로 붙

그림 16-5
매직콘으로 만든 집

일 수 있다는 것인데, 붙이는 모습을 보여 주면 아이들에서 어른에 이르기까지 재미있어 하며 좋아하곤 한다.

　그림 16-5는 40대 초반의 조현병 남성 환자가 만든 작품이다. 평면 작업으로 했을 때 이미지가 잘 나오지 않고 글씨만 잔뜩 쓰곤 했는데, 재료를 바꾸자 그림의 집을 만들어 냈다.

시트지로 그림 꾸미기

　시트지는 뒷면을 떼어 내고 바로 붙여서 쓸 수 있는 손쉬운 재료다. 미리 네모 조각으로 잘라 두어도 되고 큰 조각으로 주고 잘라서 쓰도록 해도 된다. 병동에서는 칼이나 가위 사용을 허용하지 않는 경우가 있으므로 만약 가위 사용이 어려우면 미리 네모 조각으로 잘라 둔다.

　"선생님, 이거 처음엔 별거 아니겠지 했는데, 아유, 웬걸요, 하다 보니 너무 재밌어요. 그냥 아주 정신없이 했네요." 시트지를 활용해서 그림 16-6의 작품을 완성한 환자가 필자에게 해 준 말이다.

그림 16-6
시트지로 붙인
해바라기

6. 작업 후 대화

집단에서 미술작업이 끝나면 대체로 이런 형식으로 집단이 운영된다. 맨 먼저 사람들 각자가 자신의 작품에 대해서 이야기한다. 이때 집단원들끼리 간단한 질문을 주고받기도 하지만, 질문 없이 그냥 쭉 돌아가면서 이야기하는 편이다. 만약 다른 환자의 질문이 비판처럼 느껴지거나(특히 질문받는 사람에게) 어느 한 환자의 말이 불필요할 정도로 길어지는 것 같으면 분위기를 살펴서 적당한 정도로 마무리하도록 돕는다. 환자의 말을 미술치료사가 대신 받아서 정리해 줄 수도 있고, 혹은 "네, 말씀 나눠 주셔서 고맙습니다. 다른 분 이야기도 들어 볼까요?" 하고 조율하기도 한다.

그림에서 눈에 띄는 점을 평가나 해석 없이 이야기하도록 격려한다. 이때 진행은 그림마다 순서대로 해도 되고, 그림 전체를 볼 수 있게끔 앉은 상태에서 보이는 대로 순서에 상관없이 이야기해도 된다. 자기 그림이든 다른 사람의 그림이든 눈에 띄는 점을 이야기하도록 하고, 그림 비평이 아닌 '눈에 보이는 점'을 이야기하도록 한다.

정신장애 환자들의 미술작업이 천차만별인 것처럼, 작업 후 대화도 천차만별일 때가 많다. 대체로는 이야기에 두서가 없어지거나 전체 맥락과 상관없는 질문이 나오고 혹은 피드백을 나눌 때 다른 사람을 고려하지 못할 때가 많으므로 치료사가 중심을 잡아 주어야 한다. 말하자면 전체 지휘를 하는 오케스트라의 지휘자와 같은 역할을 해야 한다. 미술치료사의 언급은 길지 않아 짧고 분명하며 단순할수록 좋다. 설명처럼 장황해지면 알아듣기 어려워진다.

미술치료는 그것을 하는 사람에게나 받는 사람 모두에게 흥미롭고 행복한 시간이면 좋다. 정신장애 환자들에게 하는 미술치료도 예외가 아니다. 좀 더 여유 있고 넉넉하며 행복한 시간이 된다면, 단 한 번 미술치료에 참여하는 환자든 여러 달에 걸쳐서 참여하는 환자든, 얻어야 할 것을 나름대로 얻고 누리게 되지 않을까 생각한다.

7. 집단에 참여하지 못한 환자를 위한 개인 미술치료

집단 미술치료를 계획할 때 가장 이상적인 것은 주호소와 치료적 이슈에 있어서는 서로 차이를 보이고, 기능 수준에 있어서는 유사한 환자들로 집단을 구성하는 경우다. 주호소와 치료적 이슈가 다양하게 모이면 집단 자체로 하나의 작은 사회가 구성될 수 있고, 서로의 문제에 대해 돕고자 하는 마음을 가지게 되기도 한다. 물론 알코올 사용장애 환자들의 자조적 모임과 같이 동일한 문제를 가진 사람들이 만나서 서로 돕는 집단도 있지만, 대체로 집단치료에 참여하는 환자들은 서로 다른 문제와 정신장애진단을 가지고 참여하게 된다. 이때, 환자의 기능수준이 서로 간에 비슷하면 작업을 진행하는 것이나 대화를 나누는 것이 용이하게 진행된다.

만약, 집단 미술치료에 참여할 환자가 정서적으로 상당히 불안정한 상태에 있거나, 타인과 쉽게 싸우고 공격적인 태도를 보이거나, 전반적인 인지기능 수준이 하락한 상태라면 개인 미술치료를 하는 편이 더 유익하다. 환자의 상태와 치료적 목표에 맞추어서 보다 세심한 접근이 가능하기 때문이다. 이제 소개하는 사례도 집단 미술치료를 실시하기에 어렵다고 판단되어 개인 미술치료를 진행했던 환자의 사례다.

60대 후반 남성 환자인 영수 씨(가명)는 우울과 불면이 심해져서 입원하게 되었다. 그림 16-7은 영수 씨가 집단에서 그린 '사과나무에서 사과를 따는 사람' 그림이다. 사과나무인지 알아보기는 어렵지만, 동그라미와 긴 막대로 연결된

그림 16-7 영수 씨가 그린 '사과나무에서 사과를 따는 사람'

형태는 사과나무를 그린 것 같고, 화면 왼쪽에 있는 검은 점 같은 부분은 아마도 사람을 그리려고 시도했던 것 같다. 그림의 내용이나 표현 수준으로 보아서는 인지기능의 저하도 의심스러웠는데, 우울한 정도가 심하거나 참여의지가 낮다면 저렇게 알아보기 힘든 그림을 그릴 수도 있다.

이 그림을 그렸던 회기 이후에 영수 씨에게 집단 미술치료 대신 개인 미술치료를 해 보겠냐고 의견을 물었고, 영수 씨도 그렇게 하겠노라고 했다. 개인 미술치료를 시작하고 첫 회기와 두 번째 회기는 영수 씨의 이야기를 듣느라 미술

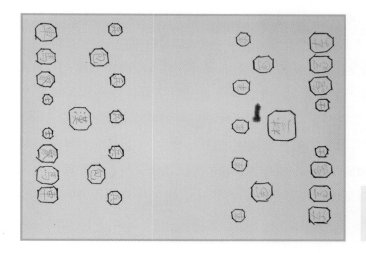

그림 16-8
첫 번째 장기판

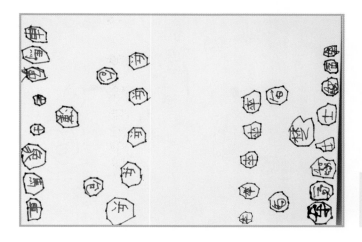

그림 16-9
두 번째 장기판

작업은 진행되지 못했다. 세 번째 회기에서도 미술작업에 대해서 회피하며 거부했는데, 필자는 영수 씨가 미술치료보다는 다른 종류의 심리치료를 받는 것이 더 좋을지에 대해 고민이 되기도 했다. 네 번째 회기에서 콜라주를 할 수 있는 인물 사진을 몇 장 준비해 갔는데, 영수 씨는 그중에서 장기를 두고 있는 노인 사진을 선택했다. 자신이 젊은 시절부터 장기는 곧잘 두었다며, 한참을 장기에 대해 이야기했다. 필자는 장기판을 만들어 보면 어떻겠냐고 제안했고, 이 제안이 마음에 들었던지 영수 씨가 해 보고 싶다며 의욕을 보였다.

　그렇게 해서 우리는 두 번의 회기에 걸쳐서 장기판을 만들었는데, 처음에는 영수 씨 요청으로 필자가 장기알의 글씨를 써 주었고, 두 번째는 영수 씨가 직접 썼다(그림 16-8과 그림 16-9). 작업 결과물이 만족스러웠던 영수 씨는 또 다른 종이를 꺼내어서 장기알의 한문을 써가며 진짜 글자와 가짜 글자에 대해 이야기하기 시작했다(그림 16-10). 해당 한자에 알맞게 잘 쓰인 글자를 '진짜 글자'라고 부른 것이었지만, 그 말은 마치 자신의 삶에서 진짜와 가짜로 느껴지는 순간이나 기억에 대한 것을 말하는 것 같기도 했다. 필자가 영수 씨 삶에서 진짜와 가짜를 느낀 순간은 언제였냐고 질문했을 때, 영수 씨는 조금도 망설이지 않고 가족들이 자신을 돈 벌어오는 기계로만 여기는 것 같을 때 가짜 인생을 사는 것이라

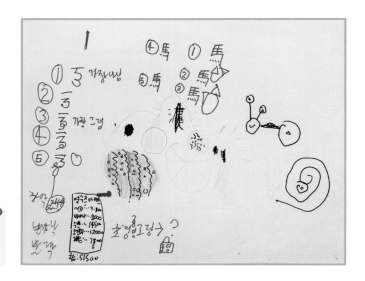

그림 16-10
진짜와 가짜

했다. 자신은 사실 달팽이처럼 느리게 움직이는 사람인데 매사가 돈으로만 귀결된다며, 이제 막 초등학교에 입학하는 손자 앞에서도 돈이 없으면 아무런 존재가 아닌 것 같다고 했다. 힘들고 섭섭했을 영수 씨를 위로하면서, 어떻게 풀어가야 좋겠냐고 물었다. 잠시 생각을 하던 영수 씨는 어떤 부분은 그냥 그러려니 해야 한다고 했다. 필자가 그 해결책은 진짜와 가짜 중에 얼마만큼 진짜냐고 다시 질문했다. 영수 씨는 진짜 같은 가짜라고 답했다. 우리가 그날 함께 찾아낸 진짜 해결책은 자신이 달라지는 것이며 무엇보다 첫째로 표현하기라고 결론지었다. 이후 영수 씨는 퇴원을 했고 얼마만큼 진짜 해결책을 실행했는지 필자가 소식을 듣지는 못했다. 하지만 자신의 마음을 한 번이라도 표현해 본 사람은 표현의 시원함을 겪어 보았기 때문에 용기를 내는 것이 그만큼 수월해졌을 것이라 믿는다.

　미술작업을 낯설게 느끼는 환자와 미술치료를 할 때 중요한 것은 그 환자가 미술작업을 시작할 수 있도록 개인별 맞춤형 고리를 찾는 것, 그리고 환자의 개인적인 이야기가 작품에 담기도록 하는 것이다. 그다음의 과정은 미술작품에 나타난 이야기를 통해서 더 진행되기 마련이다.

참고문헌

원성(2001). 거울. 서울: 이레.

Meijering, W. L. (1961). *La Thérapie Cr ative*. Presented at the Third World Congress of Psychiatry. Montreal.
Yalom, I. (1983). *Inpatient group psychotherapy*. New York: Basic Books.

찾아보기

내용 ——————

저자 소개

주리애(Juliet Jue)

　서울대학교 심리학과를 졸업하고 동 대학교 대학원에서 석사학위(지각심리학 전공)를 받았다. 미국 조지워싱턴 대학교에서 미술치료 석사학위를 받은 후 서울대학교 심리학과에서 임상심리학 전공으로 박사학위를 취득하였다. 미국 미술치료전문가(ATR-BC)이며, 한국 상담심리사 1급(한국상담심리학회), 임상심리전문가(한국임상심리학회), 미술치료전문가(한국미술치료학회)다. 현재 한양사이버대학교 미술치료학과 교수로 재직하고 있다. SSCI 단독논문을 비롯하여 국제학술지에 10여 편의 논문을 저술했고, 대표 저서로는『청소년을 위한 미술치료』(공저, 아트북스, 2014),『미술심리진단 및 평가』(학지사, 2015),『색즉소울』(학지사, 2017),『미술치료사 11인의 정신장애별 미술치료』(공저, 학지사, 2021) 등이 있다. 2015년부터 2021년까지 Marquis Who's Who 인명사전에 등재되었고, 2018년 교육부장관 표창(학술부문)을 받았다.

이메일: julietj@hanmail.net

　　　　juliet@hycu.ac.kr

미술치료학(2판)

Art Therapy (2nd ed.)

2010년 6월 11일 1판 1쇄 발행
2020년 3월 10일 1판 9쇄 발행
2021년 3월 30일 2판 1쇄 발행
2024년 1월 25일 2판 4쇄 발행

지은이 • 주 리 애
펴낸이 • 김 진 환
펴낸곳 • (주) **학지사**
　　　　04031 서울특별시 마포구 양화로 15길 20 마인드월드빌딩 5층
대표전화 • 02) 330-5114　　팩스 • 02) 324-2345
등록번호 • 제313-2006-000265호

홈페이지 • http://www.hakjisa.co.kr
인스타그램 • https://www.instagram.com/hakjisabook

ISBN 978-89-997-2370-4 93180

정가 **26,000원**

■ 출판미디어기업 학지사

간호보건의학출판 **학지사메디컬** www.hakjisamd.co.kr
심리검사연구소 **인싸이트** www.inpsyt.co.kr
학술논문서비스 **뉴논문** www.newnonmun.com
원격교육연수원 **카운피아** www.counpia.com